Gerhard Lohfink
Ludwig Weimer

Maria – nicht ohne I

Gerhard Lohfink
Ludwig Weimer

Maria – nicht ohne Israel

Eine neue Sicht der Lehre von der Unbefleckten Empfängnis

HERDER

FREIBURG · BASEL · WIEN

Die Vorlage für den Umschlag stammt aus dem Evangelistar von Mirepoix, einem Werk des Pariser Buchmalers Henri Laurer (1511/12). Das Bild zeigt Isai, den Vater Davids, und den Stammbaum, der von ihm bis zu Maria und Jesus führt. Dass stellvertretend für die vielen Vorfahren Marias Könige dargestellt wurden, wollte sagen: Maria ist aus königlichem Geschlecht, und Jesus ist der königliche „Sohn Davids". Dass es gerade *zwölf* Könige sind, bringt betont das Zwölfstämmevolk Israel ins Spiel: Maria ist undenkbar ohne Israel. In ihr vollendet sich das alttestamtliche Gottesvolk.

MIX
Papier aus verantwortungsvollen Quellen
FSC® C106847
FSC
www.fsc.org

Neuausgabe (=2., durchgesehene Auflage) 2012

www.herder.de

Umschlagkonzeption: Groothuis, Lohfert, Consorten | glcons.de
Umschlaggestaltung: Finken & Bumiller, Stuttgart
Umschlagmotiv: „Wurzel Jesse", Lektionar aus Mirepoix (1511).
Herstellung: fgb · freiburger graphische betriebe
www.fgb.de
Printed in Germany

ISBN 978-3-451-34139-7

Inhalt

Herr, heiliger Vater, allmächtiger, ewiger Gott:
Durch deine Fügung ist die selige Jungfrau Maria
Höhepunkt der Geschichte Israels und Anfang der Kirche.
So sollen alle Völker erkennen, dass aus Israel das Heil kommt
und deine neue Familie aus dem auserwählten Stamme hervorgeht.
Als Mensch ist Maria eine Tochter Adams:
frei von jeder Sünde, wendet sie Evas Schuld zum Guten.
Als Glaubende ist sie eine Tochter Abrahams:
sie empfing ihren Sohn im Glauben.
Wie ein Reis sprosst sie aus der Wurzel Isais;
wie eine Blüte ging aus ihr hervor unser Herr Jesus Christus.

(Präfation im Advent[1])

Vorwort

Weshalb den vielen Büchern über Maria noch ein weiteres hinzufügen? Gibt es nichts Wichtigeres zu tun? Wir sind jedoch überzeugt: Das Thema ‚Maria' führt keineswegs ins Abseits, weg von den Fragen unserer Zeit. Es führt mitten in die Spaltung der Kirche hinein und damit zu der Frage, wie eine zerrissene Christenheit überhaupt noch vom Handeln Gottes Zeugnis geben kann. Mehr noch: Es führt unausweichlich zu der frühesten Spaltung, die unsagbares Leid gebracht hat: die Trennung zwischen Juden und Christen.

Maria steht für die Herkunft des Christentums aus Israel und für die wahre Form der Kirche. In ihr begegnet uns wie in einer kostbaren Ikone ein ganz von der Sünde erlöstes Mädchen, eine Braut, eine Mutter – lange vor dem Jahrhundert der Frau und jenseits einer allzu oberflächlichen Theologie, die in Maria nur noch die „subversive Sympathisantin" sehen will.

Es geht bei dem Thema ‚Maria' nicht um eine heimliche Göttin. Es geht nicht um einen Ersatz für die Große Mutter der Religionen. Es geht auch nicht um eine Gewährsfrau für leib- und geschlechtsfeindliche Moral und erst recht nicht um ein Gegengewicht gegen einen angeblich fernen, unnahbaren Gott. Es geht um die Macht Gottes, Welt zu verwandeln, Welt wiederherzustellen und so dem Menschen mitten in einer grausamen Welt Lebensräume zu öffnen – also das zu schaffen, was mit dem Wort ‚Paradies' gemeint war. Das jüdische Mädchen Mirjam gilt der Kirche als Bild erlöster und befreiter Schöpfung, gezeugt von heiligen Eltern, befähigt, den Messias Israels zu erziehen und sein Schicksal mitzuerleiden. Maria ist einmalige, unverwechselbare geschichtliche Gestalt – und doch zugleich Symbol für das gesamte Gottesvolk.

Die Glaubensgeschichte der katholischen Kirche und die mariologische Rückbesinnung der letzten fünfzig Jahre haben gezeigt, dass die Gestalt Marias etwas Wesentliches und Unaufgebbares ausdrückt. Vor über 150 Jahren wurde die Unbefleckte Empfängnis Marias als Dogma formuliert. Viele wissen nicht einmal, was damit gesagt ist. Der Begriff ‚Unbefleckte Empfängnis' wird hartnäckig und unausrottbar mit der Zeugung Jesu zusammengebracht. Gemeint ist jedoch, dass Maria schon vom ersten Augenblick ihres Daseins an vor der Erbsünde bewahrt blieb.

Es geht deshalb in diesem Buch, dessen eigentliches Thema die Unbefleckte Empfängnis Marias ist, immer auch um das Thema ‚Erbsünde'. Was ist mit diesem unglücklichen Wort gemeint? Ohne eine klare Vorstellung über die Erbsünde muss das Dogma von der *Immaculata* dem heutigen Menschen dunkel und bizarr bleiben. So wagen wir einen langen Anlauf. Wir nehmen zunächst einmal in den Blick, mit welcher Klarheit die Heilige Schrift den Begriff der Sünde herausarbeitet. Die Bibel weiß aber nicht nur mit einer Unterscheidungskraft, die in der Welt sonst nicht zu finden ist, was persönliche Schuld ist. Sie kennt auch die Schuldpotentiale, die sich als gefährliche Altlasten in der Gesellschaft ansammeln und von Generation zu Generation weiterwirken. Erst an diesen Schuldpotentialen zeigt sich, was die Erbsünde ist. Und erst an ihnen wird deutlich, welch eine Geschichte der Unterscheidung, der Aufklärung und des Kampfes gegen die Erbsünde in Israel über Jahrhunderte hin ausgetragen wurde. Nur wenn diese Geschichte vor Augen steht, versteht man, was die Gestalt Marias bedeutet und was mit ihrer „Bewahrung vor der Erbsünde" gemeint sein könnte.

Leider sind noch heute die Altlasten des Antijudaismus unserer Vorfahren in der Welt; jahrhundertelang wohnten Marienverehrung und Antijudaismus allzu dicht beisammen. Was für ein Widerspruch: Ausgerechnet bei der Verehrung der Unbefleckten Empfängnis wurde die Mit-Aussage über die Würde des Judentums vergessen und verdrängt!

In Zukunft darf es keine Marienfrömmigkeit mehr geben, die nicht Israel mit in den Blick nimmt. Gerade am Dogma von der Unbefleckten Empfängnis Marias lässt sich das begründen. Denn dieses Dogma scheint uns ein Dogma auch über Israel zu sein, über Israel, das die ganze Wahrheit über Gott und seinen Plan mit der Welt finden durfte. Dieser tiefere Sinn des Dogmas würde aufleuchten, wenn sich zeigen ließe, dass Maria das Realsymbol für die alttestamentliche Vorgeschichte Jesu ist – für eine Geschichte der Erwählung, der Errettung und der Gewinnung des Paradieses, im Voraus zu Jesus Christus, und doch nur von ihm her endgültige Wirklichkeit geworden.

Lässt sich das zeigen? Hat die Kirche im Dogma von der Unbefleckten Empfängnis, ohne es selbst schon in seiner ganzen Tragweite sehen zu können, die unverlierbare Würde Israels mitausgesagt? Und was könnte das heißen: im Voraus zu Jesus Christus und doch nur von ihm her endgültige Wirklichkeit? Darum geht es in diesem Buch.

Sein Ziel wäre erreicht, wenn deutlich würde: Die Aussagen der Kirche über Maria sind keine luftigen Spekulationen mit einer mythischen Figur als Endprodukt, die es in Wirklichkeit so nie gegeben hat. Die Basis der kirchlichen Aussagen über Maria ist vielmehr die erregende, in der Welt einmalige Geschichte Israels. Nur auf dieser Basis konnte die Menschwerdung des Gottessohnes in Maria dann erfahren und formuliert werden.

Wir hatten ursprünglich einmal geplant, dieses Buch zum 150-jährigen Jubiläum des Dogmas von 1854 herauszubringen. Aber das Projekt hat sich dann doch länger hingezogen, als wir dachten. So kommen wir nun drei Jahre zu spät. Aber das hat auch sein Gutes. Das Thema ist uns im Laufe des Schreibens immer wichtiger geworden. Vieles hat sich im Laufe der gewonnenen Zeit noch geklärt.

Wir haben vielen Wegbegleitern aus der Katholischen Integrierten Gemeinde für ihre Hilfe zu danken: für die Literaturbeschaffung Hans Pachner, für das Ausmerzen von Fehlern Frau Oberstudienrätin Elisabeth Kellner und Herrn Pfarrer Wolfgang Blech, für das Stellenregister Klaus Kinzel, für wertvolle fachliche Ratschläge Dr. Achim Buckenmaier, Dr. Thomas Czopf, Professor Dr. Rudolf Pesch und Dr. Peter Zitta.

Mit ihrem Fachwissen kamen uns auch zu Hilfe Professor Dr. Rainer Berndt SJ, Dr. Annemarie Brückner, Professor Dr. Wolfgang Brückner, Professor Dr. Werner Löser SJ, Professor Dr. Barbara Scardigli und Professor Dr. Hermann Josef Sieben SJ. Besonderer Dank aber gilt Professor Dr. Norbert Lohfink SJ, der das

Buch von Anfang an mit seiner Sympathie und seinem Urteil begleitet hat.

Wir hoffen, dass unser Buch mithilft zu der Erkenntnis, in welchem Maß uns aus Israel das Heil gekommen ist – und dass Maria in der Geschichte Gottes mit seinem Volk nicht die große, einsam in sich stehende Ausnahme ist, sondern die Vollendung dessen, was sich in Israel in Jahrhunderten auf Jesus hin angebahnt hat.

Bad Tölz, am 15. August 2007

Gerhard Lohfink und Ludwig Weimer

ERSTER TEIL

Die Erbsünde: von Menschen verschuldeter Unheilszusammenhang

1. Sünde in der jüdisch-christlichen Tradition

Wer sich mit anderen Religionen beschäftigt, besonders mit ihren Frühstufen, stößt auf einen bemerkenswerten Sachverhalt: Etwas dem jüdisch-christlichen Begriff der Sünde Vergleichbares gehört offensichtlich gar nicht zum Wesen von Religion. In zahlreichen Religionen kann man sich zwar verfehlen – vor allem kann man sich kultisch verfehlen –, und es gibt selbstverständlich ein kompliziertes Geflecht gesellschaftlicher Normen und Tabus, aber der entsprechende Leitbegriff ist nicht Sünde, sondern Unreinheit.

Und unrein kann man durch alles Mögliche werden. Nicht nur, wenn man gegen gesellschaftliche Regeln verstößt, sondern auch durch ganz anderes: Etwa wenn das eigene Haus vom Blitz getroffen oder wenn man von einer Schlange gebissen wird; aber auch durch einen Jagdunfall oder dadurch, dass der Bruder stirbt.

Entsprechend vorpersonal ist dann auch die Beseitigung der Unreinheit. Ist zum Beispiel in Japan ein Shintô-Anhänger unrein geworden, besprengt er sich vor einem heiligen Schrein mit Wasser oder lässt sich von einem Shintô-Priester mit einer Art Wedel befächeln, an dem gezackte Papierstreifen befestigt sind. Auf diese Weise verliert er seine Unreinheit. Ein Schuldbekenntnis gibt es in diesem Zusammenhang nicht.

Verglichen mit dem jüdisch-christlichem Denken verbleibt Sünde in solchen Kontexten sehr oft im Äußeren und ist von bloßem Unglück oder vom Schicksal nicht scharf geschieden. Das Böse gehört zur Natur der Welt, und die Unreinheit meint eher die Störung einer geltenden Ordnung als die Verletzung einer personalen Beziehung. Man kann sein ‚Gesicht verlieren'. Aber das ist nicht dasselbe, wie im christlichen Sinn schuldig werden.

Zwar gab es auch in Israel all das, was die Religionen Unreinheit nennen. Es gab ein vorpersonales Sich-Verfehlen in vielerlei Formen. Das Frappierende ist aber, dass sich aus diesen Vorstellungsformen, die vielen Religionen gemeinsam sind, gerade in Israel der Begriff persönlicher Schuld in außerordentlicher Klarheit und Schärfe entwickelt hat [1].

Der Grund dürfte in Folgendem liegen: Wirkliches Wissen um Sünde und Schuld setzt den Glauben an einen persönlichen Gott voraus. Es setzt die Erfahrung voraus, dass der Mensch vor dem lebendigen, heiligen Gott steht, der Richter und Retter ist. Sünde ist in ihrer Tiefe nur erfahrbar, wo Gott ein ‚Du' ist, ein Gegenüber, vor dem sich der Einzelne und das Volk zu verantworten haben. Sünde setzt einen Gott voraus, der sich in der Geschichte offenbart und mit dem man eine Geschichte haben kann [2].

*

Bereits der Anfang der Bibel zeigt diese personale Struktur der Sünde in aller Deutlichkeit. In Genesis 2–3 werden Erschaffung und Sündenfall des Menschen erzählt. In dieser Erzählung hat das Bild des Gartens eine wichtige Funktion. Der Mensch wird von Gott nicht in die Wüste oder die Wildnis gesetzt, sondern in einen Garten. Ein Garten ist immer etwas Menschliches, Übersichtliches, Vertrautes; es gibt in ihm keine undurchdringlichen Winkel, in denen das Chaos herrscht. Der Mensch wird in den Paradiesesgarten gesetzt, „damit er ihn bebaue und erhalte" (Gen 2,15). Er bekommt also gerade die Aufgabe, den Garten in seiner Klarheit und Offenheit zu bewahren.

Der Mensch bleibt dort nicht allein. Er erhält von Gott eine „Hilfe", eine Gefährtin. Sie ist anders als die Tiere des Feldes und die Vögel des Himmels, die Gott dem Menschen zuführt, um zu sehen, wie der Mensch sie „benennen" werde. Der Mensch gibt allen Tieren Namen, aber den Namen, auf den es ankommt, kann er ihnen nicht geben. Den eigentlichen Namen kann er erst vergeben, als Gott ihm die Frau zuführt:

Da sprach der Mensch:
Das endlich ist Bein von meinem Bein
und Fleisch von meinem Fleisch.
Ischah [= Frau] soll sie heißen,
denn vom Isch [= Mann] ist sie genommen[3].
(Gen 2,23)

Was immer in diesen Sätzen und ihrem Kontext sonst noch ausgesagt wird – es geht auch um die tiefe Verbundenheit zwischen Mann und Frau, um ihr Person-Sein, das sie von allen Tieren unterscheidet, und in diesem Person-Sein um ihr Vertrauen und ihre Zuneigung zueinander.

Was der Text bereits mit dem hintergründigen Vorgang der Namensgebung ausgedrückt hat, vertieft er noch mit der Aussage, dass beide, Mann und Frau, nackt waren und sich nicht voreinander schämten (Gen 2,25). Auch diese Aussage zielt auf letzte personale Offenheit, auf eine Existenzweise, in der man vor dem anderen nichts zu verbergen braucht und nichts geheim hat, weil man ihm absolut vertrauen kann.

Doch nicht genug damit: Zu der Offenheit des Gartens und der Offenheit zwischen Mann und Frau gehört nun auch noch, dass Gott selbst im frischen „Tagwind", also in der Abendkühle, im Garten spazieren geht (Gen 3,8). Damit ist für den Zustand ‚vor' der Sünde eine letzte Vertrautheit des Menschen auch mit Gott ausgesagt.

Das alles wird im Gefüge dieser ersten Kapitel der Genesis freilich nur ausgeführt, damit begreifbar wird, was durch die Sünde der beiden Menschen geschieht: Weil sie das Gebot Gottes übertreten, werden sie aus dem Garten vertrieben. Man könnte auch sagen: Sie vertreiben sich selbst aus dem Garten. Sie verlieren das Glück des Gartens Eden. Statt dessen werden ihnen Dornen und Disteln wachsen, denn auf dem Ackerboden, den sie nun bearbeiten, liegt Fluch (Gen 3,17–18).

Mann und Frau zerstören aber nicht nur ihre Umwelt. Auch ihr Miteinander ist fortan aufs tiefste gestört. Sie verlieren das Vertrauen zueinander. Ihre gemeinsame Sünde hat gerade keine Gemeinschaft gestiftet. Der Mann verrät seine Frau in der jämmerlichsten Weise und schiebt ihr alle Schuld zu – ja, er gibt sogar Gott noch die Schuld:

> *Die Frau, die du mir zur Gefährtin gegeben hast, die hat mir von dem Baum gegeben, und so habe ich gegessen. (Gen 3,12)*

Das Verhältnis von Mann und Frau, das so befreiend sein könnte, wird durch die Sünde bis in die Tiefe verwundet. Die Frau wird in Zukunft zwar nach dem Mann verlangen; er aber wird ihr „Herr" werden (Gen 3,16). Menschen, die Gefährten sein sollten, werden einander zu Herr und Knecht.

Doch die Folgen der Sünde reichen noch viel weiter. Entscheidend ist, dass auch das Vertrauen zu Gott verloren geht. Als der Mensch hört, dass Gott im Garten spazieren geht, verbirgt er sich vor ihm unter den Bäumen des Gartens (Gen 3,8). Der Garten ist also nicht mehr Offenheit. Er wird zum Versteck und zum Verhau. Gott muss dem Menschen die Frage stellen: „Wo bist du?" Und der Mensch kann nur antworten:

> *Ich habe dich im Garten kommen hören, da geriet ich in Furcht, weil ich nackt bin, und versteckte mich. (Gen 3,10)*

Angst vor Gott also statt des Vertrauens, ein verfluchter Boden mit Dornen und Disteln statt des Paradiesgartens, Sich-Schämen statt unbefangener Nacktheit, Herr-Sein über den anderen statt Gefährtenschaft, Sich-Verstecken statt offener Begegnung – die Erzählung arbeitet meisterhaft mit archetypischen Bildern. Sie baut mit ihnen eine Welt personaler Nähe auf und zeigt zugleich durch die entsprechenden Kontrast-Bilder, wie diese Nähe durch die Sünde destruiert wird. Sünde ist hier ganz und gar personales Geschehen. Sie zerstört die Nähe zu Gott, zum Mitmenschen, zur Umwelt.

Fragt man, was die Sünde auslöst, was sie entstehen lässt, was ihr innerster Antrieb ist, so wird auch dies als Geschehen in der Mitte des Selbst, in der Mitte der Person, geschildert. Es ist nicht ein Versehen, kein zufälliges Ausgleiten, kein momentanes Aussetzen, sondern tiefes Misstrauen gegen Gott. Das „Ihr werdet sein wie Gott" der Schlange (Gen 3,5) benennt die Verführung in ihrer ganzen

Schärfe: Es geht um die Selbstherrlichkeit des Menschen, der nicht mehr Geschöpf, sondern selbst Herr sein möchte.

*

Was die Bibel wie in einem Präludium schon in ihren ersten Kapiteln zeigt: das ganze Ausmaß dessen, was Sünde ist, und vor allem die personale Struktur der Sünde, wird dann im Laufe des Alten Testaments noch in vielen anderen Texten weitergeführt. Dasselbe gilt vom Neuen Testament. Wie am Anfang der gesamten Bibel in Genesis 2–3 von der Schuld des Menschen erzählt wird, so legt sich auch zu Beginn des Neuen Testaments, und zwar sofort in Matthäus 2, das Dunkel der Sünde über die Geschichte: Hier wird erzählt, wie der König Herodes die Sternkundigen aus dem Osten belügt und dann, aus elementarer Angst, er könnte seinen Thron verlieren, in Betlehem und Umgebung alle Knaben bis zu zwei Jahren umbringen lässt (Mt 2,1–18).

Mit größter Nüchternheit und ohne jede Verschleierung sagen sowohl das Alte wie das Neue Testament von ihren ersten Kapiteln an, was Sünde ist: Misstrauen gegen Gott, Übertretung seines Gebots, Selbstherrlichkeit, ichbesessene Gewalttat. Und die Bibel zeigt, dass dort, wo die Sünde wirkliche Sünde ist, die ganze Person des Menschen mit ihrer Freiheit und Verantwortung ins Spiel kommt. Geradezu exemplarisch wird diese personale Struktur der Sünde dem Leser im Gleichnis vom verlorenen Sohn (Lk 15,11–32) vor Augen geführt.

*

Das Gleichnis lässt keines der Elemente aus, die wahre Schuld kennzeichnen und die zur Vergebung von Schuld hinzugehören. Es spricht von der Sünde, der Einsicht in die Sünde, der Reue, der Umkehr, dem Schuldbekenntnis, der Bereitschaft, die Folgen der eigenen Schuld auf sich zu nehmen und schließlich von der Vergebung.

Realistisch wird zunächst geschildert, wie der verlorene Sohn immer tiefer in den Machtbereich des Bösen hineingerät: Zuerst will er nur weg von all dem, was die Fürsorge, aber auch die Macht eines Vaters im Orient ausmacht. Er will ‚aus dem Haus', er will heraus aus den Familienstrukturen, die ihn bergen – und fesseln. Für den damaligen Hörer beziehungsweise Leser war das bereits Schuld, weil es pietätlos gegenüber der eigenen Familie war. Doch die Schuld wird noch größer: Der verlorene Sohn geht in ein fernes Land, führt dort ein zügelloses Leben und verschleudert sein Erbe.

Dabei wird er seinem Glauben untreu. Denn er wendet sich bei einer Hungersnot an einen Heiden. Dass er sich an einen Heiden hängt, erkannte der Hörer daran, dass dieser Mann Schweine besaß. Für einen Juden war das ausgeschlossen. Der verlorene Sohn wendet sich also an einen *goj*, an einen aus den Völkern. Bei ihm aber war ein Leben nach dem jüdischen Glauben unmöglich. Bei einem Heiden gab es kein koscheres Essen, keinen Sabbat, keine Möglichkeit, nach der Tora zu leben. Damit war für die damaligen Hörer klar: Dieser Sohn missachtet die Gebote. Glaubt er überhaupt noch an Gott? Er ist in jeder Hinsicht gescheitert: menschlich, moralisch, religiös. Dass das Gleichnis genau von dieser Voraussetzung ausgeht, zeigt das Schuldbekenntnis des verlorenen Sohnes:

> *Vater, ich habe gesündigt gegen den Himmel und vor dir. Ich bin nicht mehr wert, dein Sohn zu heißen. Halte mich wie einen deiner Taglöhner (Lk 15,18–19. vgl. 21).*

Der Satz „Ich habe gesündigt gegen…“ ist seiner Struktur nach eine Geständnisformel, mit der im Alten Testament Schuldbekenntnisse eingeleitet werden – Schuldbekenntnisse entweder gegenüber Gott oder gegenüber Menschen. Es kann vorkommen, dass – wie in Lk 15,18 – die Schuld in gleicher Weise als Schuld gegen Gott und gegen Menschen formuliert wird. So bekennt der ägyptische Pharao nach der achten Plage seine Schuld folgendermaßen:

> *Ich habe mich versündigt vor JHWH, eurem Gott, und gegen euch. Und nun vergib mir meine Sünde wenigstens noch dieses eine Mal. Betet zu JHWH, eurem Gott, dass er noch einmal dieses Verderben von mir wegnehme. (Ex 10,16–17)*

Dass in Lk 15,18 genau wie in Ex 10,16 die Sünde als Sünde gegen Gott und zugleich als Sünde gegen Menschen verstanden wird, ist theologisch von großem Gewicht. Lukas folgt in dieser Hinsicht alttestamentlichen Vorgaben. Dort ist die Sünde immer Verletzung eines Gemeinschaftsverhältnisses. Der verlorene Sohn hatte in der Fremde das, was ihn mit seiner Familie und mit Israel verband, zerstört. Eben damit hatte er aber auch die Gemeinschaft mit Gott zerstört. Beides stand in engstem Zusammenhang.

Entscheidend ist nun freilich, dass der verlorene Sohn seine Schuld nicht nur sich selbst eingesteht, sondern dass er sie vor seinem Vater und vor Gott bekennt. Erst indem er sie nach außen trägt, erst indem er sie vor dem Anderen offenbar macht, nimmt er seine Schuld als Schuld ganz an. Nur so wird die subjektive Anerkenntnis der Schuld überstiegen in den Raum eines ‚Du' hinein, in dem Vergebung stattfinden kann.

Der Vater nimmt das Bekenntnis seines Sohnes entgegen. Die Erzählung baut dieses Entgegennehmen aber in ein Gefüge von Handlungen ein, die wiederum personal strukturiert sind[4]: Der Vater sieht seinen Sohn schon von weitem kommen und eilt ihm entgegen. Damit handelt er für orientalische Begriffe geradezu würdelos, denn kein Orientale rennt in einer solchen Situation. Dieser Vater aber vergisst sich selbst. Er wird von Mitleid überwältigt und weiß nur noch: Mein Sohn ist wieder da! Es ist eine so tiefe Freude, dass er das Schuldbekenntnis seines Sohnes nicht einmal beachtet. Der hatte es ja bereits vorformuliert, aber er kommt damit nicht zu Ende. Der Vater hat seinen Sohn schon umarmt und geküsst, bevor dieser eine einzige Silbe hervorbringt. Nun lässt er ihm einen Ring und ein Gewand bringen und befiehlt, das Mastkalb zu schlachten.

Der Sinn dieser Handlungen war den Zuhörern Jesu klar: Mit der Umarmung verhindert der Vater, dass sein Sohn vor ihm niederfällt, mit dem Kuss bezeichnet er ihn als einen ihm Gleichgestellten, der Ring ist ein offizieller Siegelring und das Gewand ein kostbares Ehrengewand. Der verlorene Sohn wird also ohne Aufschub in seine alten Sohnesrechte eingesetzt. Und das Schlachten des Mastkalbs zeigt: Nun wird ein Fest gefeiert, ein orientalisches Fest mit Gesang und Tanz, das mehrere Tage dauern wird und an dem jeder, der will, teilnehmen kann.

Allerdings hat Jesus das Gleichnis nicht erzählt, um das Wesen von Sünde und Sündenvergebung herauszuarbeiten. Unsere Auslegung hat die Sinnspitze des Gleichnisses noch gar nicht erreicht. Denn das Ganze geht ja weiter. Erzählt wird eben nicht nur die Geschichte eines verlorenen und wiedergefundenen Sohnes, sondern die Geschichte zweier verlorener Söhne. Der ältere der beiden kann sich nicht freuen über die Rückkehr seines Bruders und erst recht nicht über dessen Wiederaufnahme in die Familie. Er, der ordentliche und gehorsame Sohn strahlt plötzlich Kälte aus. Wenn er zu bestimmen hätte, gäbe es kein Fest für den Bruder.

Auf dem Höhepunkt des Gleichnisses, der entsprechend breit ausgebaut ist (Lk 15, 25–32), wirbt der Vater um das Verstehen des älteren Sohnes. Das Gleichnis lässt offen, ob er damit Erfolg hat. Wird der ältere Sohn seinen Vater begreifen und das Fest doch noch mitfeiern? Oder bleibt er am Ende draußen, so dass die Familie für immer zerrissen ist?

Spätestens an dieser Stelle wird deutlich, dass die Parabel vom verlorenen Sohn keine allgemeine Sünden- und Versöhnungslehre vortragen will, sondern eine reale Situation deutet, in der sich Jesus damals befindet. Sünder hatten auf seine Botschaft vom Reich Gottes gehört und waren umgekehrt. Aber gerade in den Kreisen der Frommen und Rechtschaffenen hatte sich Widerstand formiert. Jesus wirbt mit dem Gleichnis um das Verstehen eben dieser Gruppe in Israel. Das messianische Fest hat doch schon begonnen, sagt er. Wollt ihr nicht teilnehmen? Das Gleichnis musste den Ausgang seines Werbens offenlassen.

Lukas 15,11–32 ist also geschichtlich situiert. Der Text redet von einer konkreten Situation Israels. Damit ist nun aber auch die Sünde, in die der ältere Bruder als Repräsentant der unwilligen Frommen hineinzugeraten droht, die Sünde einer ganz bestimmten geschichtlichen Situation: Die Stunde, in der das endzeitliche Israel durch Gottes messianischen Boten gesammelt wird, die Stunde der Erfüllung aller Verheißungen ist gekommen – und gerade in dieser Stunde, von der alles abhängt, wendet sich ein wichtiger Teil des Gottesvolkes ab. Maßgebende Kreise in Israel können sich nicht vorstellen, dass in diesem Jesus aus Nazaret Gott selbst spricht und handelt, dass mit ihm der entscheidende Tag Israels angebrochen ist.

Damit offenbart das Gleichnis ein Verständnis von Sünde, das für die Bibel wesentlich ist. Die Sünde, um die es der Bibel zuerst und vor allem geht, ist mehr als die Übertretung sittlicher Normen. *Die* Form von Sünde, die das meiste Unheil in die Welt bringt, geschieht dann, wenn Gott eine neue Situation eröffnet, wenn er eine Konstellation schafft, in der seine Geschichte mit der Welt vorankommen könnte, vorankommen könnte ins Heil – und der Mensch nimmt dieses Angebot nicht an. Er bleibt stehen, wo er steht. Er verhärtet sich. Er sagt „nein". Er will nicht das Neue, das ihm noch Unbekannte, das Unerhörte, das Fest, die Überfülle, die Gott in der Welt schaffen möchte. Er bleibt lieber bei sich selbst. Er misstraut Gott. Wir werden bei der Bestimmung dessen, was Erbsünde ist, auf diese Beobachtung zurückkommen müssen.

Noch einmal: Es gibt Sünden, die mehr sind als Regelverstöße und Verletzungen allgemeiner Normen. Sünden dieser Art sind es, die in der Welt die wirklichen Unheilszusammenhänge schaffen. Sie entstehen aus der Verweigerung.

*

Die Geschichte vom Sündenfall aus Genesis 3 und das Gleichnis vom verlorenen Sohn aus Lukas 15 waren in Europa lange lebendig gewesen. Sie waren kollektives Gedächtnis im allerbesten Sinn. Beide biblische Erzählungen hatten – neben zahlreichen anderen Texten – das Bewusstsein vieler Generationen für das geschärft, was Sünde ist.

Doch inzwischen ist in vielen einst christlichen Ländern die jüdisch-christliche Tradition keine Selbstverständlichkeit mehr. Im selben Maß, in dem die Unterscheidungskraft der Bibel in Vergessenheit gerät und mit ihr das, was das Alte Testament Gottesfurcht nennt, schwindet auch wieder der biblische Begriff der Sünde.

Es gibt dann zwar immer noch Kavaliersdelikte, über die man am Stammtisch witzelt. Es gibt Verkehrssünder und sogar eine Verkehrssünderkartei. Aber schon allein der Sprachgebrauch ‚Verkehrssünder' zeigt, dass es hier nur noch um Regelverstöße geht, die zwar unangenehm, in Extremfällen sogar gesellschaftlich peinlich sein können, doch mit wirklicher Sünde nichts mehr zu tun haben.

Im Bereich des Sports gibt es die zunehmende Zahl der immer raffinierter vorgehenden Dopingsünder. Aber auch hier zeigt der Sprachgebrauch, wie abgeflacht und entleert das Wort ‚Sünder' inzwischen geworden ist. Sünder ist hier fast nur noch Synonym für Täter oder Ausführender. Erst recht entlarvt sich die Aushöhlung des Sündenbegriffs, wenn der Verstoß gegen die selbstverschriebene Diät augenzwinkernd mit dem Satz „Heute habe ich mal wieder gesündigt" kommentiert wird.

Paradoxerweise schließen all diese sprachlichen Aushöhlungen des Schuldbegriffs nicht aus, dass in den Medien Menschen unter massiven moralischen Druck gesetzt werden, dass ihr Ruf zerstört, ja dass sie als Schuldige im Voraus zu jedem Richterspruch öffentlich ‚hingerichtet' werden. Das ist eine der tiefen Inkonsequenzen unserer Gesellschaft.

Selbstverständlich gibt es nach wie vor Pflichtverletzungen, Gesetzesbrüche, Täterschaften, Straffälle, Haftungen, Verstrickungen, Existenz-Krisen. Und es gibt dafür jeweils die entsprechenden Fachleute – vom Krisenberater bis zum Psychotherapeuten. Aber das alles hat kaum etwas mit echter Schulderfahrung zu tun. Eher wieder mit dem, was Frühstufen der Religion Unreinheit genannt hatten. Für das neuheidnische Normalbewusstsein ist der Mensch gut – zumindest die eigene Person. Schuldig können nur die anderen sein. Sünde und Schuld sind aus dem Bereich der eigenen Erfahrung nahezu gestrichen – ein seltsamer Unschuldswahn angesichts eines Jahrhunderts mit Ausbrüchen des Bösen ohnegleichen.

Anders ist es allerdings dort, wo Dichter, Schriftsteller und Philosophen tiefer bohren. Sie stoßen dann durchaus auf Phänomene wie Verhängnis, Tragik, Scheitern, Schatten, Schuld oder sogar das Böse. Allerdings wird auch auf dieser Ebene lieber von einer dunklen, jedoch zu bejahenden Abgründigkeit des Menschen gesprochen und nicht von Sünde. Hier übt die Tiefenpsychologie ihren Einfluss auf das Erkennen und Denken des heutigen Menschen aus. Sie lässt die Grenzen zwischen Gut und Böse verschwinden. „Wie können wir lernen, mit unseren dunklen und destruktiven Kräften umzugehen, so dass sie sich auch von ihrer positiven Seite zeigen können?" werden viele Psychologen formulieren. Das Wort

‚Sünde‘ oder ‚Schuld‘ wird ihnen nicht so schnell über die Lippen kommen. Offenbar kann der Begriff der Sünde ohne einen persönlichen Gott, vor dem man schuldig wird, und unabhängig von genuin biblischer Erfahrung nicht wirklich formuliert werden. Friedrich Nietzsche hat das mit dem ihm eigenen Instinkt sensibler als andere wahrgenommen, es dann allerdings gegen den biblischen Gott gewendet. Er schreibt in der „Fröhlichen Wissenschaft“[5]:

> *Sünde, so wie sie jetzt überall empfunden wird, wo das Christentum herrscht oder einmal geherrscht hat: Sünde ist ein jüdisches Gefühl und eine jüdische Erfindung, und in Hinsicht auf diesen Hintergrund aller christlichen Moralität war in der Tat das Christentum darauf aus, die ganze Welt zu ‚verjüdeln‘. Bis zu welchem Grade ihm dies in Europa gelungen ist, das spürt man am feinsten an dem Grade von Fremdheit, den das griechische Altertum – eine Welt ohne Sündengefühle – immer noch für unsre Empfindung hat, trotz allem guten Willen zur Annäherung und Einverleibung, an dem es ganze Geschlechter und viele ausgezeichnete einzelne nicht haben fehlen lassen. „Nur wenn du bereuest, ist Gott dir gnädig“ – das ist einem Griechen ein Gelächter und ein Ärgernis: er würde sagen „so mögen Sklaven empfinden“.*

Nietzsche übertreibt zwar. Wissen um Sünde und persönliche Schuld lässt sich auch bei den Griechen finden. Aber es bleibt ein Randphänomen[6].

2. *Das Anstößige am Begriff der Erbsünde*

Als die antike Gesellschaft sich dem Christentum zuwandte, musste sich die Vorstellung persönlicher Schuld im biblischen Sinn zuerst einmal durchsetzen. Sie musste erst noch Raum gewinnen angesichts einer Lebensphilosophie, die in der Antike außerordentlich mächtig war und die über Sünde und Schuld anders dachte. Diese Lebensphilosophie war die Stoa. Es scheint sinnvoll, an dieser Stelle etwas ausführlicher auf sie einzugehen. Denn sie ist dann später in der Zeit des Rationalismus und der Aufklärung wieder voll zum

Durchbruch gekommen, hat den Geist der Goethezeit und des deutschen Idealismus geprägt und ist auch heute lebendiger, als viele ahnen.

Die Stoa war zunächst eine philosophische Schulrichtung, gegründet um 300 vor Christus durch Zenon aus Kition (einer der größeren Städte der Insel Zypern). Zenon ging nach Athen, fand dort Schüler, und aus seiner Schulphilosophie wurde mehr und mehr eine Weltanschauung, ja eine Geisteshaltung, die außergewöhnlichen Einfluss gewann. Die Geschichte der antiken Stoa endete im 2. Jahrhundert nach Christus, weil, wie jemand ironisch angemerkt hat, zu diesem Zeitpunkt jeder zum Stoiker geworden war. Die stoische Philosophie wurde zu *der* dominierenden Weltanschauung. Sie übernahm die Rolle, die einst der Mythos gespielt hatte. Sie gab dem durch die Zeitläufte zutiefst verunsicherten antiken Menschen Sicherheit. Der Haupteinfluss der Stoa lag in ihrer Ethik. Die Stoa war immer auch Seelsorge und Anleitung zur Lebensbewältigung.

*

Der stoische Weise regelt seine Leidenschaften durch die Vernunft, denn die Glückseligkeit, die ‚Eudaimonia', besteht darin, im Einklang mit der von der Weltvernunft (dem Logos) durchwalteten Natur zu leben. Der Stoiker entgiftet seine Begierden durch Besonnenheit. Affekte wie Lust, Trauer, Begehren, Furcht, Mitleid, Reue gelten als Krankheiten der Seele. Sie dürfen erst gar nicht aufkommen oder müssen durch die Vernunft verwandelt werden. Der Stoiker schiebt die Übel der Welt ins Abseits, indem er sie als gleichgültig erachtet, als ein bloß Äußeres, das ihn nicht wirklich berühren kann. Er sagt sich mit Epiktet[1]:

> *Nicht die Dinge selbst beunruhigen die Menschen, sondern die Meinungen, die sie über die Dinge haben. (Enchiridion 5)*

Indem der Stoiker so inneren Abstand sucht, gewinnt er Gelassenheit, Gleichmut, Furchtlosigkeit, innere Freiheit, eine Überlegenheit des Geistes, die ihn gegenüber allen Widrigkeiten unerschütterlich und unantastbar macht.

Allerdings: Im Gegensatz zum Epikureer, der sich in sein privates Dasein zurückzieht, um sich selbst ungestört zu genießen, stellt sich der Stoiker der Welt. Er wächst durch den Widerstand, den die Welt ihm entgegensetzt, zum wahren Menschen empor. Diese Selbstbehauptung ist für ihn etwas Wesentliches. Er kann sich freilich nur selbst behaupten, indem er freudig „Ja" sagt zu dem Schicksal, das auf ihn zukommt. Die Schule der Stoa hat das mit einem drastischen Bild zum Ausdruck gebracht[2]:

> *Der Mensch gleicht einem Hund, der an einen Wagen gebunden ist. Wenn der Hund klug ist, läuft er freiwillig und vergnügt mit; wenn er sich aber auf die Hinterbeine setzt und jault, wird er mitgeschleift.*

Seneca formuliert es etwas philosophischer, sagt dabei aber genau dasselbe[3]:

> *Wenn du einwilligst, führt dich das Schicksal; wenn du nicht einwilligst, zwingt es dich.*

Der Stoiker kann zum Schicksal sein „Ja" sagen, weil alles, was ihm geschieht, gut ist. Die Weltvernunft, der All-Logos, der Weltgeist, hat es ja so vorgesehen. Der Mensch soll das Schicksal, das ihn trifft, geradezu lieben *(amor fati)*. Es kann nur gut sein. Denn das innerste Gesetz der Welt ist Harmonie. In dem berühmten Zeushymnus des Kleanthes heißt es[4]:

> *Kein Werk geschieht auf Erden ohne dich, Gottheit, weder in der göttlichen Äthersphäre noch im Meer, außer dem, was die Schlechten in ihrer eigenen Torheit tun. Aber du weißt sowohl das Ungerade gerade zu machen als auch das Ungeordnete zu ordnen, und Nicht-Liebes ist dir lieb. Denn so fügtest du zu e i n e m alles zusammen, Edles mit Schlechtem, dass e i n e Vernunft, ewig seiend, aus allem entsteht.*

Die Harmonie der Welt wird also durch das Böse nicht wirklich gestört. Am Ende des Hymnus bitten die Stoa-Schüler, die den Hymnus vor ihrem Unterricht beten, um die rechte Einsicht und um die Bewahrung vor verderblicher Unerfahrenheit und Unwissenheit, damit sie in der Lage sind, das innere Gesetz des Kosmos zu preisen, unter dem sowohl Götter wie Menschen stehen.

Insgesamt muss man sagen: In der Stoa wird das Negative aus der Welt herausbefördert, indem es in der Positivität des Ganzen aufgeht. Die Welt als ganze ist gut, das Böse keine wirkliche Macht. Das Böse ist nur der Reibungswiderstand, an dem sich das Gute entzündet und aufflammt. Das Böse ist nichts anderes als eine Art ‚List', mit der die Welt zum Guten fortschreitet. Es ist geradezu die Ermöglichung des Guten. Ohne das Böse gäbe es kein Gutes; das Böse gehört zur Harmonie des Kosmos. Im Übrigen ist zu bedenken, dass die Stoa im Gefolge einer breiten Strömung griechischer Philosophie das Sich-Verfehlen des Menschen in der ‚Unwissenheit' begründet. Wer das Gute wirklich kennt, tut es auch.

Der Stoiker denkt vom Menschen groß, er setzt auf die Würde und Herrlichkeit des Menschen. Er vertritt eine Religion der Humanität. Der Mensch ist, was seinen Geist betrifft, göttlich wie das Weltall. Weil für den stoischen Weisen die Selbstbehauptung unerlässlich ist, braucht er keine Gnade. Cicero charakterisiert in seiner Verteidigungsrede „Pro Murena" die Lehre Zenons sogar folgendermaßen:

> *Der [stoische] Weise lässt sich durch die Gnade niemals rühren. Er kennt keine Nachsicht für irgendein Vergehen. Niemand ist barmherzig, außer er ist ein Tor oder ein Wankelmütiger. Eines Mannes Sache ist es nicht, sich erbitten oder beschwichtigen zu lassen (...) Der Weise wähnt[5] nichts, bereut nichts, täuscht sich in nichts, ändert niemals seine Meinung. (Pro Murena 61)*

Cicero instrumentalisiert und ironisiert hier zwar die Alte Stoa für seine rhetorischen Zwecke[6]. Trotzdem hat er Richtiges gesehen. Reue, Mitleid und Barmherzigkeit werden von der stoischen Ethik als sinnlos angesehen. In seiner Schrift „De clementia" betont Seneca: Der stoische Weise zeigt Güte *(clementia)*, hütet sich aber vor der Barmherzigkeit. Er hilft dem, der Hilfe braucht, aber er tut es ohne jedes Mitleid. Er gewährt keine Gnade, sondern handelt vernünftig und sachgerecht[7].

> *Der Weise erbarmt sich nicht, weil das ohne Elend des Geistes gar nicht geschehen kann[8].*

Innerhalb dieses ethischen Systems war für Sünde, Schuld und Reue im christlichen Sinn wenig Platz. Der Begriff ‚Sünde' passt nicht in die Philosophie der Stoa. Erst recht nicht der Begriff einer Schuldverflochtenheit, einer Sündenmacht, die dem Menschen die Freiheit nimmt und seine Vernunft vergiftet.

*

Allerdings konnte das Christentum in nicht wenigen Punkten an die Stoa anknüpfen, vor allem an das stoische Naturrecht und bis zu einem gewissen Grad auch an die stoische Pflichtenlehre. Die hohe Humanität der Stoa schien vielen in der frühen Kirche so verlockend, dass ein unbekannter Autor in der 2. Hälfte des 4. Jahrhunderts sogar eine Geheimkorrespondenz zwischen dem römischen Stoiker Seneca und Paulus erfand. Es existiert noch ein Corpus von vierzehn kurzen Briefen, in denen Paulus und Seneca einander freundliche Komplimente machen. Das hohe Ansehen Senecas in der spätantiken westlichen Theologie sollte auf diese Weise apostolisch sanktioniert werden[9]. Die vierzehn Briefe galten übrigens dem gesamten Mittelalter als echt. Erst in der Zeit des Humanismus wurden sie als Fälschung entlarvt.

Bereits das Faktum dieser Briefe zeigt: Die Stoa war beliebt, auch nach der Ausbreitung des Christentums. Nicht wenige ihrer Positionen blieben auch während der Christianisierung Europas weiter im kulturellen Gedächtnis – als Schatz aus dem Heidentum.

Als dann seit dem 14. Jahrhundert die Antike ihre Wiedergeburt erlebte und der Humanismus der Neuzeit aufblühte, gewann die Stoa in Europa neue Anziehungskraft. Seitdem verlor sie nie mehr ihre Macht, bildete einen gewaltigen, manchmal unterirdisch, manchmal oberirdisch fließenden Strom und trat in der europäischen Aufklärung wieder voll in das Bewusstsein der geistigen Eliten. Entsprechend schlecht erging es dem Sündenbegriff und erst recht der christlichen Vorstellung von der Erbsünde.

Die Zeit der Aufklärung war von einem uns kaum mehr vorstellbaren moralischen Erziehungsoptimismus beseelt. Man glaubte an die Perfektibilität der Welt, das heißt, man war überzeugt, die Gesellschaft werde sich stetig zum Guten weiterentwickeln, denn der

Mensch sei gut. Man brauche ihm nur das Wahre, Gute und Schöne vor Augen zu führen, so könne er es auch tun. Was in der Gesellschaft schlecht sei, komme aus falscher Erziehung, negativen Beispielen und beklagenswerten Verhältnissen. Insofern habe die rechte Erziehung zwar immer mit Sünde zu rechnen. Aber die Sünde sei überwindbar und beherrschbar.

Die Vorstellung einer Erbsünde erschien den Philosophen – und teilweise auch den Theologen der Aufklärungszeit[10] – mehr und mehr als etwas Absurdes. Sie sagten: Schuld ist immer persönliche Schuld, und persönliche Schuld kann nicht anderen angelastet werden. Erst recht könne sie sich nicht auf andere übertragen. Der Glaube, dass eine Ursünde dem gesamten Menschengeschlecht angerechnet werde, wurde als Affront gegen die Güte und Gerechtigkeit Gottes angesehen. Wie könne man einen Gott lieben, wurde gefragt, der den Menschen im Elend leben lasse, weil ein anderer Mensch irgendwann gesündigt habe? Der evangelische Theologe Johann August Eberhard († 1809), Professor in Halle, fand die Lehre von der Erbsünde nicht nur „anstößig", sondern „allen menschlichen Empfindungen peinlich und der Gottheit unanständig"[11]. Wie er dachten viele.

*

Geradezu exemplarisch tritt das alles bei Jean-Jacques Rousseau (1712–1778) in Erscheinung[12]. Er war mit seiner literarischen Könnerschaft und getragen vom Impetus der neuen Vernunftgläubigkeit eine der wirkmächtigsten Figuren der Neuzeit. Mit so etwas wie Erbsünde konnte er nichts anfangen. Der Mensch sei von Natur aus gut.

Rousseau hat zwar, wie Augustinus, Confessiones geschrieben. Aber er bekennt in ihnen nicht seine Sünden, sondern seine Natürlichkeit. Er weiß sich ‚natürlich', gerade auch in seinen Fehlern und Lastern[13]. Aber was heißt das nun genauer: der Mensch sei gut? Rousseau schreibt in einem Brief an Monsieur Malesherbes:

> *O mein Herr, wenn ich je auch nur ein Viertel von dem hätte schreiben können, was ich unter jenem Baum gefühlt und gesehen habe, mit welcher Klarheit hätte ich nicht all die Widersprüche unseres Gesellschaftssystems enthüllt, mit welcher Kraft hätte*

ich nicht die Mißstände unserer Institutionen dargetan, mit welcher Einfachheit hätte ich nicht bewiesen, dass der Mensch von Natur gut ist und es allein die Institutionen sind, die den Menschen böse machen[14].

Mit der Wendung „unter jenem Baum" bezieht sich Rousseau auf eine für ihn wichtige innere Vision, auf eine Art Schlüsselerlebnis, bei dem ihm blitzartig das Wesen von Mensch und Gesellschaft aufgegangen war: Nicht der Mensch ist böse, sondern böse machen ihn die Verhältnisse. In seiner programmatischen Schrift „Émile oder Über die Erziehung", erschienen 1762, schreibt er:

Halten wir als unbestreitbare Maxime fest, dass die ersten Regungen der Natur immer richtig sind. Es gibt keine Ur-Verderbtheit des Herzens. Es gibt darin kein einziges Laster, von dem man nicht sagen könnte, wie und woher es dort eingedrungen ist[15].

Nun könnte man diesen Sätzen ja durchaus einen christlichen Sinn abgewinnen. Zumal Rousseau in seinen Schriften schneidende Kultur- und Gesellschaftskritik übt und immer wieder betont, dass es zur Entmenschlichung des Menschen durch den Menschen selbst kam. Der „Émile" beginnt geradezu fanfarenartig mit den Sätzen[16]:

Alles, was aus den Händen des Schöpfers kommt, ist gut; alles entartet unter den Händen des Menschen. Er zwingt einen Boden, die Erzeugnisse eines anderen Bodens zu züchten, einen Baum, die Früchte eines anderen Baumes zu tragen. Er vermischt und verwirrt Klima, Elemente und Jahreszeiten. Er verstümmelt seinen Hund, sein Pferd, seinen Sklaven. Er erschüttert alles, entstellt alles – er liebt die Missbildung, die Monstren. Nichts will er so, wie es die Natur gemacht hat, nicht einmal den Menschen. Er muss ihn dressieren wie ein Zirkuspferd. Er muss ihn seiner Methode anpassen und umbiegen wie einen Baum in seinem Garten.

Die These, der Mensch sei von Natur aus gut und habe sein Elend selbst verschuldet, könnte an sich durchaus mit dem biblischen Bild vom Sündenfall in Einklang stehen. Sieht man aber genauer hin, so zeigt sich die Problematik der Sicht Rousseaus. Denn seine These vom guten Menschen meint eben nicht nur den Menschen, wie er laut der Paradiesesgeschichte einmal war oder wie er – moderner gesprochen – hätte sein können, sondern er meint damit auch das ‚natürlich unverbildete' Kind. Nach Meinung Rousseaus wird es erst durch seine Umwelt verdorben. Würde das Kind in die richtige Umgebung versetzt und vernunftgemäß erzogen – auf welche Weise dies geschehen kann, will seine Erziehungsschrift zeigen – so würde sich gerade nicht der sich selbst entfremdete Mensch entwickeln, wie ihn die Gesellschaft ständig erzeugt.

Am Ende des 3. Buches des Émile schaut Rousseau zurück. Émile ist jetzt 15 Jahre alt geworden, und sein Mentor Rousseau hat ihn nach seinen Grundsätzen erzogen. Was ist dabei herausgekommen?[17]

> *Émile ist fleißig, mäßig, geduldig, entschlossen und mutig. Seine Phantasie ist nicht erhitzt und vergrößert ihm daher niemals die Gefahren. Er ist nicht wehleidig und kann geduldig leiden, weil er gelernt hat, nicht mit dem Schicksal zu hadern. Vom Tod weiß er nicht genau, was das ist. Aber, da er gewohnt ist, sich widerstandslos dem Gesetz der Notwendigkeit zu beugen, so wird er ohne Klagen und Widerstand sterben. Das ist alles, was die Natur in diesem, von jedermann verabscheuten Augenblick gestattet. Frei zu leben und wenig an menschlichen Dingen zu hängen, ist das beste Mittel, sterben zu lernen. (…)*
>
> *Er betrachtet sich selbst, ohne an die anderen zu denken, und findet es richtig, dass die anderen nicht an ihn denken. Er verlangt von niemandem etwas und glaubt, niemandem etwas schuldig zu sein. Er steht allein in der menschlichen Gesellschaft und vertraut nur auf sich selbst. Er hat auch mehr Recht dazu als ein anderer, denn er ist so vollkommen, wie man in seinem Alter nur sein kann. Er hat keine Irrtümer oder nur die, die für uns alle unvermeidlich sind. Er hat keine Fehler oder nur die, vor denen sich keiner schützen kann. Er ist gesund, gelenkig; er hat einen geradezu unbestechlichen Geist, ein freies und leidenschaftsloses Herz. Sogar die Selbstliebe, die erste und natürlichste Liebe, ist darin noch kaum entwickelt. Ohne jemandes Frieden zu stören, hat er zufrieden, frei und glücklich gelebt, soweit es ihm die Natur erlaubt hat.*

Sehen wir einmal von dem seltsamen Erziehungsprinzip ab, gemäß dem Rousseaus imaginärer Zögling bis zu diesem Augenblick noch nichts von Religion hören durfte, noch nie gebetet hat, ja nicht einmal mit Armen und Bedürftigen konfrontiert wurde. Émile wird in das alles ja noch eingeführt werden. Rousseau hat Dinge, die ein Kind von Anfang an und Schritt für Schritt lernen sollte, fein säuberlich auf zwei Lebensphasen verteilt. Eine gewiss fragwürdige Zuordnung! Aber viel schwerwiegender ist, dass Rousseau allen Ernstes glaubt, durch seine Erziehung dafür gesorgt zu haben, dass sich in seinem Schützling einzig und allein ‚Naturgegebenes' entfalten konnte.

Welch ein Irrtum! Er hat seinen Zögling gehörig geformt oder sagen wir ruhig verformt. Wozu? Zu einem eingefleischten kleinen Stoiker! Émile hat ja leiden gelernt. Er ergibt sich in sein Schicksal. Er beugt sich dem Gesetz der Notwendigkeit. Er wird einmal ohne Widerstand sterben. Er hängt nicht an menschlichen Dingen. Er ist autark und niemandem etwas schuldig. Er vertraut nur auf sich selbst. Er ist leidenschaftslos. Das alles zeigt, wie wenig sich bei Émile nur ‚Natur' entfaltet hat.

Rousseau hat zwar die Sitten, die Grundsätze und Vorurteile seines Jahrhunderts tief verachtet. Er hat gewusst, wie sehr die Gesellschaft den Menschen beeinflusst. Er rechnet mit Erziehungsfehlern, die das Kind schon früh verbiegen. Aber offenbar hat er nicht gewusst, wie tief die Leitbilder der Gesellschaft reichen. Der Mensch nimmt sie unablässig in sich auf.

Rousseau geht davon aus, dass es inmitten der Gesellschaft neutrale Räume geben könne, die wertneutral, die ‚natürlich' sind. Gerade vor dieser Illusion hätte ihn das Dogma von der Erbsünde bewahrt, wenn er einen Zugang zu ihm hätte finden können: Es gibt diese *natura pura* nicht, erst recht nicht eine *societas pura.* Selbst das Kind, das Rousseau vor der Gesellschaft und ihren Leitbildern schützen will, ist schon mitten in ihr – auch und gerade durch seine Erzieher, durch die das Kind von Anfang an bereits Gesellschaft verinnerlicht. Es gibt geheilte Welt, die dem Bösen abgerungen ist. Aber es gibt kein Stück Welt, das von Natur aus, das von sich aus heil wäre.

In dem gerade zitierten Text aus dem Émile und in vielen anderen Texten ist bei Rousseau von dem „amour de soi-même", der „Selbstliebe", die Rede. Sie sei für den Menschen grundlegend. Aus dieser natürlichen Selbstliebe, die Ausdruck der fundamentalen Gutheit des Menschen sei, erfließe alle Nächstenliebe. Ja, aus der Selbstliebe erfließe sogar die Gottesliebe, weil es eine natürliche Folge der Selbstliebe sei, jenes höchste Wesen zu lieben, das uns beschütze und uns wohl wolle.

Auch das ist eine der Illusionen Rousseaus. Die Selbstliebe, die zur biologischen Ausstattung des Menschen gehört, ist wie alles andere am Menschen von Anfang an hineingestellt in die Koordinaten einer Gesellschaft, die eben nicht ‚natürlich-gut' ist. Übrigens wandelt Rousseau mit seinem Lobpreis der unschuldigen Selbstliebe des Menschen wohlwissend in der Halle der Stoiker. Auch die Stoiker hatten behauptet, dass die Gottesliebe nichts anderes als eine Entfaltung der Selbstliebe sei.

*

Wir können uns heute kaum mehr vorstellen, wie sehr Rousseaus Erziehungsoptimismus, verbunden mit seinem Naturenthusiasmus, die Zeitgenossen begeisterte. Hatte er doch seine Thesen mit glühendem Herzen und gewandter Feder niedergeschrieben. Als Rousseau 1778 gestorben war, wurde seine Grabstätte im Park von Ermenonville zu einem Wallfahrtsort, an dem man Pseudo-Liturgien zelebrierte. Zu den Pilgern gehörte auch Robespierre.

Im Jahre 1794 wurden die Überreste Rousseaus ins Pariser Panthéon überführt. Rousseau war eine Kultfigur geworden. Eine Blütenlese seiner markantesten Äußerungen zur Religion wurde in einer Art Andachtsbuch zusammengestellt. Für die Erbsünde gab es in diesem Weltbild keinen Platz. Rousseau erachtete den Glauben an die Erbsünde als eine Beleidigung Gottes und des Menschen.

Trotzdem kann man nicht sagen, Rousseau hätte sich von der christlichen Erbsündenlehre völlig entfernt. Sie steht bei ihm noch immer im Hintergrund. Nur wird sie jetzt radikal umgedeutet. Der entscheidende Text ist hier der sogenannte „Zweite Discours" Rousseaus. Er trägt den Titel: „Abhandlung über den Ursprung und die

Grundlagen der Ungleichheit unter den Menschen" (1755). Dem Zustand der paradiesischen *Unschuld und Integrität* entspricht hier der Naturzustand des natürlich-edlen Wilden, der noch nicht auf Privateigentum pocht und noch nicht in einer arbeitsteiligen Gesellschaft leben muss:

> *Solange sich die Menschen mit ihren einfachen Hütten begnügten, solange sie sich darauf beschränkten, ihre Kleider mit Dornen oder Gräten aus Tierhäuten zu nähen, sich mit Federn und Muscheln zu schmücken, sich den Körper mit verschiedenen Farben zu bemalen, ihre Pfeile und ihre Bogen zu vervollkommnen und zu verschönern, mit scharfen Steinen ein paar Fischerboote oder ein paar primitive Musikinstrumente zu schnitzen; mit einem Wort: solange sie sich nur Arbeiten zuwandten, die einer allein ausführen konnte, und nur solchen handwerklichen Künsten, die nicht das Zusammenwirken mehrerer Hände nötig machten, lebten sie so frei, gesund, gut und glücklich, wie sie es ihrer Natur nach nur sein konnten, und genossen untereinander weiterhin die Wonnen eines unabhängigen Umgangs miteinander.*
>
> *Aber von dem Augenblick an, da ein Mensch die Hilfe eines anderen benötigte, und sobald man gewahr wurde, daß es einem einzelnen nützlich ist, Vorräte für zwei zu haben, verschwand die Gleichheit, das Eigentum kam auf, die Arbeit wurde zur Notwendigkeit, und die ausgedehnten Wälder verwandelten sich in anmutige Felder, die mit dem Schweiß der Menschen begossen werden mußten und auf denen man bald die Sklaverei und das Elend keimen und wachsen sah. Die Metallbearbeitung und der Ackerbau waren die beiden Künste, deren Erfindung diese große Umwälzung hervorgebracht hat*[18].

Am Anfang war also auch hier das Paradies. Dann kam der Sündenfall. Dem *Sündenfall der Bibel* entspricht bei Rousseau die überhandnehmende Vergesellschaftung seit der Erfindung des Ackerbaus und der Metallbearbeitung. Mit dem Privateigentum wächst die Habgier des Menschen, und seit es Arbeitsteilung gibt, wächst seine Entfremdung. Erst mit der wachsenden Zivilisation kommt das Böse in die Welt, und in dem Maß, in dem Wissenschaft und Kunst fortschreiten, werden die Seelen verderbt.

Allerdings: Der Mensch hat auch nach seinem gesellschaftlichen Sündenfall noch die Möglichkeit, dem Bösen zu entkommen. Denn er ist eben von Natur aus gut. Bei seiner Geburt ist er noch völlig unverdorben. Erst die Gesellschaft korrumpiert ihn. Wird er richtig erzogen, kann er dem gesellschaftlich-Bösen entrissen werden[19]. Insofern folgt Rousseau – trotz seiner radikalen Kultur- und Gesellschaftskritik – doch auch wieder dem allzu naiven Glauben der Aufklärung an die bildungsfähige Menschennatur. Hier schwimmt er in einem breiten Strom.

*

Derjenige, der diesem Optimismus am stärksten Widerpart bot, war Kant. Er wollte seiner Zeit die Notwendigkeit, aber auch die enorme Schwierigkeit des moralischen Fortschritts zum Besseren vor Augen halten. Kant ringt deshalb jahrzehntelang darum, Elemente der christlichen Erbsündenlehre im Rahmen aufgeklärter Vernunft zu denken. Dieses Ringen findet seinen Höhepunkt im „Ersten Stück" seiner Schrift: „Die Religion innerhalb der Grenzen der bloßen Vernunft", vorab veröffentlicht im April 1792 in der „Berlinischen Monatsschrift". Bezeichnenderweise trägt dieses „Erste Stück" den Titel: „Von der Einwohnung des bösen Prinzips neben dem guten; oder über das radikale Böse in der menschlichen Natur". Es ist nicht erforderlich, hier auf die Frage einzugehen, was Kant unter dem „radikalen Bösen" denn überhaupt verstanden hat[20]. Gegen den Gedanken einer Erbsünde als Folge einer Ursünde hat er sich jedenfalls auf das schärfste verwahrt[21].

Was uns hier interessiert, ist allein die Reaktion auf dieses Stück seiner Religionsphilosophie. Offensichtlich hatte er mit seinen Überlegungen in ein Wespennest gestochen. Goethe war tief verärgert, als er feststellen musste, dass Kant ungeniert vom „radikalen Bösen" sprach. Am 7. Juni 1793 schrieb er aus dem Feldlager bei Mainz an Herder:

(...) Dagegen hat aber auch Kant seinen philosophischen Mantel, nachdem er ein langes Menschenleben gebraucht hat, ihn von mancherlei sudelhaften Vorurteilen zu reinigen, freventlich mit dem Schandflecken des radikalen Bösen beschlabbert, damit doch auch Christen herbeigelockt werden, den Saum zu küssen[22].

Nicht anders reagierte Schiller. Er schrieb im gleichen Jahr an Körner über die Schrift Kants[23]:

Es ist einer seiner ersten Grundsätze empörend darin für mein und wahrscheinlich auch dein Gefühl. Er behauptet nämlich eine Propension [= einen Hang] des menschlichen Herzens zum Bösen, das er das radikale Böse nennt, und das mit den Neigungen der Sinnlichkeit ganz und garnicht verwechselt werden darf. Er setzt es über die Sinnlichkeit hinaus in die Person des Menschen als dem Sitz der Freiheit.

Man kann es nachfühlen, dass den großen Geistern der Goethezeit ein Nachdenken über die Erbsünde nicht behagte, selbst wenn es philosophisch verfremdet dargeboten wurde. Im Prolog zum Faust wird Goethe später Gott selbst sagen lassen:

Ein guter Mensch in seinem dunklen Drange
Ist sich des rechten Weges wohl bewusst.

Gott tritt hier im Gespräch mit Mephisto als aufgeklärter Humanist auf, als einer, der letztlich nur Unwissenheit, dunklen Drang, Gefährdung, nicht aber das Böse gelten lässt. Entsprechend ist Mephisto ein Teufel, der sich selbst nicht ernst nimmt. So ist auch bei Goethe das edle Heidentum der Stoa wieder zu vollem Leben erwacht.

Was damals die Gebildeten in Privatbriefen formulierten, nämlich Hohn und Spott über die Erbsünde, was sie öffentlich dann eher verhüllt ausdrückten, ist heute Zug um Zug in das Bewusstsein der Massen eingesickert. Georges Bernanos blieb ein eher einsamer Rufer, als er formulierte:

Die Leugnung der Erbsünde ist zweifellos weit folgenschwerer und für den Menschen viel gefährlicher als die Leugnung Gottes.

Die Tiefenpsychologie und die Biologie, vor allem die neue Hirnforschung, haben das Ihre getan, den Sündenbegriff aufzulösen. Ein rein biologistisches Denken kann gar nicht anders, als die Sünde wegzuerklären und den Menschen auf die Stufe der unschuldigen Tiere herabzudrücken. Die Soziologie spricht von ‚regelmäßigem' und von ‚abweichendem' Verhalten. Das muss sie auch, will sie ihre Grenzen nicht überschreiten. Aber der Effekt ist, dass bei den Endverbrauchern der Soziologie Gut und Böse zu einer Sache der Statistik werden. Erst recht stößt der Begriff der Erbsünde auf peinliches Schweigen. Er wird nicht einmal dort verstanden, wo die Kirche noch mit ihrer Seelsorge präsent ist.

Die Schwierigkeiten hängen – für die meisten wohl eher unbewusst – mit dem zusammen, was in Kapitel I / 1 als die personale Struktur der Sünde in der jüdisch-christlichen Tradition herausgestellt wurde. Gerade wenn die Sünde im *Personsein* verankert ist, scheint der Begriff einer Erbsünde ein Widerspruch in sich zu sein.

Die Kirche lehrt, den Kindern würde durch die Taufe die Erbsünde vergeben – und doch weiß jeder, dass ein Kind noch gar nicht gesündigt haben kann. Es konnte noch nicht als Person handeln. Wenn Sünde etwas Personales ist, wenn Sünde Erkenntnis, Freiheit und Verantwortlichkeit voraussetzt, kann ein neugeborenes Kind noch nicht schuldig geworden sein.

Hinzukommt, dass die kirchliche Erbsündenlehre aufgrund von Gen 3 mit der Vorstellung einer Ursünde verbunden ist. Diese Ursünde sei dann, wie das Wort ‚Erbsünde' andeutet, durch Fortpflanzung auf uns gekommen. Stellt man sich das auf einer rein juridischen Ebene vor, so werden Nachkommen für die Sünde eines Vorfahren haftbar gemacht. Fremde Schuld wird Unschuldigen angerechnet. Entsteht auf diese Weise nicht die unerträgliche Theorie einer Art Sippenhaftung?

Angesichts dieser Verständnis-Schwierigkeiten kommen wir nicht daran vorbei: Wir müssen genauer zusehen, was die Kirche mit dem Begriff der Erbsünde überhaupt meint. Und ein klein wenig müssen wir auch den wachsenden Widerstand der Neuzeit gegen die Erbsünde verstehen. Der Theologie ist es bis in die Mitte des

20. Jahrhunderts hinein nicht wirklich gelungen, die Lehre von der Erbsünde den Menschen verständlich zu machen.

3. Eine Vorstellungshilfe aus heutiger Erfahrung

Man kann sich das, was die Erbsünde ist, an einem Phänomen verdeutlichen, das die moderne Welt mehr und mehr beschäftigt – nämlich an der Umweltverschmutzung. Zumindest die westliche Welt hat diese Gefahr für unseren Planeten inzwischen erkannt und reagiert – mehr oder weniger – sensibel darauf. Zwischen der Erbsünde und gegenwärtigen Problemen der Ökologie gibt es auffallende Übereinstimmungen formaler Art, die einen Hinweis geben können, was mit der Rede von der Erbsünde überhaupt gemeint ist. Es geht also im Folgenden nicht darum, die Umweltverschmutzung als ein Stück Erbsünde zu erweisen. Wahrscheinlich ist sie das auch. Aber das ist nicht der Punkt, auf den es hier ankommt. Verglichen werden vielmehr *formale* Übereinstimmungen.

*

Konstruieren wir ein Szenario! Da war – sagen wir im 19. Jahrhundert – irgendwo in Deutschland ein Gebiet, wo man Getreide anbaute, Kühe im Stall hatte und wo es Streuwiesen mit hohen Apfel- und Birnbäumen gab. Einzelne Gehöfte unterbrachen die Felder und Wiesen, und jedes Gehöft hatte seinen eigenen Brunnen beziehungsweise seine eigene Pumpe, um Grundwasser heraufzuholen. An Kanalisation und Kläranlagen dachte dort noch niemand.

Gegen Ende des Jahrhunderts siedelte sich wegen der günstigen Verkehrslage Industrie an. Und dann ging alles sehr schnell. Bald sah man am Horizont Schornsteine, die das ganze Jahr hindurch Schwefeldioxyd in die Luft bliesen. Giftstoffe und Altöle fielen in großen Mengen an; der Einfachheit halber ließ man sie einfach in den Boden sickern. Anderes leitete man in die Bäche, die immer stinkiger wurden. So etwas wie Entsorgung kannte man noch kaum. Auch der Begriff der Umwelt war noch nicht geboren.

Später kamen dort, wo die Landwirtschaft nicht verdrängt wurde, große Mengen von Insektiziden hinzu, von deren Gefährlichkeit man noch nichts wusste. Seit den 40er Jahren des 20. Jahrhunderts wurden hemmungslos DDT und andere Pflanzenschutzmittel gespritzt. Um die Mitte des 20. Jahrhunderts war die Erde in der gesamten Region kontaminiert. Im Boden gab es Ablagerungen von Blei, Kadmium, Quecksilber, Arsen und vielen anderen Schadstoffen. Die Fische in den Bächen waren längst tot oder quecksilberverseucht, der Salat und das Gemüse in den Hausgärten durchsetzt mit gefährlichen Metallverbindungen, das Grundwasser, das man in den Gehöften heraufpumpte, machte die Menschen krank. Das alles braucht nicht im einzelnen geschildert zu werden.

Wir betrachten jetzt ein Kind, das in diese Szene hineingeboren wird. Es kann nichts für die Umweltverschmutzung. Es kann nichts dafür, dass es Milch zu trinken bekommt, in der Dioxin ist. Es kann nichts dafür, dass der Spinat, den ihm die Mutter zubereitet, verbleit ist. Und es weiß auch noch nicht, dass sein Dauerhusten auf Chemikalien in der Luft zurückgeht. Es ist zunächst absolut schuldlos.

Schuldig waren diejenigen, die das gesamte Gebiet verseucht hatten. Und selbst diese Verursacher waren sich über die Folgen dessen, was sie getan hatten, oft noch nicht wirklich im klaren. Für unsere Frage nach der Erbsünde können wir von diesem Umwelt-Szenario *fünf* Dinge lernen:

1. Jedes Kind, das in dieser Region zur Welt kommt, wird in einen Unheilszusammenhang hineingezeugt. Es ist selber zunächst ganz unschuldig. Aber es ist von Schadstoffen umgeben. Es nimmt sie in sich auf – in die Leber, in die Lunge, ins Fettgewebe. Die Schadstoffe bleiben nicht auf der Haut sitzen. Sie gehen ihren Weg bis in das Innerste des Organismus hinein. Das einzelne Kind kann sich der Situation, in der es leben muss, nicht entziehen. Sie ist ihm vorgegeben.

2. Der Mensch, der in die beschriebene Unheilssituation hineingeboren wird, verstärkt sie seinerseits. Wieso? Ganz einfach: Bis in die Mitte des 20. Jahrhunderts hinein hatte man für Umweltfragen wenig Sensibilität. Man glaubte, unser Planet könne alles schlucken. Erst als im Jahre 1962 das Buch der Amerikanerin Rachel Louise

Carson „Silent Spring" („Der stumme Frühling") erschienen war, begann man in den USA und in Europa sensibel zu werden. Frau Carson hatte beobachtet, dass es dort, wo sie wohnte, seit Jahren keine Singvögel mehr gab. Der Frühling blieb stumm. Sie hatte untersucht, woran das lag, und war auf die Folgen der massiven Verwendung von DDT in der Landwirtschaft gestoßen.

Angenommen, das Kind, von dem wir sprachen, hätte *vor* diesem Buch gelebt, in der Zeit, in der es noch keine Aufklärung über Umweltschäden gegeben hatte. Nachdem es herangewachsen war, tat es mit hoher Wahrscheinlichkeit genau dasselbe, was auch alle anderen taten: Er verunreinigte seine Umwelt. Das heißt, er beteiligte sich, älter geworden, an dem Unheilszusammenhang, in den es hineingewachsen war. Es *verstärkte* ihn durch sein eigenes Handeln.

Man könnte also, wenn man das Ganze unter dem Aspekt der Sünde betrachtet, durchaus von Schuldverflochtenheit sprechen. Da gab es zunächst die Anfangsverursacher der Umweltverschmutzung, also diejenigen, die mit dem Ganzen begonnen hatten. Sie waren teils schuldig, teils unschuldig, je nachdem, ob sie wussten, was sie taten. Dann kamen die Mittäter oder Mitläufer hinzu, also diejenigen, die wie selbstverständlich mitmachten bei dem, was schon andere vor ihnen getan hatten. Auch sie konnten wie die Anfangsverursacher teils schuldig, teils unschuldig sein, je nach dem Maß ihrer Einsicht. Auf jeden Fall entstand eine Schuldverflochtenheit, bei welcher der Anteil wirklich persönlicher Schuld des Einzelnen nachträglich kaum mehr zu bestimmen ist. Das Ganze ähnelt eher einem Gewebe, in dem unzählige Fäden kreuz und quer laufen und alles irgendwie – aber eben schwer bestimmbar – miteinander zusammenhängt.

Weil es immer Mittäter und Mitläufer gibt, neigt ein Unheilspotential dazu, sich zu vergrößern und Zug um Zug mächtiger zu werden. Das hängt mit dem Phänomen der Mimesis, der Nachahmung zusammen. Was der eine macht, machen auch andere. Was alle machen, macht in den meisten Fällen der Einzelne mit. Das Unheil potenziert sich. Selbst die zunächst unschuldig Geborenen werden immer mehr in das Ganze hineinverwickelt.

3. An dem Beispiel der zerstörten Umwelt lässt sich aber auch noch Folgendes zeigen: Der Unheilszusammenhang, der hier geschildert wurde, besteht nicht nur aus dem Gift, das bedenkenlos ausgestreut wurde. Will man der ganzen Situation wirklich auf den Grund kommen, muss man auch von der zunehmenden Industrialisierung reden, von der damals zu geringen Betriebsgröße vieler Bauernhöfe, vom starken Anstieg der Geburtenrate, vom Zerreißen des sozialen Netzes auf dem Land, von der Landflucht, von heimatlosen Massen, die in öden Vorstädten wohnten, von bedrückender Armut bei den einen, zugleich aber von der Möglichkeit, Riesengewinne zu machen bei anderen.

Die industrielle Revolution hat im 19. Jahrhundert die sozialen Verhältnisse Europas und der USA tiefgreifend verändert. So positiv die Industrialisierung in vieler Hinsicht war, so unheilbringend war sie in anderer Hinsicht. Sie brachte nicht nur Gutes, sondern sie schuf auch Strukturen, die nachhaltig Unheil produzierten. Es gibt also auch so etwas wie ‚strukturelle Sünde'. Wie sie zustandekommt, ist meist schwer zu fassen. Sie beruht, wie jeder Unheilszusammenhang, auf komplexen Ursachen – und die Schuldverflochtenheit in ihr reicht von naiver Ahnungslosigkeit bis zu dem brutalen Egoismus Einzelner.

4. Unser Szenario zeigt aber noch mehr: Die Rede von einem Unheilszusammenhang setzt immer schon ein Kontrastbild voraus. Wäre es anders, könnte gar nicht von Unheil geredet werden. Wir Heutigen wissen und unsere Vorfahren ahnten es vielleicht, was eine zerstörte Umwelt bedeutet und welche Folgen sie hat. Aber irgendwann musste es jemanden geben, der das in aller Deutlichkeit zum ersten Mal sah. Irgendwann musste es eine Amerikanerin geben, der auffiel, dass um ihr Haus keine Vögel mehr sangen. Selbstverständlich war sie nicht die einzige. Aber sie hat es als erste so deutlich artikuliert, dass viele aufmerksam wurden und plötzlich mit ihr sagten: Eigentlich sollten doch unsere Bäche klar und die Luft rein und unser Gemüse ohne Gift sein. Eigentlich sollten im Frühling die Vögel singen.

Ohne Kontrastbild ist ein Unheilszusammenhang nicht zu diagnostizieren. Für die Theologie ist diese Einsicht von Wichtigkeit.

Denn auch die Erbsündenlehre hatte von Anfang an ihr Kontrastbild: das Paradies. Der Erzähler von Gen 2–3 hat dieses Kontrastbild dem Leser sogar bewusst vor Augen gestellt, damit er den Unheilszusammenhang, in dem er gegenwärtig lebt, in seinem ganzen Ausmaß erkennen kann. Die Frage ist nur: Gab es dieses Kontrastbild tatsächlich als Realität am Morgen der Menschheitsgeschichte? Oder ist es vielleicht das Ziel aller Geschichte? Oder hat es ausschließlich diagnostische Funktion, soll also für den Leser nur eine Hilfe sein, die eigene Situation zu begreifen? Wir können die Frage an dieser Stelle noch nicht beantworten. Für die Antwort muss das ganze Problem der Evolution miteinbezogen werden.

5. Zurück zu unserem Szenario! Wem es zu konstruiert erscheint, der kann sich das Ganze auch an anderen ökologischen Problemen verdeutlichen, etwa am Klimawandel. Die weltweiten Temperaturen steigen langsam, aber anscheinend unaufhaltsam an. Viele Wissenschaftler sind überzeugt, die Erderwärmung sei menschengemacht oder sei zumindest mitbedingt durch zivilisatorische Entwicklungen. Nehmen wir einmal an, sie hätten recht.

Für unsere Fragestellung ergäbe sich dann ein besonders interessanter Aspekt: Vorausgesetzt, dass die These vom menschengemachten Klimawandel stimmt, geht die Erwärmung der Meere und der Luft doch derart langsam vor sich, dass sie – von Ausnahmen wie etwa dem Rückgang der Gletscher abgesehen – kaum zu erkennen ist. Die Fachleute sprechen deshalb von einer „schleichenden Normalität". Viele Zeitgenossen glauben auch heute noch, dass eigentlich alles normal sei und die Warnungen der Fachleute nichts anderes als Panikmache seien. Das Phänomen der „schleichenden Normalität" gibt es natürlich genauso bei der Umweltverschmutzung, die wir anfangs beschrieben haben.

Die Frage drängt sich auf: Verhält es sich bei der Erbsünde nicht ähnlich? Das Elend des Menschen und die Entstellungen menschlicher Gemeinschaft werden von vielen als normal, ja als naturgegeben hingenommen. Das Entsetzliche wird als ‚natürlich' angesehen. So sei halt der Mensch, sagt man. In Wirklichkeit gilt auch hier, was von den meisten Zerstörungen natürlicher Lebensräume gilt: Das Unheil geht vom Menschen aus. Es gibt eine Unheilsgeschichte, verursacht von Menschen. Und sie darf auf keinen Fall als Schicksal oder gar als Selbstverständlichkeit hingenommen werden.

Auch in die globale Erderwärmung werden wir heute hineingeboren. Und zwar zunächst völlig schuldlos. Wir leben und atmen in einer Unheilssituation, die wir nicht gemacht haben. Aber es geschieht dann allzu schnell, dass wir diese Unheilssituation mitverursachen, mittragen, mitverstärken – sie uns also zu eigen machen, ja sie gleichsam ratifizieren.

*

Mit all dem sind wir jetzt schon sehr nahe an das herangekommen, was Erbsünde besagt. Selbstverständlich sind für den Begriff ‚Erbsünde' noch weitere Präzisierungen notwendig. Es ist aber bereits deutlich geworden, was mit einer Unheilssituation, mit einem Unheilszusammenhang und mit Schuldverflochtenheit gemeint ist. Dass es bei der Erbsünde nicht um Chemie geht, sondern um Schuld, die sich in der Menschheitsgeschichte angehäuft hat, ist klar. Das Gemeinsame ist: Wir alle werden in Unheilssituationen hineingezeugt.

Einer der Unterschiede liegt darin, dass unsere derzeitigen Umweltprobleme gegenüber dem, was uns an wirklichem Unheil umgibt, geradezu harmlos sind. Man kann sogar den Eindruck haben, dass die oft fast hysterische Aufblähung der Umweltfragen eine Ersatzhandlung ist angesichts der wahren Not unserer Welt – nämlich der Gewalt, der Gier, der Meinungs-Manipulation und vieler anderer Faktoren. Es gibt heute nicht nur eine immense Zerstörung menschlicher Lebensräume (dagegen kämpfen viele), sondern es gibt eine Innenweltzerstörung, die viel gefährlicher ist. Sie wird – im Gegensatz zu der Umweltproblematik – von den meisten Zeitgenossen hingenommen, ja oft nicht einmal zur Kenntnis genommen.

4. Schuldpotentiale in der Geschichte

Betrachten wir jetzt parallel zu unserem Umwelt-Szenario die Geschichte und ihre Schuldpotentiale. Wenn ein Kind auf die Welt kommt, wird es nicht in einen geschichtsneutralen Raum, erst recht nicht in einen Raum der Unschuld hineingeboren. Die Welt, die Gesellschaft, in der wir uns vorfinden, ist tief geprägt von Geschichtsmächten, die unser Leben bestimmen. Machen wir uns das, was mit dem Wort ‚Geschichtsmächte' gemeint ist, wiederum an einem konkreten Beispiel klar:

Im Jahre 1899 schrieb der Zoologe und Naturphilosoph Ernst Haeckel sein berühmt-berüchtigtes Buch: „Die Welträtsel". In diesem Buch inszeniert er eine rein materialistische Erklärung der Welt. Er sagt: Es gibt keinen Gott. Es gibt keine unsterbliche Seele. Es gibt keine Willensfreiheit. Alles ist Materie. Nur die Materie ist ewig.

Das Buch wurde immer wieder neu aufgelegt. Es wurde in 24 Sprachen übersetzt, und Haeckel selbst war ein vielbegehrter Vortragsredner. Er verseuchte mit seiner Weltanschauung nicht nur das fortschrittsgläubige Bildungsbürgertum Europas, sondern auch die Arbeiterbewegung. Haeckel will eine Ethik auf der Grundlage der Biologie. Er war ja schließlich Zoologe. Deshalb schreibt er[1]:

> *Der Mensch gehört zu den sozialen Wirbeltieren und hat daher, wie alle sozialen Tiere, zweierlei verschiedene Pflichten, erstens gegen sich selbst und zweitens gegen die Gesellschaft, der er angehört. Erstere sind Gebote der Selbstliebe (Egoismus), letztere Gebote der Nächstenliebe (Altruismus). (...) Die sozialen Pflichten, welche die Gesellschaftsbildung den assoziierten Menschen auferlegt, und durch welche sich dieselbe erhält, sind nur höhere Entwickelungsformen der sozialen Instinkte, welche wir bei allen höheren, gesellig lebenden Tieren finden.*

Vor diesem Hintergrund dekretiert er in seinen Vorträgen, dass der Maßstab für die Ordnung der Gesellschaft der „Kampf ums Dasein" sei. Und hier siege immer der Stärkere. Für unheilbare Kranke empfiehlt er deshalb die Tötung „durch eine Gabe Morphium oder Cyankalium". Auch schwache und kranke Kinder seien zu beseitigen. Und selbstverständlich hätten Geisteskranke kein Lebensrecht. Sie würden Familie und Staat durch unverantwortlich hohe Kosten belasten. Haeckel hat mit seinem kruden Materialismus eine außerordentliche Wirkung gehabt, vor allem auch mit seinen Thesen bezüglich der Schwachen und Geisteskranken.

Der Jurist Adolf Jost sprach in derselben Zeit in seiner Streitschrift „Das Recht auf den Tod" vom „Null- oder Minuswert" bestimmter Menschen. Der Staat müsse Eigentümer des Todes sein. Er müsse töten, um den sozialen Organismus lebendig und gesund zu erhalten.

Der Schweizer Psychiater und Rasse-Hygieniker Ernst Rüdin empfahl dann 1911 in einem Vortrag die „Ausmerze", „Ausjätung" und „Ausschaltung" der Untüchtigen aus dem Leben der Rasse.

Der deutsche Strafrechtler Karl Binding beklagte 1920 die „ganz nutzlos vergeudete Arbeitskraft, Geduld und Vermögensaufwendung in Irrenanstalten". Für ihn waren „die unheilbar Blödsinnigen" zugleich „Menschenhülsen" und „Ballast-Existenzen".

Zur selben Zeit nahm der Berliner Kammergerichtsrat Professor Karl Klee die Kriegsverluste des 1. Weltkriegs sowie die wirtschaftliche Not der Nachkriegszeit zum Anlass, die prinzipielle „Ausscheidung parasitenhafter Existenzen" zu fordern, worunter er neben Geisteskranken als „passiv schädlichen Gliedern des Gemeinwesens" auch sogenannte „Gewohnheitsverbrecher" als „aktiv schädliche Mitglieder der Gesellschaft" verstand. Und der Berliner Jurist Alexander Elster schrieb 1923:

> *Der Weltkrieg, der eine erschütternd große Zahl der besten, eugenetisch tüchtigsten Menschen hinweggerafft hat, lässt uns weniger ängstlich als früher über die Vernichtung lebensunwerten Lebens denken.*

Dann kam Hitler. Er hat ernst gemacht mit dem, was andere nur geschrieben hatten. Er hat konsequent begonnen, „lebensunwertes" und für den Volkskörper seiner Meinung nach unnützes Leben zu vernichten.

*

Mit den vielen Namen und Jahreszahlen sollte deutlich werden: Hitler hat nicht am Nullpunkt begonnen. Er hatte zahllose Vordenker und Wegbereiter. Zuerst fängt irgendeiner an, sich bestimmte Dinge vorzustellen. Dann propagiert er sie. Dann denken andere wie er. Hierauf bildet sich eine halböffentliche Meinung. Schließlich kommt einer und setzt das, was andere nur gedacht hatten, in die Tat um. Und der ist dann fanatisch und konsequent. Daraufhin entsetzen sich viele. Aber das Gift, das da verströmt wurde, ist nun in der Welt und ist aus ihr nicht mehr so leicht herauszubringen wie das Gift aus dem Boden und aus der Luft.

Mit den hier genannten Namen und Jahreszahlen sollte aber auch deutlich werden: Es gibt einen Zusammenhang der Generationen. Das Böse fällt nicht einfach vom Himmel. Es beginnt in der Geschichte und setzt sich fort in der Geschichte. Es wird vermittelt. Es wird vermittelt von Mensch zu Mensch, von Generation zu Generation. Und diese Vermittlung geschieht nicht nur durch Propaganda, durch Erziehung oder durch schlechtes Beispiel. Die Vermittlung ist oft viel sublimer. Es gibt einen Zeitgeist, der verinnerlicht wird, ohne dass der Mensch es überhaupt merkt.

All das muss mitbedacht werden, wenn hier von Geschichtsmächten und Schuldpotentialen geredet wird[2]. Von daher sollte auch klar sein: Egoismus, Machtbesessenheit, Unwahrheiten über den Menschen, Lügengespinste, die von Generation zu Generation weitergegeben wurden, können nicht ohne weiteres wieder aus der Welt entfernt werden. Was extreme Sozialhygieniker gedacht haben und was Hitler getan hat, ist noch in der Welt. Es ist noch immer mitten unter uns.

*

Ein anderes Beispiel für Geschichtsmächte und Schuldpotentiale ist der Antijudaismus. Es ist unmöglich, die blutige Straße des Judenhasses, die sich durch die gesamte europäische Geschichte zieht, auch nur stichwortartig zu beschreiben. Das ist in diesem Zusammenhang aber auch nicht notwendig. Wir greifen für unseren Zweck ein Geschehen aus dem Jahre 388 nach Christus heraus, in dem vieles Spätere bereits vorweggenommen wurde.

In Kallinikon am Euphrat hatten Christen, ermutigt durch ihren Bischof, eine jüdische Synagoge niedergebrannt. Der zuständige römische Statthalter hatte den Vorfall Kaiser Theodosius I. († 395) gemeldet. Dieser hatte daraufhin Strafmaßnahmen gegen die Schuldigen angekündigt. Er hatte zusätzlich befohlen, dass die Synagoge auf Kosten des Bischofs wiederaufzubauen sei. In dieser Situation stellte sich Ambrosius († 397), der hochangesehene Bischof von Mailand, auf die Seite des beschuldigten Bischofs. Ambrosius bezeichnete in einem Brief an den Kaiser die Zerstörung der Synagoge als verdienstvolle Tat, ja, er identifizierte sich sogar noch nachträglich mit dem, was die Christen von Kallinikon getan hatten:

> *Ich erkläre, dass ich es war, der die Synagoge in Brand gesteckt hat (...), damit es keinen Ort gibt, an dem Christus geleugnet wird. (...) Dies ist kein zureichender Grund für eine derartige Erregung, dass um eines niedergebrannten Gebäudes willen das Volk so hart bestraft wird, zumal nur eine Synagoge angezündet wurde, diese Stätte des Unglaubens, diese Wohnung der Gottlosigkeit, dieser Schlupfwinkel des Wahnsinns, der von Gott selbst verdammt wurde. (...) Willst du den Juden diesen Triumph über die Kirche schenken, diesen Sieg über das christliche Volk, diesen Jubel, o Herrscher, den Ungläubigen? Willst du diesen Ruhm der Synagoge zukommen lassen und diese Trauer der Kirche? Die Juden werden diesen Tag unter ihre Festtage aufnehmen. (...) Welche Gemeinsamkeit hat der Fromme mit dem Ungläubigen? Mit dem Gottlosen sind auch die Bezeugungen der Gottlosigkeit aus der Welt zu schaffen*[3].

Später schreibt Ambrosius in einem Brief an seine Schwester, er habe anlässlich eines Kirchenbesuches des Kaisers diesen vor allem Volk genötigt, die Strafverfolgung gegen die Täter von Kallinikon auszusetzen[4].

Die Art, wie Ambrosius hier argumentiert, ist keineswegs ein Einzelfall. Eine tiefe Animosität gegen die Juden durchzieht viele theologische Schriften der frühen Kirche. Die Juden hätten ihre Erwählung für immer verloren. Sie seien von Gott verworfen. An die Stelle des alten Gottesvolkes sei das „neue" Volk der Christen getreten. Vertrieben vom Boden ihrer Heimat müsse Israel nun bis zum Ende der Welt den Erdkreis durchstreifen. Es besitze keine Heimat mehr, weil es Christus getötet habe. Die mittelalterliche Legende von Ahasver, dem ewig lebenden, aber auch ewig umhergetriebenen Juden, bahnte sich schon bei den Kirchenvätern an. Die

Polemik gegen die Juden erzeugte sogar eine eigene Literaturgattung: die *Adversus-Judaeos-Traktate.*

Was an dem Text des Ambrosius am meisten entsetzt, ist die Rechtfertigung offener Gewalt gegen die Juden: *Abolenda cum impio sunt etiam impietatis exempla:* „Mit dem Gottlosen sind auch die Bezeugungen der Gottlosigkeit aus der Welt zu schaffen." *Abolere* heißt nicht nur ‚abschaffen'. Es heißt auch ‚vernichten', ‚vertilgen'. Die Juden werden dabei mit den Gottlosen, also den Heiden, ineins gesetzt und ihre Synagogen mit den Stätten der Gottlosigkeit. Noch einmal: Ambrosius steht mit solchen Sätzen nicht allein. Er ist nur Zeuge für ein verbreitetes christliches Feindbild von den Juden, das auf die Dauer nicht ohne Wirkung bleiben konnte.

Unter Theodosius II. († 450) werden Synagogenverbrennungen derart häufig, dass die meisten Edikte dieses Kaisers den Schutz von Synagogen und jüdischen Privathäusern zum Inhalt haben. Und auch das Nichtbegreifen der Bedeutung Israels für die Kirche geht weiter. Von Römer 9–11, wo Paulus betont, dass die Erwählung Israels unwiderruflich ist, entfernen sich die christlichen Theologen immer mehr[5].

Bruno, heiliggesprochener Bischof von Segni († 1123), deutet in seinem Kommentar zum Hohenlied die Brüste der Braut (Hld 4,5) auf das Alte und das Neue Testament. Daran ist nichts zu tadeln. Theologie und leibhafte Sprache schließen sich nicht aus. Dann aber spinnt Bruno den Faden seiner Auslegung weiter und wird judenfeindlich: Die Brüste der Kirche seien schön, und sie ernähre ihre Kinder mit süßer Milch (vgl. Hld 5,1). Die Brüste der Synagoge hingegen seien hässlich, denn sie ernähre ihre Söhne mit schwarzer Milch und schmutzigem Bodensatz, nämlich mit Irrtümern[6]. Man kann sich ausmalen, was solche Bilder anrichteten und wie weit sie entfernt sind von dem, was Paulus in Römer 9,1–5 sagt:

Ich sage in Christus die Wahrheit und lüge nicht, und mein Gewissen bezeugt es mir im Heiligen Geist: Ich bin voll Trauer, unablässig leidet mein Herz. Ja, ich möchte selber verflucht und von Christus getrennt sein um meiner Brüder willen, die der Abstammung nach mit mir verbunden sind. Sie sind Israeliten. Sie haben die Sohnschaft, die Herrlichkeit, die Bundesschlüsse, ihnen ist das Gesetz gegeben, der Gottesdienst und die Verheißungen, sie haben die Väter, und dem Fleische nach entstammt ihnen der Christus. Gott, der über allem ist, sei gepriesen in Ewigkeit. Amen.

Im Jahre 1096 beginnt der 1. Kreuzzug. Für seinen Ablauf gibt es keine Planungen. Mehrere Heere mit Zehntausenden von Bewaffneten machen sich auf den Weg. Der Weg der Kreuzfahrer folgt den großen Handelsstraßen und berührt daher die jüdischen Zentren, vor allem im Rheinland. Tiefsitzende Abneigung schlägt in offene Aggression um. Bewaffnete Gruppen von Kreuzfahrern, verstärkt durch den Mob, beginnen systematisch, Juden umzubringen. Ihr Motto: „Wir gehen hinaus, um die Feinde Gottes zu bekämpfen, und hier in unserer Mitte leben die Erzfeinde und Mörder unseres Erlösers"[7]. Die schrecklichsten Szenen spielen sich in Mainz ab, wo von 1300 Juden etwa 1100 umkommen. Nicht viel anders ist es in Worms. Die Bischöfe von Trier, Worms, Mainz und Köln suchen zwar ihre jüdischen Mitbürger zu schützen. Sie haben aber nur begrenzten Erfolg.

Von da an kommt es – vor allem auch in Deutschland – immer wieder zu Judenvertreibungen und Judenpogromen. Im Jahre 1298 werden die jüdischen Gemeinden in Würzburg, Nürnberg, Bamberg, Rothenburg und Heilbronn vernichtet.

Seit dem 13. Jahrhundert wird nördlich der Alpen[8] zunehmend Bösartiges über die Juden verbreitet: Sie seien Verbrecher und geile Schänder, würden Wucherpreise nehmen, Brunnen vergiften, die Pest verbreiten und Hostien durchstechen – kurz, die ganze Skala von Gemeinplätzen mittelalterlicher Fremdenverachtung. Am gefährlichsten war die Behauptung, sie ermordeten gelegentlich christliche Kinder für ihre Pessach-Feiern. In der Schedel'schen Weltchronik von 1493 befindet sich eine Illustration, die zeigt, wie Juden einem Knaben, der deutlich Züge des Christuskindes trägt, den Leib aufschneiden.

Wahrscheinlich haben gerade solche Bilder am meisten Unheil angerichtet. Sie prägten sich tief ein. Ein Gemälde von Derick Baegert (geb. um 1440) zeigt den heiligen Martin auf dem Sterbebett. Der Himmel hat sich schon geöffnet, seine Seele aufzunehmen. Um sein Bett tanzt wütend der Teufel, der das gläubige Sterben des Heiligen verhindern möchte, es aber nicht kann. Der Teufel ist als Jude mit einer abstoßenden Fratze dargestellt.

Bilder und Plastiken dieser Art waren weitverbreitet. Am Regensburger Dom sieht man noch heute (belassen als mahnende Erinnerung) nahe dem Südwesteingang die Spott-Skulptur der ‚Judensau'. Sie zeigt ein Schwein, an dessen Zitzen zwei Juden saugen. Damit sollte gesagt sein: Die Juden leben und nähren sich von der Sünde. Denn das Schwein galt im Mittelalter als Symbol der Sünde[9]. Die Skulptur am Regensburger Dom entstand um das Jahr 1340. Sie war dem damaligen Juden-Getto zugewandt. In Deutschland haben sich nicht weniger als sechzig Darstellungen mit diesem Motiv erhalten.

Der Tiefpunkt solcher Ikonographie war das sogenannte ‚Lebende Kreuz'. Es handelt sich um jenen Typ der Kreuzesdarstellung, bei dem die Gestalten der Synagoga und der Ecclesia links und rechts unter dem Kreuz stehen – allerdings mit der Variante, dass aus den Enden der Kreuzesbalken Arme hervorkommen. Der obere Arm öffnet den Himmel, der untere Arm schleudert dem Tod und dem Teufel tödliche Pfeile entgegen, der rechte Kreuzesarm setzt der Ecclesia eine Krone aufs Haupt, der linke Arm stößt der Synagoga die Krone vom Kopf. In einer weiteren Variante dieses Motivs ersticht der linke Kreuzesarm die Synagoga mit einem Schwert[10].

Seit dem Beginn der Kreuzzüge vergrößert sich die Rechtsunsicherheit der Juden. Sie werden Bürger minderen Rechts. Aus vielen Berufen werden sie verdrängt. Auf dem IV. Laterankonzil von 1215 wird erstmals vorgeschrieben, dass sie sich in ihrer Kleidung von den Christen zu unterscheiden hätten. Langsam beginnt sich in Europa für die Juden der ‚gehörnte Hut', ein großer Spitzhut, durchzusetzen und darüberhinaus der gelbe ‚Judenfleck', der auf die Kleidung genäht werden musste[11].

Seit dem IV. Laterankonzil wird von den Päpsten auch die Absonderung der Juden von den Christen betrieben. Im Jahre 1265 schickt Papst Clemens IV. einen Kardinallegaten nach Deutschland, der auf verschiedenen Regionalsynoden durchzusetzen versucht, dass die Juden nicht mitten unter den Christen wohnen, sondern in einem abgesonderten Teil der Stadt oder des Dorfes. Eine Mauer beziehungsweise ein Graben müsse das Judenviertel von den Wohnungen der Christen abtrennen.

Warum diese Ghettoisierung der Juden? Einerseits sollten die Christen vor den Juden ‚geschützt' werden. Man befürchtete, dass sie ihren Glauben verlören, wenn sie mit Juden zu eng und ununterschieden zusammenlebten. Vor allem aber befürchtete man Mischehen. Andererseits sollten auch die Juden geschützt werden: nämlich vor den Plünderungen und Mordaktionen von Christen. Es ist eine schreckliche geschichtliche Konsequenz, dass dann gerade die Nationalsozialisten die kirchliche Markierung und Ghettoisierung der Juden aufgriffen, um ihre Judenvernichtungen einzuleiten.

Der Gerechtigkeit halber muss gesagt werden, dass es in der Kirche immer auch andere Stimmen gab. Im Hohelied-Kommentar des Williram von Ebersberg († 1085) spricht die Kirche in der Rolle der Braut des Hohenliedes:

> *Ich will auch die Hoffnung auf ihn [Christus] setzen, dass ich die Synagoge, meine Mutter, die mich zuerst den Glauben lehrte, mit seiner Hilfe noch zum Glauben an ihn bekehren könne, wenn die Fülle der Völker zu ihm gekommen sein wird*[12].

Hier herrscht nicht nur ein anderer Ton, sondern es wird vor dem Hintergrund von Römer 11 formuliert, sehr zum Gewinn für die Theologie. Der Gerechtigkeit halber muss auch gesagt werden, dass sich seit Gregor dem Großen († 604) gerade die Päpste immer wieder für die Rechte der Juden eingesetzt haben. Clemens VI. verbot in einer Bulle vom 26. September 1348, Juden auszuplündern, gewaltsam zu bekehren oder ohne Gerichtsverfahren zu töten, und war damit in seiner Zeit die einzige europäische Autorität von Rang, die sich öffentlich gegen derartige Mord-Aktionen aussprach. Papst Clemens VI. hatte unter den Päpsten viele Vorgänger: Innozenz III. bestimmte in einer Konstitution vom 15. September 1199 Folgendes:

Wir ordnen an, dass kein Christ Juden mit Gewalt nötigen darf, widerstrebend oder gegen ihren Willen zur Taufe zu kommen. Wenn aber einer von ihnen freiwillig um des Glaubens willen seine Zuflucht zu den Christen nimmt, so soll er, nachdem sein Wille eröffnet worden ist, ohne jede Schmähung Christ werden (…)

Auch soll sich kein Christ unterstehen, ohne ein landesherrliches Urteil jüdische Personen leichtfertig zu verletzen oder ihr Eigentum gewaltsam fortzuschaffen oder die guten Bräuche zu verändern, die sie bisher in der Gegend hatten, in der sie wohnen. Außerdem soll sie keiner in irgendeiner Hinsicht bei der Feier ihrer Feste mit Knüppeln oder Steinen stören, und keiner soll von ihnen ungeschuldete Dienste einzufordern oder zu erpressen versuchen außer jenen, die sie selbst in der Vergangenheit zu tun pflegten.

Zudem bestimmen Wir, um der Schlechtigkeit und Habgier böser Menschen zu begegnen, dass keiner es wage, einen Judenfriedhof zu schänden oder herabzusetzen oder, um zu Geld zu kommen, schon beerdigte Leiber auszugraben. (…) Alle, die dieses Dekret verletzen, sind aus der Kirche ausgeschlossen[13].

Dieser Text Innozenz' III. ist vor dem Hintergrund einer langen Reihe spezieller Schutz-Urkunden für die Juden zu sehen, der sogenannten *Sicut-Judaeis-Bullen,* die Päpste über vier Jahrhunderte hin erlassen haben[14]. Immer geht es dabei um die Rechte der Juden, immer geht es darum, sie vor Übergriffen zu schützen. Allerdings zeigt der zitierte Text auch, was damals üblich war. Offensichtlich halfen derartige Bestimmungen wenig, solange eine Theologie fortbestand, die daran festhielt, dass Israel seine Erwählung verloren habe.

Welche Rolle haben Mariologie und Marienfrömmigkeit in der schmerzvollen Geschichte der Judenfeindschaft gespielt? War den Gläubigen, war den Theologen überhaupt bewusst, dass Maria eine Jüdin war? Auf einer bestimmten Ebene des Bewusstseins sicherlich! Aber diese Ebene war überlagert von einem Enterbungsdenken, das Maria dem Judentum geradezu entriss. Das Bild Marias, das doch hätte verbinden und versöhnen können, versöhnte nicht und schlug keine Brücke zwischen Kirche und Synagoge, sondern trennte und grenzte aus.

Denn Marienverehrung und Judenfeindschaft gingen im ausgehenden Mittelalter eine verhängnisvolle Allianz ein. „In den Passionsspielen des 15. Jahrhunderts macht Maria die ungetreuen Juden für das ihr angetane ‚hertzleit' verantwortlich"[15]. Oft erbaut man dort, wo vorher die zerstörte Synagoge stand, eine Marienkirche – als Sühnekirche. Aber nun gerade nicht, um die Morde an den Juden zu sühnen, sondern die Tötung des Heilandes durch die Juden!

So steht zum Beispiel in Würzburg die Marienkapelle genau an der Stelle, an der sich vorher die Synagoge befand. Das Judenviertel von Würzburg war im Jahre 1349 von Fanatikern durch ein Pogrom zerstört worden. Die Bewohner der kulturell und religiös hochstehenden Gemeinde waren umgekommen. An die Stelle der abgebrannten Synagoge erbaute man „zur Sühne" eine Marienkirche[16]. In Regensburg feierte ein Lied von 1519 die Stiftung einer Marienkapelle. In diesem Lied heißt es[17]:

Die synagog war bald zerstört
die schön Maria darinn geert
ein Capell pawt man an die stat. (...)
Die judengaßen thet man zerstören
Der hymelkünigin zu eren.

An den Portalen der mittelalterlichen Dome standen Ecclesia und Synagoga einander gegenüber: die Synagoga zu Boden schauend, mit verbundenen Augen als Zeichen ihrer Blindheit gegenüber Christus, mit zerbrochenem Speer als Zeichen dafür, dass ihr die Herrschaft genommen war. Ihr gegenüber die Ecclesia – königlich frei, als Herrscherin, mit Kreuz und Kelch in ihren Händen. Aber trug diese Ecclesia nicht selbst einen Schleier über ihren Augen, der sie blind machte gegenüber ihrer Schwester, der Synagoge?

*

Das 19. Jahrhundert bringt dann zunächst für die Juden die Wende. Die europäische Aufklärung, die französische Revolution und die Revolutionen von 1848 hatten vorgearbeitet. In Deutschland erfolgt die rechtliche Gleichstellung der Juden in der 2. Hälfte des 19. Jahrhunderts. Doch fast zeitgleich mit der Emanzipation und der bürgerlichen Freiheit der Juden kehrt der Judenhass wieder, jetzt sogar in einer noch viel gefährlicheren Form. Dem christlichen Antijudaismus war es in erster Linie um den Glauben gegangen. Hatte sich ein Jude taufen lassen, wurde er mehr oder weniger akzeptiert[18]. Jetzt beginnt mit dem Antisemitismus eine neue Variante des Judenhasses, die *rassistisch* orientiert ist. Nun werden Judentum und Germanentum einander gegenübergestellt. Die Juden werden von Kreisen, die bewusst antisemitisch eingestellt sind, als „fremder Blutstropfen in unserem Volkskörper" bezeichnet. Lange vor dem Nationalsozialismus werden sie in antisemitischen Pamphleten als „Parasiten", „fauler Schimmel", „Ungeziefer" oder „Gift" verächtlich gemacht.

Im Jahre 1890 erscheint in Deutschland, zunächst anonym, ein Buch von Julius Langbehn († 1907) mit dem Titel: „Rembrandt als Erzieher. Von einem Deutschen". Man nennt den Verfasser schon bald den „Rembrandtdeutschen". Sein Buch findet außerordentliches Interesse, ein halbes Jahrhundert lang wird es zum Bestseller. Vor allem in der Jugendbewegung liest man den „Rembrandtdeutschen" mit Begeisterung, weil er in verführerischer Sprache von Adel, Vornehmheit, Männlichkeit, Natürlichkeit, Reinheit und der Wiedergeburt des Deutschtums schreibt. „In einem Feuerwerk apodiktischer Formulierungen wird Rembrandt abwechselnd niederdeutsch, germanisch, preußisch, protestantisch und sogar ‚arisch' genannt" (Wilfried Wiegand). An Julius Langbehn wird geradezu exemplarisch deutlich, wie sich in dieser Zeit nunmehr Judenhass, Rassismus und Nationalismus miteinander verbinden können.

Denn dieser gefährliche Träumer, der Kunst, Wissenschaft, Bildung, Erziehung und Politik radikal erneuern will, denkt rassistisch und nationalistisch bis ins Extrem. Da ist ständig die Rede vom „deutschen Menschen", von der „deutschen Volkskraft", vom „deutschen Volkskörper" und von „Deutschlands Weltherrschaft". Für diese Weltherrschaft braucht es auch die rechte Biologie. Deshalb phantasiert Langbehn auch von der „Scholle", vom „Erdcharakter des deutschen Volkes", vom „germanischen Idealtypus", von der „deutschen Schädelform" und vom „deutschen Blut"[19]. Das deutsch-arische Blut wird sich in der Welt durchsetzen; doch dazu muss es das fremde Blut ausscheiden:

> *Das Leben ist eine Nothwehr; das eigene Blut will sich durchsetzen gegen das fremde; so will und wird auch das arische Blut sich durchsetzen gegen jedes andere! (...)*
>
> *Es ist keine Frage, daß in Preußen theils als slavische theils als jüdische und französische Blutbeimischung ein undeutsches Element vorhanden ist*[20].

Langbehn ersehnt die deutsche Wiedergeburt, die ein neues Zeitalter hervorbringen wird. Dann wird ein „Führer" aus dem deutschen Volk hervorgehen, denn Volk bedeutet ursprünglich „Gefolge". „Zu einem Gefolge aber gehört notwendig ein Führer"[21]. Er wird vom Volk geformt und formt seinerseits das Volk. Ist der Führer dann erschienen, wird er unabdingbar mit der Judenfrage konfrontiert werden:

> *Der Deutsche, der so oft das gute Judenthum anerkannt hat, wird alsdann auch das niederträchtige Judenthum zu strafen wissen. Er ist, wenn er sich auf sich selbst besinnt, unerbittlich im Lieben wie im Hassen. In diese jetzt schwebende Judenfrage wird ein etwa kommender „heimlicher Kaiser" [bei Langbehn ein anderes Wort für den kommenden Führer] thätig eingreifen müssen; er wird sein Szepter zu neigen und die Schafe von den Böcken zu sondern haben; denn ein Herrscher soll vor Allem gerecht sein. Gerecht aber ist es, für das Edle und gegen das Gemeine einzutreten; dem Edlen wie Gemeinen gleiche Rechte einzuräumen, ist eine Scheingerechtigkeit; es ist nur eine Gerechtigkeit von Teufels Gnaden. Es ist keine deutsche Gerechtigkeit. Wer ein rechter Israelit ohne Falsch ist, wie die Bibel sagt, der wird sicherlich jenem künftigen Richter und Führer willkommen sein; willkommen als ein ehrlicher und vielleicht auch geistvoller Fremdling; von den „gefälschten" Juden, die zugleich Deutsche sein wollen gilt dies nicht. Denn ehrlich und ehrenhaft ist nur Der, welcher sich selbst treu bleibt. Echten Juden können sich echte Deutsche recht wohl befreunden (...); aber gegen alle unechten Juden werden alle echten Deutschen stets zusammenstehen. Eben jene sind die gens sce-*

leratissima Judaeorum – das ganze verruchte Judenvolk – von dem schon Tacitus spricht[22].

Die Unterscheidung zwischen den „guten" und den „niederträchtigen" Juden konnte der Leser schnell vergessen. Denn unmittelbar zuvor hatte Langbehn behauptet, dass die „große Masse der modernen, d. h. plebejischen Juden" eben nicht zu den guten Juden gehöre, sondern für Deutschland „ein Gift" sei, das als solches behandelt werden müsse. Denn:

Sie halten das Gesetz nicht mehr! Ihre Ausbeutungsgier ist grenzenlos; sie gehen krumme Wege; und ihre Moral ist nicht unsere. Sie würdigen Kunst wie Wissenschaft herab; sie sind demokratisch gesinnt; es zieht sie gern zum Pöbel; sie sympathisieren überall mit der Fäulnis. Es könnte sonach wohl sein, da sie freiwillig das Jubeljahr nicht mehr halten, daß ihnen zwangsweise einmal ein Elendsjahr bereitet wird; denn alle Sünden rächen sich; und viele Zeichen deuten darauf hin, daß ein Ereigniß dieser Art dem jetzigen Judenthum bevorsteht[23].

Damit war Auschwitz vorprogrammiert. Langbehns Buch erlebte bereits in den ersten zwei Jahren nach seinem Erscheinen 39 Auflagen und wurde bis zum Ende des 2. Weltkriegs 250 000 mal verkauft. Hitler brauchte die Gestalt des „Führers" nicht zu erfinden. Viele Deutsche hatten einen Führer, der mit starker Hand die nationale Wiedergeburt herbeizwingen würde, längst erträumt und ersehnt. Hitler hat auch den Antisemitismus nicht erfunden. Er „führte durch", was andere vor ihm gedacht und propagiert hatten. Letztlich öffnete immer wieder die Dämonisierung der Juden durch die christliche Theologie den Raum für Antijudaismus und Antisemitismus. Reinhold Schneider schrieb 1954 in seinem Buch „Verhüllter Tag":

Am Tage des Synagogensturms hätte die Kirche schwesterlich neben der Synagoge erscheinen müssen. Es ist entscheidend, dass das nicht geschah[24].

Aber das war, so wie sich die Dinge jahrhundertelang entwickelt hatten, kaum möglich. Denn die christliche Theologie hatte den Gläubigen nicht vermittelt, dass die Synagoge die Schwester der

Kirche ist, dass Jesus ein Jude, dass Maria eine Jüdin gewesen war und dass die ‚Kirche aus den Heiden' Anteil bekommen hatte an der Würde Israels, dass sie eingepfropft worden war in den edlen Ölbaum des alttestamentlichen Gottesvolkes. Petrus Canisius machte in seinem verdienstvollen und weitverbreiteten Katechismus keinerlei Unterschied zwischen dem Judentum und den sonstigen Religionen. Israel wird sofort im ersten Paragraphen des Katechismus auf die Seite der Heiden und Sektierer gestellt:

> *Wer darf Christ genannt werden? Der, der die heilsame Lehre Jesu Christi, des wahren Gottes und Menschen, in seiner Kirche bekennt und daher alle Kulte und Abspaltungen, die außerhalb der Lehre und der Kirche Christi überall bei den Völkern gefunden werden, wie z. B. die jüdische oder die muslimische, als häretisch verurteilt und ganz und gar verabscheut; der ist wirklich ein Christ und ruht fest in der Lehre Christi*[25].

In späteren Bearbeitungen und Übersetzungen des Katechismus konnte das dann noch folgendermaßen vertieft und ausgemalt werden:

> *Alle Religionen und Sekten demnach, die ausser der Lehre und Kirche Christi wo immer unter den Völkern gefunden werden, als nämlich die jüdische, heidnische, mahomedanische, ketzerische verwirft und verabscheut derjenige gänzlich, welcher in Wahrheit ein Christ ist, und in der Lehre Christi standhaft verharrt. (…) Außer dieser Gemeinschaft der Heiligen ist (wie außer der Arche Noe) der Untergang gewiß und für die Menschen kein Heil: nicht für die Juden oder Heiden, welche den Glauben der Kirche niemals angenommen haben; nicht für die Ketzer, welche den angenommenen Glauben verlassen oder verdorben haben (…)*[26].

Diese Einordnung der Juden in die Hölle der Religionen und Irrlehrer war nichts Besonderes. Es war allgemeine theologische Lehre. Petrus Canisius und seine Übersetzer gingen mit größter Selbstverständlichkeit davon aus, dass der Alte Bund aufgehoben und die Kirche an die Stelle Israels getreten sei (Enterbungstheorie).

Und sie legten den Satz „Außerhalb der Kirche kein Heil“ in einem engen, viel zu engen und einseitigen Sinn aus. Für die Art, wie die Juden von den Christen angeblickt wurden, war das alles verhängnisvoll. Wem sowieso die Hölle droht – darf man dem nicht auch schon jetzt ein wenig Hölle bereiten?

Antijudaismus und Antisemitismus sind ein bestürzendes Beispiel dafür, wie sich ein Potential an Vorurteilen, an Schuld und Gewalt über Jahrhunderte hin immer mehr verstärken kann und schließlich zum versuchten Genozid führt.

Der Antijudaismus ist eine Geschichtsmacht. Er war so mächtig, dass er für viele selbstverständlich war. Sie konnten sich ihm gar nicht entziehen. Er vergiftete ihr Fühlen und Denken, ihre Urteile und ihre Freiheit. Wie mächtig er war, zeigt sich darin, dass er trotz des Entsetzens über die Schoah noch immer weiterschwelt, sich neue Begründungen sucht und zur Zeit als angeblicher Antirassismus (der sich gegen den Staat Israel wendet) von neuem anwächst.

*

Geschichtsmächte dieser Art mit ihren Parolen und Leitbildern, mit ihren Verdummungen und verschleierten Verführungen, gibt es viele. Da war der Faschismus. Da war der Stalinismus. Da ist noch immer das breite Spektrum des religiösen Fanatismus. Da sind schließlich die westlichen Ideologien der Wohlfühlgesellschaft mit ihrer ganzen Verführungsmacht. Auch die Christen waren nie von diesen Gefährdungen frei, ja sie gehörten selbst zu den Tätern.

Die Welt, in die ein Kind hineingezeugt wird, ist also keineswegs neutral. Sie ist schon beherrscht von vielen Mächten. Genau darum geht es der Kirche bei dem Dogma von der Erbsünde. Wenn sie sagt, jeder werde in der Erbsünde geboren, behauptet sie gerade nicht, dass die neugeborenen Kinder schon persönlich gesündigt hätten. Erst recht behauptet sie nicht, dass die Kinder in Sünde gezeugt seien, weil der Zeugungsakt in sich sündhaft sei. Die Kirche will vielmehr sagen, dass die Kinder hineingezeugt werden in eine Welt, die bereits von Gier und Gewalt, von Lüge und Manipulation geprägt ist. Sie werden hineingezeugt in einer Welt, in der jeder selbst Gott sein will.

Man darf sich diese gesellschaftlichen Mächte, die den Menschen vom Anfang seines Lebens an beeinflussen, nun gerade nicht so vorstellen, als seien sie etwas rein Äußerliches und Außenständiges, als lauerten sie irgendwo draußen vor der Tür, ganz außerhalb unserer Häuser, eben als Außenwelt, Umwelt und Milieu. So hat offenbar Jean-Jacques Rousseau die Dinge gesehen. Deshalb glaubte er, die rechte Erziehung durch den rechten Erzieher könne ein Kind aus allem heraushalten. Aber das war eine naive Vorstellung. Vergiftete Luft infiziert alle. Die Prägungen durch die Außenwelt gehen tief in den Menschen ein. Sie sitzen in seinem Innern. Sie sind ihm eigen und innerlich. Sie beginnen längst, bevor er geboren ist.

Noch bevor das Kind den Mutterleib verlässt, ist es schon halb erdrückt von den Sorgen, Plänen, Vorsätzen, Vorstellungen und Wünschen seiner Eltern. Sie träumen ja in vielen Fällen schon *vor* der Geburt, was aus ihrem Kind einmal werden muss: Ein Supersportler, der Geld in die Familie bringt, ein Status-Symbol mit Hochschul-Laufbahn, ein Partner-Ersatz, weil man mit dem Ehepartner nicht zurechtkommt, ein Dressurobjekt, an dem man einmal zeigen kann, dass man etwas von Erziehung versteht.

Selbstverständlich ist es nicht immer so. Es gibt viele Kinder, die Kinder sein dürfen. Die Beispiele sollten nur klar machen: Die Prägungen, die Formungen, die Einflussnahmen, die Belastungen beginnen für das Kind schon sehr früh. Sie beginnen schon im Mutterleib. Sie beginnen schon bei Vater und Mutter, längst bevor das Kind gezeugt ist. Mehr noch: Sie beginnen schon bei den Großeltern, ja bereits bei den Vorfahren. Der Mensch wird in eine Geschichte hineingezeugt, die längst von Schuld geprägt ist, und die Altlasten dieser Schuld umgeben ihn nicht nur von außen. Sie sitzen ihm schon in den Knochen. Sie erreichen ihn bereits über seine Eltern.

Das Dogma von der Erbsünde ist eines der realistischsten kirchlichen Dogmen. Und die Kirche hat gewusst, warum sie im Konzil von Trient sagte, die Erbsünde werde nicht durch „Nachahmung", sondern durch „Zeugung" weitergegeben. *Non imitatione, sed propagatione* lautet die lateinische Formulierung[27]. Die Nachahmung spielt zwar eine außerordentliche Rolle. Das haben moderne Forschungen wie die von René Girard gezeigt. Aber das, was uns vorgegeben ist, sitzt tiefer. Wir werden hineingeboren in die Verstrickungen von Schuld, in die Folgen der Sünde anderer, in Altlasten der Sünde, die bis ins Biologische hineinreichen.

*

Neuere Forschungen[28] haben gezeigt, dass soziale Faktoren – zum Beispiel Erfahrungen in der frühesten Kindheit – auf molekularer Ebene im Gehirn Veränderungen hervorrufen. Um nämlich zu verhindern, dass in Stress-Situationen *zu viel* Stress-Hormon (Cortisol) in den Blutkreislauf gelangt, verringert das Hormon normalerweise die eigene Freisetzung durch eine negative Rückkoppelung. Das geschieht über bestimmte Rezeptoren im Großhirn. Setzt der Körper allerdings ununterbrochen eine zu große Menge Cortisol frei – etwa bei Vernachlässigung des Kleinkindes durch die Eltern –, so ändern die Rezeptoren im Gehirn ihre Funktion. Die Folge: Das Cortisol kann seine eigene Freisetzung nicht mehr wirksam unterbinden, und das ohne Zuwendung heranwachsende Kind wird in Stress-Situationen negativer reagieren als ein Kind, das mütterliche Zuwendung empfangen hat.

Irgendwie wusste man das natürlich schon immer. Man wusste einfach, dass ein Kind Fürsorge und Zuwendung braucht. Nun aber ist erwiesen, dass schlechte Erfahrungen in der frühen Entwicklungsgeschichte eines Kindes zu Veränderungen im Organismus selbst führen können. Neuere Forschungen haben darüber hinaus gezeigt, dass ein Kind im Mutterleib sogar schon vor der vollen Ausbildung seines Gehirns Erfahrungen registriert und speichert. In einer späteren Phase hört es bereits seine Mutter sprechen und kann ihre Stimme von anderen Geräuschen klar unterscheiden. Es ist ‚ganz Ohr'. Falls die Stimme der Mutter immer wieder Gereiztheit, Aggressivität oder gar Hass verrät, wird das Kind davon in seiner Entwicklung bis ins Biologische hinein beeinflusst[29].

Mit Biologismus hat das nichts zu tun. Es zeigt nur, dass der Mensch eine untrennbare Einheit von Seele *und* Leib ist. Und es zeigt, wie richtig es war, wenn das Konzil von Trient die Erbsünde nicht nur als eine Macht *von außen* betrachtete, die an der Haut des

Menschen haltmachen muss, sondern als ein Machtpotential, das bis tief ins Leibliche hineinwirkt.

Wir leben nicht nur inmitten der Gesellschaft. Die Gesellschaft lebt in uns. Sie sitzt mitten in uns[30]. Und sie erreicht uns auf vielerlei Weise. Menschliche Schuld sammelt sich an wie ein riesiges und gefährliches Potential. Sie prägt den Menschen viel stärker, als er selbst wahrnehmen kann. Und wie bei den Umweltsünden ist es auch hier: Er wird dann selber wieder das Seine hinzutun.

*

Das alles ergibt ein ziemlich düsteres Bild unserer Welt. Aber es ist realistisch. Betrachtet man etwa die Situation des heutigen Staates Israel oder die Szenerie des internationalen Terrorismus – man weiß gar nicht, wie all diese Verstrickungen eine Lösung finden könnten. Und immer reicht das Verhängnis weit zurück in die Vergangenheit.

Der Konflikt zwischen Israel und den Palästinensern hängt damit zusammen, dass die Juden in Europa über Jahrhunderte hin vom Tod bedroht waren. Sie wollten endlich ein Land haben, in dem sie sicher waren. Und dass sie in Europa bedroht waren, mehr noch: immer wieder umgebracht wurden, hing mit dem christlichen Antijudaismus zusammen – und der reicht bis ins 2. Jahrhundert nach Christus zurück.

Selbstverständlich ist der Antijudaismus ein vielschichtiges Gebilde. Vieles fließt in ihm zusammen. Man kann ihn *nicht allein* einer falschen christlichen Theologie anlasten. Der Antijudaismus trug schon immer sozialpathologische Züge: Die Juden wurden zu Sündenböcken für alles Elend im Lande gemacht. Die Pogrome gingen oft von Menschen mit geringem Bildungsstand aus. Sozialneid spielte eine nicht zu unterschätzende Rolle. Aber das ändert nichts daran, dass allzu viele Christen in eine Judenfeindschaft verwickelt waren, die von Generation zu Generation weiterwucherte. Das Beispiel des Antijudaismus ist hier gewählt worden, weil es deutlich macht, wie sich Schuldzusammenhänge über Jahrhunderte hinziehen können.

Gerade an solchen jahrhundertealten Verstrickungen und Schuldgeschichten zeigt sich: Jede Sünde hat Folgen. Jede einzelne Sünde inkarniert sich in der Welt, lässt ihre Spuren zurück, verbindet sich mit den Auswirkungen fremder Schuld und erzeugt so eine Geschichte des Bösen. Weil der Mensch sich nicht isolieren kann und ständig um sich herum Welt formt und gestaltet – ob er will oder nicht –, wird mit jeder persönlichen Sünde anderen Menschen Freiheit zum Guten genommen und ein Stück Welt daran gehindert, das zu sein, was es eigentlich sein sollte: Welt unter der Wahrheit Gottes, Welt, die etwas vom Glanz der Schöpfung zeigt.

*

Am Ende dieser beiden Kapitel I / 3 und I / 4 bleibt noch anzumerken, dass unser Unternehmen, die Erbsünde als *Unheilssituation* anschaulich zu machen, von seinem Denkansatz her auf das Erbsündenverständnis von Piet Schoonenberg und Karl Rahner zurückgreift. Sie sind zwar bei weitem nicht die einzigen Autoren, die versucht haben, die traditionelle Lehre von der Erbsünde für den heutigen Menschen zu übersetzen. Aber sie sind wohl die wichtigsten.

Die Übersetzungsarbeiten in Sachen ‚Erbsünde' sind seit langem im Gang. Wir haben gesehen, dass Rousseau – trotz seiner unannehmbaren Grundposition – bereits zu Recht auf die den Menschen umgebende gesellschaftliche Unheilssituation hingewiesen hat (vgl. Kapitel I / 2). Im 19. Jahrhundert versuchten – vorläufig noch außerhalb der katholischen Kirche – zahlreiche Theologen, die Lehre von der Erbsünde neu zu deuten. Interessant sind dabei vor allem Friedrich Schleiermacher († 1834) und Ferdinand Christian Baur († 1860) [31]. Die Notwendigkeit, die Lehre von der Erbsünde neu zu übersetzen, war eben immer größer geworden, seit die Evolutionstheorie zunehmend ihre Plausibilität erwies, und seit die Bibelwissenschaft die ersten Kapitel der Genesis nicht mehr als historischen Bericht über die ersten Menschen las, sondern als Erzählung über den Menschen schlechthin.

Piet Schoonenberg war also nicht der erste, der sich hier mit Umbauarbeiten abmühte. Aber sein Versuch war am breitesten angelegt, er hatte die größte Wirkungsgeschichte – und vor allem: er wandte sich nicht gegen die kirchliche Lehre, sondern versuchte sie zu erneuern[32].

Einer der wichtigsten Ansatzpunkte Schoonenbergs liegt in der Einsicht, dass die Gnade, die Gott schenkt, immer an menschliche Vermittlung gebunden ist. Jeder, der aus der Gnade lebt, ermöglicht anderen Gnade. Jeder, der sich der Gnade verweigert, bringt andere in eine Situation, in der sie der Gnade ermangeln, die ihnen über den Verweigerer hätte offenstehen sollen[33]. Die Sünden der Vielen schaffen deshalb in der Welt die „Situation" fehlender Gnade. Schoonenberg nennt diese Angewiesenheit des Einzelnen eine „existentiale Situation" – „existential" deshalb, weil sie allen freien Entscheidungen des Einzelnen vorausliegt und sie umfasst[34]. Die eigene Freiheit ist immer schon bestimmt durch die Vorgaben anderer. Die eigene Freiheit ist – auf der negativen Seite – „situiert" durch fremde Sünde und fremde Schuldgeschichte. Und dieses „Situiert-Sein" ist keineswegs etwas dem Menschen nur Äußerliches. Es ist vielmehr eine „innere Bestimmtheit" des Menschen, ein inneres Moment seiner eigenen Freiheitsentscheidungen[35].

Schoonenberg nennt das alles in Anlehnung an Johannes 1,29 die „Sünde der Welt". Zur „Sünde der Welt" gehören zunächst einmal die nicht abreißenden Taten sündiger Selbstbestimmung – bis hin zur Tötung Christi. Sie ist Schoonenberg zufolge die Aufgipfelung des Sündenfalls, der sich durch die gesamte Geschichte erstreckt. Zur „Sünde der Welt" gehört aber auch – und das ist entscheidend – das Situiert-Sein der Vielen in der sündigen Grundsituation, die aus den Sünden vieler Vorgänger entstanden ist. Schoonenberg ist überzeugt, dass mit dem Begriff der „Sünde der Welt" all das abgedeckt ist, was die kirchliche Tradition mit dem Begriff der Erbsünde sagen wollte. Erbsünde ist dann, kurz gesagt, das existentiale Situiert-Sein durch persönliche Sünden anderer[36].

Durch den Begriff des Situiert-Seins gelingt es Schoonenberg, vom Begriff der Erbsünde alles Bloß-Naturhafte, Noch-nicht-Sittliche fernzuhalten, andererseits die Erbsünde von dem Sittlichen der persönlichen Entscheidung abzugrenzen. Die Erbsünde stammt aus der Geschichte, aus freien sündigen Entscheidungen anderer, aus Entscheidungen, die Spätere situieren[37].

Der zweite hier zu nennende Theologe ist Karl Rahner. Er hätte genauso gut als erster genannt werden können. Denn noch bevor

Schoonenbergs Aufsätze und Bücher über die Erbsünde erschienen, hatte Rahner bereits 1954 in seinem großen Aufsatz über den Monogenismus als unabdingbares Minimum für jede Übersetzung der kirchlichen Erbsündenlehre das Folgende formuliert[38]:

> *Was ist das Minimum nach Schrift, Tradition und Trienter Konzil, wenn von einer Erbsünde überhaupt noch die Rede sein soll? Die Antwort wird lauten müssen: eine allgemeine, alle Menschen im voraus zu ihrer eigenen personalen Freiheitsentscheidung umfassende Unheilssituation, die dennoch Geschichte und nicht Wesensbestand ist, durch den Menschen geschehen und nicht einfach mit der Kreatürlichkeit gegeben ist.*

Das Ringen um das rechte Verständnis der Erbsündenlehre begleitet das gesamte Werk Rahners. Höhepunkt und Zusammenfassung sind die Analysen, die er in seinem Spätwerk „Grundkurs des Glaubens“ [39] über die Erbsünde vorgelegt hat.

Rahners Ausgangspunkt ist hier die Kreatürlichkeit menschlicher Freiheit. Zu dieser Kreatürlichkeit gehört, dass jeder Vollzug dieser Freiheit vor einem „absoluten Horizont“ geschieht: er ist auf Gott hin ausgerichtet und von Gott getragen. Die Freiheit des Menschen ist also mehr als die bloße Wahlfreiheit, einmal *das eine* und ein anderes Mal *etwas anderes* zu tun. In der wirklichen Freiheit tut der Mensch „letztlich nicht *etwas*, sondern *sich selbst*“[40]. Der Grundakt der Freiheit besteht darin, dass der Mensch über sich selbst als ein Ganzes befindet – aber das ist ihm eben nur möglich vor dem absoluten Horizont, der Gott selber ist.

Doch zur Kreatürlichkeit menschlicher Freiheit gehört auch, und darauf kommt es hier vor allem an, dass sie stets durch die Mitwelt des Menschen vermittelt ist – gegenständlich, weltlich, geschichtlich[41]. Der Mensch kann seine Freiheit nur vollziehen in einer Situation, die er immer schon vorfindet. Diese situativen Vorgaben gehen in seine Entscheidungen mit ein. Sie sind sozusagen sein „Freiheits-Material“. In diesem „Freiheits-Material“ sind die „Objektivationen“ fremder Entscheidungen mitenthalten. Sie werden zum inneren, konstitutiven Moment der eigenen Entscheidung. Deshalb ist die eigene Freiheitsentscheidung unausweichlich mitgeprägt durch die Freiheitsgeschichte der Menschheit. Und deshalb gehen in jede Entscheidung des Einzelnen immer auch die Objektivationen fremder Schuld mit ein. Jede freie Entscheidung ist von fremder Schuld mitbestimmt.

> *Es gibt für den einzelnen Menschen keine Inseln, deren Natur nicht schon mitgeprägt ist durch die Schuld anderer, direkt oder indirekt, nahe oder von ferne*[42].

Menschliche Schuld aber ist nach Rahner nichts anderes als die Verneinung jenes absoluten Horizonts, der dem Menschen mit Gott vorgegeben ist und in welchem Gott sich selbst mitteilt. Sünde ist ein Sich-Verweigern gegenüber der Gnade der Selbstmitteilung Gottes.

Weil Karl Rahner Freiheit und Schuld in dieser existentialen Weise beschreibt, kann er bei der Bestimmung dessen, was Erbsünde ist, die reale Geschichte weitgehend außer acht lassen. Ihm genügt es festzustellen, dass die „Schuldmitbestimmtheit der Freiheitssituation eines jeden Einzelnen und dann natürlich auch jeder Gesellschaft“ nur denkbar ist, wenn diese Schuldmitbestimmtheit in den „Ursprung der Geschichte“ zurückreicht[43].

Wie dieser „Ursprung“ konkret aussieht, interessiert Rahner nicht. Es reicht ihm, gezeigt zu haben, dass alle Entscheidungen des Menschen schon immer durch fremde Schuld mitgeprägt sind. Damit klammert Rahner die konkrete Geschichte zwar nicht aus. Aber sie bleibt eine weiße Fläche. Wir begnügen uns deshalb nicht mit der transzendentalen Sicht Rahners, so notwendig und hilfreich sie auch ist. Wir haben in diesem Kapitel bereits versucht, uns die Unheilszusammenhänge der Geschichte an zwei konkreten Beispielen vor Augen zu führen. Genauso konkret werden wir nun im folgenden Kapitel fragen, wie man sich als heutiger Mensch den Sündenfall denn vorstellen darf. Letztlich geht es dabei um die Frage, wie Evolution und Sündenfall widerspruchsfrei nebeneinander gedacht werden können.

5. *Evolution und Sündenfall – ein Widerspruch?*

Was die Kirche mit der Erbsünde meint, ist kein Phantom. So viele Missverständnisse das Wort ‚Erbsünde' auch hervorruft – die Sache, die damit gemeint ist, erweist sich täglich als Realität. Allerdings genügt es noch nicht, die in der Welt erfahrbaren Schuldpotentiale und ihr Weiterwirken zu beschreiben. Die klassische Theologie würde hier ja eher von den „Folgen der Erbsünde" reden. Wir müssen das, was die Erbsünde selbst ist, das heißt, was sie im Licht des Glaubens ist, noch genauer in den Blick nehmen.

Dabei ergeben sich allerdings zwei Schwierigkeiten. Die erste Schwierigkeit besteht darin, dass das Dogma keine Wesensbestimmung der Erbsünde im eigentlichen Sinn liefert. Offenbar sind Erbsünde und Folgen der Erbsünde nicht scharf voneinander zu trennen[1].

Die zweite Schwierigkeit ergibt sich aus der Evolutionstheorie. Wie verhalten sich Evolution und Sündenfall zueinander? Wann geschah der Sündenfall überhaupt? Wie könnte er im Rahmen heutiger paläoanthropologischer Theorien formuliert werden? Die sachgerechte Übersetzung des Erbsündendogmas in den Horizont unseres heutigen Weltbildes ist außerordentlich schwierig.

So wundert es nicht, dass man derzeit in Glaubensbüchern noch immer einer seltsamen Ambivalenz in der Beschreibung des Sündenfalls begegnet: Eine (recht verstandene) Evolution des Menschen aus dem Tierreich wird vorausgesetzt. Vorausgesetzt wird auch, dass die biblische Geschichte vom Sündenfall kein Dokumentarbericht, sondern eine hochsymbolische Erzählung ist, die übersetzt werden muss. Aber dann wird – zum Beispiel – ganz schlicht gesagt:

> *Vom Teufel versucht, ließ der Mensch in seinem Herzen das Vertrauen zu seinem Schöpfer sterben, mißbrauchte seine Freiheit und gehorchte dem Gebot Gottes nicht. Darin bestand die erste Sünde des Menschen. Danach wird jede Sünde Ungehorsam gegen Gott und Mangel an Vertrauen auf seine Güte sein.*

In diesem Zitat – es stammt aus dem „Katechismus der Katholischen Kirche"[2]. – ist an sich jeder Satz korrekt. Hier wird zusammengefasst und gedeutet, was in der Bibel steht. Doch der Leser, der versucht, den Katechismus-Text in sein Weltverständnis einzuordnen, wird allein gelassen. Zwar ist es richtig, die Symbolsprache eines biblischen Textes wie der Erzählung vom Sündenfall auch heute zu gebrauchen – in Gebeten, Liedern und auch in Katechismen. Es gibt sogar Situationen, in denen die mythische Sprache der Bibel verwendet werden *muss:* Wenn zum Beispiel im Gottesdienst die Geschichte vom Sündenfall oder ähnliche Erzählungen vorgetragen werden. Nur: Ein Katechismus dient auch der Glaubensunterweisung. Deshalb müsste er dem Leser eine Brücke zu unserem heutigen evolutiven Weltbild bauen. Sonst besteht die Gefahr, dass der vom naturwissenschaftlichen Denken geprägte Mensch die Sprache der Tradition nicht mehr versteht, sie von sich wegschiebt, sie vielleicht sogar verachtet.

Der Leser des gerade zitierten Textes weiß bereits aus Nr. 390 des Katechismus: „Der Bericht vom Sündenfall verwendet eine bildhafte Sprache, beschreibt jedoch ein Urereignis, das *zu Beginn der Geschichte des Menschen* stattgefunden hat." Der Leser des Katechismus wird sich folgerichtig fragen: Wann lebte eigentlich dieser Ursünder, von dem da die Rede ist – dieser seltsam unbestimmt bleibende „Mensch", der als erster sündigte, das Vertrauen zu seinem Schöpfer verlor und das Gebot Gottes missachtete?

Lebte er vor 1 oder 1,5 Millionen Jahren als *homo erectus* in Afrika am Rand einer Savanne – mit einem ersten, noch halb unbewussten Gefühl für richtig und falsch, das aber im Sinne Rahners bereits zu einer Verweigerung der Selbstmitteilung Gottes führen konnte? Oder lebte er, da ihm ja hohe Erkenntnisqualität zugesprochen wird – er wusste bereits von einem göttlichen Gebot –, als *homo sapiens sapiens* um das Jahr 2000 vor Christus in einer der Hochkulturen des vorderen Orients? Doch das kann nicht sein, denn jener „Mensch" sündigte ja „zu Beginn der Geschichte des Menschen".

Aber wann begann diese Geschichte? Mit dem ‚Vormenschen', mit dem ‚Urmenschen', mit dem ‚Frühmenschen', mit dem ‚homo sapiens'? In dem Augenblick, da man beginnt, präzisere Fragen zu stellen, zeigt sich, wie schwierig das Bild von einem Menschen wird, der

der „zu Beginn der Geschichte des Menschen" in einem „Urereignis" in voller Verantwortung und klarer Erkenntnis gegen Gott sündigt.

Wir kommen also gar nicht daran vorbei, wenigstens den *Horizont* evolutiven Denkens zu umreißen, in den der Sündenfall einzuordnen ist. Denn innerhalb dieses Horizonts fühlt, denkt und formuliert der heutige Mensch. Aus ihm kann er nicht mehr heraustreten. Damit keine Missverständnisse entstehen, sei aber von vornherein betont: Es geht im Folgenden nicht in erster Linie um die angeführten naturwissenschaftlichen Details. Die sind Sache der Fachleute, und sie ändern und erweitern sich ständig. Es geht um das Gesamtbild, innerhalb dessen die Lehre von der Erbsünde heute gedacht und vermittelt werden muss.

*

Zu diesem Horizont evolutiven Denkens gehören zunächst einmal die immensen Zeiträume, die der Mensch brauchte, um sich aus dem Tierreich hochzuentwickeln. Wir nehmen eben nicht mehr wie noch Mittelalter und Neuzeit an, dass die Welt vor etwa 6000 Jahren ihren Anfang nahm. Der englische Mönch Beda Venerabilis († 735) hatte die Erschaffung der Welt auf den 18. März des Jahres 3952 vor Christus datiert.

Die Abspaltung der von den tierischen Vorfahren zum Menschen führenden Linien fand – das scheint heute ziemlich gesichert – vor etwa 8 bis 7 Millionen Jahren in Afrika statt. Eine Voraussetzung dieser Entwicklung war möglicherweise, dass sich dort das Klima dramatisch abgekühlt hatte. Fachleute vermuten: Die tropischen Wälder seien zurückgegangen, und es hätten sich große offene Savannen gebildet. Dort, zwischen Regenwald und Savanne, habe innerhalb riesiger Zeiträume die Entwicklung stattgefunden, die schließlich zum Menschen geführt habe[3]. Die ältesten Funde von ‚Vormenschen' sind bis zu 5,8 Millionen Jahre alt. Besondere Kennzeichen sind die gegenüber den Menschenaffen bereits verkleinerten Eckzähne. Der „Bodenaffe" *(Ardipithecus ramidus)* begann sogar schon, aufrecht zu gehen.

Die ersten ‚Urmenschen' (zum Beispiel der *homo rudolfensis*) werden vor etwa 2,5 bis 1,5 Millionen Jahren angesetzt. Sie haben ein größeres und leistungsfähigeres Gehirn entwickelt, gebrauchen bereits Werkzeuge und werden zunehmend unabhängiger von einem bestimmten Lebensraum.

Vor ungefähr 2 Millionen Jahren begann dann – immer noch in Afrika – die Entwicklung zum ‚Frühmenschen'. Das Gehirnvolumen wächst weiter, das Skelett wird kräftiger, die Werkzeugherstellung differenzierter. Kompliziertere Steinwerkzeuge aber setzen die Weitergabe von Erfahrung sowie Zukunftsplanung voraus. Höchstwahrscheinlich besaß der Frühmensch bereits ein Gefühl für Vergangenheit und Zukunft und für die Folgen der eigenen Handlungen. Die frühesten Hinweise auf den kontrollierten Gebrauch von Feuer finden sich in Südafrika; sie sind 1,5 Millionen Jahre alt. Der Frühmensch war auch schon zur gezielten und organisierten Jagd fähig.

Vor ca. 700 000 bis 500 000 Jahren beginnt schließlich in Afrika der Evolutionsschritt zum ‚modernen Menschen' *(homo sapiens)*. Die *biologische* Evolution verliert dabei zunehmend an Bedeutung; jetzt schafft die *kulturelle* Evolution die wirklichen Veränderungen. Werkzeugkultur, soziale Organisation und Kommunikation werden immer differenzierter und machen den *homo sapiens* so erfolgreich. Vor etwa 52 000 Jahren gab es offenbar eine Auswanderungswelle des *homo sapiens* aus Afrika – andere Auswanderungswellen früherer Hominiden waren bereits vorausgegangen. Und vor rund 40 000 Jahren beginnt dann der *homo sapiens* weltweit, Symbole und Kunstwerke zu schaffen. Das winzige Elfenbein-Mammut, das 2007 in der Vogelherdhöhle im Lonetal (Schwäbische Alb) gefunden wurde, ist vor etwa 35 000 Jahren geschnitzt worden.

In den letzten zwanzig Jahren wurden immer mehr fossile Funde gemacht. Das Wissen über die Vorgeschichte des Menschen und seine Menschwerdung (Hominisation) ist – trotz aller Lücken – immer größer geworden, vor allem weil neue wissenschaftliche Methoden – zum Beispiel die Stratigraphie, die Altersbestimmung durch radioaktive Isotope und die Molekulargenetik – hinzugekommen sind. Der Nicht-Fachmann kann die Ergebnisse der modernen Paläoanthropologie schon längst nicht mehr überblicken. Aber eines weiß er: Die Entwicklung zum *homo sapiens* geschah in riesigen Zeiträumen.

*

Kennzeichnend für diese Entwicklung ist auch das Phänomen der gleitenden Übergänge. Es ist für den Zusammenhang unserer Überlegungen fast noch wichtiger als die riesigen Zeiträume. Gleitende Übergänge – das schließt nicht aus, dass in vielen fossilen Entwicklungsreihen bis heute die Zwischenglieder fehlen. Es schließt nicht einmal aus, dass offenbar in der Geschichte der Organismen „Sprünge" auftreten. Solche Sprünge zu erklären, ist jedoch Sache der Naturwissenschaft. Wir müssen davon ausgehen, dass es ‚natürliche' Sprünge sind. Die Theologie darf sie nicht als Leerstellen benutzen, mit deren Hilfe sie ein unmittelbares Wirken Gottes beweisen könnte[4].

Konkret: Wann darf man zum ersten Mal vom Menschen sprechen? Ab wann können bestimmte Primaten als Menschen bezeichnet werden? Klar ist: Der *homo sapiens* unterscheidet sich grundlegend vom Tier. Aber der Zeitpunkt seiner Menschwerdung kann von der Paläoanthropologie nicht fixiert werden. Und die Theologie? Kann *sie* den Zeitpunkt fixieren? Sie muss selbstverständlich sagen: Jenes sich auf den Menschen hin entwickelnde Tier ist von dem Augenblick an Mensch, da es Geist besitzt. Aber ab wann ist das der Fall? Joseph Ratzinger formulierte einst[5]:

> *Sodann wäre die Einsicht aufzugreifen, daß Geist nicht als etwas Fremdes, als eine andere, zweite Substanz zur Materie hinzutritt; das Auftreten des Geistes bedeutet nach dem Gesagten vielmehr, daß eine voranschreitende Bewegung an dem ihr zugewiesenen Ziel ankommt. Schließlich wäre zu sagen, daß man gerade die Erschaffung des Geistes sich am allerwenigsten als ein handwerkliches Tun Gottes vorstellen darf, der hier plötzlich in der Welt zu hantieren beginnen würde.*

Diese äußerst vorsichtigen Formulierungen lassen einem „gleitenden" Übergang zum Menschen viel Raum. Und damit lassen sie der Paläoanthropologie Raum. Denn diese muss sagen:

> *Fast alle Evolutionsmerkmale des Menschen, wie Werkzeugkultur, Kommunikation, Sozialverhalten, Gehirnstruktur und Körperbau sind in irgendeiner Form schon bei seinen Primaten-Vorgängern angelegt*[6].

Nehmen wir als Beispiel den Werkzeuggebrauch. Die ältesten Werkzeuge, die sich für die Hominiden nachweisen lassen, sind Steine zum Aufschlagen von Knochen, denn das Knochenmark war hochbegehrt. Es handelt sich bei diesen Steinen um Kiesel, die von natürlich gelagerten Geröllen kaum zu unterscheiden sind. Nur der Zusammenhang mit dem Gesamt der Fundstätte zeigt, dass sie einmal als Werkzeuge gebraucht wurden: Die in Frage kommenden Kiesel liegen inmitten aufgeschlagener Tierknochen. Nun ist es aber so: Auch heutige Schimpansen gebrauchen Steine und Äste als Werkzeuge. Und auch ihre Vorfahren werden es schon getan haben. Das Indiz ‚Werkzeuggebrauch' schafft also keinen scharf markierbaren Übergang vom Menschenaffen zum Hominiden. Erst differenziert bearbeitete Steinwerkzeuge zeigen uns im Nachhinein den neuen Evolutionsschritt. Aber gerade diese Differenzierung der Werkzeugkultur geschieht in gleitenden Übergängen.

Ähnlich ist es bei der Entwicklung der Sprache. Auch hier ist mit überaus langen Entwicklungszeiten zu rechnen. Denn die Modulation komplizierterer Laute, die charakteristisch für die menschliche Sprache ist, war auch an organische Entwicklungen im Mund-Rachenraum gebunden. Diese organischen Entwicklungen erstreckten sich jedoch über lange Zeiträume. Die Sprachfähigkeit ist nicht eines Tages vom Himmel gefallen, so wenig wie die Weiterentfaltung des Bewusstseins.

Ähnliches gilt für die Entwicklung der Religion. Gräber mit Grabbeigaben (zum Beispiel Proviant für das Weiterleben nach dem Tod) sind die ersten und wichtigsten Indizien, dass sich so etwas wie Religion entwickelt hat. Aber von den ersten Gräbern dieser Art bis zu den Religionen der großen Hochkulturen war es noch ein weiter Weg.

*

Vor diesem evolutiven Horizont, der hier nur angedeutet werden konnte, entsteht nun die Frage: Wie haben wir uns die Ursünde vorzustellen? Wo geschah sie? Und wann? Und vor allem: in welcher Form? Die Schwierigkeiten für eine sinnvolle Antwort sind außerordentlich groß. Denn wir wissen über die *geistige* Entwicklung der Hominiden praktisch nichts. Kein Wunder, dass es heute in der Theologie teilweise die Tendenz gibt, angesichts dieser Schwierigkeiten zu kapitulieren und zu sagen: Die Rede von der Erbsünde ist lediglich eine mythologische Chiffre für die Grundbefindlichkeit des Menschen überhaupt – für seine Begrenztheit, seine Bedürftigkeit und die Gebrochenheit seines Wesens. Die Erbsünde ist also nichts anderes als eine „anthropologische Konstante". Sie beschreibt, was prinzipiell zum Sein des Menschen gehört, was immer war und immer ist. Die Rede von der Erbsünde hat die Funktion, dem Menschen die ihm eigene Endlichkeit und Kreatürlichkeit vor Augen zu stellen.

Aber diesen Weg können wir nicht gehen. Die Kirche besteht in ihrer Lehre vom Sündenfall zu Recht auf einem *Geschehen*, das sich in der Geschichte ereignete und das der Freiheit des Menschen entsprang. Es hätte nicht sein müssen. Diesen Ereignis-Charakter der Erbsünde ernstzunehmen, verlangt auch die biblische Erzählung vom Sündenfall.

Genesis 2–3 ist zwar keine naturwissenschaftliche Reportage und auch kein Verlaufsprotokoll bestimmter geschichtlicher Ereignisse. Genesis 2–3 ist eine theologische Erzählung, die mithilfe eindringlicher Bilder Realität verdichtet, die im Glauben erfahrbar ist. Das Bild vom Paradies schildert die Schöpfung, wie sie in den Augen Gottes sein sollte. Wir hatten von einem Kontrastbild gesprochen. Dem Leser beziehungsweise dem Hörer wird ein Kontrastbild vor Augen gestellt, an dem er den Unheilszusammenhang, in dem er gegenwärtig lebt, in seinem ganzen Ausmaß erkennen kann. Die Geschichte vom Sündenfall schildert die Realität der Welt, wie sie faktisch ist beziehungsweise wie sie geworden ist.

Die Bilder von Paradies und Sündenfall beziehen sich also *nicht nur* auf vergangenes Geschehen, sondern – in der Form einer Stammvatergeschichte – auch auf die Gegenwart. Das Wesen der Gattung ‚Stammvatergeschichte' besteht darin, dass sie in einer Anfangsgestalt all das zusammenfasst, was von der gesamten Gruppe gilt, die sich diese Geschichte erzählt. Im Stammvater sieht sich die Gruppe, die sich von ihm ableitet. Die Tiefenstrukturen der gegenwärtigen Wirklichkeit werden auf ein Gründungsgeschehen zurückgeführt. In diesem Sinn schildern Genesis 2–3 das Paradies, in dem der Mensch von Gott her gesehen leben könnte, und sie schildern das Paradies, wie es durch menschliche Schuld ständig verloren geht. Der Sündenfall geschieht heute, und er geht unablässig weiter. Und auch das Paradies liegt ständig vor unseren Augen. Es kann gewonnen werden.

Das alles war zu sagen, damit man Genesis 2–3 richtig versteht. Allerdings muss dann sofort hinzugefügt werden: Es geht in der Geschichte vom Sündenfall nicht nur um das Heute, es geht *auch* um die Vergangenheit. Man wird dieser Geschichte nicht gerecht, wenn man gemäß einer spätantiken Definition des Mythos sagt, sie erzähle lediglich, „was niemals war und immer ist". Die Geschichte vom Sündenfall erzählt eben auch, wie aus ‚Schöpfung im Sinne Gottes' verletzte und versehrte Schöpfung *wurde.* Insofern schildert sie – neben dem Gegenwartsaspekt – zugleich ein Geschehen der Vergangenheit: wie nämlich der Mensch das Paradies verlor. Allerdings werden wir heute dieses ‚Verlieren' vor einem evolutiven Horizont formulieren müssen, indem wir sagen: Die Geschichte vom Sündenfall erzählt auch, wie der Mensch das Paradies, das ihm zugedacht war, nicht in Besitz nahm, sondern es versäumte.

Wir haben also zwei Eckpunkte, von denen auszugehen ist: Auf der einen Seite das evolutive Denken, das riesige Zeiträume und gleitende Übergänge vor Augen hat, auf der anderen Seite ein reales Geschehen innerhalb dieser evolutiven Entwicklung, ein Geschehen in Raum und Zeit. Wie lässt sich beides zusammenbringen?

*

Hier hat – nach der Vorarbeit nicht weniger Theologen[7] – Robert Spaemann in seinem Aufsatz „Über einige Schwierigkeiten mit der Erbsündenlehre" einen weiterführenden Weg gezeigt. Es geht ihm dabei gerade um das Problem, das aus dem evolutiven Denken des heutigen Menschen entsteht. Spaemann stellt zunächst fest[8]:

> *Die Erbsünde ist ja nicht eine positive Qualität, die jeder Mensch von seinen Voreltern erbt, sondern sie ist das Fehlen einer Qualität, die er hätte erben sollen.*

Diese fehlende Qualität bestimmt Spaemann dann im weiteren Verlauf seiner Überlegungen folgendermaßen[9]:

> *Man kann, was Sünde heißt, interpretieren als ein schuldhaftes Bleiben des Menschen in einer ‚Natürlichkeit', die gerade dadurch unnatürlich wird, daß sie sich nicht, wie es in ihrer Anlage liegt, transzendiert. (...)*
>
> *Im Rahmen einer sich legitim beschränkenden Evolutionstheorie könnte man die Erbsünde bezeichnen als die Verweigerung eines Schrittes, den zu tun in einem bestimmten Augenblick fällig war und der durch eine göttliche Herausforderung ermöglicht wurde. Das Nichttun dieses Schrittes ist die erste, folgenreiche Schuld des Menschen, das* peccatum originale.

Versteht man in diesem Text die „göttliche Herausforderung" als *neue Konstellation,* die innerhalb der von Gott getragenen Evolution entstand, dann hat Spaemann hier einen Weg geöffnet, Evolution und Sündenfall zusammenzudenken. Man könnte seinen Hinweis folgendermaßen konkretisieren:

Im Zuge der Menschwerdung des Menschen muss allmählich – zunächst noch in sehr beschränktem Ausmaß – die Möglichkeit der Freiheit entstanden sein. Das heißt die Möglichkeit, dass sich dieses Wesen, das aus dem Tierreich kam, nicht mehr einfach nur von seinen Instinkten steuern ließ, sondern wählen konnte: wählen zwischen verschiedenen Möglichkeiten – und wählen zwischen einem grundlegenderen „Ja" oder „Nein". Aufs engste verbunden mit diesem langsamen Hervortreten von Freiheit war ein aufkeimendes Verstehen, ein wachsendes Erkennen, dieses seltsame, nur dem Menschen eignende Erkennen, das über jedes Einzelobjekt, das sich den Sinnen darbietet, *hinausgreift* und es in einen unendlichen Horizont stellt. Wenn Genesis 2,20 sagt, der Mensch habe jedes lebendige Wesen benannt, ihm also einen Namen, einen Begriff gegeben, ist dieses Wunder des Transzendierens, des Hinausgreifens über das Einzelding in einen umfassenden Begriff hinein ausgesprochen.

Der langsam menschwerdende Mensch übersteigt im Erkennen das sich ihm vordergründig Darbietende. Er ist das neugierigste Lebewesen, das es gibt. Sein Geist drängt ständig über das Vorhandene hinaus. Damit aber eröffnen sich ihm unablässig neue Möglichkeiten. Er kann sich transzendieren auf Neues hin. Er kann – langsam und in winzigen Schritten – mehr und mehr ergreifen, was in der Welt an Großem, an Gutem, an Schönem für ihn angelegt ist. Er kann, über die reine Wahlfreiheit hinaus, mehr und mehr sich dem annähern, was die eigentliche Freiheitstat ist: das Sich-selbst-Bestimmen auf das Gute hin.

Vor solchem Hintergrund ist dann mit Spaemann die Ursünde als „Verweigerung" zu denken – als Verweigerung von Schritten, die in langen Phasen der Menschwerdung des Menschen möglich und fällig gewesen wären. Diese Schritte hätten dem Menschen neue Möglichkeiten gegeben, sich der Wahrheit und dem sittlich Guten zu öffnen, auf diese Weise Gott näher zu kommen und Gottes Weg in der Geschichte mitzugehen. Das Nichttun dieser Schritte war ein erster Ansatz zu Sünde und Schuld. Die Ursünde bestände dann in der Nichtverwirklichung von positiven Möglichkeiten, die aus der Zukunft auf den Menschen zukommen. Die Ursünde wäre ein Zurückbleiben hinter der Berufung des Menschen, die Herrlichkeit Gottes widerzuspiegeln. Und statt von einem verlorenen müssten wir von einem versäumten Paradies sprechen.

Derjenige, dem das alles konstruiert oder gar abwegig erscheint, sollte vielleicht einmal an ein Kind denken, das heranwächst. Es schaut und schaut, sieht genau hin, greift mit seinen kleinen Händen nach den Dingen, die in seiner Reichweite sind, fängt an, zu unterscheiden, erobert sich Welt. Es lernt langsam – unter großen Mühen, mit vielen Fehlversuchen und doch immer im Spiel – sich aufzurichten. Eines Tages kann es aufrecht gehen, physiologisch ein hochkomplizierter Vorgang. Es lernt sprechen, es lernt Begriffe zu verwenden. Es sagt eines Tages zum ersten Mal „Ich". Es lernt zwischen Gut und Nicht-gut zu unterscheiden. Ganz langsam entwickelt sich, falls die Umgebung es nicht zunichte macht, sondern mithilft, aus dem Gut und Nicht-gut das Wissen um das, was das *Sittlich*-Gute ist. Irgendwann wird das Kind zum ersten Mal schuldig.

Aber wieviel muss dieser ersten Schuld, wenn es *wirkliche Schuld* sein soll und nicht vormenschlicher Selbstbehauptungsinstinkt, vorangegangen sein! Winzige Schritte, die in die falsche

Richtung gingen und die eines Tages den größeren Schritt zum qualifiziert Bösen ermöglicht haben: nämlich zum Erkennen und trotzdem nicht wollen, zum Das-Gute-Sehen und es doch nicht tun, zum sündhaften Allein-sich-selbst-Wollen und sich dem anderen verweigern! Vielleicht sind schon viele Jahre vergangen, das Kind ist längst kein Kind mehr, bis ihm Böses in diesem Sinn überhaupt möglich war. Vielleicht geschah es aber auch schon sehr früh. Vielleicht war es kindlich Böses. Wir müssen mit vielen Möglichkeiten rechnen.

Analoges gilt für den Morgen der Menschheit. Irgendwann gab es die erste Freiheit als wirkliche Freiheitstat. Irgendwann das erste Erkennen. Irgendwann das erste Tun des Guten im sittlichen Sinne und irgendwann die erste Verweigerung gegenüber der Wahrheit und dem Guten. Wenn aber die Verweigerungen anwuchsen, sich fortzeugten, sich miteinander verbanden zu Verweigerungs-Potentialen, sind wir bei dem, was mit der Erbsünde gemeint ist.

*

Solche Überlegungen müssen nun freilich abgesichert werden. Denn hier lauern Missverständnisse von allen Seiten:

1. Zum Begriff der Evolution: Wir setzen voraus, dass zwischen dem biblischen Schöpfungsglauben und einer ihre Grenzen nicht überschreitenden[10] Evolutionstheorie keinerlei Widerspruch besteht. Konkret: Wenn Biologen von ‚sich selbst organisierender Natur' reden oder vom ‚Experimentieren der Evolution', so schließt das theologisch gerade nicht aus, dass diese Natur Schöpfung Gottes ist.

Gott hat die Welt so geschaffen, dass sie sich hochentwickeln soll zu immer höherem Selbstand – und zwar als ‚Natur', das heißt, als das Aus-sich-selbst-Herauswachsende. Die Menschwerdung des Menschen ist dann *ganz* das Werk Gottes und *ganz* das Werk der Natur, die von Gott so geschaffen ist, dass sie als die Spitze der Evolution den Menschen hervorbringt. Die Geistseele[11], die den Menschen grundlegend von jedem Tier unterscheidet, ist Geschenk Gottes – und dennoch Geist, auf den die Schöpfung schon immer angelegt und der ihr inne war[12].

Die Vorstellung, dass Gott an den Schaltstellen der Evolution als eine Art Lückenbüßer, als „God of the gaps" eingreift, ist nicht nur überflüssig. Sie ist darüber hinaus theologisch fragwürdig. Denn sie wird der Besonderheit des Wirkens Gottes nur schwerlich gerecht. Die Vorstellung eines punktuellen, fallweisen und nicht vermittelten Eingreifens Gottes ist zumindest in der Gefahr, sein Wirken zur innerweltlichen Ursache zu degradieren und so die Radikalität der Schöpfungsaussage zu zerstören[13].

Es mag ja durchaus den Anschein von ‚Sprüngen' in der Evolution geben. Aber selbst wenn es sie gibt, sind sie kein Indiz für ein nicht vermitteltes Eingreifen Gottes. Gott greift nicht nur gelegentlich, sondern immer und überall ein. Genauer: Er trägt die Welt durchgehend als transzendente Ursache und als alles zu sich heranziehendes Ziel. Deshalb ist die gesamte Evolution von Gott gewollt und betrieben – und doch Selbsthervorbringung der Natur mit ständigem Probieren, mit Versuch und Irrtum, mit Misslingen und Gelingen, mit einer im Ganzen irritierenden Nicht-Geradlinigkeit. Das gerade ist die Größe des Schöpfers *und* die Größe seiner Schöpfung.

2. Zum Beispiel des heranwachsenden Kindes: Der Blick auf ein sich langsam entwickelndes Kind ist bis zu einem gewissen Grad hilfreich, wenn man sich die Entwicklung der Menschheit vorstellen will. Damit soll aber in keiner Weise gesagt sein, dass sich im Embryo und im Fetus noch einmal die gesamte Stammesentwicklung (Phylogenese) der Primaten im Zeitraffer wiederhole. Die Leibesfrucht ist von Anfang an Mensch und nicht zuerst einmal ein kleiner Schimpanse. Die Geistseele des Menschen formt von Anfang an seine Entwicklung – trotz aller biologischen Gemeinsamkeiten mit seinen tierischen Urahnen. Die Komplexität ‚Geist – Leib' darf also keinesfalls aufgegeben werden.

3. Zum Problem des Monogenismus: Wir können offenlassen, ob sich die allererste Realisation von Freiheit und Verantwortlichkeit an vielen Stellen, an wenigen Stellen oder nur an einer einzigen Stelle der Entwicklung des Menschen vollzog. Die literarische Gattung von Genesis 2–3 erfordert es nicht, von einem einzigen Menschenpaar auszugehen. Hier kann die Theologie ganz offen sein für die Forschungsergebnisse der Paläoanthropologen. Im Augenblick scheint zwar sicher zu sein, dass sich der Urmensch vor ca. 2,5 Millionen Jahren in *Afrika* entwickelte; die Forscher rechnen aber eher nicht mit einer einzigen Entwicklungslinie. „Die Abstammung des Menschen läßt sich längst nicht mehr als Linie darstellen, auch nicht als Baum, bestenfalls als Busch" (F. Schrenk[14]) So ist wahrscheinlich der aufrechte Gang nicht an einem einzigen Punkt Afrikas entstanden, sondern verschiedene Populationen haben an verschiedenen Stellen zwischen Regenwald und Savanne unabhängig voneinander begonnen, mit dem aufrechten Gang zu ‚experimentieren'.

4. Zum Problem der totalen Korrumpierung: Wenn die erste, noch sehr anfanghaft-minimale Schuldgeschichte aus menschlichen Verweigerungen, aus dem Nicht-Vollziehen schon möglicher Schritte entstand, so meint das nicht die totale Katastrophe, nicht die vollständige und radikale Korrumpierung der menschlichen Natur. Es hat beim Menschen in all seinen Entwicklungsphasen immer auch die Vertiefung und Vergeistigung von sozialen Verhaltensweisen gegeben, die bereits im Tierreich bei allen gesellig lebenden Arten in ihrer Triebausstattung zu beobachten sind: Brutpflege, gegenseitige Hilfe, Zusammenarbeit, Fürsorglichkeit, Gruppensolidarität.

Selbstverständlich wurden all diese Verhaltensweisen auch in dem langen Prozess der Menschwerdung weiter gepflegt, weiter kultiviert, weiter vermenschlicht. Und es gab, trotz aller Verweigerungen, beim Menschen immer auch die Suche nach der Wahrheit und die Sehnsucht nach dem Guten. Die heutige Evolutionsbiologie hat sich weit davon entfernt, den „struggle for life" ausschließlich als Vernichtungskampf zu sehen. Zum Überleben der Arten gehörte von Anfang an auch die Kooperation, die es im Tierreich in den vielfältigsten Formen gibt.

Die Sünde – und mit ihr erste sich bildende Schuldpotentiale – war also nicht eine Art moralischer Super GAU, sondern eine zunächst fast unmerkliche Verschiebung. Der langsam sich aus dem Tierreich entwickelnde und Mensch werdende Mensch trägt – neben der schon erwähnten Gruppensolidarität – notwendigerweise auch Gewaltmechanismen in sich. Wie viele Tiere hat er zwar Tötungshemmungen gegenüber der eigenen Gruppe, in der er lebt. Aber diese Hemmungen hat er offensichtlich nicht gegenüber Artgenossen, die ihm fremd erscheinen oder ihm gar zu Nahrungskonkurrenten werden. Sein Verhalten ist noch überaus lange eingebunden in ein System von Instinkten. Insofern ist sein Verhalten zunächst weder moralisch noch unmoralisch, sondern eben naturgegeben.

Im Zuge der Hominisation gerät das menschliche Verhalten aber allmählich in einen neuen Kontext: Der Mensch ist nicht mehr einfachhin seinen Instinkten unterworfen. Eine winzige Tür zu tieferem Erkennen, zur Freiheit und daraus resultierender Verantwortung tut sich auf. Diese Tür nicht zu durchschreiten und die erwachende Vernunft nur zu gebrauchen, „um tierischer als jedes Tier zu sein", wäre der Anfang von Sünde gewesen.

Mit anderen Worten: Gruppensolidarität, wie es sie längst schon vor der Menschwerdung des Menschen gab, konnte sich weiterentwickeln und verwandeln in wahrhaft „sittliche" Fürsorge. Brutale Gewalt – der „struggle for life" in seiner blutigen Form – konnte als ein dem menschgewordenen Menschen nicht mehr angemessener Mechanismus erkannt werden. Freilich: Brutale Gewalt konnte auch trotz sich vertiefender Erkenntnis weitergepflegt werden – und erst in diesem Augenblick wurde sie böse im moralischen Sinn. All das geschah in riesigen Zeiträumen. Der gesamte Prozess ist auch noch gar nicht abgeschlossen. Er ist noch immer völlig offen. Die rücksichtslosen Konkurrenzkämpfe, die Fremdenfeindlichkeit, die Vernichtungskriege unserer eigenen Zeit beweisen es.

Schuldgeschichte – darum ging es hier – ist also nicht die plötzliche, vollständige und umfassende sittliche Katastrophe, ist nicht die radikale Korrumpierung der menschlichen Natur. Die Sünde des Menschen entwickelt sich langsam, in vielen kleinen Entscheidungen. Sie entsteht aus Verweigerungen, die am Anfang noch minimal sein können, sie entsteht aus dem partiellen Nicht-Vollziehen schon möglicher Schritte wahrer Menschwerdung. Und neben dieser sich ausbreitenden Schuldgeschichte gibt es von Anfang an eine Hoffnungsgeschichte, gibt es die Suche nach der Wahrheit und die Sehnsucht nach dem Guten.

*

Soviel zur Absicherung von Missverständnissen! Zusammenfassend lässt sich sagen:

Der Mensch entwickelte sich, biologisch, zivilisatorisch, kulturell, in zunächst sehr langsamen Schritten zu dem, was er heute ist. Diese Höherentwicklung hätte ein immer tieferes Hinfinden zum Vertrauen auf Gott und zur Gemeinschaft mit ihm sein können – selbstverständlich über all die notwendigen Zwischenstufen, in denen sich die Religion entwickelt hat: über Animismus und Geisterglaube, über Totenkult und Ahnenverehrung bis hin zu den Hochreligionen.

Bis zu einem gewissen Grad ist dieses Hinfinden zu Gott ja auch geschehen. Sonst wäre Abraham, sonst wäre Israel überhaupt nicht möglich geworden. Zugleich aber war dieses Hinfinden schon sehr früh gestört und gehemmt durch Sich-Verschließen, Misstrauen, Angst, Gier, Stolz – also durch all das, was die Erzählungen der Genesis in meisterhafter Form beschreiben. Noch einmal anders gesagt: Der Sündenfall war im Zuge der Höherentwicklung des Menschen ein Nicht-Ergreifen angebotener Gnade.

Freilich ist das Wort ‚Gnade' konkret zu füllen: Der Mensch war von Anfang an zum Finden Gottes und zum Umgang mit ihm berufen. Das bedeutete: Begreifen der Welt, Verstehen des Sinnes der Schöpfung, Verstehen der Geschöpflichkeit des Menschen und damit seiner Endlichkeit, aber auch seiner Berufung, Gott nahe zu sein und an der Herrlichkeit Gottes teilzuhaben.

In dem Maße aber, in dem der Mensch, verführt durch seinen Stolz, sich selbst zum Herren der Welt macht, verliert er diesen Sinnhorizont. Er wird blind für das, was er im Wollen Gottes sein soll. An die Stelle der überströmenden Freude über seine Bestimmung treten Selbstentfremdung, Traurigkeit, ja Zweifel und selbst Verzweifeln am Leben.

Er erfährt zum Beispiel die Arbeit anders: Eigentlich sollte sie Lust sein, Mitarbeit an der Schöpfung, ein Behüten und Bewahren des Gartens, in dem der Mensch leben könnte. Nun aber wird sie immer auch zur Last, zum Sich-Abmühen, zur Schinderei, zum Schleppen des Lastkorbs.

Der Mensch erfährt, um ein weiteres Beispiel zu nennen, seinen Mitmenschen anders: Eigentlich sollte ihm der Andere immer mehr zum Bruder und zur Schwester werden, zum Gefährten, zum Helfer, zum Freund. Nun aber wird ihm der Andere nur allzu oft zum Rivalen, zum Konkurrenten und Gegner, dem er misstraut und vor dem er sich in acht nimmt.

Der Mensch erfährt, um ein drittes Beispiel zu nennen, die Sexualität anders: Eigentlich sollte sie zum leibhaften Teil der Liebe werden, Brücke zum Geliebten, Ekstase, in der das Ich überschritten wird auf den Partner hin. Nun aber wird sie allzuoft genau das Gegenteil: Fixierung auf sich selbst, Missbrauch und Instrumentalisierung des Anderen.

Der Mensch erfährt auch die Gesellschaft anders: Eigentlich sollte er immer mehr hineinwachsen in ein Miteinander, das den Einzelnen in seiner Eigenständigkeit stärkt und doch zugleich Verknüpfung des Lebens vieler ist. Was die Bibel später Volk Gottes nennt, wäre dann aus einer kontinuierlichen Entfaltung der von Gott gegebenen Möglichkeiten des Menschen entstanden. Aber gerade das geschah nicht. Die Menschheit ist zerrissen in Nationalismen, hin- und hergerissen zwischen Kollektivismus und Individualismus. Volk Gottes musste deshalb auf eine ganz andere Weise zustandekommen[15].

Weiterhin: Der Mensch, der die Gnade nicht ergreift, erfährt auch Gott anders: Eigentlich sollte Gott offenbar sein. Nicht dass der Mensch ihn vor seinem Tod unmittelbar schauen könnte. Aber Gott könnte dem Menschen vertraut sein, er könnte ihm nahe sein, er könnte in seinem Herzen sein, so dass die ganze Welt vom Licht Gottes erhellt wäre. Die Sünde des Sich-Verweigerns hingegen macht, dass Gott dem Menschen verborgen bleibt. Er wird zum dunklen, zum schrecklichen, zum fernen Gott.

Schließlich: Der Mensch erfährt den Tod anders: Selbstverständlich hat es ihn immer gegeben und wird es ihn immer geben. Tod und Vergehen gehören wesensnotwendig zur Evolution. Aber der Tod hat durch die Sünde eine andere Qualität bekommen. Er ist nicht das geworden, was er hätte werden können: Übergang, ersehntes Eintreten in das Licht Gottes. Statt dessen ist er besetzt mit Dunkelheit, Angst, Einsamkeit, Tragik. Der Tod ist zur Unheilsmacht geworden.

*

An all dem wird deutlich: Die kirchliche Lehre von der Erbsünde hängt aufs engste mit der Theologie der Schöpfung zusammen. Was Erbsünde ist, wird nur deutlich, wenn man weiß, was Gott mit der Schöpfung will und was er mit dem Menschen will. Die Paradiesesgeschichte in Genesis 2, die Geschichte von dem wunderbaren Garten, in dem der Mensch leben könnte, ist ein Bild der Schöpfung, wie sie sein sollte.

Erbschuld besteht also darin, dass die Welt, wie sie sich heute darstellt, aufgrund der Sünde der Vielen dem Schöpfungswillen Gottes nicht entspricht. Menschlich gesprochen: Dass Gott die Welt nicht so ansehen kann, wie er sie eigentlich ansehen möchte. Menschliche Verweigerungen haben immer wieder verhindert und verhindern bis heute, dass sich die Welt *als ganze* auf den Schöpfungsplan Gottes hin entfalten konnte[16]. Dort, wo der Schuldzusammenhang unterbrochen wäre, dort, wo es keine Erbsünde gäbe, könnte Gott ein reines, ungebrochenes „Ja“ zu seiner Schöpfung sprechen. Und diesem „Ja“ Gottes entspräche vonseiten des Menschen ein reines, ungebrochenes „Ja“ zu Gott: Gott gefällt die Welt, dem Menschen gefällt Gott.

Erbsünde bedeutet also nicht, dass der Mensch in sich böse ist. Erbsünde bedeutet auch nicht, dass die Welt als solche böse ist. Die sogenannten Übel wie Naturkatastrophen, Krankheit und Tod gehören zur Welt, zu ihrer Endlichkeit und zu ihrer Evolution. Durch die Erbsünde haben diese Übel aber ihre Qualität verändert. Sie können – wie gerade der Tod zeigt – nicht mehr *unmittelbar* innerhalb einer von Gott her kommenden Sinndimension verstanden werden. Sie werden auch oft nicht verhindert, obwohl sie verhindert werden könnten. Viele Krankheiten und viele Folgen von Naturkatastrophen brauchte es ja nicht zu geben, wenn die Menschen solidarisch zusammenarbeiteten.

Erbsünde ist auch nicht Bestrafung des Menschen durch Gott, Qual, die Gott dem Menschen wegen seiner Sünde auferlegt hätte. Sie ist vielmehr ein Mangel – ein Mangel, den der Mensch sich selbst zufügt, weil er sich Gott nicht öffnet. Erbsünde ist die Nichtannahme des Angebots Gottes, die Welt in seinem Licht zu sehen und seinen Willen zu tun. Erbsünde ist das Nicht-Ergreifen angebotener Gnade. Erbsünde ist der Mangel, in Freiheit Gott lieben und seine Liebe erfahren zu können. Erbsünde ist letztlich die Abwesenheit der Fülle des Heils, in dem nach Gottes Plan die Welt leben sollte. Die theologische Tradition fasst das alles seit Jahrhunderten zusammen unter dem Satz: Erbsünde ist das Fehlen der Heiligkeit und Gerechtigkeit, in welcher der Mensch vor Gott leben sollte.

6. Die ‚Sache' der Erbsünde im Alten Testament

Das vorangegangene Kapitel wollte zeigen: Irgendwann entstand aus der Freiheit des Menschen das, was wir Sünde nennen – irgendwann, in einer Vorzeit, die kein Historiker mehr aufdecken kann. Weil die Menschwerdung des Menschen Teil der Evolution ist, konnten sich auch die Voraussetzungen der Freiheit nur langsam und schrittweise entwickeln. Je mehr aber das Erkenntnisvermögen des Menschen wuchs und mit ihm die Möglichkeit des Entweder-Oder, des Ja oder Nein, desto mehr wuchs auch die Möglichkeit der Sünde. War die Sünde erst einmal in der Welt, so zeigte sich ihre erschreckende Macht: Dass sie aufreizt, in ihren Bann zieht, verführt, ansteckt, in die nächste Generation hineinreicht und fortzeugend Böses gebiert. Es entstanden viele einzelne Schuldgeschichten und aus ihnen zusammenfließend eine immer größer werdende Schuldverflechtung.

Es hätte nicht so sein müssen. Der Mensch hatte andere Möglichkeiten. Die Menschheitsgeschichte hätte sich anders entwickeln können. Das Bild des Paradieses, das die Genesis zeichnet, deutet dieses ganz Andere an. Faktisch aber ist die Welt so geworden, wie sie heute ist.

Ein Einwand meldet sich. Schuldpotentiale? Schuldgeschichte? Ist das alles nicht maßlos übertrieben? Wird hier nicht aus der immer gegenwärtigen Gefährdung des Menschen ein Gespenst erzeugt? Hat nicht doch Goethe mit dem bereits zitierten Satz aus dem Faust mehr vom Menschen gewusst?

Ein guter Mensch in seinem dunklen Drange
Ist sich des rechten Weges wohl bewusst.

Könnte es vielleicht sein, dass die Rede von der Erbsünde als einer Verfinsterung der gesamten menschlichen Geschichte eine maßlose Übertreibung ist? Wir tun gut daran, die Antwort nicht nach eigenem Ermessen zu geben. Wir befragen nun vielmehr nach all unseren Vorüberlegungen die Heilige Schrift selbst und vertrauen auf ihr Wissen vom Menschen. Mehr noch: Wir vertrauen darauf, dass sie Gottes Wort über die faktische Situation des Menschen ist.

Das Wort ‚Erbsünde' kommt im Alten und Neuen Testament zwar nicht vor. Aber die *Sache*, die das Wort meint, ist ständig gegenwärtig. Von daher auch die Überschrift zu diesem Kapitel. Damit diese Sache der Bibel in den Blick kommt, knüpft das Folgende bei dem an, was sich bereits in den vorangegangenen Kapiteln gezeigt hat: Erbsünde als Unheilspotential, das aus persönlicher Schuld entsteht und sich in der Welt ansammelt; als Unheilssituation, in die der Mensch hineingeboren wird und die ihm eigen und innerlich ist; als Unheilszusammenhang, der Gesellschaft und Geschichte prägt, so dass die Welt dem Schöpfungswillen Gottes nicht mehr entspricht.

Im Folgenden werden – exemplarisch für viele andere Belege – aus dem Alten Testament drei Textkomplexe herausgegriffen. Sie sollen zeigen, wie gegenwärtig dort das ist, was die kirchliche Tradition später als Erbsünde bezeichnet hat.

a) Der Erzählzusammenhang Genesis 3–9

Über die Geschichte vom Sündenfall in Genesis 3 wurde schon am Anfang dieses Buches ausführlicher gesprochen. Die Erzählung ist noch immer vielen Menschen bekannt. Sie hat die Bildwelt Europas bis heute geprägt. Selbst Leser, die keine Juden oder Christen sind, schätzen sie wegen ihrer hohen Darstellungskunst, ihrer sublimen Psychologie und ihres Wissens vom Menschen. Meist wird dabei Genesis 3 als in sich geschlossene Einheit empfunden. Das ist aber nur bedingt richtig. Sieht man genauer hin, so setzt sich die Erzählung vom Sündenfall des ersten Menschenpaares in der Erzählung von ihren Söhnen Kain und Abel unmittelbar fort.

Beide Erzählungen gehören zusammen. Sie bilden eine Einheit. Genesis 3 schildert das Misstrauen der Menschen gegen Gott und ihre

Gebotsübertretung. Dass der Ungehorsam gegen Gottes Gesetz auch das Verhältnis der Menschen untereinander empfindlich gestört hat, wird in Genesis 3 zwar angedeutet, aber noch nicht ausgeführt. Die erzählerische Konkretisierung geschieht erst in den folgenden Kapiteln, beginnend mit Genesis 4: Kain erschlägt seinen Bruder Abel.

Die Sünde der Eltern setzt sich also fort in der Sünde des Sohnes. Aus dem gestörten Verhältnis zu Gott erwachsen Rivalität und Auflösung des menschlichen Miteinanders. Die Schuld der Eltern greift über auf die nächste Generation. In der zweiten Generation wird manifest, was in der Sünde der Eltern bereits im Keim angelegt war. Genesis 4 spricht zunächst einführend von der Geburt Kains und Abels. Doch dann kommt die Erzählung sofort zur Sache:

> *Abel wurde Hirte von Kleinvieh und Kain Ackerbauer. Nach geraumer Zeit begab es sich, dass Kain von den Früchten des Feldes dem Herrn ein Opfer darbrachte. Auch Abel brachte ein Opfer dar von den Erstlingen seiner Herde und zwar von ihren Fettstücken. Der Herr schaute auf Abel und sein Opfer, doch auf Kain und sein Opfer schaute er nicht. Da überlief es Kain heiß, und sein Blick senkte sich. (Gen 4,2–5)*

Natürlich bewegt jeden Leser von Genesis 4 die Frage, weshalb Gott das Opfer Abels mit Wohlgefallen annimmt, das des Kain jedoch nicht. Der Text selbst gibt auf dieses Rätsel der göttlichen Wahl keine direkte Antwort. Möglicherweise stehen hinter dem Text aber alte Menschheitserfahrungen. Kain ist ja Ackerbauer und bringt unblutige Opfer dar. Abel hingegen ist Schaf- und Ziegenzüchter und schlachtet Tiere aus seiner Herde. Hatten sich blutige Opfer gegenüber unblutigen als wirksamer erwiesen? Ließ das *Blut* eines Opfers die Menschen erschaudern und stiftete so – wenigstens für eine gewisse Zeit – Versöhnung? Eine Erklärung des Textes auf dieser Ebene kann sich auf René Girard und sein epochemachendes Buch „La violence et le sacré“ berufen[1].

Doch lassen wir diese hintergründige Frage offen. Dass Gott das Opfer des Abel anschaut und das des Kain nicht, kann auch *theologisch* verstanden werden: Gottes Wahl ist nicht ableitbar. Exodus 33,19 formuliert dies so:

Ich werde mich erbarmen, wessen ich mich erbarme, und Gnade erweisen, wem ich Gnade erweisen will. (Ex 33,19 / Röm 9,15)

Das heißt neben anderem auch: Gott kann in einer bestimmten Situation einen Menschen für seine Sache brauchen und einen anderen in dieser Situation nicht. Solche Erwählung hat mit Bevorzugung nichts zu tun. Sie legt dem Erwählten eher schwere Lasten auf die Schultern. Man muss in diesem Zusammenhang alle Vorstellungen beiseiteschieben, die in Richtung ‚Bevorzugung', ‚Begünstigung' oder ‚einseitige Parteinahme' gehen. Man würde den Sinn der Erzählung von Genesis 4 geradezu verfehlen, wenn man bei der Frage stehenbliebe, warum Gott gerade das Opfer Abels angenommen habe. Für den theologischen Duktus der Erzählung ist es viel bedeutungsvoller, dass Kain, bevor er seinen Bruder ermordet, von Gott eigens angeredet wird:

Warum überläuft es dich heiß, und warum senkt sich dein Blick? Nicht wahr, wenn du recht tust, darfst du aufblicken; wenn du nicht recht tust, lauert an der Tür die Sünde. Auf dich hat sie es abgesehen. Doch du werde Herr über sie! (Gen 4,6–7)

Diese Sätze wollen auf der einen Seite die Freiheit Kains betonen. Er könnte seinem Neid auf Abel widerstehen. Er könnte Herr werden über die Versuchung, seinen Bruder zu beseitigen. Andererseits ist die Sünde bereits als Sündenmacht dargestellt. Sie lauert wie ein Dämon vor der Tür.

Wie die Erzählung weitergeht, ist bekannt. Kain hört nicht auf die Stimme Gottes. Er erschlägt seinen Bruder draußen auf dem Feld. Und so wie Gott vorher Adam gefragt hatte „Wo bist du?", fragt er nun Kain: „Wo ist dein Bruder Abel?" Die Antwort Kains ist erschreckend. Sie macht endgültig klar, dass der Ungehorsam gegen Gott auch alle menschliche Solidarität zerschlagen hat:

Bin ich denn der Hüter meines Bruders? (Gen 4,9)

Indem Kain so redet, bedient er sich nicht nur eines frechen Witzes, der auf die Frage hinausläuft: „Soll ich denn etwa den Hirten hüten?" Er lügt darüber hinaus Gott ins Angesicht, denn er tut ja so, als wisse er gar nicht, wo sein Bruder sei. Vergleicht man das Gespräch, das Adam nach seiner Tat mit Gott führte, mit diesem Wortwechsel, so wird deutlich: Die Dinge haben sich zugespitzt, der Mensch hat sich verhärtet, die Distanz zu Gott ist größer geworden. Das zeigt sich auch an dem Fluch, der nun auf Kain gelegt wird: Die Erde wird ihm keinen Ertrag mehr bringen, er ist verbannt vom Ackerboden und er wird von nun an auf der Erde rastlos und flüchtig sein. Die Gewalttat hat schreckliche Folgen.

Die Erzählung endet aber nicht in reiner Negativität. Gott versieht Kain mit einem Zeichen – man darf wohl an eine Tätowierung denken –, das ihn nicht schänden, sondern schützen soll. Wer Kain erschlägt, wird siebenfacher Vergeltung verfallen. Damit wird innerhalb des Erzählrahmens die vorstaatliche Rechtsfigur der Blutrache beschrieben und institutionalisiert[2]. Die Blutrache ist zwar selbst Anwendung von Gewalt. Aber sie ist kanalisierte Gewalt: Von wem und bis zu welchem Ausmaß sie praktiziert werden darf, war in den Gesellschaften des Alten Orients genau festgelegt.

Im Rahmen unserer Fragestellung zeigt der Einbau des Motivs der Blutrache in das Textgefüge: Es gibt zwar den Zusammenhang der Schuld von Adam zu Kain und von Kain zu seinen Nachkommen. Aber es gibt zugleich immer auch den Versuch, die wachsende Gewalt einzugrenzen. Da die Blutrache den Mörder mit schweren Sanktionen bedroht, verhütet sie chaotische Ausbrüche eigenmächtiger Gewalt. So endet die Erzählung mit einem Hoffnungsschimmer: Kain hat gemordet, und nun ist der Mord in der Welt – aber es gibt zugleich eine erste Institution, den sich ausbreitenden Mord einzudämmen.

Die Erzählung von den Stammeltern und ihren Söhnen hat also mit dem Kainszeichen ein vorläufiges Ende gefunden. Aber der biblische Erzähler fährt fort mit Erzählen. Er erzählt so, dass der Leser beziehungsweise der Hörer weiß: Die Gewalt geht weiter; sie wird lediglich durch die Einrichtung der Blutrache notdürftig gebändigt. In diesem Raum latent vorhandener, sich von Generation zu Generation fortzeugender und nur mühsam durch erste Formen des

Rechts gebändigter Gewalt, lässt dann der biblische Erzähler die Zivilisation entstehen:

Kain und seine Nachkommen bauen die erste Stadt (Gen 4,17), ein Teil seiner Nachkommen spezialisiert sich auf die Viehzucht (Gen 4,20), andere erfinden die Musik (Gen 4,21), wieder andere die Metallverarbeitung (Gen 4,22). Die Kultur wird also entwickelt im Zusammenhang mit dem Urelement des Rechts: der Strafandrohung für Mord. Die gesamte Kultur soll beitragen zur Bändigung der Gewalt, die in die Welt gekommen ist. Das heißt aber:

> *Nichts an der menschlichen Entwicklung kommt in Unschuld auf uns zu: weder die Ausdifferenzierung der menschlichen Gesellschaft in der funktionalen Vielfalt einer Stadt noch die Tierzucht noch die Kunst noch die Industrie. Alles bindet und besänftigt den Drang zur Gewalt. Doch alles kann auch die Möglichkeiten des Gewaltgebrauchs von neuem steigern[3].*

Diese Steigerung der Gewalt schon in den nächsten Generationen veranschaulicht der Erzähler alsbald mithilfe der Figur des Lamech. In einem Prahlgedicht vor seinen beiden Frauen sagt Lamech:

> *Ada und Zilla, hört auf meine Rede,*
> *ihr Frauen Lamechs, lauscht meinem Spruch!*
> *Ja, einen Mann erschlage ich für eine Wunde*
> *und einen Knaben für eine Strieme.*
> *Wird Kain siebenfach gerächt,*
> *dann Lamech siebenundsiebzigfach.*
> *(Gen 4,23–24)*

Das bedeutet: Die Gewalttat Kains wuchert weiter. Ja, sie wuchert nicht nur weiter, sie potenziert sich. Das Gesetz der Blutrache, das die Gewalt in der Gesellschaft eindämmen soll, erreicht sein Ziel nicht, sondern schafft neue Perversionen: siebenundsiebzigfachen Mord. So macht das Prahllied Lamechs den Leser damit vertraut, dass sich die Gewalt in der Welt ins Maßlose steigert bis zu der Situation vor der Sintflut. Diese Situation wird dann in Genesis 6,11–13 folgendermaßen charakterisiert:

Die Erde aber war in Gottes Augen verdorben, sie war voller Gewalttat. Gott sah sich die Erde an: Sie war verdorben; denn alle Wesen aus Fleisch auf der Erde lebten verdorben. Da sprach Gott zu Noach: „Ich sehe, das Ende aller Wesen aus Fleisch ist da; denn durch sie ist die Erde voller Gewalttat."

Die Entwicklung der Zivilisation und der Kultur vermochte also die Unheilsgeschichte verheerender Gewalt, die mit dem Brudermord Kains begonnen hatte, nicht wirklich einzudämmen. Im Gegenteil: Die Gewalt hat sich noch gesteigert und universale Ausmaße angenommen. Allerdings: Gott findet sich mit dem chaotischen Einbruch der Gewalt in seine Schöpfung nicht ab. Er setzt mit Noach einen neuen Anfang. Er macht – menschlich gesprochen – einen neuen Versuch. Er möchte, dass seine Geschichte mit den Menschen in Zukunft einen anderen Verlauf nimmt.

Wir haben also die Kapitel Genesis 3–9 in ihrem Zusammenhang zu begreifen. Sie schildern eine Schuldgeschichte, die sich über Generationen erstreckt. Der Generationenzusammenhang wird durch das in Genesis 4,25–5,32 eingefügte Geschlechtsregister sogar noch zusätzlich herausgestellt. Die Schuldgeschichte beginnt mit der Sünde des ersten Menschenpaars. Jede neue Generation tritt in diese Schuldgeschichte ein. Die Sünde der Vorfahren und ihre Folgen sind der nächsten Generation bereits vorgegeben, werden jedoch durch immer neue Sünden verstärkt. Ein Potential an Gefährdung und Schuld baut sich auf. Dieses Potential wird so groß, dass die Katastrophe der Sintflut über die Menschheit hereinbricht.

Aber was ist das: die Sintflut? Hat es sie gegeben? Wird es sie einmal geben? Wer ist ihr Verursacher? Die Kapitel Genesis 6–9 formulieren mit größter Selbstverständlichkeit dergestalt, als habe Gott selbst die Sintflut herbeigeführt:

Der Herr sagte: Ich will den Menschen, den ich erschaffen habe, vom Erdboden vertilgen und mit ihm auch das Vieh, die Kriechtiere und die Vögel des Himmels, denn es reut mich, sie gemacht zu haben (Gen 6,7).

Das entspricht einem bestimmten Sprachmodus der Bibel. Sie kann ganz von Gott her formulieren. Allerdings tut sie das nicht immer. Sie kann auch alles vom Menschen her formulieren. Wir dürfen und müssen deshalb die Sprache der Sintfluterzählung differenziert verstehen: Wenn der Mensch der sich fortzeugenden Gewalt, die wie ein Dämon vor seiner Tür lauert, nicht widersteht, zerstört er sich selbst, zerstört er die Welt, vernichtet er die Hoffnung, auf die hin Schöpfung angelegt ist.

Im Übrigen gilt für den Erzählkomplex der Sintflut dasselbe, was schon für die Geschichte von Paradies und Sündenfall gesagt worden war: Die Paradies-Erzählung beschreibt, wie die Welt in den Augen Gottes eigentlich sein sollte. Sie schafft ein Kontrastbild, das helfen soll, die Schuldzusammenhänge der Gegenwart tiefer zu verstehen. Analog dazu will die Sintflut-Erzählung zeigen, wo die Welt hintreibt, wenn sich der Mensch hemmungslos dem Tun des Bösen hingibt (Gen 6,5). Dann zerstört er die Schöpfung Gottes. Dann verwirklicht er nicht, was Gesellschaft von Gott her sein könnte. Diese Zerstörung der Erde und ihrer Bewohner geschieht schon ständig und sie könnte einmal einen Punkt erreichen, wo sie nicht mehr aufzuhalten ist.

Allerdings: Der Erzählzusammenhang Genesis 3–9 ist nicht ohne Hoffnungszeichen. Da ist Abel, dessen Opfer Gott wohlgefällig ist. Sodann Henoch, „der seinen Weg mit Gott geht" (Gen 5,24). Schließlich Noach, der „ein gerechter, untadeliger Mann unter seinen Zeitgenossen war"; auch er geht seinen Weg mit Gott (Gen 6,9). Weil es Noach gibt, kann Gott sogar einen Bund mit ihm, seinen Nachkommen und den Tieren schließen. Dieser Bund gipfelt in der Selbstverpflichtung Gottes:

> *Balle ich Wolken über der Erde zusammen und erscheint der Bogen in den Wolken, dann gedenke ich des Bundes, der besteht zwischen mir und euch und allen Lebewesen, allen Wesen aus Fleisch: Das Wasser wird nie wieder zur Flut werden, die alle Wesen aus Fleisch vernichtet. (Gen 9,14–15)*

So enthält die Sintflut-Erzählung eine eigentümliche Dialektik. Auf der einen Seite zeigt sie die sich steigernden Kräfte der Zerstörung, die von der menschlichen Gesellschaft ausgehen. Nicht Gott richtet die Welt zugrunde, sondern der Mensch: „Die Erde war in Gottes Augen verdorben, sie war voller Gewalttat." Andererseits zeigt die Erzählung Gott als den, der sich seine Schöpfung nicht entreißen lässt. Er findet einen Weg, sie zu retten. Dieser Weg läuft über Noach und seine Nachkommen. Es ist also keineswegs so, dass die Schöpfung als solche und der Mensch als solcher total korrumpiert und böse wären. Mit Abraham wird Gott dann sogar noch einmal einen ganz neuen Weg beginnen können.

b) Die Thronfolge Davids (2 Sam 10–20; 1 Kön 1–2)

Die Schuldverflochtenheit, die in Genesis 3–9 so eindrucksvoll geschildert wird, hat die gesamte Menschheit im Blick. Israel redet aber nicht nur von den Schuldpotentialen der *Welt.* Es spricht genauso deutlich, wenn nicht noch viel deutlicher und schonungsloser von seiner eigenen Schuldgeschichte. Israel ist nie dem Unschuldswahn verfallen. Als erstes Beispiel seines nüchternen Blickes auf sich selbst seien Abschnitte aus der Erzählung der sogenannten ‚Thronfolge Davids' gewählt. Sie zeigen, wie sich die Schuld Davids in seinen Söhnen fortsetzt.

In 2 Samuel 11 wird erzählt, wie David, der große König Israels, die Ehe Urijas und Batsebas zerstört. Batsebas Gatte Urija ist ein Offizier, der unter dem Feldherrn Joab gegen die Ammoniter kämpft. Als das eigentlich Sündhafte wird vom Erzähler nicht der Bereich ungeordneter Sexualität herausgearbeitet, obwohl das Ganze in diesem Bereich beginnt. Die wahre Sünde Davids ist sein Machtmissbrauch, ist brutale Gewalt. Das zeigt der fiktive Rechtsfall vom Lamm des Armen, auf den wir noch zurückkommen werden. Der Prophet Natan legt ihn dem König vor, um ihm begreiflich zu machen, was er getan hat. Das Erschreckende an dem Rechtsfall ist die gefühllose und hemmungslose Gewalt, mit der ein reicher Mann seinem armen Nachbarn das einzige wegnimmt, was er besitzt: ein kleines Lamm. Genauso nimmt sich David, was er gern hätte, und greift dabei in die Rechte des Urija rücksichtslos ein. Das ist die eigentliche Sünde Davids.

Und von dieser Sünde wird nun in hoher Erzählkunst gezeigt: David gerät immer tiefer in sie hinein und verstrickt sich dabei immer mehr in Schuld. Zuerst ist es nur das Begehren, dann schreitet das Begehren zur Tat, dann wird Batseba schwanger, die Schwangerschaft muss vertuscht werden, deshalb der Versuch des Königs, Urija mit allen Mitteln dazu zu bringen, während eines Heimaturlaubs mit seiner Frau zu schlafen. Weil Urija, der kluge Offizier, dieses Spiel durchschaut und nicht darauf eingeht, muss er beseitigt werden, und damit er unauffällig beseitigt werden kann, müssen eine Reihe anderer Soldaten mitsterben.

Es ist – im nüchternen Konstatieren und im Sich-Verbieten direkter moralischer Urteile – große Erzählkunst. Sie zeigt, wie aus dem einen das andere folgt. Aus dem bloßen Begehren wird am Ende Mord an den eigenen Untergebenen. Jede Sünde zieht hinab, sagt die Erzählung. Jede Sünde wirkt weiter. David gerät, nachdem er erst einmal angefangen hat, in einen Strudel. Er wirkt trotz der Energie, mit der er alles betreibt, wie betäubt, wie gelähmt, wie blind.

Wer kann ihn aus seiner Blindheit herausreißen? Er selbst kann es nicht. Sein Gewissen sagt ihm – – nichts! David hat keine eigene Erkenntnis. Er hat alles erreicht, was er wollte. Die Geschichte ist anscheinend an ihr Ende gekommen: Als die Frau des Urija hört, dass ihr Mann im Krieg gefallen ist, hält sie für ihren Gemahl die Totenklage. Sobald aber die Trauerzeit vorbei ist, holt David sie zu sich in seinen Palast. Sie wird seine Frau und gebiert ihm einen Sohn. David ist voll und ganz mit sich zufrieden (2 Sam 11,26–27).

Nur Gott ist mit dem Ganzen absolut nicht zufrieden. Exakt an der Stelle, wo die Geschichte zu Ende sein könnte, steht wie ein Menetekel das erste direkt ausgesprochene Urteil des Erzählers über das erzählte Geschehen: „In den Augen des Herrn aber war die Sache böse, die David getan hatte" (2 Sam 11,27).

Dieses Urteil Gottes wird David durch den Propheten Natan vermittelt. Nur so kann David aus seiner Blindheit und Selbstzufriedenheit herausgerissen werden. Natan legt David den Rechtsfall vor, von dem bereits die Rede war:

In einer Stadt lebten einst zwei Männer; der eine war reich, der andere arm. Der Reiche besaß sehr viele Schafe und Rinder, der

> *Arme aber besaß nichts außer einem einzigen kleinen Lamm, das er gekauft hatte. Er zog es auf, und es wurde bei ihm zusammen mit seinen Kindern groß. Es aß von seinem Stück Brot, und es trank aus seinem Becher, in seinem Schoß lag es und war für ihn wie eine Tochter.*
>
> *Da kam ein Besucher zu dem reichen Mann, und der Reiche brachte es nicht über sich, eines von seinen Schafen oder Rindern zu nehmen, um es für den zuzubereiten, der zu ihm gekommen war. Darum nahm er dem Armen das Lamm weg und bereitete es für den Mann zu, der ihn besuchte. (2 Sam 12,1–4)*

David, der trotz all seiner Schuld ein großer König ist, fällt sofort sein Urteil: Der reiche Mann, der sich an dem Lamm des Armen vergriffen hat, ist des Todes schuldig. Damit ist ein Höhepunkt der gesamten Erzählung erreicht: David hat über sich selbst das Todesurteil gesprochen. Dass Gott dieses Todesurteil nicht vollstreckt, ist Güte und reines Erbarmen. Gottes Erbarmen ist möglich, weil David bereut. Die entscheidenden Sätze lauten:

> *Da sagte David zu Natan: „Ich habe gegen den Herrn gesündigt." Natan antwortete David: „So hat auch der Herr deine Sünde hinweggetan. Du wirst nicht sterben." (2 Sam 12,13)*

Das Strafurteil gegen David wird also sofort nach seiner Reue und seinem Schuldbekenntnis aufgehoben. Der Prophet hat David im Namen Gottes losgesprochen. Nun könnte die Geschichte erneut zu Ende sein. Ist jetzt nicht alles wieder gut?

Die Geschichte geht aber weiter – und es wird eine grausame Geschichte. Hat Gott denn nicht vergeben? Doch! Aber der Erzähler will zeigen: Jede Sünde verändert etwas in der Welt zum Schlechteren. Jede Sünde lässt Spuren zurück. Jede Sünde hat Folgen. Auch die Sünde Davids zeitigt Folgen. Und diese Folgen zeigen sich in der eigenen Familie.

Zuerst stirbt das Kind, das David mit Batseba gezeugt hat (2 Sam 12,14–23). Dann wird Amnon, Davids Erstgeborener, ein Opfer seiner Zügellosigkeit. Er vergewaltigt seine Halbschwester Tamar, die Schwester seines Halbbruders Abschalom und schickt sie danach wie eine Hure fort (2 Sam 13,1–22). Sein Vater hatte ihm vorgemacht, dass ein Mann aus der Königsfamilie jede Frau haben kann. Abschalom rächt die Schwester und tötet Amnon (2 Sam 13,23–37). Daraufhin muss er für drei Jahre vor dem Vater fliehen, kann sich dann aber wieder einschleichen (2 Sam 14).

Das Unheil geht weiter: Davids Sohn Abschalom, von dem es heißt: „In ganz Israel gab es keinen schöneren und lobenswerteren Mann als Abschalom: Vom Scheitel bis zur Sohle war kein Makel an ihm" (2 Sam 14,25), bringt das Volk hinter sich, verjagt seinen Vater vom Thron und nimmt demonstrativ im Rahmen eines Staatsaktes den königlichen Harem Davids als Symbol für den Regierungswechsel in Besitz (2 Sam 16,22). So wie sich David die Frau seines Untergebenen Urija angeeignet hatte, eignet sich Abschalom den Harem seines Vaters an. David kann nur mit äußerster Mühe die Herrschaft zurückgewinnen. Der Aufstand ist für ihn deshalb so gefährlich, weil Abschalom die unzufriedenen Nordstämme auf seine Seite gebracht hat.

Nach der politisch notwendigen Strafaktion und Tötung Abschaloms, dessen stolze Haarpracht den Flüchtigen an einen Baum fesselt, geht das Unheil mit der Thronfolge aber immer noch weiter. Adonija, ein Bruder Abschaloms, der nun älteste Sohn Davids und damit Kronprätendent, will nicht bis zum Tod seines Vaters warten. Er versucht im Rahmen einer großen Opferfeier die Macht zu übernehmen. Salomo, einer der Söhne Davids und Batsebas, kann sich nur mit Hilfe des Propheten Natan und seiner Mutter Batseba im Zuge eines Gegenkomplotts die Krone erkämpfen. Den Rivalen Adonija lässt Salomo dann in der Folgezeit ermorden (1 Kön 1–2).

Der ganze Erzählzusammenhang zeigt: Die Sünde Davids setzt sich fort. Viele müssem unter ihren Folgen leiden. Es ist, als hätten die Söhne Davids die Neigung geerbt, mit brutaler Gewalt, Hochmut und Egoismus nach der Macht zu greifen. Wenn wir das alles unter den Begriff der Strafe fassen, wenn wir also sagen, Gott habe David zwar verziehen, ihn aber trotzdem bestraft – nach dem Motto: „Ich verzeihe dir, aber Strafe muss sein!" –, werden wir dem Erzähl-Komplex der Thronfolge Davids theologisch nicht gerecht. Nicht Gott ist nachtragend und ‚zeigt' es David noch nachträglich, sondern der Mensch selbst schafft sich – mit jeder Sünde – sein Unheil. Und dieses Unheil ist mit der Vergebung durch Gott nicht einfach beseitigt. Die Folgen sind oft noch generationenlang in der Familie, in der Gesellschaft, in der Politik zu spüren. In unserer Erzählung ist es sogar so, dass Gott selbst das Verhängnis abkürzt und mit der Geburt Salomos der Familie Davids eine neue Chance einräumt.

c) Das große Bußgebet des Buches Nehemia (Neh 9,6–37)

Israel hat so offen und schonungslos wie kein anderes Volk es je tat, die eigene Schuld und die Schuldzusammenhänge seiner Geschichte aufgedeckt. Die Art, wie innerhalb der Thronfolge Davids von dessen Sünde und von der Sünde seiner Söhne gesprochen wird, zeigt es. Dieser Erzählkranz muss bereits in der frühen Königszeit entstanden sein.

Jahrhunderte später, im Jahre 586, wurde Jerusalem von den Babyloniern zerstört und ein Teil des Volkes deportiert. Zunächst sah es so aus, als sei damit die Geschichte Israels zu Ende. In Wahrheit aber war die Katastrophe der Königszeit der entscheidende Schritt in die Zukunft. Die Stunde, da die von David geschaffene staatliche Existenzform Israels beendet war, erwies sich als produktive Krise. Sie führte zu einer Neugeburt des Gottesvolkes.

Der größere Teil des Alten Testamentes entstand aus dem Nachdenken über die Problematik der Königszeit, aus dem Zurückschauen, aus dem Begreifen, dass der Weg des Volkes ein Weg voll Ungehorsam gegen Gott gewesen war. Zahlreiche Texte des Alten Testamentes dokumentieren diese neue Wahrnehmungsfähigkeit Israels bezüglich der eigenen Schuld. Und der Rückblick offenbart dann stets mehr als nur einzelne Sünden. Er offenbart einen Schuldzusammenhang.

Wir wählen aus vielen möglichen Texten das große Bußgebet in Nehemia 9,6–37. Es ist situiert in einem Bußgottesdienst für das ganze Volk. Dieser findet im Tempelvorhof des notdürftig wiederaufgebauten Tempels statt.

In einem *ersten Teil* des Bußgebetes (Neh 9,6–15) werden die Wohltaten Gottes an Israel aufgezählt: die Erwählung Abrahams,

Gottes Bund mit ihm, die Landverheißung, die Herausführung aus Ägypten, die Führung des Volkes durch die Wüste, die Gesetzgebung am Sinai, das Geschenk des Sabbats, die Speisung mit Manna und mit Wasser aus dem Felsen. An dieser Stelle mündet das Bußgebet dann in seinen *zweiten Teil:* In sechs Schritten werden die Verweigerungen des Gottesvolkes geschildert:

> *Unsere Väter aber wurden hochmütig; sie verhärteten ihren Nacken und hörten nicht auf deine Gebote. Sie weigerten sich zu gehorchen und dachten nicht mehr an die Wunder, die du an ihnen getan hattest. Hartnäckig setzten sie sich in den Kopf, als Sklaven nach Ägypten zurückzukehren. (Neh 9,16–17)*

Gott verlässt sein Volk trotzdem nicht. Das Bußgebet ist so gebaut, dass jedesmal, wenn eine Verweigerung Israels geschildert worden ist, die sich erbarmende Treue Gottes entgegengesetzt wird. So auch nach dem zitierten Text. Aber der Abfall Israels geht trotzdem weiter:

> *Sie machten sich sogar ein gegossenes Kalb und sagten: Das ist dein Gott, der dich aus Ägypten herausgeführt hat, und sie verübten schwere Frevel. (Neh 9,18)*

Wieder betont der Text anschließend das Dennoch des Erbarmens Gottes. Er lässt nicht ab, sein Volk zu führen – mit der Wolkensäule bei Tag und der Feuersäule bei Nacht. Er entzieht dem Volk das Manna nicht und nicht das Wasser aus dem Felsen. Er gibt Israel seinen Geist, um es zur Einsicht zu bringen. Er führt es in das verheißene Land und gibt es ihm zum Besitz (Neh 9,19–25). Aber selbst dann geht die Empörung gegen Gott weiter:

> *Doch wurden sie widerspenstig; sie empörten sich gegen dich und kehrten deinem Gesetz den Rücken. Deine Propheten warnten sie zwar und wollten sie zu dir zurückführen; aber man tötete sie und verübte schwere Frevel. (Neh 9,26)*

Um sein Volk zu erziehen, gibt es Gott daraufhin in die Gewalt seiner Feinde. Israel schreit zu Gott. Wieder hört Gott auf das Schreien Israels und schickt ihm Retter (Neh 9,27).

> *Doch sobald sie Ruhe hatten, fingen sie wieder an, Böses vor dir zu tun. (Neh 9,28)*

Alles wiederholt sich: Israel gerät erneut in Feindesnot, schreit zu Gott, wird wiederum gerettet und von Gott gewarnt (Neh 9,28–29).

> *Sie aber waren stolz; sie hörten nicht auf deine Gebote und versündigten sich gegen deine Vorschriften, wo doch der Mensch durch deine Gebote zum Leben kommt, wenn er sie befolgt. Sie kehrten dir trotzig den Rücken zu, verhärteten ihren Nacken und gehorchten dir nicht. Viele Jahre hattest du mit ihnen Geduld gehabt, hattest sie gewarnt durch deinen Geist, durch deine Propheten; doch sie hörten nicht. Da gabst du sie in die Gewalt der benachbarten Völker. In deinem großen Erbarmen hast du sie aber nicht ausgerottet; du hast sie nicht verlassen, denn du bist ein gnädiger und barmherziger Gott. (Neh 9,29–31)*

An dieser Stelle markiert dann das Bußgebet den Übergang zur abschließenden Bitte mit „Und nun …". Jetzt müsste sich also die Geschichtsbetrachung beziehungsweise das Schuldbekenntnis in ein Bittgebet verwandeln. Das Gebet lässt die Bitte aber nur anklingen und gibt stattdessen eine erneute Schilderung der Halsstarrigkeit Israels:

> *Unsere Könige, Vorsteher und Priester und unsere Väter befolgten dein Gesetz nicht; sie missachteten deine Gebote und die Warnungen, die du an sie gerichtet hattest. Sie lebten in ihrem eigenen Königreich, in der Fülle des Reichtums, den du ihnen gewährt hattest, in dem weiten, fruchtbaren Land, das du vor sie hingebreitet hattest; sie aber dienten dir trotzdem nicht und wandten sich nicht ab von ihrem bösen Treiben. (Neh 9,34–35)*

Es liegt auf der Hand: Dieses Gebet blickt auf die gesamte Geschichte Israels zurück, von Abraham bis in die Gegenwart. Es gelangt zu einer umfassenden Schau der Geschichte des Gottesvolkes, genau wie viele andere alttestamentliche Bußgebete dieser Art. Man vergleiche Nehemia 9,6–37 mit Jeremia 32,17–25; Daniel 3,26–45;

9,4–19; Tobias 3,1–6; Ester 4,17; Baruch 1,15–3,8; außerdem die Geschichtsrückblicke in den Psalmen 78, 105 und 106.

Kennzeichnend für derartige Rückblicke in die eigene Geschichte ist, dass sie die Katastrophe des Exils als das Ergebnis einer langen Kette des Ungehorsams und der Empörung ansehen. Diese Sicht ist charakteristisch für die deuteronomistische Theologie, die ihre volle Ausprägung in und nach dem Exil gefunden hat. Dabei richtet sich der Blick nicht nur auf einzelne Sünden im Gottesvolk, die man isoliert betrachten könnte. Geschildert wird vielmehr eine *zusammenhängende* Unheilsgeschichte. Das Bußgebet Nehemia 9 macht das literarisch dadurch deutlich, dass es immer wieder die gleichen Stichwörter auftauchen lässt: „trotzig", „stolz", „hartnäckig", „starrsinnig", „ungehorsam", „sich empörend", „Gott den Rücken kehrend".

Diese Stichwörter weisen zurück auf das Murren und die Empörung Israels in der Wüste. Wie in Genesis 3–9 die Grundsünde der gesamten *Menschheit* dargestellt wird, nämlich die Gewalttat – so später in den Wüstenerzählungen die Grundsünde des *Gottesvolkes:* sein Misstrauen gegen Gott, sein Unglaube gegenüber den Verheißungen, die Geringschätzung der Heilsgabe, die Verleumdung des Landes.

Diese Grundsünde, sagt die deuteronomistische Theologie, zog sich fortan durch die gesamte Geschichte Israels. Sie brach in immer neuen Empörungen gegen Gott immer wieder auf und verdarb das Land, das eigentlich ein Paradies hätte sein können. Es ist kein Zufall, dass in dem Bußgebet von Nehemia 9 das Gelobte Land, das Israel geschenkt wurde, mit Farben des Paradieses ausgemalt wird:

> *Sie eroberten befestigte Städte und fruchtbares Ackerland. Häuser mit all ihrem Reichtum nahmen sie in Besitz, ausgehauene Zisternen, Weinberge, Olivengärten und Obstbäume in Menge. Sie aßen sich satt, wurden fett und lebten gut von deinen reichen Gaben. (Neh 9,25; vgl. 9,35)*

Auch hier hat also eine Art ‚Ursünde' aus dem Paradies vertrieben. Und diese Ursünde des Misstrauens hat dann immer wieder alles zerstört. Die Sünde Israels ist in Nehemia 9 und in der deuteronomistischen Theologie also mehr als die Summe vieler einzelner je aktueller Sünden. Sie ist ein Sündenzusammenhang, eine Sündenmacht, die immer neu alles vergiftet. Sie geht auf ein Ur-Misstrauen Israels zurück.

*

Noch einmal meldet sich ein Einwand. Er ist vielleicht der bohrendste. Er kommt aus der Naturwissenschaft, genauer: aus der Biologie. Ist die sogenannte Sünde nicht einfach ein unvermeidbares Nebenprodukt des Evolutionsprozesses? Sind die Nachtseiten der Geschichte, auch der Geschichte Israels, nicht doch nur Überbleibsel und Altlasten unserer Evolution aus dem Tierreich? Dort herrscht Gewalt. Der Vogel frißt den Wurm. Die Katze frisst den Vogel. Der Hund jagt die Katze. Die Rattensippe zerfleischt die fremde Ratte, die auf ihr Territorium geraten ist. Dem nackten Affen, der gerade erst Mensch geworden ist, steckt der ständige Überlebenskampf, das Gewalt-gebrauchen-Müssen noch tief in den Knochen. Schlimmer noch: Er verliert langsam alle Instinkte, die bei seinen tierischen Vorfahren Fressrausch und Rivalitätskampf gesteuert hatten. An die Stelle der Instinktsteuerung tritt allmählich die Vernunft. Aber die braucht Zeit, unermesslich viel Zeit. Der Mensch hat ja gerade erst angefangen. Die alten Instinkte, die seinen Gewaltgebrauch kanalisierten, hat er nicht mehr. Die Vernunft, die teilweise an die Stelle der Instinkte trat, ist noch zu klein. Der Mensch ist in der Welt fast noch ein Säugling. Angesichts der Riesenzeiträume der Evolution des Lebendigen stößt er noch immer seine ersten Schreie aus. Weshalb aus dem Tasten des Säuglings und den noch hilflosen Gehversuchen des Kindes eine Sündenkatastrophe machen?

Sind die Angst des Menschen und sein Misstrauen gegen alle und jeden nicht nur allzu berechtigt? Lauerte denn nicht noch vor kurzem die Gefahr in jedem Gebüsch? Lasst dem Menschen doch Zeit! Gewährt ihm doch das Verständnis, das jedem Kind gewährt wird! Weshalb denn gleich von einer globalen Schuldgeschichte und vom Bösen wie von einer Infektionskrankheit reden?

Es liegt nahe, so zu fragen und so zu argumentieren. Allerdings:

Darf man bei solchen Sätzen angesichts dessen, was Hitler und Stalin und die vielen kleinen Hitlers in der Welt anrichten, stehenbleiben? Die Lage der Welt ist viel zu ernst, als dass man sich mit Beschwichtigungen dieser Art zufrieden geben dürfte. Und vielleicht liegt das Problem des Menschen gar nicht darin, dass seine Vernunft noch zu klein ist, sondern dass sie aufgeblasen und selbstherrlich geworden ist.

7. Paulinische Theologie in Römer 1–8

Angesichts dieser Situation befragen wir nun in Sachen ‚Erbsünde' ein letztes Mal die Schrift. Und zwar jetzt Paulus. Dieser gibt eine radikale Antwort auf die gerade gestellten Fragen. Er sagt keineswegs, die Sünde der Welt sei eine Entwicklungsstörung oder eine Kinderkrankheit, die von den Selbstheilungskräften der Menschheit überwunden werden könne. Er sagt: Nein, die Sünde ist auf diese Weise eben nicht zu überwinden. Paulus beschreibt die Sünde in den ersten Kapiteln des Römerbriefs als universale Sünden*macht,* als Unheilsverflechtung, aus der sich der Mensch nicht selbst befreien und aus der er auch nicht allmählich herauswachsen kann.

Das schließt allerdings die Tatsünden der vielen Einzelnen nicht aus. Bei Paulus ist beides da: „die Sünde" als vorgegebenes, in der Geschichte gewordenes Unheil – und die Tatsünden der Vielen, die selber sündigen. Gerade in Römer 5,12, dem klassischen, immer wieder herangezogenen Erbsündentext, spricht Paulus von beidem: von der Sündenmacht, die als todbringendes Unheil seit Adam die Welt beherrscht, und zugleich von den Sünden der Einzelnen, die nun ebenfalls die Welt füllen. Für Paulus ist das kein Gegensatz: Die Sündenmacht resultiert aus konkreter Tatsünde, und die Tatsünde der Vielen ist ein Sich-beherrschen-Lassen von der Sündenmacht. Es handelt sich um ein untrennbares Ineinander[1].

Wenn wir im Folgenden auf Römer 5,12 (und 13–21) nicht im Detail eingehen, so hat das seinen guten Grund. Die paulinische Erbsündenlehre hängt nicht an diesem bis in die frühe Neuzeit hinein meist missverstandenen Text[2]. Die Kapitel 1–8 des Römerbriefs enthalten ganz unabhängig von Römer 5,12 alles, was Paulus zum Thema ‚Erbsünde' zu sagen hat.

In Römer 1–3 zeigt Paulus mit großer Ausführlichkeit die Sündenverfallenheit sowohl der Heiden wie auch der Juden. Alle haben sie gesündigt (3,23), alle missachten sie das Gesetz Gottes: Die Heiden tragen das ungeschriebene Gesetz Gottes im Herzen durch das Zeugnis ihres Gewissens (2,15) und könnten es ablesen an den Schöpfungswerken Gottes (1,20). Sie wissen also sehr wohl, was das Gute wäre. Und doch:

> *Sie sind voll Ungerechtigkeit, Gemeinheit, Habsucht und Bosheit, voll Neid, Mord, Streit, Heimtücke und Verschlagenheit. Sie verleumden und ziehen herab, sie hassen Gott, sind gewalttätig, hochmütig und prahlerisch, erfinderisch im Bösen und widerspenstig gegen die Eltern. Sie sind unverständig und haltlos, herzlos und ohne Erbarmen. (Röm 1,29–31)*

Genauso sündigen die Juden. Der Jude rühmt sich zwar, den Willen Gottes zu kennen und Licht für die Heiden zu sein. Und doch:

> *Andere Menschen belehrst du, und dich selbst belehrst du nicht. Du predigst, man dürfe nicht stehlen, und stiehlst. Du sagst, man dürfe die Ehe nicht brechen, und brichst die Ehe. Du verabscheust die Götzenbilder, treibst aber Handel mit ihnen. Du rühmst dich des Gesetzes, entehrst aber Gott durch Übertretung des Gesetzes. (Röm 2,21–23)*

Das alles sind zunächst einmal Tatsünden, die Sünden vieler Einzelner und die Übertretungen einzelner Gesetze, die den Heiden ins Herz gelegt und den Juden durch die Tora vor Augen gestellt sind. Über all das hinaus redet Paulus aber von mehr als nur von Einzelsünden. Dies wird deutlich an dem Phänomen, dass er gerade in den ersten Kapiteln des Römerbriefs immer wieder von „der" Sünde im Singular redet. „Die" Sünde – das ist bei ihm nicht dasselbe wie die einzelne Tatsünde, die er „Übertretung" *(parabasis)* oder „Verfehlung" *(paraptōma)* nennt. Wenn er hingegen von „der" Sünde *(hē hamartia)* spricht, meint er die Sündenmacht.

Sie tritt in die Welt ein (Röm 5,12), sie greift an (7,11), sie gelangt zur Herrschaft (5,21), breitet sich aus (5,20), macht den Menschen zu ihrem Sklaven, so dass er verkauft ist unter die Sünde (7,14), sie tut im Menschen das, was dieser gar nicht will (7,17), sie betrügt und tötet ihn (7,11). Das ist mythisch-bildhafte Rede, aber gerade so spricht Paulus von einer Realität, nämlich von der Sünde als einem Unheilszusammenhang, als einer sich verobjektivierenden Wirkmacht. Die Sündenmacht erwächst zwar aus den Tatsünden, hat sich aber gleichsam selbständig gemacht und ist zu eigener Mächtigkeit angewachsen. Ihr „Herrschen" deckt sich durchaus mit dem, was wir in Kapitel I / 4 über die Unheilspotentiale in der Geschichte gesagt haben.

Bei Paulus wird auch deutlich, dass diese Sündenmacht den Menschen eben nicht nur von außen umgibt – wie das Meer einen Stein, der zwar vom Wasser umspült wird, aber kein Wasser in sich hereinlässt. In Römer 7 beschreibt Paulus vielmehr in einer geradezu existentialen Sprache, die in der Antike ihresgleichen sucht, wie die Sündenmacht im unerlösten Menschen selbst sitzt und arbeitet. Sie „wohnt" im Menschen, hat also sein Innerstes erreicht. Sie herrscht in seinem sterblichen Leib, wobei der „Leib" in der Sprache des Paulus die Existenz selber ist:

> *Ich bin Fleisch, verkauft an die Sünde. Denn ich begreife mein Handeln nicht: Ich tue nicht das, was ich will, sondern das, was ich hasse. (…) Somit bin nicht mehr ich es, der handelt, sondern die in mir wohnende Sünde. Ich weiß, dass in mir, das heißt in meinem Fleisch, nichts Gutes wohnt. Das Wollen ist bei mir vorhanden, aber ich vermag das Gute nicht zu verwirklichen. Denn ich tue nicht das Gute, das ich will, sondern das Böse, das ich nicht will. Wenn ich aber das tue, was ich selbst gar nicht will, dann bin nicht mehr ich es, der so handelt, sondern die in mir wohnende Sünde. (…) Ich sehe ein Gesetz in meinen Gliedern, das mit dem Gesetz meiner Vernunft im Streit liegt und mich gefangen hält im Gesetz der Sünde, von dem meine Glieder beherrscht werden. Ich unglücklicher Mensch! Wer wird mich aus diesem dem Tod verfallenen Leib erretten? (Röm 7,14–24)*

Wohlgemerkt: Paulus spricht hier nicht von dem durch Christus in die Freiheit geführten Menschen, sondern von dem, der noch unerlöst ist – oder in dem doch die alte Unerlöstheit immer wieder neu aufflammt.

Außerdem: Man würde Paulus gefährlich einengen, wenn man in diesen Sätzen nur eine Beschreibung leidvoller sexueller Unordnung sähe. „Fleisch" meint bei ihm mehr. Es meint die der Sünde verfallene Existenz, die sich selbst verloren hat durch ihr Begehren *(epithymein),* durch ihr maßloses Sich-Sorgen *(merimnan),* durch ihr ständiges Sich-Rühmen *(kauchasthai)* und Sich-mit-anderen-Vergleichen. Gerade der Selbstruhm ist für die fleischliche Existenz bestimmend. Das von der Sündenmacht besessene und beherrschte „Fleisch" ist bei Paulus gleichbedeutend mit dem Stolz, genauer: mit der Weigerung, Gott als Herrn anzuerkennen (Röm 1,28), mit der Anbetung der Geschöpfe anstelle des Schöpfers (1,25), mit Feindschaft gegen Gott (5,10), mit dem Niederhalten der Wahrheit (1,18), so dass am Ende die Verfinsterung des Denkens und das Verfallen an Nichtiges (1,21) stehen.

Dieser Zustand des Menschen ist aber nun gerade nicht Natur. Er ist in Geschichte geworden. Das ist bei Paulus überdeutlich. Die Sünde „kam" in die Welt und sie „gelangte zur Herrschaft". Gott musste seinen Zorn über die Sünde offenbaren (Röm 1,18) und – sozusagen im gleichen Atemzug – seine heilschaffende Gerechtigkeit (3,21–22). Er hat alle im Ungehorsam zusammengeschlossen, um sich aller zu erbarmen (11,32).

Selbstverständlich will Paulus mit diesem letzten Satz nicht sagen, Gott habe die Sünde gewollt oder gar verursacht. Gott hat vielmehr in einem geschichtlichen Prozess, bei dem die Gabe der Tora und die Sendung Christi eine entscheidende Rolle spielen, das ganze Ausmaß der Sünde offenbar gemacht.

Die „Offenbarung" seines Zornes besagt, dass er sich mit der Sünde nicht abfindet. Er hält fest an der Herrlichkeit, zu der er seine Schöpfung führen will. Er lässt nicht zu, dass sie durch die Sünde zerstört wird. Wenn in der Bibel vom Zorn Gottes die Rede ist, muss dies vor dem Hintergrund altorientalischer Königsideologie gesehen werden. Der Zorn des Königs war nicht die Wut eines

Tyrannen, der tat, was ihm gerade passte, sondern „der herrscherliche Zorn war die politische Leidenschaft zur Durchsetzung des Rechts und zur Rettung der Unterdrückten“[3]. Die Aussage vom sich offenbarenden Zorn Gottes in Römer 1,18–32 meint also bei Paulus letztlich Gottes Schöpfungstreue. Gott findet sich nicht ab mit der Entmenschlichung der Gesellschaft und der Zerstörung der Schöpfung.

*

Damit sind wir aber nun genau bei dem, was wir schon früher als das Wesen der Erbsünde beschrieben haben: Gott kann nicht mit Wohlgefallen auf seine Schöpfung blicken. „Wer vom Fleisch bestimmt ist, kann Gott nicht gefallen“ (Röm 8,8). Gott muss, menschlich gesprochen, sein Angesicht von der Welt abwenden. Die „Herrlichkeit Gottes“ ging der Welt verloren. „Alle haben gesündigt und ermangeln [so] der Herrlichkeit Gottes“[4] (Röm 3,23).

Für Paulus gibt es nur *einen* Ausweg aus dieser Situation, und ihn hat Gott selbst eröffnet. Es ist die Befreiung von der Sündenmacht durch Jesus Christus. Paulus markiert im Römerbrief diese Wende der Geschichte mit einem scharf einschneidenden „Jetzt aber …“ *(nyn de)* in Römer 3,21. Und die große Rede über die Selbstentfremdung des Menschen, die wir aus dem 7. Kapitel zitiert haben, endet gerade nicht mit dem Ausruf: „Ich unglücklicher Mensch, wer wird mich aus diesem dem Tod verfallenen Leib erretten?“, sondern mit den strahlenden Sätzen:

> *Dank sei Gott durch Jesus Christus, unseren Herrn (…). Jetzt gibt es keine Verurteilung mehr für die, die in Christus Jesus sind. Denn das Gesetz des Geistes und des Lebens in Christus Jesus hat dich frei gemacht vom Gesetz der Sünde und des Todes. (Röm 7,25–8,2)*

Wie es in der Welt einen Herrschaftsbereich der Sünde und des Todes gibt, gibt es nun also auch einen fassbaren und weithin sichtbaren Bereich der Gnade, des Lebens und der Freiheit, in dem alle Selbstentfremdung aufgehoben werden kann. Es ist der Herrschaftsbereich Christi und seines heiligen Geistes.

Erst in dem Augenblick, in dem der Welt dieser Bereich durch den Tod und die Auferstehung Jesu Christi eingestiftet ist, treten auch die Konturen der Sündenmacht klar zutage. Denn Schuld und Schuldverflochtenheit sind eben nicht ohne weiteres sichtbar. Das ist gerade die Wirkung der „Verfinsterung", von der Paulus in Römer 1,21 spricht. Die Menschen sind zwar unentschuldbar (1,20). Aber wie die Gewalt, so verschleiert sich auch die Sünde. Sie wird nur dort in ihrer destruierenden Macht erkennbar, wo das Licht des Evangeliums aufstrahlt. Erst die Freiheit, die in Christus geschenkt wird, lässt ahnen, wie unfrei die Welt ohne Christus ist. Erst die Liebe Gottes in Christus Jesus lässt erfahren, was die Verweigerung der Gnade war. Das Wesen und das Ausmaß der Sünde sind erst vom Kreuz Christi her wirklich zu erkennen.

Um dasselbe johanneisch auszudrücken: Das Wesen der Sünde wird erst im Lichte des Heiligen Geistes offenbar. Denn der Geist, den der Auferstandene senden wird, „wird die Welt überführen [und wird aufdecken], was Sünde, Gerechtigkeit und Gericht ist" (Joh 16,8). Die Folgen der Sünde lassen sich noch einigermaßen beschreiben, die Abgründigkeit menschlicher Schuld, die tiefe Entzweiung zwischen Mensch und Gott aber nicht – oder eben nur vom Kreuz Christi her und aus der Kraft seines Heiligen Geistes.

So können wir nun am Schluss dieses Kapitels, das Römer 1–8 zur Grundlage hatte, endgültig sagen: Sünde ist mehr als Unreinheit, die magisch beseitigt werden kann. Sie ist mehr als ein Regelverstoß, der korrigiert werden kann. Sie ist mehr als eine Entwicklungsstörung, die mit den Selbstheilungskräften des Menschen langsam überwunden werden könnte. Die Sünde ist vielmehr eine Katastrophe der Geschichte. Sie ist Verweigerung, Abkehr der Welt von ihrem Schöpfer, Verkehrung der von Gott eröffneten Lebensmöglichkeiten und eben deshalb eine Verfinsterung der Schöpfung, die der Mensch aus eigener Kraft nicht überwinden kann.

Zweiter Teil

Gottes Gegenaktion: der Kampf gegen die Erbsünde in Israel

Sechs Kapitel hindurch haben wir uns gefragt, was die Erbsünde ist und was sie anrichtet. Dabei hat sich ein ziemlich düsteres Bild unserer Welt ergeben. Stolz, Hochmut, Egoismus, Gier, Lüge, Manipulation, Ungerechtigkeit, Gewalt – und das alles als ein sich verobjektivierender und sich verfestigender Unheilszusammenhang, dem der Mensch aus eigener Kraft nicht entkommen kann. Das alles als ein Potential an Schuld, das dem Einzelnen schon vorgegeben ist, als eine Schuldgeschichte, die er verinnerlicht. Und wir mussten in den Kapiteln I/6 und I/7 feststellen: Diese Schuldverflochtenheit gibt es nicht nur in der heidnischen Welt, sondern eben auch in Israel.

Doch alles bisher Gesagte war einseitig. Es schreit danach, ergänzt zu werden. Ja, es muss nicht nur ergänzt, sondern auf eine ganz andere Dimension hin geöffnet werden. Halten wir uns auch hierbei an die Klarsicht der Bibel und die Schärfe ihrer Unterscheidungen.

Wir waren bei unserer Betrachtung des Alten Testaments bereits auf einen bemerkenswerten Sachverhalt gestoßen. Schon in der Welt *vor* Abraham gibt es der Darstellung der Genesis zufolge nicht nur Ungehorsam und Stolz, Ungerechtigkeit und Gewalt. Es gibt auch den gerechten und untadeligen Noach, der seinen Weg mit Gott geht (Gen 6,9). Ähnliches war schon vorher von Henoch mit genau der gleichen Formel („er ging seinen Weg mit Gott“) gesagt worden (Gen 5,22–24). Und dem gewalttätigen Kain wird Abel gegenübergestellt. Auf Abels Opfer blickt Gott mit Wohlgefallen (Gen 4,5). Man kann diese Hinweise der ersten Kapitel der Genesis kaum anders interpretieren, als dass sich in der Welt schon frühzeitig *auf Abraham hin* eine Linie der Gerechtigkeit und Gottesfurcht herausbildet. In diesem Sinn haben die frühchristlichen Theologen von einer *ecclesia ab Abel,* einer „Kirche schon seit Abel" gesprochen.

Aber man muss wohl noch ein Stück weitergehen. Abel, Henoch und Noach signalisieren nicht nur eine heilsgeschichtliche Linie *vor Abraham auf Abraham hin*. Die drei Namen wollen darüber hinaus zeigen, dass es auch in der Welt des Heidentums Suche nach der Wahrheit, Hingabe an Gott und Realisierungen von Gerechtigkeit gibt. Wir hatten ja bereits darauf hingewiesen: Sündenfall und Erbsünde dürfen im Sinn der katholischen Kirche nicht als die totale Katastrophe verstanden werden. Sie haben die Freiheit des Menschen verwundet, aber nicht zerstört.

Abel, Henoch und Noach sind auch deshalb keine absoluten Ausnahmen, weil ihnen (wie Adam, Kain und Lamech auf der negativen Seite) ‚Stammvater-Funktion' zukommt: Sie stehen stellvertretend für viele andere, die genau wie sie in Gerechtigkeit vor Gott lebten. Der Satz von Genesis 6,5: „Der Herr sah, dass die Bosheit des Menschen auf der Erde groß war und alles Sinnen und Trachten seines Herzens immer nur böse", darf also nicht verabsolutiert werden. Es gibt Noach und seine Familie, und es gibt die Vielen im Heidentum, die Noach als Stammvater repräsentiert.

Die großen Theologen der Alten Kirche haben voll Staunen auf Sokrates und Plato geblickt und konnten sich die Größe von deren Leben und Lehre nur erklären, indem sie bei ihnen Abhängigkeit von Mose und vom Alten Testament annahmen. Der Abhängigkeits-These der Apologeten und Kirchenväter können wir heute nicht mehr folgen. Wohl aber ihrer Bewunderung für die großen Griechen. Inzwischen hat das 2. Vatikanische Konzil mit aller nur wünschenswerten Deutlichkeit formuliert[1]:

> *Zu aller Zeit und in jedem Volk ruht Gottes Wohlgefallen auf jedem, der ihn fürchtet und gerecht handelt.*

Das Dogma von der Erbsünde muss also auf diese Aussage des II. Vatikanischen Konzils hin offenbleiben. Erst recht und noch viel mehr muss alles, was wir bisher gesagt haben, auf die Gottverbundenheit des alttestamentlichen Gottesvolkes hin offenbleiben: Auch in *Israel* gibt es mehr als nur Schuldgeschichte. Wollte man das Alte Testament und seine Sicht des Gottesvolkes ausschließlich auf den Nenner ‚Schuldgeschichte' bringen, würde man den Texten in keiner Weise gerecht. Israel ist nicht nur ein Raum des Unheils.

Eine der entscheidenden Grundlinien des Alten Testamentes ist ja, dass Gott in der Welt ein Volk will, das ihm gehört. Der Sinn dieses Eigentumsvolkes ist gerade, dass sich Gott in einer von Unheil und Gewalt beherrschten Welt eine Gegenwelt aufbaut. Der von der Deutschen Bischofskonferenz herausgegebene Erwachsenenkatechismus sagt mit Recht[2]:

> *Die Sammlung des Volkes Gottes ist sozusagen Gottes Gegenaktion zu dem durch die Sünde verursachten Chaos.*

Selbstverständlich kann in dem nun folgenden II. Teil diese Gegengeschichte nicht in all ihren Facetten geschildert werden. Es soll aber wenigstens an einzelnen Personen wie Abraham und Mose, aber auch an Institutionen wie Tora und Tempel, und dann schließlich an der theologischen Figur der „Weisheit" und dem Thema des „heiligen Restes" gezeigt werden, dass es im alttestamentlichen Israel eine Linie des Heils, eine Geschichte der Unterscheidung und einen Raum der Freiheit für das Tun des Willens Gottes gibt. Im Einzelnen gehen wir in sieben Schritten voran:

1) *Abraham oder die Gottesfurcht*
2) *Mose oder die Herausführung in die Freiheit*
3) *Die Tora oder die Freude am Willen Gottes*
4) *Der Tempel oder die Stiftung der Sühne*
5) *Die Propheten oder die Unmittelbarkeit des Wortes Gottes*
6) *Die „Weisheit" in Israel oder die Vernunft der Schöpfung*
7) *Der „Rest" Israels oder die Treue Gottes*

Worum geht es dabei? Bei dem Versuch, nicht nur die *Folgen* der Erbsünde zu beschreiben, sondern ihr *Wesen* zu formulieren, hatten wir am Ende von Kapitel I / 5 gesagt: Die Erbschuld besteht darin, dass die Welt, wie sie sich heute darstellt, aufgrund der Sünde der Vielen dem Schöpfungswillen Gottes nicht entspricht. Gott kann deshalb die Welt nicht so ansehen, wie er sie eigentlich ansehen möchte. Menschliche Verweigerungen haben immer wieder verhindert und verhindern bis heute, dass sich die Welt *als ganze* auf den Schöpfungsplan Gottes hin entfalten konnte[3]. Erbsünde ist die Nichtannahme des Angebots Gottes, die Welt in seinem Licht zu sehen und seinen Willen zu tun. Erbsünde ist letztlich der Mangel, in Freiheit Gott lieben und seine Liebe erfahren zu können. Die theologische Tradition fasst das alles seit Jahrhunderten zusammen unter dem Satz: Erbsünde ist das Fehlen der Heiligkeit und Gerechtigkeit, in welcher der Mensch vor Gott leben sollte.

Manchmal ist es gut, möglichst einfache Fragen zu stellen. Wir werden uns jetzt, im II. Teil dieses Buches, fragen müssen: Ist mit all dem auch die Situation *Israels,* von der schon in Kapitel I / 6 die Rede war, vollständig beschrieben? Ist damit bereits adäquat ausgedrückt, was im Alten Testament von der Geschichte zwischen Gott und seinem Volk gesagt wird? Gibt es in Israel keine Erkenntnis des göttlichen Schöpfungswillens, keinen Raum der Gnade, kein Leben in Heiligkeit und Gerechtigkeit, keinerlei Existenz im Wohlgefallen Gottes? Oder gibt es – neben den vielen Unheilszusammenhängen – all das in Israel eben doch auch, und zwar als eine Geschichte, die sich den Unheilszusammenhängen der Welt entgegenstehend entfaltet? Bejaht man das, dann ereignet sich bereits im alttestamentlichen Gottesvolk zumindest anfanghaft oder sich anbahnend oder in Vorbereitung auf Jesus Christus *Freiheit von der Erbsünde.*

Schon der bloße Gedanke mag irritieren. Doch es ist eben zu bedenken: Wenn man Erbsünde nicht als ein die Welt mit einem Schlag gleichsam magisch veränderndes Geschehen ansieht, sondern sie in der Kategorie ‚Schuldgeschichte' denkt, stellen sich in Sachen ‚Erbsünde und ihre Überwindung' neue Fragen. Wir werden ihnen in dem folgenden II. Teil anhand des Alten Testamentes so genau wie möglich nachgehen. Deshalb wird dieser Teil auch sehr ausführlich sein.

Die Überschrift des II. Teils enthält bewusst ein „Gegen". Denn es bleibt zwar bei der verheerenden Macht der Sünde, bei den Gewaltpotentialen der Welt, bei dem Unheilszusammenhang zwischen den Generationen – also bei all dem, was im I. Teil dieses Buches beschrieben wurde. Aber Gott kann es dabei nicht belassen. Er kann es – menschlich gesprochen – nicht hinnehmen, dass seine Schöpfung pervertiert wird. Schon das Alte Testament beschreibt, vom Buch Genesis bis zu seinem letzten Buch, dem Buch des Propheten Maleachi, die Gegenaktion Gottes.

1. Abraham oder die Gottesfurcht

Gottes Gegengeschichte beginnt mit Abraham. Er steht für das Wunder des Neuanfangs. Mit ihm beginnt gemäß der biblischen Darstellung mitten in der Welt eine Geschichte des *Segens.* Zwar markiert schon die Noach-Geschichte einen Neuanfang. Er ist aber noch nicht auf ein *Volk* bezogen. Demgegenüber bezieht sich die Verheißung Gottes an Abraham auf ein konkretes Volk und ein konkretes Land.

Der Neuanfang Gottes mit Abraham ist vor dem Hintergrund all dessen zu sehen, was vorher in den Kapiteln 1–11 der Genesis geschildert worden war – also vor dem Hintergrund des Misstrauens gegenüber Gott, der Rivalität zwischen Brüdern, der zerstörerischen Gewalttat, eben der Erbschuld. Der entscheidende Text lautet:

> *Der Herr sprach zu Abram: „Zieh weg aus deinem Land, aus deiner Verwandtschaft und aus deinem Vaterhaus in das Land, das ich dir zeigen werde. Ich werde dich zu einem großen Volk machen, dich segnen und deinen Namen groß machen. Ein Segen sollst du sein. Ich will segnen, die dich segnen. Wer dich verwünscht, den will ich verfluchen. Durch dich sollen alle Geschlechter der Erde Segen erlangen." – Da zog Abram weg, wie der Herr ihm gesagt hatte. (Gen 12,1–4)*

An diesem Text ist mehreres bemerkenswert. Zunächst einmal, dass er so dezidiert vom „Segen" spricht. Der Segen Gottes hatte in der Schöpfungserzählung (Gen 1,22.28; 2,3) eine wichtige Rolle gespielt. Dass nun hier, bei dem Neubeginn mit Abraham, das Segensmotiv erneut auftaucht, kann im Rahmen des biblischen Endtextes nur bedeuten: Was jetzt mit Abraham beginnt, ist eine neue Initiative Gottes. Gott will den Segen, den er auf seine Schöpfung gelegt hatte und den er auch bei dem Neubeginn mit Noach gegeben hatte (Gen 9,1), nun endgültig in die Welt bringen.

Anders formuliert: Es geht nicht nur um Israel, sondern es geht um die Welt insgesamt – dass sie nämlich zu dem wird, was sie als Gottes gute Schöpfung sein soll. Der Weg dorthin führt aber über das Gottesvolk. Indem Abraham und alle, die sich mit ihm solidarisieren, zum Segen werden, entsteht in der Welt ein „Bereich" des Segens, der eine *Gegenwelt* bildet zu dem, was vorher geschildert worden war.

Dies zeigt sich in Genesis 12,1–4 auch daran, dass Abraham aus seinem Land, seinem Clan und seiner Familie herausgerufen wird. Die neue Welt, die Gott schaffen will und die nichts anderes ist als die Schöpfung, wie er sie schon immer vor Augen hatte, kann nicht zustandekommen ohne Exodus. Genesis 12,1–4 nimmt bereits den Exodus Israels aus Ägypten vorweg. Abraham verlässt sein Land und sein Volk. Ziel seines Auszugs ist aber wiederum ein Land und ein Volk. Denn „Segen" ist in der Bibel immer sichtbar und greifbar. Er meint nicht nur geistliche Güter. So wie die Sünde konkret ist – sie verdirbt die Erde und das Miteinander der Menschen –, ist auch der Segen konkret: Er zielt auf die Verwandlung aller Verhältnisse. Mit Abraham und dem Segen, der auf ihm ruht, beginnt diese Verwandlung.

*

Wir könnten natürlich schon an dieser Stelle fragen: Was bedeutet all das für unsere Frage nach der Erbsünde? Wenn Gott will, dass inmitten einer Welt, über der Fluch liegt und in der Gewalt und Rivalität herrschen, *Segen* entsteht, und wenn die Geschichte dieses Segens mit Abraham real beginnen soll – beginnt dann nicht bereits eine Geschichte der Befreiung von der Erbsünde? Aber lassen wir die Antwort noch offen. Wichtig wäre vorläufig nur, dass wir diese Fragestellung nicht aus dem Auge verlieren.

Bemerkenswert an Genesis 12,1–4 ist auch die Reaktion Abrahams. „Da zog Abram weg, wie der Herr ihm gesagt hatte." Abraham fragt nicht zurück. Er verlangt keine Sicherheit. Er gehorcht fraglos. Sein Vertrauen auf Gott, sein Glaube an die Verheißung steht in deutlichem Gegensatz zu dem Misstrauen des Stammelternpaares. Auch hieran wird deutlich, dass eine *Gegengeschichte* zur Geschichte vom Sündenfall vorliegt. Das zeigt sich dann auch im Fortgang der Abraham-Erzählungen.

In Genesis 4 war nach der Erzählung vom Ungehorsam der Stammeltern der Brudermord an Abel geschildert worden. Entsprechend erfolgt nach dem gehorsamen Auszug Abrahams eine weitere Gegenerzählung (dazwischengeschoben ist nur die Perikope von der Gefährdung Abrahams und Saras in Ägypten):

> *Auch Lot, der mit Abram gezogen war, besaß Schafe und Ziegen, Rinder und Zelte. Das Land war aber zu klein, als dass sich beide nebeneinander hätten ansiedeln können; denn ihr Besitz war zu groß, und so konnten sie sich nicht miteinander niederlassen. Zwischen den Hirten der Herden Abrams und den Hirten der Herden Lots kam es zum Streit. (…) Da sagte Abram zu Lot: „Zwischen mir und dir, zwischen meinen und deinen Hirten soll es keinen Streit geben; wir sind doch Brüder. Liegt nicht das ganze Land vor dir? Trenn dich also von mir! Wenn du nach links willst, gehe ich nach rechts; wenn du nach rechts willst, gehe ich nach links." (Gen 13,5–9)*

Lot wählt die gut bewässerten Jordan-Auen. Abraham überlässt seinem Verwandten das fruchtbare Land und gibt sich mit dem weniger fruchtbaren zufrieden. Und bald darauf rettet er Lot unter Einsatz seines Lebens aus der Hand Kedor-Laomers und seiner Verbündeten (Gen 14,1–16).

Liest man intertextuell, so liegt auf der Hand: Der Ungehorsam der Stammeltern hatte zur Zerstörung menschlicher Solidarität zwischen Mann und Frau geführt (Adam schiebt Eva die Schuld zu). In der nächsten Generation kommt es dann zum Brudermord. Jetzt hingegen führt der Gehorsam Abrahams zu einer tiefen Solidarität mit seinem Neffen Lot. Abraham befreit Lot nicht nur unter Lebensgefahr aus der Gefangenschaft. Er überlässt ihm selbstlos auch die besseren Weidegründe. Sein Glaubensgehorsam konkretisiert sich also in sehr realen Dingen. Abraham ist leibhafte Verkörperung des Segens – inmitten einer die Welt entstellenden Schuldgeschichte.

*

Abraham wäre aber eine einsame, für sich isolierte Gestalt geblieben und keineswegs zum Inbegriff einer Gegengeschichte geworden, wenn es ihm nicht gelungen wäre, seinem eigenen Sohn Isaak den Glauben zu zeigen. Dann hätte Gottes Segen nicht einmal die nächste Generation erreicht, geschweige denn alle Völker der Erde.

Der Glaube Abrahams, sein absolutes Setzen auf Gott, braucht noch eine Erprobung. Diese Erprobung wird in Genesis 22 erzählt. Abraham hat zwar den Exodus aus seiner Heimat und seinem Vaterhaus gewagt. Er hat schon auf Gott gesetzt. Er hat schon erfahren, wie gut es ist, sich Gott anzuvertrauen. Obgleich hochbetagt, hat er einen Sohn erhalten. All das ist schon vorausgegangen. Es ist aber, sagt die Abfolge der Vätergeschichten, damit zu rechnen, dass es trotz solchen Aufbruchs immer noch einen Bereich geben kann, den der Mensch Gott „vorenthält“. Meist befindet er sich dort, wo die vitalsten Eigeninteressen sitzen.

Gemäß der Erzählung von der Erprobung Abrahams in Genesis 22 ist dieser kritische Punkt der heranwachsende Sohn – für Abraham das Kostbarste, was er hat, seine ganze Hoffnung und Zukunft. Isaak ist ja nicht nur die Privathoffnung Abrahams und Saras. Isaak ist *Glaubenshoffnung.* Er ist der Träger einer Verheißung, die Abraham zum Vater eines großen Volkes machen soll und die allen Geschlechtern der Erde Segen zusagt.

An Isaak hängen also alle Hoffnungen Abrahams. Dass Gott ihn „erprobt“, wie die Erzählung sofort in ihrem ersten Satz betont, bedeutet: Abraham muss sich entscheiden, ob er auch noch den letzten jener inneren Bereiche, den sich der Mensch für seine Lebenspläne reserviert, Gott ausliefert. Abraham hat es getan. Er hat sich in seinem „Ja“ Gott mit seiner ganzen Existenz, mit all seinen Wünschen und Plänen, rückhaltlos ausgeliefert. An der entscheidenden Stelle der Erzählung, dort, wo sie ganz langsam wird und dem Leser der Atem stockt, heißt es:

Als sie an den Ort kamen, den ihm Gott genannt hatte, baute Abraham den Altar, schichtete das Holz auf, band seinen Sohn Isaak und legte ihn auf den Altar, oben auf das Holz. Und Abraham streckte seine Hand aus und nahm das Messer, um seinen Sohn zu schlachten. Da rief ihm der Engel des Herrn vom Himmel her zu: „Abraham Abraham!" Er antwortete: „Hier bin ich." Jener sprach: „Streck deine Hand nicht gegen den Knaben aus, und tu ihm nichts zuleide! Denn jetzt weiß ich, dass du Gott fürchtest; du hast mir deinen Sohn, deinen einzigen, nicht vorenthalten". (Gen 22,9–12)

Man sieht sofort, dass der Begriff der Gottesfurcht an der zentralen Stelle des Textes erscheint. Gott fürchten – das ist hier viel mehr als Religion und mehr als nur religöse Scheu. Es ist der Gehorsam gegenüber dem Gebot Gottes. Dieses hatte gelautet:

Nimm deinen Sohn, deinen einzigen, den du liebst, den Isaak, geh in das Land Morija und bring ihn dort auf einem der Berge, den ich dir nenne, als Brandopfer dar. (Gen 22,2)

Auch hier macht sich Abraham – wie schon bei seiner Berufung –, ohne eine Frage zu stellen, auf den Weg. Für den Leser liegt der intertextuelle Zusammenhang zu dem Gebotswort Gottes in Genesis 2,16–17 auf der Hand: Die Stammeltern haben das Gebot Gottes übertreten, Abraham hält sich an das Gebot, auch wenn er es nicht verstehen kann, auch wenn er in schreckliche Dunkelheit geführt und seine ganze Zukunft in Frage gestellt wird. So zeigt sich von neuem die Gegenwelt zur Sündenfallerzählung, eine Gegenwelt, in die der Hörer beziehungsweise der Leser eintreten kann und in die das glaubende Israel immer wieder eingetreten ist.

*

Abraham hat Gott seinen eigenen Sohn nicht vorenthalten. Der Text spricht von einer Grunderfahrung Israels: Wer dem Gebot Gottes folgt und seiner Verheißung traut, verliert nichts. Was als drohender Verlust auf Abraham zukam, erweist sich als doppelter Gewinn. Der Sohn wird dem Vater als ein Lebendiger zurückgegeben und dazu noch als einer, der den Glauben des Vaters gesehen hat: dass es nämlich etwas gibt, das dem Vater noch teurer ist als er selbst. Gerade so kann auch Isaak zum Glauben kommen. Erst nach dieser Erprobung Abrahams wird die Segensverheißung, die bereits an ihn ergangen war, bekräftigt und fließt gleichsam auf die nächste Generation über. Die Erzählung drückt dies aus, indem der Engel des Herrn zum zweiten Mal vom Himmel herabruft und dem Leser das furchtbare Geschehen interpretiert:

> *Ich habe bei mir selbst geschworen – Spruch des Herrn: Weil du das getan hast und deinen einzigen Sohn mir nicht vorenthalten hast, will ich dir Segen schenken in Fülle und deine Nachkommen zahlreich machen wie die Sterne am Himmel und den Sand am Meeresstrand. Deine Nachkommen sollen das Tor ihrer Feinde einnehmen. Segnen sollen sich in deiner Nachkommenschaft alle Völker der Erde, weil du auf meine Stimme gehört hast. (Gen 22,15–18)*

Es lohnt sich, an dieser Stelle noch einen Augenblick über Abraham *als Figuration* nachzudenken. Abraham ist der Stammvater Israels. Nichts spricht dagegen, dass er eine historische Gestalt war. Sicher ist jedoch, dass sich in der Figur Abrahams die Erfahrungen Israels aus Jahrhunderten verdichtet haben. Es gehört, wie wir sahen, zum orientalischen Stammvaterdenken, dass alles, was vom Stammvater erzählt wird, auch für seine Nachkommen bis in die Gegenwart des Erzählers hinein gilt (vgl. Kapitel I / 5). Deshalb wird man den Erzählungen über Abraham theologisch nur dann gerecht, wenn man sagt: Abrahams Erprobungen sind immer auch die Erprobungen Israels; sein Glaube ist immer auch der Glaube Israels; der Segen, der auf Abraham ruht, ist immer auch der Segen über Israel.

2. Mose oder die Herausführung in die Freiheit

Neben Abraham ist Mose die zweite große Gestalt Israels. Was ist das Besondere des Mose im Vergleich mit Abraham? Um es so knapp wie nur möglich zu sagen: Abraham tut den ungeheuren

Schritt aus der Welt der Religionen in den Raum des Glaubens; Mose führt Israel aus Ägypten und vermittelt ihm die Tora. Bei Abraham ist noch kein Volk da. Es soll erst noch entstehen. Mose hingegen muss ein ganzes Volk in die Freiheit führen und auf diese Freiheit hin formen. Das ist seine Größe und seine Not. Der Abschluss der Tora, der fünf Bücher des Mose, lautet:

Niemals wieder ist in Israel ein Prophet wie Mose aufgetreten. Ihn hat der Herr Auge in Auge berufen. Keiner ist ihm vergleichbar, wegen all der Zeichen und Wunder, die er in Ägypten im Auftrag des Herrn am Pharao, an seinem ganzen Hof und an seinem ganzen Land getan hat, wegen all der Beweise seiner starken Hand und wegen all der furchterregenden und großen Taten, die Mose vor den Augen ganz Israels vollbracht hat. (Dtn 34,10–12)

Mose lebt ganz für Israel. Eine Familiengeschichte wie bei Abraham ist bei ihm kaum auszumachen. Sie tritt in den Hintergrund. Was erfahren wir nicht alles von Sara, der Frau des Abraham! Von Zippora, der Frau des Mose, erfahren wir fast nichts, noch weniger von seinen Söhnen Gerschom und Eliëser.

Die Erzähler der Mosegeschichte werden an der Stelle, wo eigentlich die Familiengeschichte des Mose erzählt werden müsste, von dem Urdatum Israels gefesselt: der Errettung Israels aus Ägypten. Aber wie sieht diese Rettung konkret aus? Die Antwort ‚Mose hat Israel durch das Schilfmeer geführt', wäre zu kurzatmig. Denn in Wirklichkeit ist die Erzählung der Errettung Israels aus der Hand des Pharao viel umfangreicher und tiefgründiger angelegt. So verwenden die Erzähler zum Beispiel außerordentlich viel Zeit, die Lage des Volkes in Ägypten zu schildern. Etwa in Exodus 1,11–14:

Man setzte Fronvögte über sie ein, um sie durch schwere Arbeit unter Druck zu halten. Sie mussten für den Pharao die Städte Pitom und Ramses als Vorratslager bauen. Je mehr man sie aber unter Druck hielt, um so stärker vermehrten sie sich und breiteten sie sich aus, so dass die Ägypter das Grauen vor den Israeliten packte. Sie zwangen die Israeliten mit Gewalt zum Frondienst.

> *Sie machten ihnen das Leben schwer durch harten Frondienst an Lehm und Ziegeln und durch alle möglichen Frondienste auf den Feldern, die sie zwangsweise von ihnen verrichten ließen.*

Der Text braucht keinen Kommentar. Die Arbeitslager des 20. Jahrhunderts illustrieren zur Genüge, was Zwangsarbeit bedeutet. Als Mose im Auftrag Gottes zum Pharao geht und ihn bittet, mit dem gesamten Volk drei Tagesmärsche in die Wüste ziehen zu dürfen, um dort ein Opferfest zu feiern, werden zur Strafe sofort die Arbeitsnormen erhöht:

> *Am selben Tag noch gab der Pharao den Antreibern des Volkes und den Listenführern die Anweisung: Liefert dem Volk nicht mehr wie bisher Häcksel zur Anfertigung der Ziegel! Sie sollen selbst hingehen und sich [von den Feldern] Häcksel aufsammeln. Legt ihnen aber das gleiche Soll an Ziegeln auf, das sie bisher erfüllen mussten. (Ex 5,6–8)*

Der Text kennt bereits alle Unmenschlichkeiten des GULAG: nicht nur die Zwangsarbeit, sondern auch die bewusste Erhöhung der Arbeitsnormen und schließlich das Kapo-System, das sich die notwendigen Aufseher – hier werden sie „Listenführer“ genannt – aus den zu Unterdrückenden selbst rekrutiert[1].

Schon *vor* diesen Maßnahmen war erzählt worden, dass die hebräischen Hebammen den Befehl bekommen hatten, alle Knaben bei der Geburtshilfe umkommen zu lassen (Ex 1,15–16). Als die Hebammen diesen Staatsbefehl mit List umgehen, wird die Anordnung verschärft: Die Ägypter haben sämtliche Knaben, die den Hebräern geboren werden, in den Nil zu werfen (Ex 1,22). Dieser Befehl soll nicht nur die Erzählung von der Errettung des Mose vorbereiten. Er hat noch eine andere Funktion: Er soll sofort zu Beginn des gesamten Erzählgefüges klarstellen, dass die Israeliten in Ägypten Todgeweihte sind, dass sie in einer zerstörerischen Gesellschaft, in einem Land des Todes leben.

Mit solcher Gesellschaft gibt es keine Koexistenz. Man kann ihr auf die Dauer nicht durch List ausweichen, wie die Hebammen es auf sich genommen hatten (Ex 1,17–21). Man kann sich ihr auch nicht durch Gegengewalt erwehren, wie Mose es versucht, als er eines Tages einen Ägypter erschlägt (Ex 2,11–14). Man kann in solcher Gesellschaft nicht einmal leben, indem man sich mitten in ihr Freiräume schafft, wie es der Versuch des Festes in der Wüste andeutet (Ex 3,18; 8,21–24 u.ö.). All diese Möglichkeiten werden im Text vorgestellt, erwogen und wieder verworfen[2].

Die sachgerechte Reaktion auf ein System dieser Art ist eine ganz andere. Es ist die Lösung, die Gott hat: Er führt Israel aus dem Sklavenstaat Ägypten heraus und schenkt ihm am Sinai einen besseren Gesellschaftsentwurf: die Tora. Der Exodus aus Ägypten ist also nicht nur die Flucht aus einem geschlossenen System, das die Menschen zerstört. Noch viel wichtiger ist das Ziel, auf das der Exodus gerichtet ist: ein Leben in Freiheit in dem Land, das Gott Abraham und seinen Nachkommen verheißen hatte.

Damit wird die neue Existenz, in die Gott Israel hineinführen will, zu einer *Gegenwelt*, einer Gegenwelt zu Ägypten. Die Gesellschaft, aus der Israel herausgeholt wird, und die neue Gesellschaft, die in dem von Gott geschenkten Land aufblühen soll, stehen in scharfem Kontrast zueinander. Dieser Kontrast wird besonders deutlich in dem Glaubensbekenntnis Deuteronomium 26,5–10. Es soll zum Erntedank im Tempel von Jerusalem, vermutlich beim Laubhüttenfest, gesprochen werden:

> *Mein Vater war ein heimatloser Aramäer. Er zog nach Ägypten, lebte dort als Fremder mit wenigen Leuten und wurde dort zu einem großen, mächtigen und zahlreichen Volk. Die Ägypter behandelten uns schlecht, machten uns rechtlos und legten uns harte Fronarbeit auf. Wir schrien zum Herrn, dem Gott unserer Väter, und der Herr hörte unser Schreien und sah unsere Rechtlosigkeit, unsere Arbeitslast und unsere Bedrängnis. Der Herr führte uns mit starker Hand und hoch erhobenem Arm, unter großem Schrecken, unter Zeichen und Wundern aus Ägypten, brachte uns an diese Stätte und gab uns dieses Land, ein Land, in dem Milch und Honig fließen. Und siehe, nun bringe ich hier die ersten Erträge von den Früchten des Landes, das du mir gegeben hast, Herr.*

Dieses Glaubensbekenntnis zeigt in aller Deutlichkeit: Gott hat das Klagegeschrei seines Volkes in Ägypten erhört. Aber die Befreiung aus der Knechtschaft allein hätte noch nicht genügt. Der weite Bogen der Rettungsgeschichte musste in ein neues Land führen. Dort wird jetzt überreich geerntet. Das Land bringt seinen Ertrag. Es spendet Segen. Israel kann in Freiheit seine eigene Ernte einbringen. Erst mit dem Motiv der Ernte im eigenen Land vollendet sich das heilsgeschichtliche Credo von Deuteronomium 26,5–10 und wird endgültig zum Lobpreis der Befreiung, die Gott geschenkt hat.

*

Aber welche Art von Befreiung ist gemeint? Ist es nur die Freiheit von den Peitschen der Ägypter? Ist es nur die Freiheit vom Druck ständig erhöhter Arbeitsnormen? Mit anderen Worten: Bezieht sich Befreiung in den Exodus-Erzählungen lediglich auf die soziale und politische Dimension der Existenz Israels?

Gewiss: Diese soziale Dimension der Befreiung spielt in den Exodus-Texten eine wichtige Rolle. Von ihr darf nicht das Geringste weggenommen werden. Es ist aber mehr gemeint. Die sachgerechte Form einer Gesellschaft hängt zusammen mit der richtigen Form ihrer Gottesverehrung. Eine freiheitliche und gerechte Gesellschaft kann auf Dauer nur dort zustandekommen, wo der *wahre* Gott angebetet wird. Und umgekehrt kann der wahre Gott nur dort angebetet werden, wo die Gesellschaft sachgerecht gebaut ist. Beides steht in einem unauflösbaren Zusammenhang.

Israel wusste das. Deshalb ist mitten in die Befreiungsgeschichte der Exodus-Erzählungen immer wieder das Thema der Selbsterschließung des wahren Gottes hineingewoben – mit voller Absicht und literarisch gar nicht zu übersehen. Diese Selbsterschließung Gottes beginnt schon sofort in Exodus 3 mit der bekannten Szene, in der Mose vor dem brennenden Dornbusch steht, von dem aus sich Gott als „der Gott Abrahams, Isaaks und Jakobs“ offenbart. Er hat das Elend seines Volkes gesehen und will es der Macht der Ägypter entreißen (Ex 3,6–8).

Im Verlauf des dann anhebenden Gespräches wird Mose von Gott zum Pharao gesandt. Doch Mose sträubt sich. Bevor er an den königlichen Hof gehen kann, muss er zuerst einmal die Israeliten selbst von seiner Sendung überzeugen. Was soll er ihnen sagen auf die Frage, wie dieser Gott, der ihn sendet, denn überhaupt heiße? Hierauf bekommt Mose von Gott eine ganz ungewöhnliche Antwort, die bis heute von den Auslegern umrätselt wird[3]. Der ganze Textabschnitt lautet:

> *Da sprach Mose zu Gott: „Siehe, wenn ich zu den Israeliten komme und ihnen sage: ‚Der Gott eurer Väter hat mich zu euch gesandt', dann werden sie zu mir sagen: ‚Wie ist sein Name?' Was sage ich dann zu ihnen?" Da sprach Gott zu Mose: „Ich werde sein, was ich sein werde!" Und er sprach: „So sollst du zu den Israeliten sprechen: „[Der] ‚Ich werde sein' hat mich zu euch gesandt."*
>
> *Und Gott sprach weiter zu Mose: „So sag zu den Israeliten: JHWH, der Gott eurer Väter, der Gott Abrahams, der Gott Isaaks und der Gott Jakobs, hat mich zu euch gesandt. Das ist mein Name in Ewigkeit und meine Benennung von Generation zu Generation." (Ex 3,13–15)*

Gott nennt hier also in feierlicher Form seinen Namen, den Namen, mit dem man ihn anrufen kann: JHWH. Aber hat Gott damit die Frage des Moses beantwortet, welches denn der Name der Gottheit sei, mit der er gesprochen hat? Sieht man genauer hin, so hat Gott die Frage keineswegs beantwortet. Denn der Name JHWH wird von ihm selbst ja *schon vorher* erklärt als: „Ich werde sein, was ich sein werde!"

Dieser rätselhafte Satz kann nur meinen: „Ich sage euch keinen Namen. Über so etwas lasse ich (zumindest in diesem Augenblick) nicht mit mir reden. Um zu wissen, wer ich bin, braucht ihr keinen Gottesnamen. Ihr braucht nur eins: Hinschauen, was geschehen wird. Was sich jetzt, in der nächsten Zeit, an Euch und an den Ägyptern ereignet, wird euch zeigen, wer ich bin. Wer ich in Wahrheit bin, wird sich *erweisen.* Die Geschichte wird es zeigen, nicht ein Name. Deshalb: Ich werde sein, was ich sein werde – nämlich in meinem Handeln." So etwa müsste man die Antwort Gottes umschreiben.

Damit wird nun aber eine entscheidende Aussage über das Wesen Gottes gemacht. Er ist anders als die Götter der Völker. Er trägt nicht einen Namen, wie die Götter jeweils einen Namen tragen, damit sie sich voneinander unterscheiden und man sie im Gebet erreichen kann. Der Gott Israels ist nicht bei einem Namen dieser Art zu fassen. Was er ist, zeigt sich in seinem rettenden Eingreifen. Sein innerstes Wesen scheint auf, wenn er sein Volk aus der Unterdrückung in die Freiheit und aus dem Land der Ausbeutung in ein „schönes und weites Land" führt, in dem „Milch und Honig fließen" (Ex 3,8).

So werden also die Exodus-Erzählungen mit einem Paukenschlag eröffnet. Es geht in ihnen nicht nur um die Herausführung Israels aus der Knechtschaft, sondern zugleich um die Selbsterschließung Gottes. Gott erschließt sich in seinem Handeln. Was er *tun* wird: sein mächtiges, nie müde werdendes, barmherziges Handeln an Israel – das ist sein Name. Insofern ist alles, was in den folgenden Kapiteln erzählt werden wird, Offenlegung des wahren Wesens Gottes.

Intertextuell gesehen wird das Thema von Exodus 3,14 wieder aufgegriffen in Exodus 34,6–7. Dort wird der dem Mose am Dornbusch offenbarte Gottesname in feierlich-stilisierter Rede weiter erläutert. Vieles spricht dafür, dass auch hier zunächst in paradoxer Weise JHWH durch JHWH erklärt wird[4].

> *JHWH ging an ihm [= Mose] vorüber und rief: JHWH [ist] JHWH, ein barmherziger und gnädiger Gott, langmütig und reich an Gnade und Treue, er bewahrt Tausenden seine Gnade; er vergibt Unrecht, Übertretung und Sünde, er lässt aber auch nicht ungestraft, heimsuchend Väterschuld an den Kindern und an den Kindeskindern, an der dritten und vierten [Generation].*

Was hier gesagt wird, ist nicht die Deklaration zeitloser Wahrheit über Gott. Vorangegangen sind ja der Bundesbruch Israels vor dem goldenen Kalb (Ex 32,1–6) und die erklärte Absicht Gottes, mit Israel Schluss zu machen (32,7–14). Dann aber reut Gott das Unheil, das er Israel angedroht hat. Er nimmt seinen Zorn zurück und führt das Verderben nicht aus. Er erweist sich an seinem Volk als treuer

Gott. Also gilt auch hier: Wer JHWH in Wahrheit ist, wird sichtbar an seinem barmherzigen Handeln.

*

Allerdings: Die Selbsterschließung Gottes im Exodus-Geschehen hat auch noch eine andere Seite. Einerseits erschließt sich Gott dabei Mose und den Israeliten. Sie erkennen an seinen Taten, wer er ist. Andererseits möchte sich Gott natürlich auch dem Pharao und den Ägyptern erschließen. Auch sie werden ja seine Taten sehen. Sie könnten umkehren. Sie könnten die Israeliten ziehen lassen. Sie könnten sie sogar segnen und den Gott Israels preisen. Aber genau das wird nicht geschehen. Die Ägypter, voran der Pharao, werden sich der Selbsterschließung Gottes verweigern. Diese Verweigerung wird dem Leser innerhalb des Gefüges der Exodus-Erzählungen in hochreflektierter Form vor Augen gestellt.

Als Ausgangspunkt des ganzen Verweigerungs-Geschehens wird gezeigt, wie der Pharao an JHWH völlig desinteressiert ist. Als Mose und Aaron zum ersten Mal vor ihm stehen und ihn bitten, er möge die Israeliten doch ziehen lassen, damit sie ein Fest in der Wüste feiern könnten, erhalten sie zur Antwort:

> *Wer ist JHWH, dass ich auf seine Stimme hören und Israel ziehen lassen sollte? Ich kenne JHWH nicht und werde Israel auch nicht ziehen zu lassen. (Ex 5,2)*

Dieses stolze „Ich kenne JHWH nicht“ wird nun im Fortgang der Erzählung von Gott aufgegriffen und gegen den Pharao gewendet. Der Gottkönig Ägyptens soll erkennen, wer JHWH ist. Wie ein Refrain zieht sich dieses „er soll erkennen“ durch die gesamte Schilderung der Zeichen, die Gott am Pharao und den Ägyptern wirkt[5]:

> *damit die Ägypter erkennen:*
> *Ich bin JHWH (Ex 7,5)*
> *daran sollst du [der Pharao] erkennen:*
> *Ich bin JHWH (Ex 7,17)*
> *damit du [der Pharao] erkennst:*
> *Keiner ist wie JHWH, unser Gott (Ex 8,6)*

damit du [der Pharao] erkennst:
Ich bin JHWH mitten im Land (Ex 8,18)
damit du [der Pharao] erkennst:
Keiner ist wie ich auf der ganzen Erde (Ex 9,14)
damit du [der Pharao] erkennst:
JHWH gehört die Erde (Ex 9,29)
damit die Ägypter erkennen:
Ich bin JHWH (Ex 14,4.18)

Man beachte die konsequente Steigerung in der Verwendung der Formel: Gott ist JHWH (Ex 7,5), das heißt, wie wir sahen: Er ist derjenige, der keinen Namen hat, wie ihn die Götter der Völker haben. Sein Name ist, dass man ihn an seinen Machttaten erkennt. Als solcher ist er Herr nicht nur in seinem Volk Israel, sondern auch in Ägypten. Er ist Herr mitten im Land Ägypten (Ex 8,18). Aber mehr noch: Er ist nicht nur Herr in Ägypten, sondern Herr der ganzen Erde (Ex 9,14.29).

Wie reagiert nun der Pharao auf diese immer dringlicher werdende Selbsterschließung Gottes? Wie reagiert er auf die schrecklichen Zeichen, die Gott wirkt und die zeigen, dass *er* Herr über Ägypten ist und damit auch Herr über den Pharao? Es ist eine ganze Skala von Reaktionen. Zunächst sucht der Pharao mitzuhalten. Er setzt den Zeichen, die Gott wirkt, Zeichen seiner Zauberer entgegen (Ex 7,11.22; 8,3). Als die Zauberpriester schließlich versagen, sucht er Kompromisse zu schließen. Zunächst sagt er, das Fest der Israeliten solle doch einfach im Land Ägypten gefeiert werden (Ex 8,21). Als Mose ablehnt, lautet der nächste Vorschlag: Es mag in der Wüste gefeiert werden, aber nicht zu weit entfernt (Ex 8,24). Die dritte Kompromiss-Variante: Nur die Männer, nicht aber die Frauen und Kinder dürfen an dem Fest in der Wüste teilnehmen (Ex 10,8–11). Die Frauen und Kinder sollen also als Geiseln zurückbleiben. Schließlich: Das ganze Volk darf teilnehmen, aber die Herden müssen als Faustpfand im Lande bleiben (Ex 10,24). Zwischendurch bittet der Pharao sogar Mose und Aaron um ihr Gebet (Ex 8,24), und angesichts des Hagels, der alles zerschlägt, bekennt er sich vor dem Gott Israels schuldig (Ex 9,27–28). Als dann die Heuschrecken das Land verheeren, wird sein Schuldbekenntnis noch drängender:

> *Ich habe mich versündigt vor JHWH, eurem Gott, und gegen euch. Und nun vergib mir meine Sünde wenigstens noch dieses eine Mal. Betet zu JHWH, eurem Gott, dass er noch einmal dieses Verderben von mir wegnimmt. (Ex 10,16–17)*

Doch jedesmal, wenn die Gefahr vorüber und die Plage aufgehoben ist, verhärtet sich das Herz des Pharao. Es ist ein ständiger Wechsel zwischen Zugeständnis und neuer Verhärtung, zwischen Nachgeben und erneuter Verweigerung. Der Pharao fällt immer wieder zurück in seine Halsstarrigkeit, selbst als ihm seine Umgebung rät, die Israeliten doch endlich ihr Opferfest feiern zu lassen (Ex 10,7). Fast ermüdet der Leser. Weshalb diese monotonen Wiederholungen? Weshalb das penetrante Verstocktsein des Pharao?

Der Text gibt auf diese Fragen eine auf den ersten Blick eindeutige Antwort: Der Pharao ist nur deshalb so unbeugsam, weil Gott selbst ihn verstockt und ihm immer von neuem das Herz hart macht (Ex 4,21; 7,3–4; 9,12; 10,20). Und auch der Grund, weshalb Gott so etwas tut, wird klar formuliert: Gott verstockt den Pharao, damit er *durch ihn* vor den Augen aller seine Herrlichkeit erweisen kann (Ex 14,4.17).

Sieht man genau hin, ist der Text allerdings differenzierter. Denn nicht nur *Gott* verstockt das Herz des Pharao, sondern der Pharao selbst verstockt sein Herz. Das heißt: Er macht es hart, er verhärtet es, er macht es undurchdringlich. So zum Beispiel, als er um die Beseitigung der Stechfliegenplage gefleht hatte:

> *Und der Herr tat nach dem Wort des Mose und schaffte die Stechfliegen weg vom Pharao, von seinen Hofbeamten und von seinem Volk. Nicht eine blieb übrig. Aber der Pharao verstockte sein Herz auch diesmal und ließ das Volk nicht ziehen. (Ex 8,27–28; vgl. 8,11)*

Versucht man, die beiden Formulierungs-Reihen zusammenzudenken, wird man sagen müssen: Der Pharao selbst verweigert sich dem Handeln Gottes. Er *will* nicht begreifen, weil er Israel nicht ziehen lassen *will.* Gott aber verwendet sogar diese Verweigerung, um seine Geschichte zum Ziel zu führen und seine Herrlichkeit zu zeigen. Deshalb redet die Erzählung nicht nur vom Sich-selbst-Verstocken des Pharao, sondern auch von seiner Verstockung durch Gott.

So berechtigt uns der Text selbst, unsere modernen Schwierigkeiten mit einer ‚Verstockung durch Gott' beiseite zu legen und uns ganz dem Phänomen zuzuwenden, dass da ein Mensch ist, der mit einer unglaublichen Hartnäckigkeit nicht sehen und nicht hören will, sondern nur seinen eigenen Willen kennt. Es ist ja kaum nachzuvollziehen, weshalb der ‚erzählte' Pharao nach all den Schrecken, die über Ägypten gekommen sind, und selbst nach dem Tod der ägyptischen Erstgeburt, noch immer nicht versteht und den Israeliten nachjagt. Übertreibt die Erzählung? Will sie die Machttaten Gottes nur noch mehr steigern? Arbeitet sie lediglich mit einem immer weiter hinausgeschobenen Höhepunkt, um die Spannung zu steigern?

Nein, hier muss noch etwas anderes im Spiel sein. Hier wird über etwas geredet, das kennzeichnend ist für den Stolz und die Verweigerungen des Menschen gegenüber Gott. Die Erzählungen von der Verhärtung des Pharao sind als ein Musterfall dafür gestaltet, wie Verfinsterung und Unfreiheit in der Welt zustande kommen. Sie entstehen, weil sich der Mensch gegen Gott unablässig wehrt. Er will nicht sehen. Er will sich gar nicht eines Besseren belehren lassen. Er beharrt auf seiner Selbstherrlichkeit. Und selbst wenn er sieht – er verdrängt wieder, was er gesehen hat. Der Pharao bekennt nach der achten Plage ja sogar seine Schuld und erkennt damit den Gott Israels als seinen Herrn an (Ex 10,16). Aber nach diesem Bekenntnis verhärtet er sich von neuem und wird noch unzugänglicher als vorher. Nach der neunten Plage sagt er zu Mose:

> *Weg von mir! Hüte dich, mir jemals wieder unter die Augen zu treten. Denn an dem Tag, an dem du mir unter die Augen trittst, musst du sterben. (Ex 10,28)*

Vielleicht gibt es nirgendwo im Alten Testamentes eine so intensive Schilderung dessen, was Erbsünde ist. Das Nicht-Mitgehen des

Menschen mit dem, was Gott will, wird hier anhand der Figur des Pharao demonstriert. Die lange Folge der Verhärtungen des Pharao steht geradezu exemplarisch für das, was wir an früherer Stelle Schuldgeschichte und Schuldverflochtenheit genannt haben: Die Geschichtserfahrungen mehren sich. Der Mensch könnte sehen, er könnte begreifen, doch er verweigert sich und beharrt wider die eigene Erfahrung bei seinen Vorstellungen und Wünschen. So spielt die Erzählung von den zehn Plagen am Symbol ‚Pharao' durch, wie es aussieht, wenn die Selbsterschließung Gottes auf das erbsündliche Sich-Verweigern des Menschen trifft.

*

Die Erzählung spielt aber noch viel mehr durch. Wie wir schon sahen, fordert Mose immer von neuem, Israel zu einem Opferfest in die Wüste ziehen zu lassen. Vordergründig gesehen, scheint dieses Fest nur ein taktischer Vorwand zu sein. Der Pharao soll offenbar an der Nase herumgeführt werden. Es scheint einzig und allein um die Flucht zu gehen. Nun ist das Opferfest tatsächlich ein Vorwand. Und doch drückt es eine Realität aus, die weit über jeden Vorwand hinausreicht. Denn dass Israel gerade in der *Wüste* ein Fest feiern will, hängt nicht nur mit seinen Fluchtvorbereitungen zusammen. Israel *kann* in Ägypten gar kein Fest für seinen Gott feiern, weil sich inmitten einer falsch konstruierten Gesellschaft auf Dauer kein Fest feiern lässt. Gottesdienst und Frondienst widersprechen sich. Das wahre Fest (und damit die wahre Gottesverehrung) braucht die richtige Gesellschaft. Deshalb muss Israel in die Wüste, um dort Gott zu „dienen" (Ex 7,16.26). Solange es dem Pharao dient, kann es nicht Gott dienen.

Von hier aus gesehen ist es geradezu fatal, dass später am Schilfmeer, in dem Augenblick, da sich der Pharao mit seinen Kampfwagen nähert, das Volk in Angstgeschrei ausbricht und in den ägyptischen Frondienst zurück will:

> *Als nun der Pharao sich näherte, blickten die Israeliten auf und sahen plötzlich die Ägypter von hinten anrücken. Da erschraken die Israeliten sehr und schrien zum Herrn. Zu Mose aber sagten*

> *sie: „Gab es denn keine Gräber in Ägypten, dass du uns zum Sterben in die Wüste holst? Was hast du mit uns gemacht? Warum hast du uns aus Ägypten herausgeführt? Haben wir dir in Ägypten nicht gleich gesagt: Lass uns in Ruhe! Wir wollen den Ägyptern dienen". (Ex 14,10–12)*

„Gott in der Wüste dienen" und „den Ägyptern dienen" sind also sehr deutlich einander gegenübergestellt. Sie bilden einen unüberbrückbaren Gegensatz. Entweder das Fest oder die Sklaverei! Entweder Gottesdienst oder Frondienst! Beides zusammen geht nicht[6].

Deshalb ist das penetrante Beharren auf einem Opferfest, das außerhalb der Grenzen Ägyptens stattfinden muss, mehr als ein Vorwand, der dem Pharao Sand in die Augen streuen soll. Die Israeliten brauchen das Fest vor ihrem Gott, um leben zu können. In Ägypten ist dieses Fest nicht möglich. Es wird erst möglich werden, wenn Israel in der Freiheit ist. Dann kann es sofort beginnen. Und so geschieht es auch. Kaum ist das Schilfmeer durchzogen und der Pharao mit seinen Kriegswagen in den Wassern versunken, beginnt das Volk Israel seine erste gemeinsame Feier. In ihr stimmt Mose ein Lied an, in dessen Zentrum es heißt:

> *Wer ist dir gleich unter den Göttern, o Herr?*
> *Wer ist dir gleich, so herrlich an Heiligkeit,*
> *furchtbar an Ruhmestaten, Wunder vollbringend?*
> *(Ex 15,11)*

Mit diesem Lied hat die Errettung Israels aus Ägypten ihr Ziel erreicht. Der Frondienst ist zu Ende. Der Gottesdienst mit der wahren Gottesverehrung, der das ganze Leben umfassen soll, hat begonnen. Er setzt sich fort am Sinai (Ex 3,12) und wird dort für immer gestiftet. Zu dieser Stiftung wird das Zeltheiligtum gehören, dessen Herstellung innerhalb von Exodus 25–40 mit größter Ausführlichkeit beschrieben wird. Und in diesem Zusammenhang wird dann in Exodus 35–36 das Thema ‚Frondienst' und ‚Gottesdienst' noch einmal neu aufgegriffen. So wichtig ist es den Erzählern[7].

*

Was hat es mit diesem Zeltheiligtum auf sich? Zunächst einmal: Es ist beweglich. Es kann abgebrochen und wieder aufgebaut werden. Es soll Israel auf seiner Wüstenwanderung begleiten. Aber trotz seiner Beweglichkeit ist es Symbol für das Heiligtum schlechthin, für das endgültige Ruhen Gottes bei seinem Volk, für die Vollendung der gesamten Schöpfung.

Von diesem Zeltheiligtum nun wird gesagt, dass es für den „Dienst" vor Gott errichtet wird (Ex 35,19; 36,3). Das Stichwort „dienen" taucht also wieder auf. Doch hier ist nun alles anders. Nicht mehr als Sklaven dienen die Israeliten, sondern als Freie. Das zeigt sich in der Freiwilligkeit, mit der sie das Beste, was sie haben, für den Bau des Heiligtums zur Verfügung stellen. Ihre Freiwilligkeit wird in Exodus 35–36 geradezu zum Leitthema der Darstellung:

> *„Nehmt aus eurem Besitz eine Abgabe für den Herrn. Jeder, den sein Herz dazu bewegt, soll eine Abgabe für den Herrn herbeibringen: Gold, Silber, Kupfer, violetten und roten Purpur, Karmesin, Byssus". (Ex 35,5–6)*
>
> *Da ging die ganze Gemeinde der Israeliten von Mose fort; als sie wiederkamen, brachte jeder, den sein Herz dazu bewog, und jeder, den sein Geist dazu antrieb, die Abgabe für den Herrn zur Herstellung des Offenbarungszeltes und für dessen gesamten Dienst und für die heiligen Gewänder. Männer und Frauen kamen; alle brachten auf eigenen Antrieb hin Spangen, Ohrringe, Siegelringe, Halsketten und vielerlei goldene Schmucksachen. (Ex 35,20–22)*
>
> *Alle Männer und Frauen, die ihr Herz dazu trieb, etwas zu dem ganzen Werk beizutragen, das zu tun der Herr durch Mose befohlen hatte, alle diese Israeliten brachten eine freiwillige Gabe für den Herrn. (Ex 35,29)*

Es liegt auf der Hand, was das Leitthema dieser Sätze ist: „jeder, den sein Herz dazu bewog" – „jeder, den sein Geist dazu antrieb" – „auf eigenen Antrieb hin" – „freiwillig". Mit dem Leitthema der Freiwilligkeit und der Spontaneität will das Buch Exodus an dieser Stelle noch einmal den Kontrast zur Sklaverei in Ägypten vor Augen stellen. Nun sind die Israeliten, Männer wie Frauen, nicht mehr schuftende Arbeitssklaven des Pharao, des angeblichen Gottkönigs, sondern sie dienen dem wahren Gott. Und dieser Dienst kann nur in völliger Freiheit geschehen. Das Herz muss dazu antreiben. Sie bauen auch nicht mehr irgend etwas, sondern sie bauen ein Heiligtum für Gott, in dem sich die Herrlichkeit Gottes niederlassen und in dem sich die Vollendung der Welt spiegeln wird (vgl. Ex 39,32.43 mit Gen 2,1–3). Dann wird Gott in Israel ganz Gegenwart sein, und es kommt endgültig zum „Erkennen“ Gottes:

> *Ich werde mitten unter den Israeliten wohnen, und ich werde ihr Gott sein. Sie werden erkennen, dass ich, der Herr, ihr Gott bin, der sie aus dem Land Ägypten herausgeführt hat, um mitten unter ihnen zu wohnen: ich, der Herr, ihr Gott. (Ex 29,45–46)*

Diese beiden Sätze stehen noch im Futur. Gegenwart werden sie am Ende des Buches Exodus. Dort geschieht dann tatsächlich das Wohnungnehmen Gottes inmitten seines Volkes:

> *Dann verhüllte die Wolke das Offenbarungszelt, und die Herrlichkeit des Herrn erfüllte die Wohnstätte. Mose konnte das Offenbarungszelt nicht betreten, denn die Wolke lag darauf, und die Herrlichkeit des Herrn erfüllte die Wohnstätte. (Ex 40,34–35)*

So zeigt sich auch hier noch einmal wie schon bei dem Siegeslied am Schilfmeer: Der Auszug aus Ägypten führt nicht nur aus der Knechtschaft in die Freiheit. Er führt auch in die Freiheit, den wahren Gott zu erkennen, ihm dienen zu können und so ganz bei ihm zu sein. Das aber ist ein wesentlicher Aspekt der Freiheit von der Erbsünde.

Denn zum Wesen der Erbsünde gehört die Unfreiheit. Der Mensch unter der Erbsünde kommt allzuoft gar nicht mehr in die Lage, sich überhaupt für den Dienst an Gott entscheiden zu können. Natürlich opfert er den Göttern und selbstverständlich verehrt er sie. Aber diese vermeintlichen Götter sind meist die eigenen, selbstgemachten Götter der Selbstbestätigung und Selbstverherrlichung, oder es sind fremde Götter, die dem Menschen mit Gewalt aufgezwungen werden. Ihnen muss er dann sein Glück, oft sogar sein Leben opfern.

Wo der Mensch frei geworden ist von den falschen Göttern, mögen sie nun Pharao heißen oder andere Namen tragen, bekommt er die Möglichkeit, den wahren Gott zu erkennen und sich ihm in Freiheit zu öffnen. Wie schwer das ist, zeigen die Israeliten, die selbst nach all den Zeichen und Wundern, die sie gesehen hatten, lieber wieder Sklaven des Pharao sein wollten, statt die neue Freiheit mit Gott zu wagen:

> *„Warum hast du uns das angetan, dass du uns aus Ägypten herausgeführt hast? Haben wir dir nicht schon in Ägypten gesagt: Lass uns in Ruhe! Wir wollen den Ägyptern dienen." (Ex 14,11–12)*

Die Erzählung ist auch an dieser Stelle ohne jede Illusion. Sie sagt keineswegs, es sei sehr schwer, die neue Freiheit zu erringen. Sie sagt, es sei dem Menschen unmöglich. Die Exodus-Erzählungen weisen geradezu penetrant darauf hin, dass es weder Mose noch die Israeliten schaffen, aus Ägypten auszuziehen. Immer wieder wird gezeigt: Gott allein vollbringt den Exodus.

Mose war es nicht. Er hat schon am Anfang Widerstand geleistet. Erst recht war es nicht das Volk. Es war immer skeptisch, geriet am Ende in Panik und wollte zurück in die Knechtschaft. Es war allein Gott. Der ganze Exodus war ein Wunder reiner Gnade. Er war nur möglich, weil Gott einen langen Atem[8] hatte und immer wieder neu die Initiative ergriff. Nicht Israel kämpfte gegen die Ägypter, sondern Gott kämpfte für Israel. Das wird durch die Mose-Rede in Exodus 14,13–14 geradezu exemplarisch formuliert. Die Israeliten sind am Schilfmeer angekommen, sie sind noch nicht hindurchgezogen, sie gruppieren sich gerade für den Übergang – also eine höchst prekäre Situation –, als die Reiterei und die Kampfwagen der Ägypter am Horizont auftauchen.

> *Da sagte Mose zum Volk: „Fürchtet euch nicht! Bleibt stehen und seht, welche Rettung der Herr euch heute noch schaffen wird. Denn so, wie ihr die Ägypter heute seht, werdet ihr sie in alle Ewigkeit nicht wieder sehen. Der Herr wird für euch kämpfen, verhaltet ihr euch nur ruhig."*

Damit aber sind wir erneut bei unserem Thema ‚Erbsünde'. Auch die Herausführung aus dem erbsündlichen Zustand ist ja Initiative

Gottes. Sie ist reine Gnade. So wird das Exodus-Geschehen zum Grundmodell der Befreiung von der Erbsünde. Damals, beim historischen Exodus, geschah bereits ein Stück dieser Befreiung. In der sich anschließenden Geschichte Israels geschah sie immer wieder. Denn die Exodus-Erzählungen sind ja zugleich gesammelte Erfahrung Israels aus vielen Jahrhunderten. Und das alles findet dann seine endgültige Erfüllung in der Taufe: Denn auch in der Taufe wird der Christ herausgeführt aus der Knechtschaft, wird er befreit von den Mächten, die ihn versklaven, wird er hineingeführt in ein neues Land, wird ihm die Freiheit der Kinder Gottes geschenkt. Es ist alles andere als ein Zufall, dass die christliche Taufe ihren genuinen Ort in der Osternacht hat, die ganz aus der Erinnerung an den Exodus lebt.

3. Die Tora oder die Freude am Willen Gottes

Gemäß der Darstellung des Buches Exodus hat die Herausführung Israels aus Ägypten ein klares Ziel. Dieses Ziel ist der Sinai. Dort wird dem Volk von Gott eine neue Gesellschaftsordnung gegeben, die sich grundlegend von der des Gottesstaates Ägypten unterscheidet. Diese neue Gesellschaftsordnung ist die Tora. Allerdings hat sich der Begriff *tora* in solch umfassender Bedeutung in Israel erst allmählich durchgesetzt. Was ist mit Tora überhaupt gemeint?

Tora ist in Israel ursprünglich die einzelne Weisung. Etwa wenn die Mutter oder der Vater ihr Kind durch einen Zuspruch belehren. Entsprechend kann ein Weisheitslehrer seine Schüler durch eine Tora zur rechten Lebensführung anleiten. Tora ist aber auch die autoritative Weisung der Priester – zum Beispiel, wenn sie Recht sprechen oder Tempelbesucher lehren, zwischen rein und unrein zu unterscheiden (Lev 10,10–11). Eine Tora kann schließlich ein kritisches Prophetenwort sein, gesprochen im Auftrag Gottes (vgl. Jes 1,10–17).

Erst in der Exilszeit wird das Wort *tora* dann zur Bezeichnung für eine Sammlung von Geboten und Gesetzen[1]. Das setzt *verschriftlichte* Tora voraus. Schriftliche Tora gibt es seit der Königszeit. Schließlich ist dann seit dem 2. Jahrhundert vor Christus die Einteilung des Alten Testaments in die Tora, die Propheten und die Schriften belegt[2]. Die schriftliche Tora ist also inzwischen weitgehend mit dem Pentateuch, den fünf Büchern des Mose, deckungsgleich geworden. Die Tora in dieser schriftlichen Fassung und in der die schriftliche Fassung begleitenden mündlichen Überlieferung stiftet die Identität des Judentums.

*

Leider wurde der Sinn der Tora im Christentum verdunkelt. Sie wurde mehr und mehr als Gesetz in negativem Sinn verstanden. Den Juden, die aus der Weisung Gottes lebten, wurde Gesetzlichkeit, Kleinlichkeit und Skrupulosität unterstellt. Der berühmte Alttestamentler Julius Wellhausen († 1918) sprach von „leeren Formen und toten Werken“ sowie von einem „Monotheismus der Moral“. Die Tora wurde als bloße „Last“ verstanden, als „Entartung“, „Erschöpfung“ und Abfall von dem lebendigen Glauben der Propheten.

Der Vorwurf der Gesetzlichkeit beruhte aber nicht nur auf der künstlichen Entgegensetzung von Tora und Propheten. Er ging auch zurück auf eine Kontrastierung von „Gesetz und Evangelium“, die sich zwar mit einem gewissen Recht auf Paulus berufen konnte, die in dieser radikalen Form bei ihm aber durchaus nicht gegeben ist. Durch Martin Luther wurde „Gesetz und Evangelium“ zu einer fast heiligen Formel, mit deren Hilfe die Tora und ihre angebliche Gesetzlichkeit vom Neuen Testament abgerückt wurde.

In der katholischen Theologie spielte die Entgegensetzung von Gesetz und Evangelium keine so zentrale Rolle wie im deutschen Protestantismus[3]. Wohl aber geschah dort etwas anderes – mit genauso gefährlichen, ja verheerenden Folgen für das christliche Verständnis des Judentums: Die Tora wurde einfach auf die in ihr enthaltene natürliche Sittlichkeit reduziert[4]. Fast alle Gesetzestexte, die nicht durch das Sieb ‚natürliches Sittengesetz‘ hindurchkamen, galten als abgeschafft. Die Kirche schien so von der bestürzenden Fremdartigkeit der Reinheits- und Heiligkeitsgesetze entlastet zu sein. Doch damit schmolz die Tora zusammen wie Schnee in der

Sonne. Am Ende blieben von ihr – über die Geschichtserzählungen hinaus – fast nur noch die Zehn Gebote und das Doppelgebot der Gottes- und Nächstenliebe übrig.

*

Es war eine schlechte, ja fatale Lösung. Sie wird weder dem Neuen Testament noch der Tora gerecht. Jesus hat die Tora keineswegs abgeschafft oder auf einen bestimmten Bereich reduziert. Wer das als historische oder theologische Position vertritt, hat die Theologie des Matthäusevangeliums gegen sich. Formuliert ist die matthäische Tora-Theologie vor allem in den Antithesen der Bergpredigt – und dort am klarsten in dem Vorbau zu den Antithesen:

> *Denkt nicht, ich sei gekommen, um das Gesetz (= die Tora) oder die Propheten aufzuheben. Ich bin nicht gekommen um aufzuheben, sondern um zu erfüllen.*
>
> *Amen, das sage ich euch: Bis Himmel und Erde vergehen, wird auch nicht ein einziges Jota und nicht ein einziges Häkchen vom Gesetz vergehen, bis alles geschieht.*
>
> *Wer auch nur eines von den kleinsten Geboten aufhebt und die Menschen entsprechend lehrt, der wird der Kleinste heißen im Himmelreich. Wer sie aber hält und halten lehrt, der wird groß genannt werden im Himmelreich.*
>
> *Darum sage ich euch: Wenn eure Gerechtigkeit nicht weit größer ist als die der Schriftgelehrten und der Pharisäer, werdet ihr nicht in das Himmelreich kommen. (Mt 5,17–20)*

Hier wird die Tora nicht abgeschafft, sondern für alle Zeit bis zum Ende der Welt bestätigt – und dabei sogar noch verschärft. Verschärft allerdings in dem Sinn, dass sie nun im Licht Jesu Christi, des endzeitlichen Lehrers, in ihrem vollen Sinn und in ihrer wahren Intention zu leben ist.

Auch die Theologie des Paulus kennt keine Abschaffung oder Reduktion der Tora. Nach Paulus ist die Tora „heilig“, und „das Gebot ist heilig, gerecht und gut“ (Röm 7,12). Für Paulus gehört die Tora gerade nicht zu den Unheilsmächten. Es ist ein bedauerlicher Irrtum der deutschen katholischen Einheitsübersetzung von

1979 / 80, dass sie in der Überschrift zu Römer 7,7–25 das Gesetz zu den Unheilsmächten Sünde und Tod hinzurechnet[5]. Paulus denkt anders. Gerade weil die Tora heilig ist, deckt sie inmitten einer von der Sündenmacht beherrschten Welt die Sünde auf. Durch das „Gebot" erweist sich erst wirklich, was die Sünde ist (Röm 7,13). Die Tora (und das Scheitern an ihr) lässt überhaupt erst erkennen, wie groß die Unfreiheit des Menschen geworden ist und wie schrecklich die Sündenmacht.

Durch die Verkündigung des Evangeliums wird für Paulus die Tora nicht abgeschafft. Ganz im Gegenteil: Sie wird aufgerichtet (Röm 3,31) und kommt endlich an ihr Ziel (Röm 10,4), weil in der Agape, die durch den Geist Jesu geschenkt wird, die ganze Tora erfüllt werden kann (Röm 13,8–10).

Allerdings: Diese paulinische Rede von der Erfüllung der Tora durch die Agape kann für uns gerade nicht heißen, dass die Tora auf das Liebesgebot zu verkleinern ist, sondern dass die gesamte Tora von Jesus Christus her neu gelesen und auf den Willen Gottes hin ausgelegt werden muss. Dabei könnte sich dann durchaus zeigen, dass Teile der Tora, die uns fremd geworden sind, einen neuen Sinn, oder sagen wir besser: ihren von Anfang an intendierten Sinn freigeben[6].

*

Gegen die Reduktion der Tora, wie immer sie aussieht, spricht aber nicht nur das Neue Testament, sondern auch schon die Struktur der Tora selbst. Sie lässt sich eben nicht auf natürliches Ethos reduzieren. Man kann sich das leicht verdeutlichen an dem Verbot, fremden Göttern zu dienen. Dieses Verbot wird im Gefüge der Tora immer wieder variiert und bildet ihr *theologisches* Zentrum. Innerhalb der Zehn Gebote steht es markant und Aufmerksamkeit heischend am Anfang. Es lautet dort – zusammen mit der Präambel des Dekalogs – in seiner deuteronomischen Fassung:

> *Ich bin JHWH, dein Gott, der dich aus Ägypten geführt hat, aus dem Sklavenhaus. Du sollst neben mir keine anderen Götter haben. Du sollst dir kein Gottesbildnis machen, das irgend etwas darstellt am Himmel droben, auf der Erde unten oder im Wasser*

unter der Erde. Du sollst dich nicht vor anderen Göttern niederwerfen und dich nicht verpflichten, ihnen zu dienen. Denn ich, der Herr, dein Gott, bin ein eifersüchtiger Gott: Bei denen, die mir feind sind, verfolge ich die Schuld der Väter an den Söhnen und an der dritten und vierten Generation; bei denen, die mich lieben und auf meine Gebote achten, erweise ich Tausenden meine Huld. (Dtn 5,6–10)

Ist dieses 1. Gebot deckungsgleich mit natürlicher Gotteserkenntnis beziehungsweise mit natürlicher Sittlichkeit? Das wird bereits durch die Rede von der Eifersucht Gottes um sein Volk fraglich. Und durch die Präambel der Zehn Gebote wird es ausgeschlossen. Diese weist ja zurück auf die Erfahrung des Exodus. Die Alleinverehrung JHWHs meint deshalb mehr als die theoretische Einsicht, dass es in der Welt nur einen einzigen Gott gibt. Der biblische Gott ist nicht einfach das höchste Wesen, von dessen Einzigkeit und Einheit später die neuplatonischen Philosophen sprechen werden. Er ist vielmehr jener lebendige Gott, den Israel in seiner Geschichte erfahren hat.

Dass man von ihm kein Bildnis machen darf, hängt eng mit dieser Geschichtserfahrung zusammen. Denn das Bekenntnis, dass er in der Mitte seines Volkes gegenwärtig ist, kommt nicht aus numinoser Naturerfahrung, sondern aus dem Wissen: Er hat uns aus dem Sklavenhaus Ägypten befreit und hierher in dieses Land geführt.

In Exodus 3,12–13 bittet Mose Gott um seinen Namen, damit er den Israeliten sagen kann, wer ihn gesandt hat. Daraufhin wird ihm von Gott zwar der Name JHWH genannt. Aber wir sahen bereits, dass dieser Name gar kein wirklicher Name ist, sondern eine Namensverweigerung. Gott will, dass er an seinen Machttaten erkannt wird und nicht an einem Namen, wie ihn auch andere Götter tragen. Die Namensverweigerung von Exodus 3,14 und die Bildverweigerung im 1. Gebot des Dekalogs hängen eng miteinander zusammen. Gott will zuerst und vor allem aus der Geschichte, in der er handelt, erkannt werden.

Deshalb wird auch die Kinderfrage „Warum achtet ihr auf die Satzungen, die Gesetze und Rechtsvorschriften, auf die der Herr, unser Gott, euch verpflichtet hat?" (Dtn 6,20), mit dem Hinweis auf die konkrete Geschichte beantwortet:

> *So sollst du deinem Sohn antworten: Wir waren Sklaven des Pharao in Ägypten, und der Herr hat uns mit starker Hand aus Ägypten geführt. Der Herr hat vor unseren Augen gewaltige, unheilvolle Zeichen und Wunder an Ägypten, am Pharao und an seinem ganzen Haus getan, uns aber hat er dort herausgeführt, um uns in das Land, das er unseren Vätern mit einem Schwur versprochen hatte, hineinzuführen und es uns zu geben. (Dtn 6,21–23)*

Achtet man bei diesem Frage- und Antwortspiel auf die Details, so zeigt sich: Der fragende Sohn hält sich aus der Gemeinschaft Israels noch heraus. Er sagt: „Warum achtet *ihr* auf die Gesetze und Rechtsvorschriften …?" Der Vater hingegen schließt sich ein in das ‚Wir' des Volkes und seiner Geschichte: „*Wir* waren Sklaven des Pharao in Ägypten, und der Herr hat *uns* mit starker Hand aus Ägypten geführt." Der Vater war gleichsam beim Auszug mit dabei.

Das setzt die Vergegenwärtigung des Exodus beim Pessach-Fest und bei anderen Festen voraus. Die Feste im Tempel sind der Ort, wo der Taten JHWHs gedacht wird. Die Befreiung Israels aus Ägypten ist gleichsam das Ur-Ereignis, das in Israel gefeiert wird. Die Alleinverehrung JHWHs setzt Rettungs- und Freiheitserfahrung voraus, und diese braucht das konkrete Erzählen und die lebendige Erinnerung im Kult.

Sogar dort, wo Israel in einer Diaspora-Existenz leben muss und deshalb keinen Tempel mehr hat, hat es Anteil an der Gegenwart Gottes: Israel kann selbst in dieser Situation den Sabbat feiern, durch den Rhythmus seiner eigenen Sabbatruhe einschwingen in den Rhythmus des göttlichen Schöpfungswerkes und in seinen Sabbatgottesdiensten die befreienden Taten Gottes erzählen.

Die Tora ist der Text, der dieses ständige Erinnern ermöglicht und gewährleistet. Deshalb in der Tora auch die vielen Kultverordnungen! Sie sind keine Abstrusitäten, sondern hängen mit dem Innersten der Tora zusammen: mit der Alleinverehrung JHWHs. Sie sollen dafür sorgen, dass der Kult – und eben damit das Gedächtnis

Israels – nie abreißt. Die vielen Kultgesetze schaffen den Raum und die Zeit für das unablässige Erinnern der Taten Gottes. „Er hat ein Gedächtnis gestiftet seiner Wunder" (Ps 111,4) – das bezieht sich gleichermaßen auf den Kult im Tempel wie auf die Tora.

Wer aus der Tora nur ein Substrat natürlicher Gottesverehrung und natürlicher Sittlichkeit herauslösen will, zerstört dieses kunstvoll gebaute Gefüge von Alleinverehrung, Kult und Geschichte. Er hat das Innerste der Tora nicht begriffen. Übrigens reduziert nicht einmal der Hebräerbrief mit seiner radikalen Unterscheidung zwischen den Opfern des Alten Bundes und dem Opfer Jesu Christi den alttestamentlichen Kult und die entsprechenden Gesetze auf natürliche Sittlichkeit.

*

Die Alleinverehrung JHWHs ist also das theologische Zentrum der Tora, und diese Alleinverehrung ist gar nicht möglich ohne den Kult und die Kultverordnungen. Doch auch damit ist noch längst nicht alles gesagt. Denn das Auffällige ist nun, dass die Kultverordnungen der Tora ständig durchsetzt sind mit Weisungen, die das soziale Miteinander in Israel regeln. Unablässig mischen sich Regeln für den Gottesdienst und Regeln für den Alltag. Kultische und ethische Anweisungen stehen dicht beieinander.

Nehmen wir als Beispiel das Textgefüge des sogenannten Bundesbuches, das von Exodus 20,22 bis 23,33 reicht. Es handelt sich dabei um einen der ältesten Textkomplexe der gesamten Tora. Das Bundesbuch beginnt mit dem Altargesetz, also mit kultischen Vorschriften (Ex 20,22–26) und es endet – vor seiner Schlussmahnung – mit kultischen Vorschriften, nämlich mit Anweisungen zu den drei Hauptfesten sowie mit Anordnungen für die Darbringung von Opfern (Ex 23,14–19). Zuvor wird die Alleinverehrung JHWHs eingeschärft:

> *Den Namen eines anderen Gottes dürft ihr nicht aussprechen, er soll dir nicht über die Lippen kommen. (Ex 23,13)*

In all diese kultischen Anordnungen sind nun aber Sozialgesetze eingebettet, Gesetze bezüglich Totschlag und Mord, Misshandlung der Eltern, Menschenraub, Ersatz bei Schädigung fremden Viehs,

Haftung für fremdes Eigentum, Schutz vor Unterdrückung und Ausbeutung, Rechtsschutz von Fremden und noch manches andere. Entsprechend dieser Gemenge-Lage im geschriebenen Gesetz sollen sich offensichtlich auch in der Realität Gottesdienst und Alltagswirklichkeit durchdringen. Kult und Ethos sind aufs innigste verbunden. Kult ist nur möglich, wenn er eingebettet ist in eine Gesellschaft, die gerecht ist, die den Fremden achtet, die sich des Schwachen annimmt und ihn vor Ausbeutung schützt.

Was hier anhand des Bundesbuches gezeigt wurde, gilt für die gesamte Tora. Ähnliches ließe sich auch an der deuteronomischen Gesetzessammlung (Dtn 12,1–26,19) zeigen. Immer sind Kult, Fest, Geschichte, Gedächtnis und die Einforderung von Gerechtigkeit und Hilfe für die Schwachen miteinander verbunden. Man kann nicht das eine von dem anderen abtrennen. Die Alleinverehrung JHWHs erstreckt sich auf das ganze Leben, nicht nur auf einen bestimmten Sektor des Lebens. Eben deshalb sagt das Hauptgebot in Deuteronomium 6,4–5:

> *Höre, Israel! JHWH, unser Gott, JHWH ist einzig. Darum sollst du den Herrn, deinen Gott, lieben mit ganzem Herzen, mit ganzer Seele und mit ganzer Kraft.*

Es geht also in der Tora um das gesamte Leben. Alles, was den Menschen ausmacht: sein Leib, seine Seele, sein Vermögen, seine Zeit, seine Umwelt – alles soll sich öffnen für die Herrschaft Gottes, dafür, dass JHWH allein Herr ist. Von hier aus ist dann auch der uns so fremd gewordene Begriff der Heiligkeit neu zu bedenken.

*

Die Heiligkeit spielt im Gesamt der Tora eine wichtige Rolle. Innerhalb des Buches Levitikus gibt es ein ganzes Heiligkeitsgesetz (Lev 17–26). Auch in ihm sind kultische und soziale Gebote bunt gemischt. Aber was heißt es, wenn gesagt wird, Israel solle heilig sein, wie Gott selbst heilig ist (Lev 19,2)?

Bezeichnenderweise wird in Levitikus 17–26 die Heiligkeit Israels in unmittelbare Beziehung zum Exodus gebracht: Gott hat Israel aus Ägypten befreit und es eben dadurch geheiligt:

Ich bin JHWH, der euch geheiligt hat, der euch aus dem Land Ägypten herausgeführt hat, um für euch Gott zu sein. Ich bin JHWH. (Lev 22,32–33)

Doch wieso ist der Exodus Heiligung? Die Antwort: Weil Israel durch die Herausführung aus Ägypten aus den Völkern für Gott ausgesondert und zu seinem Eigentumsvolk wurde. Das macht Israels Heiligkeit aus. Nicht sein eigener Verdienst, nicht seine Leistungen, sondern allein die Wahl Gottes. Allerdings verlangt die Existenz als Gottes Eigentumsvolk dann auch, dass sich Israel nicht an die heidnischen Völker anpassen darf:

Nach dem Brauch des Landes Ägypten, in dem ihr gewohnt habt, sollt ihr nicht handeln. Und nach dem Brauch des Landes Kanaan, wohin ich euch bringen werde, sollt ihr nicht handeln. Nach den Ordnungen dort sollt ihr nicht leben. Meine Gebote sollt ihr befolgen und meine Ordnungen sollt ihr halten, um in ihnen zu leben. Ich bin JHWH, euer Gott. (Lev 18,3–4)

Die Wendung „… um in ihnen zu leben“ ist sehr schön. Die Tora, die Gott seinem Volk gegeben hat, ist nicht eine bloße Anhäufung von Geboten und Verboten, sondern ein *Lebensraum,* in welchem man frei atmen und menschenwürdig existieren kann. Die Tora stiftet einen Raum, der Gott geweiht ist und in dem die Welt geheiligt wird. Alle Lebensbereiche, alle Lebensverhältnisse können dann geheiligt werden, das heißt, in das rechte Verhältnis zu Gott kommen. Nach einem Wort des Propheten Sacharja werden in Israel einst sogar die Schellen der Pferde und die Töpfe in den Häusern dem Herrn heilig sein:

An jenem Tag wird auf den Schellen der Pferde stehen: „Dem Herrn heilig.“ (…) Jeder Kochtopf in Jerusalem und Juda wird dem Herrn der Heere geweiht sein. (Sach 14,20–21)

Gemeint ist: Es kommt ein Tag, an dem sich ganz Israel – nicht nur die Menschen, sondern alle Dinge und alle Verhältnisse – in gottgewolltem Zustand befinden und die Herrschaft Gottes widerspiegeln. Sie entsprechen dann endlich dem Schöpfungswillen Gottes und sind von seiner Nähe geprägt. Die Heiligkeit des Tempels hat sich ausgeweitet auf die Heiligkeit des ganzen Landes. Auch dies gehört zum biblischen Begriff der Reinheit und Heiligkeit. Die Schöpfung wird in den Zustand gebracht, in dem Gott sie von Anfang an haben wollte.

Deshalb ist die Position, die Tora habe für Christen nur noch insoweit Geltung, als sie *Moral*gesetz sei, alles übrige aber sei abgetan und erledigt, für uns heute theologisch nicht mehr annehmbar. Wir müssten uns vielmehr fragen: Was wollten denn – zum Beispiel – die Heiligkeits- und Reinheitsgesetze? Ging es ihnen nicht darum, dass nicht nur das Innere des Menschen vor Gott heilig ist, sondern auch sein Leib, seine Wohnung, seine Lebensverhältnisse, das Land? Ging es den Reinheitsgesetzen mit ihrem ständigen Scheiden und Unterscheiden nicht um das, was wir die ‚Identität der Dinge' nennen könnten? Meinten sie nicht gerade auch die Umwelt des Menschen? Damit aber sind wir in einem hochaktuellen Kontext, der uns Heutigen immer mehr auf den Leib rückt.

Um ein Beispiel zu nennen: Sollten die Manipulationen an menschlichem Erbgut, die heute von hemmungslosen, aber hochgeehrten Biotechnikern erprobt werden, nicht auch unter dem Verbot von Levitikus 19,19 im Heiligkeitsgesetz betrachtet werden, das besagt, Dinge, die voneinander verschieden sind, dürften nicht vermischt werden?

Selbstverständlich müssten wir heute die Heiligkeitsgesetze neu formulieren. Aber an ihrer Grundintention brauchten wir keinerlei Abstriche zu machen: Dass nämlich dort, wo der wahre Gott verehrt und angebetet wird, nicht nur die Seele des Menschen im Spiel ist, sondern sämtliche Dinge, mit denen wir uns umgeben und die uns umgeben – bis zu den Leitbildern, die uns Tag für Tag aus den Medien überfluten. Genau das war der Sinn der Tora: Alles, was der Mensch in Israel berührt und was ihn umgibt, mit den Augen Gottes anzuschauen, das Richtige vom Falschen zu unterscheiden, das Falsche zu ändern (biblisch: zu heiligen) und so alles der Herrschaft des heiligen Gottes zu unterstellen.

Wenn im Neuen Testament das gesamte Gesetz mit all seinen Verboten und Geboten unter dem Doppelgebot der Liebe zusammengefasst wird, erhält die Tora damit zwar eine entscheidende Strukturierung. Diese Strukturierung bahnte sich übrigens schon im frühen Judentum an. Aber die Konzentration auf das Doppelgebot braucht als Umfeld und Hintergrund die *gesamte* Tora. Wird dieser Hintergrund abgeschnitten, ist die Liebe in Gefahr, zu einer *weltlosen* Emotion zu werden. Ohne die vollständige Tora, das heißt, ohne den alttestamentlichen Umgang mit der Welt in all ihren Dimensionen, wird das Doppelgebot der Liebe ausgedünnt, ja verfälscht[7].

*

Wir haben weit ausgeholt. Die Tora ist bei den Christen mit derart vielen Vorurteilen und Missverständnissen zugeschüttet, dass man zunächst Aufräumarbeiten hinter sich bringen muss, um der wahren Tora überhaupt wieder ansichtig zu werden. Aber im Zuge dieser Tätigkeit sind wir doch schon die ganze Zeit bei unserem Thema gewesen. Es geht ja um die Gegenaktion Gottes angesichts der erbsündlichen Situation der Welt – Israel eingeschlossen. Wenn es richtig ist, dass die Tora einen Lebensraum stiftet, in dem Welt geheiligt und Schöpfung wiederhergestellt wird, einen Lebensraum, in dem der wahre Wille Gottes erkannt werden kann, dann schafft die Tora eine Gegenwelt zur Erbsünde.

Aber darf man so reden? Gab es diese Gegenwelt überhaupt? Wurde die Tora gelebt? Der Zehnte für die Armen (Dtn 14,28–29), der Schuldenerlass jedes siebte Jahr (Dtn 15,1–6), die Kredithilfen für arme Israeliten (Dtn 15,7–11), die Schonung des Baumbestandes bei der Belagerung einer feindlichen Stadt (Dtn 20,19–20), die großen Feste im Tempel, bei denen ganz Israel fröhlich an einem Ort feiert, auch die Fremden, Waisen, Witwen und in Schuldknechtschaft Lebenden (Dtn 16,1–17), der König, der täglich die Tora studiert und ihr absolut verpflichtet ist (Dtn 17,14–20) – war das und vieles andere gelebte Realität? Die deuteronomische Gesetzessammlung, das Heiligkeitsgesetz und das Bundesbuch konstruieren eine faszinierende Welt. Aber hat es diese Welt je gegeben? Sah die Wirklichkeit im Land nicht ganz anders aus?

Die Frage ist berechtigt. Aber sie übersieht, was die Tora überhaupt ist. Es kann nicht darum gehen, ob ein umfassender Text wie die Tora im Einzelnen gelebt wird, sondern ob er eine „Sinnwelt" errichtet, die das Leben einer bestimmten Gruppe und aller Einzelnen in ihr im Ganzen zu deuten vermag, so dass diese Sinnwelt von der Mehrheit der Gruppe akzeptiert und immer wieder übernommen wird[8]. Dabei ist es nicht einmal ausschlaggebend, ob der betreffende Text allen, für die er formuliert wurde, in allen Details bekannt ist. Entscheidend ist die „symbolische Sinnwelt", die der Text aufbaut. Entscheidend ist, dass er alle Erfahrungen der betreffenden Gruppe, alle Not, alle Grenzsituationen, aber auch alles Gelingende erklären und ordnen kann. Er muss „wirklichkeitsumfassend" sein. Dann lebt die betreffende Gruppe „in" diesem Text und seinem Sinnpotential, dann „wohnt" sie in ihm, dann stiftet er ihre Identität.

Viele Rechtshistoriker nehmen sogar an, dass die großen Gesetzessammlungen des vorderen Orients (zum Beispiel der berühmte Codex Hammurabi) zunächst gar kein geltendes Recht festschrieben[9]. Recht gesprochen und Recht geübt wurde vielmehr nach dem Gewohnheitsrecht und nach Präzedenzfällen. Offenbar sind die großen, schriftlich fixierten Gesetzessammlungen für den Unterricht geschaffen worden – und zwar für den Unterricht einer Elite, die im Zentrum des Landes juristisch ausgebildet wurde.

Ähnlich könnte es auch in Israel gewesen sein. Die Gesetzeskorpora, die heute in der Tora vereint sind – also Bundesbuch, deuteronomisches Gesetz und Heiligkeitsgesetz –, könnten ursprünglich einmal disparates Gewohnheitsrecht für den gelehrten Rechtsunterricht in Jerusalem gesammelt und zusammengestellt haben. Aber aus diesen Schul-Texten wurde dann viel mehr. Aus ihnen wurden Entwürfe, die eine „Sinnwelt" für den Glauben Israels errichteten.

Zu dieser Sinnwelt gehörten dann zunehmend elementare Aussagen über das Selbstverständnis Israels. Zum Beispiel: Das Recht in Israel kommt nicht vom König. Er ist nicht unser Gesetzgeber. Auch der Staat ist nicht unser Gesetzgeber. Unser Gesetzgeber ist Gott (Symbol dafür ist der Sinai), und deshalb ist auch der König an das Recht gebunden und kann nicht machen, was er will.

Oder: Unsere Existenz hat ihre Wurzel nicht in unserem Können und in unserer Kraft, sondern darin, dass *Gott selbst* uns befreit hat aus der Sklaverei Ägyptens und uns am Sinai eine ganz andere, umfassende Rechts- und Lebensordnung geschenkt hat, den Entwurf einer freien und solidarischen Gesellschaft.

Damit zusammenhängend: Wir dürfen nicht so leben wie die anderen Völker. Wir können nur einem einzigen Gott dienen, dem Gott, der uns aus Ägypten befreit hat. Und weil er uns aus diesem Sklavenstaat befreit hat, darf es bei uns nicht wieder wie dort Frondienst, Sklaverei, Fremdenhass und Armut geben. Die Fremden in unserer Mitte sollen Anteil haben an unseren Festen, und die Armen müssen immer wieder aus ihrem sozialen Elend herausgeholt werden.

Diese Sinnwelt schlägt in den großen Gesetzessammlungen Israels ständig durch. Sie steht hinter allem Recht, das da gesammelt ist. Sie formt es. Und damit ist dieses Recht mehr als Recht, das man handsam benutzen kann. Dieses Recht ist zugleich Theologie, es formuliert das Selbstverständnis Israels, es stiftet seine Identität – und deshalb ist es zugleich stets auch ein Stück Utopie, aber Utopie in dem Sinn, dass es der Wirklichkeit immer schon vorauseilt und erst noch eingeholt werden muss.

*

Aber wie kann man in einem Recht dieser Art leben? Wie kann es das Leben bestimmen und verwandeln? Eine wichtige Rolle hat dabei sicher der rituell geordnete öffentliche Vortrag der Tora gespielt, der bei besonderen Gelegenheiten oder vielleicht sogar in regelmäßigen Abständen geschah. Aber darüber wissen wir leider sehr wenig. Eine gewisse Vorstellung kann uns höchstens Nehemia 8 vermitteln. Dort wird erzählt, wie der Schriftgelehrte Esra die Tora öffentlich verlesen und erklären lässt:

> *Vom frühen Morgen bis zum Mittag las Esra auf dem Platz vor dem Wassertor den Männern und Frauen und denen, die es verstehen konnten, die Tora vor. Das ganze Volk lauschte auf das Buch der Tora. Der Schriftgelehrte Esra stand auf einem Gerüst*

aus Holz, das man eigens dafür errichtet hatte. (...) Man las aus dem Buch, der Tora Gottes, in Abschnitten vor und gab dazu Erklärungen, so dass die Leute das Vorgelesene verstehen konnten. (...) Und das ganze Volk weinte, als es die Worte der Tora hörte. (Neh 8,3–4.8.9)

Nehemia 8 ist später im Judentum zum Vorbild der synagogalen Verlesung der Tora geworden[10]. Leider bleibt über die frühe Vermittlung der geschriebenen Tora ins Volk hinein fast alles im Dunkeln. Vielleicht aber doch nicht ganz. Auf einem mehr indirekten Wege zeigt uns nämlich der alttestamentliche Psalter, dass wir mit einem sehr lebendigen Umgang mit der Tora in Israel rechnen müssen – wenigstens in bestimmten Kreisen.

In seiner Endgestalt dürfte der Psalter um 200 vor Christus zusammengestellt worden sein. Er war weder das Gesangbuch des zweiten Tempels noch das Gesangbuch der Synagoge. Er war vielmehr das Meditationsbuch vieler Frommer in Israel. Meditieren heißt in diesem Fall: die Psalmen halblaut vor sich hin murmeln und so in ihnen leben.

In unseren Zusammenhang ist entscheidend, dass sich die 150 Psalmen des Psalteriums immer wieder auf die Tora beziehen. Das zeigt sich bereits an Psalm 1, der dem Psalmenbuch wie ein Notenschlüssel vorangestellt ist. Man könnte auch sagen: Psalm 1 ist das Tor zum Psalter. Er will zeigen, wie man mit der Tora (und den folgenden 149 Psalmen) umzugehen hat:

Selig der Mensch, der nicht dem Rat der Gottlosen gefolgt ist, der sich nicht auf den Weg der Sünder begeben hat, der nicht im Kreis der Spötter gesessen hat, der vielmehr seine Freude hat an der Tora des Herrn, der dessen Tora vor sich hinmurmelt bei Tag und bei Nacht. (Ps 1,1–2)

Hier wird genau das beschrieben, wovon oben in eher abstrakter, wissenssoziologischer Sprache die Rede war: Der Gerechte, der die Tora meditiert, das heißt, sie in einem halblauten, rhythmischen Singsang vor sich hinspricht, stellt sich mit dieser Rezitation in den Raum der Tora. Er stellt sich damit aber zugleich in den Raum des gläubigen Israel. Er atmet die Tora gleichsam ein. Er lebt in ihr. Er „bewohnt“ sie. Sie wird seine „Lust“. Und eben dadurch lebt er leicht und gern im Willen Gottes.

In Psalm 1 wird aber noch etwas anderes deutlich. Es gehört zu dem, was wir über die Sinnwelt der Tora gesagt haben, elementar hinzu: Diese Sinnwelt ist, genau betrachtet, eine Gegenwelt. Was die Tora verheißt und verlangt, die Sinnwelt, die sie errichtet, stimmt nämlich keineswegs mit der herrschenden Welttheorie des vorderen Orients überein. Erinnern wir uns an Levitikus 18,3–4:

> *Nach dem Brauch des Landes Ägypten, in dem ihr gewohnt habt, sollt ihr nicht handeln. Und nach dem Brauch des Landes Kanaan, wohin ich euch bringen werde, sollt ihr nicht handeln. Nach den Ordnungen dort sollt ihr nicht leben. Meine Gebote sollt ihr befolgen und meine Ordnungen sollt ihr halten, um in ihnen zu leben. Ich bin JHWH, euer Gott. (Lev 18,3–4)*

Israel darf sich als Gottes Eigentumsvolk keinesfalls den heidnischen Völkern anpassen. Es muss in der Gegenwelt der Tora leben. Sonst gibt es sich selbst auf, und sein Weg wird sich in der Geschichte verlieren. Nun zeigt allerdings Psalm 1 (und mit ihm der gesamte Psalter) etwas äußerst Erschreckendes[11]: Die tonangebende „Sinnwelt“, vor der sich Israel zu hüten hat, ist nicht nur die Sinnwelt der Heiden. Von diesen ist in Psalm 1 noch gar nicht die Rede. Sie tauchen erst in Psalm 2 programmatisch auf. Genauso aggressiv wie die Heiden sind die Glaubensfeinde aus dem Gottesvolk selbst. Auch sie stützen sich auf eine eigene Sinnwelt. Diese ist noch viel gefährlicher. Deshalb eben:

> *Selig der Mensch, der nicht dem Rat der Gottlosen gefolgt ist, der sich nicht auf den Weg der Sünder begeben hat, der nicht im Kreis der Spötter gesessen hat. (Ps 1,1)*

Die Spötter, die Sünder und die Gottlosen konstituieren offensichtlich die real existierende „Welt“ Israels. Von ihnen muss sich der „Gerechte“ irgendwann losgesagt haben. Von ihnen muss er sich auch weiterhin fernhalten. Die Gegenwelt, in der er lebt, ist vorläufig noch nicht in gleicher Weise offenbar. Sie besteht noch in dem rezitierten Text der Tora. Und doch hat diese Gegenwelt die größere Kraft. Sie allein wird am Ende bestehen. Die Welt der Glaubensfeinde und Spötter hingegen wird sich im Nichts verlieren:

> *Der Gerechte wird sein wie ein Baum, verpflanzt an Wasserbäche, der seine Frucht bringt, wenn die Zeit dafür kommt, und dessen Laub nicht welkt. Alles, was er tut, wird gelingen. Nicht so die Gottlosen: Wie Spreu werden sie, die der Wind vor sich hertreibt. (…) Der Herr kennt den Weg der Gerechten. Der Weg der Gottlosen aber verliert sich. (Ps 1,3–4.6)*

*

Immer von neuem wird der Psalter auf diese Zusammenhänge zurückkommen. *Der* Psalm jedoch, der am intensivsten die Sinnwelt der Tora und die ihrer Gegner beschreibt, ist Psalm 119.

Er ist der längste Psalm des gesamten Psalmenbuchs, und man hat ihn den Tora-Psalm des Psalters genannt. Er umfasst nicht weniger als 176 Verse. Im Hebräischen ist er alphabetisch gegliedert – und zwar so, dass zu jedem der 22 Buchstaben des Alphabets eine Gruppe von 8 Versen gebildet wurde, wobei jeder der 8 Verse mit dem Buchstaben seiner Gruppe beginnt. Es beginnen also 8 Verse mit dem Buchstaben Aleph, dann kommen 8 Verse mit Beth – und so geht es weiter. Dahinter steht natürlich mehr als nur eine ästhetische Spielerei. Das Alphabet ist Abbild der Welt, es ist allumfassend. Und die Vier ist die Zahl der Vollkommenheit, erst recht die Zweimal-Vier. So will bereits die Form dieses Psalms zeigen, dass die Tora ‚Welt' ist, und zwar umfassende, vollständige und vollkommene Welt.

Fünfundzwanzigmal erscheint in Ps 119 das Stichwort *tora*, „Weisung". Es wird umspielt von 7 Synonymen, nämlich ‚Rede', ‚Wort', ‚Gesetz', ‚Gebot', ‚Rechtsentscheid', ‚Satzung' und ‚Vorschrift'. Auf diese Weise hat nicht nur jede Buchstabengruppe 8 Verse, sondern es werden auch 8 Synonyme für die „Weisung JHWHs" durchvariiert, wenn auch nicht in strikter Regelmäßigkeit[12]. All diese Synonyme stehen für die Tora, beleuchten sie aber von den verschiedensten Seiten her. Von der Tora wird gesagt, dass sie gut, gerecht, wahr und gerade ist. Aber es kommt noch etwas hinzu. Sie ist, wie in Vers 96 nun auch ausdrücklich gesagt wird, vollkommen und umfassend:

Ich sah, dass alles Vollkommene Grenzen hat,
doch dein Gebot ist von unbeschränkter Weite.

Weil die Tora eine ganze Welt ist, macht sie auch das Herz des Gerechten weit. Sie weckt die Sehnsucht, ruft Ehrfurcht hervor, tröstet, schenkt Frieden und überreiches Leben. Vor allem aber: Sie ist die Freude und die ganze Lust des Beters. Er hat Gefallen an ihr und verkostet ihre Süße. Und – das ist bedenkenswert für alle christlichen Theologen, die so behende zwischen Gesetz und Evangelium zu unterscheiden wissen: Die Tora ist reine Gnade.

Fragt man nach der *Gattung* von Psalm 119, so wäre zu wenig gesagt, wenn man ihn lediglich als weisheitliche Belehrung über die Schönheit der Tora ansehen würde. Dagegen spricht bereits die ständige Erwähnung der Feinde des Beters, die noch weit über die folgenden Beispiele hinausgeht:

Die Stolzen haben mich maßlos verspottet. (V. 51)
Die Stricke der Frevler haben sich um mich gelegt. (V. 61)
Stolze haben mich beschmutzt mit ihren Lügen. (V. 69)
Stolze haben mir eine Grube gegraben. (V. 85)
Gottlose haben mir aufgelauert, mich zu vernichten. (V. 95)
Sie haben deine Weisung aufgelöst. (V. 126)
Es haben sich genaht, die mich arglistig verfolgen. (V. 150)
Groß ist die Zahl meiner Verfolger und Gegner. (V. 157)
Fürsten haben mich grundlos verfolgt. (V. 161)

Gattungskritisch gesehen spricht das eher für ein Klagelied. Der Beter hält sich an die Tora. Deshalb wird er angefeindet und angegriffen. Er hält trotzdem an der Tora fest. Sie ist sein ganzes Glück und sein Leben. So ist der Psalm neben der Klage auch Dank. Und er ist zugleich Bitte um die Gnade, weiterhin in der Tora leben zu dürfen.

Auch hier gilt wieder: Die Tora ist eine umfassende Sinnwelt. Indem man sie vor sich hinspricht und sie erfüllt, lebt und atmet man in ihr. Es gibt aber auch eine ganz andere Sinnwelt mit ganz anderen Leitbildern – und zwar mitten in Israel. Diese wird in dem gesamten Psalm 119 immer wieder sichtbar. Der Beter sieht hier sehr klar: Er ist von Gottlosigkeit umgeben. Sie dringt geradezu auf ihn ein. Aber er weiß: Die Vertreter dieses anderen Gesellschaftsentwurfs können ihm nichts anhaben. Er könnte die Sinnwelt, die ihm geschenkt wurde und die unzerstörbar ist, nur selbst zerstören. So bittet er um die Kraft, der Weisung Gottes treu zu bleiben. Und er kann treu bleiben, denn der Weltentwurf Gottes ist seine ganze Lust.

Aus den Psalmen haben viele Menschen in Israel gelebt. Viele haben den Psalm 119 immer wieder gebetet und so die Tora gefeiert. Sind sie auch zusammengekommen, um gemeinsam zu beten? In Vers 63 wird deutlich, dass der Beter nicht allein ist. Er spricht dort von „Gefährten", die er hat. Das sind sicher nicht nur Gefährten im Geist gewesen. Zu oft ist im Alten Testament, in den Psalmen und anderswo von Menschen die Rede, die als die „Armen", als die „Frommen" und als die „Gerechten" bezeichnet werden. Sie werden die Psalmen nicht nur als Einzelne, sondern auch gemeinsam gebetet haben. Das „Ich" von Psalm 119 ist zwar das „Ich" eines einzelnen Beters, aber es ist zugleich das „Ich" des wahren Israel.

Wenn Maria in der lukanischen Kindheitsgeschichte einen Psalm formuliert, der sich ganz aus alttestamentlichen Textstücken zusammensetzt, nämlich das Magnifikat (Lk 1,46–55), so zeigt dies etwas von der Selbstverständlichkeit des damaligen Psalmenbetens. Man darf vermuten, dass Maria und ihre Eltern zu den Frommen gehörten, bei denen Psalmenfrömmigkeit eine wichtige Rolle spielte. Und wenn die mittelalterlichen Maler die Verkündigungsszene niemals gemalt haben, ohne ein Buch vor Maria hinzulegen, so wollten natürlich auch sie damit sagen: Maria lebte ganz aus ihrer Bibel. Sagen wir ruhig: Sie lebte aus der Sinnwelt des Psalters.

*

Und nun wieder die entscheidende Frage, auf die all diese Überlegungen hinlaufen: Ist das alles nicht eine Gegenwelt gegen die Erbsünde? Wird hier die Tora nicht als reine Gnade verstanden? Und ist die tiefe Freude an der Tora, die ja nichts anderes als Freude am Willen Gottes ist, nicht schon in sich so etwas wie Überwindung der Erbsünde? Jedenfalls stellen die Psalmen zwei Welten einander gegenüber: Eine Sinnwelt, die gottfeindlich ist – und eine Sinnwelt, die nichts anderes will, als dem Gott Israels zu folgen, der aus Ägypten errettete und die Tora schenkte. Wir dürfen davon ausgehen, dass viele Menschen in Israel – gerade seit der Zeit des Hellenismus, als überkommene Formen dahinsanken und eine ganz andere Kultur das Volk überschwemmte – in tiefer Treue und stiller Freude aus der Welt der Psalmen und damit aus der Welt der Tora gelebt haben.

4. Der Tempel oder die Stiftung der Sühne

Man kann das Judentum nicht verstehen, wenn man nicht weiß, was die Tora ist. Und die Tora versteht man nicht, wenn man sie nicht lebt. Das hat uns Psalm 119 vor Augen geführt. Dieser Psalm ist Teil einer langen Entwicklung, die schon in der späten Königszeit beginnt und dann immer mehr Raum gewinnt: Die Tora wird zur identitätsstiftenden Mitte des Judentums. Das sollte sich freilich erst nach der Zerstörung des Tempels im Jahre 70 in seiner ganzen Tragweite herausstellen. Vorher waren jahrhundertelang die lokalen Heiligtümer und dann der Tempel in Jerusalem die wichtigsten Institutionen Israels gewesen.

Dem Tempel wenden wir uns jetzt zu, und zwar ausschließlich unter dem Aspekt der Sühne. Denn bei dem Thema ‚Sühne' geht es um die Vergebung der Schuld und um die Aufhebung der Unheilssituation Israels. Das aber betrifft unsere Fragestellung „Gottes Gegenaktion gegen die Erbsünde" ganz unmittelbar.

*

In Israel wurde seit Beginn des babylonischen Exils immer wieder gefragt, wie es zu dieser Katastrophe gekommen war. Die Antwort hätte lauten können: Wir haben auf diplomatischem Gebiet versagt, oder: Wir waren nicht genügend gerüstet, oder: Die Umstände haben sich gegen uns verschworen. Wahrscheinlich gab es sogar viele, die so antworteten: nach Babylon Deportierte oder in Juda Verbliebene. Doch innerhalb der Bibel selbst wird so niemals geredet. Auf der theologischen Ebene der Schrift antwortet Israel: Wir haben nicht mehr auf Gott vertraut. Wir sind anderen Göttern nachgelaufen. Wir haben den Bund mit Gott gebrochen. Wir haben die Schwachen und Armen unterdrückt.

In Kapitel I / 6 dieses Buches erinnerten wir an das große Bußgebet Israels in Nehemia 9,6–37. Es deutet die Katastrophe genau in dieser Weise. Es blickt zurück bis auf Abraham und deckt rücksichtslos die eigenen Sünden auf: den Hochmut, die Halsstarrigkeit, den Trotz gegen Gott. Rettung gibt es nur durch Umkehr – und zwar durch die Umkehr zur Tora. Deshalb geht das Bußgebet über in einen Verpflichtungsakt auf die Tora, der Gesetzesbestimmungen aufzählt, die für die gegenwärtige Lage des Volkes wichtig sind (Neh 10,1–40).

Das bedeutet nun keinesfalls so etwas wie Selbsterlösung durch Gesetzesgehorsam. Vor der erneuten Verpflichtung auf das Gesetz war in Nehemia 9 ja von den Heilstaten Gottes an Israel geredet worden, von seinem Bund und seinem ständigen Erbarmen. Die Rückkehr zur Tora ist nur die Antwort auf das, was Gott längst an seinem Volk getan hat. Von Sühne-Riten ist in dem ganzen Bußgebet nirgendwo die Rede. Das heißt nicht, dass es sie nicht gibt oder dass ihnen keine Bedeutung zugemessen würde. Aber sie stehen nicht im Vordergrund des Interesses.

*

Das ist ganz anders in der Theologie der sogenannten Priesterschrift, zu der ein umfangreiches priesterliches Gesetz gehört[1]. Die Priesterschrift liegt uns zwar nicht mehr isoliert vor; sie ist in den Pentateuch eingearbeitet. Die spezifische Theologie der priesterschriftlichen Texte ist aber relativ leicht zu identifizieren.

Auch die Priesterschrift schaut zurück auf die Katastrophe des Exils (vgl. Lev 26,27–38). Auch der Priesterschrift geht es um die Schuld des Gottesvolkes und um die Frage, wie diese Schuld vergeben werden kann (Lev 26,39–45). Und hier lautet nun die Antwort:

Israel wird von seiner Schuld befreit durch die kultische Sühne. Aber was meint die Priesterschrift damit, und wie hat man sich das Geschehen der Sühne vorzustellen?[2]

Theologischer Ausgangspunkt ist dabei das Wissen um die Gegenwart Gottes in seinem Volk. Das Realsymbol dieser Gegenwart ist der Tempel. Allerdings: Ein Leben in der Gegenwart des heiligen Gottes ist nur dann möglich, wenn Israel rein und heilig vor Gott lebt. Diese Heiligkeit umfasst, wie wir bereits sahen, einen weiten Bereich: den Kult, das Recht, das soziale Leben, die Unterscheidung von Rein und Unrein. Wenn Israel zwischen Rein und Unrein nicht unterscheidet, wenn es die Greuel der Völker übernimmt und nach den Gebräuchen der Heiden lebt, macht es sich unrein. Aber es macht nicht nur sich selbst unrein, sondern auch das Land, das Gott ihm geschenkt hat. Macht es jedoch das Land unrein, so wird es dieses Land mit Sicherheit wieder verlieren. Das wird von der Priesterschrift mit drastischer Anschaulichkeit formuliert:

> *Ihr aber, ihr sollt meine Ordnungen und Rechtsbestimmungen einhalten und keine dieser Greueltaten begehen – weder der Einheimische noch der Fremde, der in eurer Mitte als Fremder lebt. Denn die Menschen, die vor euch im Land lebten, haben all diese Greueltaten begangen, und so wurde das Land unrein. Wird es etwa euch, wenn ihr es verunreinigt, nicht ebenso ausspeien, wie es das Volk vor euch ausgespien hat? (Lev 18,26–28)*

Hier zeigt sich erneut, wie umfassend Reinheit und Unreinheit in Israel begriffen werden: Es geht nicht nur um die Seele. Es geht um die ganze Person – und zum Personsein gehört die gesamte Lebenswelt des Menschen. Sünde betrifft nicht nur das Innerste des Menschen, sondern sie greift aus auf seine Umwelt. Sie zerstört die Heiligkeit des Landes. Häufen sich die Sünden des Volkes an, so wird das Land die Israeliten „ausspeien".

Damit sind wir genau bei dem, was wir an früherer Stelle Schuld- und Unheilszusammenhang genannt haben. Sünden häufen sich und schaffen ein Potential an Unheil. Wenn dieses Potential eine kritische Masse überschreitet, kommt es zur Katastrophe. Die Verfasser der Priesterschrift wollen erklären, wie es zum Exil gekommen ist. Sie verwenden dafür das Bild vom Land, das seine Bewohner ausspeit. Wie ein Magen unreine Speisen nicht verträgt und sie ausstößt, so hat das Land die Greuel der Israeliten nicht mehr ertragen und Israel ausgespien in die Verbannung nach Babylon. Das Land, das Gott geschenkt hat, will heilig sein.

Vor dem Horizont dieser Geschichtsdeutung sind die Institutionen zur Beseitigung der Schuld Israels zu verstehen. Denn es muss ja damit gerechnet werden – darin sind die priesterlichen Texte der Tora sehr realistisch –, dass Israel auch nach dem Exil weiter sündigt. Damit diese Sünden das Land nicht von neuem dazu zwingen, seine Bewohner auszuspeien – anders formuliert: damit sich nicht neue zerstörerische Schuldpotentiale aufbauen –, stiftet Gott für Israel eine immerwährende Vergebung von Sünde und Schuld. Der Ort dieser Vergebung ist der Tempel. Die Vergebung geschieht in einem differenzierten System von Sühne-Riten.

*

Es ist an dieser Stelle nicht notwendig, alle Institutionen zu beschreiben, die gemäß der Tora der Entsühnung des Volkes und des Einzelnen im Volk dienen. Wenden wir uns sofort jenem Sühne-Ritual zu, das für Israel eindeutig das wichtigste war. Es ist das in Levitikus 16 beschriebene Ritual des Versöhnungstages. Dieser Tag wird später *Jom Kippur* heißen.

Es ist ein Tag völliger Arbeitsruhe, der Umkehr, der Buße und des Fastens. Israel versammelt sich im Tempel. Dort werden dann die Riten des Versöhnungstages vollzogen. In diesen Riten spielen zwei Ziegenböcke und ein junger Stier die entscheidende Rolle. Der Stier wird geschlachtet, damit sein Blut Sühne erwirke für die Sünden des Hohenpriesters und seiner Familie. Auch einer der beiden Böcke wird als „Sündopfer" dargebracht – damit er Sühne erwirke für die Sünden des gesamten Volkes.

Der Hohepriester betritt zuerst mit dem Blut des Stieres und später mit dem Blut eines der beiden Böcke das Innerste des Heiligtums und sprengt es jeweils in Richtung der Stelle, wo sich die Deckplatte der Bundeslade befindet. Im zweiten (nachexilischen) Tempel ist dieser Ort nur noch fiktiv, denn eine Bundeslade gibt es zu dieser Zeit ja nicht mehr. Der andere der beiden Böcke wird, symbolisch beladen mit den Sünden des Volkes, in die Wüste gejagt. Das Ritual des zu den Wüstendämonen gejagten Sündenbocks muss aus einer viel älteren Zeit stammen. Es ist in das jüngere Sühne-Ritual integriert worden.

Wir lassen jetzt alle weiteren Details des komplizierten und auch vieldiskutierten Rituals außer acht und konzentrieren uns auf ganz wenige Grundfragen. Zunächst einmal: An diesem jährlich gefeierten Versöhnungstag werden *sämtliche* Sünden Israels, die im zurückliegenden Jahr begangen wurden, vergeben und gesühnt:

> *An diesem Tag wird man für euch Sühnung erwirken, um euch zu reinigen. Vor dem Herrn werdet ihr von all euren Sünden wieder rein. (Lev 16,30)*

Die Diskussion, ob es sich bei den Verfehlungen, die allesamt erlassen werden, nur um Verfehlungen im kultischen Bereich oder auch um sittliche Verfehlungen handelt, ist sinnlos. Denn zwischen kultischen und sittlichen Fehltritten wurde in Israel überhaupt nicht scharf getrennt. Beide Bereiche gingen ständig ineinander über. Jede Sünde sittlicher Natur betraf immer auch den Kult, nämlich die Heiligkeit des Tempels, der Ort der Nähe Gottes war.

Allerdings gilt der Satz, dass Israel durch die Riten des Jom Kippur von all seinen Sünden befreit wird, nicht absolut. Es gibt auch Sünden, die nicht vergeben werden können. Nicht einmal am Versöhnungstag! Über diese Sünden werden wir noch sprechen. Doch zunächst müssen wir uns grundsätzlich der damaligen Vorstellung von Opfer und Sühne zuwenden. Denn hier türmen sich für den heutigen Menschen massive Verstehens-Schwierigkeiten auf. Sie sind so groß, dass der Sühnebegriff inzwischen weitgehend aus Unterricht und Predigt verschwunden ist. Niemand versteht ihn mehr.

*

Das hängt zunächst einmal damit zusammen, dass sich unser Wort ‚Sühne' in seiner Bedeutung mehr und mehr verengt hat[3]. Sühne war zwar schon immer ein Wort der Rechtssprache gewesen. Doch im Mittelalter konnten das althochdeutsche *suona* und das mittelhochdeutsche *suone* neben der Bedeutung ‚Bußleistung' auch noch ‚Urteil', ‚Vertrag', ‚Schlichtung', ‚Ausgleich', ‚versöhnliche Beilegung eines Rechtsstreites', ja sogar ‚Verzeihung' bedeuten. Erst im 19. und 20. Jahrhundert ist von diesem ursprünglich breiten Bedeutungs-Spektrum nur noch die *Leistung* übriggeblieben, durch die ein Verschulden ausgeglichen wird. Sühne ist dann die Strafe, die der Richter verhängt – damit das von dem Täter verübte Verbrechen abgegolten wird.

Der moderne, von edlem Humanismus durchdrungene Mensch mag derartiges nicht. Er möchte nicht, dass Verbrecher für ihre Tat sühnen, sondern dass sie gebessert und resozialisiert werden oder – sollte dies nicht möglich sein – dass die Allgemeinheit vor ihnen geschützt wird. Hört er in einem theologischen Kontext das Wort ‚Sühne', so taucht bei ihm sofort die Fratze eines grausamen Gottes auf, der sein Recht gnadenlos einfordert.

Hinzu kommt unser Wissen über die Welt der Religionen: Nur allzu oft ist dort das gesamte Opferwesen eine symbolische Ersatzleistung, die der Mensch erbringt, um die Gottheit gnädig zu stimmen, um sie zu besänftigen oder um Schuld abzuzahlen. Der religiöse Mensch gibt den Göttern etwas, das ihm gehört, damit er anderes, ihm Wichtiges dafür erhält. Er gibt Wertvolles her, um auch ganz gewiss das Erwünschte zu bekommen. Vielleicht gibt er sogar sein Liebstes.

Er möchte mit seinem Opfer die Mächte, die auf sein Leben Einfluss haben, auf seine Seite bringen. Er veranstaltet ein Sühnopfer als Tribut an das unberechenbare Schicksal. Vielleicht – denkt er – kann er die Dinge, die auf ihn zukommen, durch sein Opfer beeinflussen. Die Initiative geht dabei immer vom Menschen aus. Er möchte sein Leben sichern. Zur Absicherung seines Lebens entwickelt er die vielfältigsten kultischen Mechanismen. Dabei gebraucht er die Gottheit und macht sie zu seinem Instrument.

Doch mit dieser Welt des altorientalischen und des antiken Opferwesens mag der aufgeklärte Mensch nichts mehr zu tun haben. Sie ist ihm suspekt. Sie erscheint ihm abstoßend. Dabei vergisst er, dass er selbst noch immer solches Opferwesen praktiziert – wenn auch in säkularisierter Form. Auch er lebt ja in Angst vor

Mächten, die er nicht beherrschen kann. Sie heißen Unglück, Krankheit und Tod. Um diese schreckliche Dreifaltigkeit in den Griff zu bekommen, bringt auch er kostspielige Opfer. Die Soziologen nennen diese Opfer Daseinsvorsorge. Der moderne Mensch bezahlt seine Krankenkasse, seine Unfallversicherung, seine Brandversicherung – dazu Hausratversicherung, Glasversicherung, Haftpflichtversicherung und Lebensversicherung. Auch er bringt Opfer dar, damit das Schicksal nicht zuschlägt beziehungsweise ihn nicht zu hart trifft. Wahrscheinlich will er in seinem Unbewussten noch immer unbekannten Mächten opfern, um sie zu besänftigen.

Der aufgeklärte Mensch, der sich vom Opferwesen der Alten Welt und damit auch vor den Sühne-Opfern Israels empört abwendet, hat aber nicht nur seine eigene Praxis verdrängt. Er hat noch etwas anderes vergessen: Israel hat all die religiösen Mechanismen gekannt, von denen die Rede war. Es war ja in Ägypten gewesen, und es kannte die Kultstätten Kanaans. Es war nach Babylon verbannt und wusste um die dortigen Löse-Rituale. Es hat all diese Mechanismen durchschaut und von seiner Gotteserfahrung her neu durchdacht. Im Grunde hat es sie auf den Kopf gestellt.

*

Denn in Israel geht alle Sühne von Gott aus. Die vielfältigen Institutionen des Opfer- und Sühnewesens werden unmittelbar auf Gott zurückgeführt. Dies geschieht, indem sie literarisch am Sinai verortet werden. Die Grundstruktur dessen, was am Sinai geschieht, ist die ‚Einsetzung‘. Alles, was es an Kult in Israel gibt, wird als Initiative Gottes dargestellt. Der Kult kommt nicht von Menschen und ihrer sich-sichern-wollenden Kreativität. Gott hat den Kult gestiftet. Die kultische Sühne manifestiert so Gottes zuvorkommenden, voraussetzungslosen Versöhnungswillen.

Entsprechend ist Sühne neue, von Gott geschenkte Ermöglichung von Leben, obwohl das Leben verwirkt war. Die Theologen, die hinter der Priesterschrift standen, wussten von dem umfassenden Unheil, in dem der Mensch lebt. Sie wussten, dass es einen Unheilszusammenhang gibt, den der Mensch, auch der Mensch in Israel, nicht durchbrechen kann. Sie wussten, dass der Mensch aus eigener Kraft nichts wiedergutmachen kann. Sühne war für sie reine Gnade, reines Geschenk an den Menschen, dass er aus seiner Unheilssituation herauskomme und in der Gegenwart des heiligen Gottes leben könne. Waren die Opfer einst Gabe des Menschen an die Gottheit, so sind sie nun Sühnemittel, die Gott selbst schenkt, um Leben zu gewähren. ‚Sühne erwirken' heißt in Israel gerade nicht, Gott besänftigen oder versöhnlich stimmen oder es schaffen, dass er seine Meinung ändert, sondern sich von Gott selbst dem verdienten Tod entreißen lassen.

Am Ende des Buches Levitikus werden die Sühne-Institutionen Israels, von denen vorher immer wieder in oft ermüdenden Einzelheiten die Rede gewesen war, programmatisch als reine Inititiative Gottes dargestellt, nämlich als Treue zu seinem Bund, obwohl Israel den Bund gebrochen hat:

> *Aber selbst wenn sie im Land ihrer Feinde sind, werde ich sie nicht verwerfen und sie nicht verabscheuen, um ihnen etwa ein Ende zu machen und meinen Bund mit ihnen zu widerrufen; denn ich bin der Herr, ihr Gott. Ich werde zu ihren Gunsten des Bundes mit den Vorfahren gedenken, die ich vor den Augen der Völker aus Ägypten herausgeführt habe, um ihr Gott zu sein. Ich bin der Herr. (Lev 26,44–45)*

Israel hat also gewusst, dass der Mensch Schuld nicht ableisten kann, und dass Sühne genauso wie Vergebung von Gott her kommen muss. Sühne ist wie Bund und Sündenvergebung Gottes gnadenhafte Setzung, in die der Mensch nur eintreten kann.

An diesem Wissen hat das Judentum durch alle Zeiten hindurch festgehalten. Die langen Gebete am Versöhnungstag werden noch heute immer wieder refrainartig von der Bitte unterbrochen:

> *Alles, o Gott der Verzeihung, verzeihe uns, vergib uns, sühne uns [kapär lanu]!*[4]

*

Freilich erhebt sich spätestens an dieser Stelle die Frage: Wenn alles der Initiative Gottes entspringt, warum braucht es dann noch Sühne-Einrichtungen? Wenn Gott selbst die Sühne gestiftet hat – so wie er selber die Vergebung schuf – weshalb reicht dann nicht die reine Vergebung? Weshalb genügt nicht ein Schuldbekenntnis und eine sich anschließende Absolution durch die Priester? Weshalb kann Gott nicht sagen: „Eure Schuld ist erlassen, alles ist vergeben, alles ist vergessen“? Wozu braucht es überhaupt Sühne? Wozu braucht es Opfer?

Die Antwort kann nur lauten: Weil ohne Sühne die Realität überspielt würde, weil dann die Konsequenzen der Sünde nicht ernst genommen würden. Wir müssen immer wieder auf diesen Punkt zurückkommen, weil er wesentlich ist: Sünde löst sich nicht in Luft auf, selbst wenn sie vergeben ist. Denn die Sünde bleibt nicht im Sünder. Sie hat Folgen. Sie transzendiert die Tat und den Täter. Sie macht sich selbständig. Sie hatte von vornherein eine soziale, gesellschaftliche, welthafte Dimension. Deshalb senkt sie sich ein in das menschliche Miteinander, verdirbt ein Stück Welt und schafft einen Unheilszusammenhang. Auch wenn Gott die Schuld vergeben hat, sind die *Folgen* der Schuld nicht beseitigt, sondern das Böse gebiert weiter Böses.

Die Folgen der Sünde müssen also aufgearbeitet werden. Und das kann der Mensch von sich aus gerade nicht, so wenig er sich selbst lossprechen kann. Wirkliche Aufarbeitung von Schuld ist nur möglich auf einem Boden, den Gott selbst herstellen muss. Er hat ihn geschaffen in seinem Volk. Die Ursachenkette, die von der Sünde ausgelöst wird und in der sich das Böse immer weiter fortzeugt, muss durchbrochen werden. Und genau dies geschieht in den Sühne-Institutionen Israels. Die Sühne-Theologie der Priesterschrift geht von der Einsicht aus, dass die großen, zerstörerischen Unheilspotentiale, die von den Menschen fortwährend in Gang gehalten werden, von den Menschen selbst nicht aufzulösen sind. Sie brauchen die Stiftung von Heil, das den Schuldzusammenhang durchbricht.

Wenn der Hohepriester am Versöhnungstag das Blut zu der (gedachten) Bundeslade hin aussprengt, geschieht diese Durchbrechung. Israel wird sozusagen in eine neue Situation gebracht. Nicht aus eigener Initiative, sondern aus Gnade. Es geht also nicht um *magische* Erlösung, die dem zu Erlösenden auf geheimnisvoll-undurchsichtige Weise vermittelt würde. Es geht vielmehr um einen von Gott gestifteten neuen Anfang, der dem Menschen die Möglichkeit gibt, aus dem Unheil und den Unfreiheit schaffenden Zwängen herauszukommen. Sein eigenes Tun, die eigene Versöhnungsarbeit, ist dabei gerade nicht ausgeschlossen. Gott selbst schenkt Sühne – und der Mensch tritt ein in den Raum dieser Sühne. Beides ist notwendig.

Wenn der Alttestamentler Hartmut Gese, der 1977 einen der wichtigsten Beiträge zum Thema ‚Sühne' veröffentlichte[5], recht hat, symbolisiert das Sühnopfer nicht nur die zuvorkommende, rettende Treue Gottes, sondern auch die vollkommene Hingabe des Menschen. Sein Ausgangspunkt für diese Deutung ist das „Aufstemmen" der Hände. Bei jedem Sühnopfer stemmt der Opfernde eine Hand auf das Tier, das geschlachtet werden soll (Lev 4,4.24.29.33). Nach Gese identifiziert sich damit der Opfernde mit dem Opfertier. Er selbst ist gleichsam dem Tod geweiht. Entsprechend symbolisiert dann das Blut des geschlachteten Tieres, das an den Altar gestrichen beziehungsweise zur Deckplatte der Bundeslade hin ausgesprengt wird, die Lebenshingabe des Opfernden. Denn das Leben sitzt für das hebräische Denken im Blut (vgl. Lev 17,11). Ist diese Deutung richtig, dann heißt Sühne immer auch Selbstpreisgabe oder besser: vollkommene Hingabe der eigenen Existenz an den heiligen Gott. Das Sühnopfer ist dann durchaus keine billige Gnade mehr. Ein solches Sich-Hingeben an den Willen Gottes fordert geradezu die unablässige Aufarbeitung dessen, was die eigene Sünde in der Welt angerichtet hat.

*

Wie wichtig für die Priesterschrift dieses Element der Aufarbeitung der Schuld ist, zeigt ein Phänomen, auf das wir bis jetzt noch nicht eingegangen sind. Es gibt gemäß der priesterschriftlichen Theologie Sünden, die nur dann vergeben werden können, wenn Restitution, also Wiedergutmachung, geleistet wird. Dazu gehören zum Beispiel alle Eigentumsdelikte. Hat jemand gestohlen, muss er das Gestohlene zurückgeben (Lev 5,20–26). Hat jemand das Eigentum eines anderen veruntreut, muss er ihn entschädigen. Hat jemand einen anderen übervorteilt, muss er zurückerstatten. Hat jemand einen anderen verletzt, muss er ihn dafür bezahlen. Genau das meint das immer wieder missverstandene „Auge um Auge, Zahn um Zahn" (Lev 24,19–20). Es regelt die Höhe des Schmerzensgeldes[6].

Allerdings ist dies nur die eine Seite der Sache. Es gibt auch Sünden, die weder vergeben noch aufgearbeitet werden können. Sie sind so gravierend, dass der, der sie getan hat, seine Zugehörigkeit zu Israel verliert. Er muss aus dem Volk „herausgeschnitten" werden. Das heißt entweder: Er muss getötet werden, oder: Gott selbst wird ihn vom Leben Israels abschneiden. Sünden dieser Art sind zum Beispiel Kindesopfer, Totenbeschwörung, Verfluchung der Eltern durch die Kinder, Inzest, Mord und Gotteslästerung (Lev 20,1–21; 24,10–23). Nicht nur die Priesterschrift, sondern die gesamte Tora ist in solchen Fällen rigoros.

Das Alte Testament im ganzen und erst recht dann später das Judentum haben diese Rigorosität abgemildert. Und zwar in *der* Richtung, dass gefragt wurde, was denn die volle Verantwortlichkeit für eine Tat alles voraussetze. Das talmudische Judentum zählt so viele Voraussetzungen für volle Freiheit und die klare Bezeugung einer todeswürdigen Tat vor Gericht auf, dass die Todesstrafe praktisch nicht mehr möglich wird. Und bereits die Tora hat eine Spur in diese Richtung gelegt, indem sie nämlich von „versehentlichen" oder „unbemerkten" Sünden spricht (vgl. Lev 5,1–19). Diesen Begriff konnte man später ausbauen. Wann ist Sünde wirklich gewollt – in klarem Wissen, in völliger Einsicht und reiner Freiheit?

Auf diese Fragen brauchen wir hier aber nicht weiter einzugehen. Wir können ruhig bei der Position der Priesterschrift und der übrigen Tora stehen bleiben, dass es Sünden gibt, die für Israel derart zerstörerisch sind, dass sie aus dem Gottesvolk ausschließen. Gerade so wird deutlich: Israel muss ein heiliges Volk sein. Es muss Herrschaftsbereich Gottes sein, so dass mitten in der Welt die heilige Gegenwart Gottes aufscheint. Eben damit wird von neuem deutlich, in welchem Maß es schon in Israel um den Kampf gegen die Erbsünde geht.

Indem Gott ein heiliges Volk will und ihm Institutionen der Sühne schenkt, die diese Heiligkeit immer wieder herstellen, kämpft er gegen die Unheilszusammenhänge in Israel und der Welt, kämpft er gegen das, was die Kirche später als Erbsünde bezeichnet hat. Der Tempel als die Mitte Israels, als das Zeichen der entsühnenden Gegenwart Gottes, ist eines der deutlichsten Symbole für dieses ‚Gegen'.

Sieht man genau hin, so ist die Institution der Sühne sogar viel mehr als nur ein ‚Gegen'. Am Versöhnungstag wird Israel jeweils wieder in die volle Gemeinschaft mit Gott hineingeführt. Gott schenkt seinem dem Tod verfallenen Volk Vergebung und Sühne, und Israel stellt sein Leben neu unter den Willen Gottes. Damit sind wir schon sehr nahe bei der *Aufhebung* der Schuldzusammenhänge, dem Durchbrechen der Unheilssituation, die den Menschen von Gott trennt. Allerdings: Dass solche Sätze noch einmal vom Neuen Testament und von dem endgültig Erlösung schaffenden Opfer Jesu Christi her durchdacht werden müssen, ist klar. Das wird in diesem Buch in Kapitel III / 5 („Was heißt: Christus allein hat uns erlöst?") geschehen.

*

Zum Schluss dieses ganzen Abschnitts sei wenigstens noch angemerkt: Sühne zu schaffen, ist nicht die einzige Funktion des Tempels. Der Tempel hat noch ganz andere Aufgaben. Dort werden die Traditionen Israels gehütet. Dort wird Recht gesprochen. Dort werden die Gelübde eingelöst, die einzelne Gruppen zu einem Mahl in der Stadt versammeln. Innerhalb eines solchen Mahles erzählt derjenige, der Gott das Dankopfer versprochen hatte, wie er aus tödlicher Not oder aus einer gefährlichen Lebenskrise errettet wurde. Das Mahl wird so zum Lobpreis der Taten Gottes – nicht nur an Einzelnen und ihren Familien, sondern an ganz Israel.

Mit dem Stichwort ‚Lobpreis' ist überhaupt die wichtigste Funktion des Tempels genannt. Der Lobpreis Gottes, der Lobpreis seiner rettenden Taten, ist der entscheidende Vorgang im Bereich des Tempels. Der Lobpreis umfängt alles. Im Lob Gottes kommt der gesamte Kult zu seiner Erfüllung. Der sich selbst vergessende Lobpreis verwandelt auch das, was in den Sühne-Institutionen Israels vielleicht noch an heidnischen Relikten, an einem ‚Über-

Gott-verfügen-Wollen' stecken könnte[7], in Anbetung und Hingabe. Wenn in Psalm 22,4 gesagt wird, Gott throne „über dem Lobpreis Israels", so kommen hier alle Sühne-Rituale zu ihrem Ziel und ihrer Vollendung.

5. Die Propheten oder die Unmittelbarkeit des Wortes Gottes

Wir haben über die Funktion des Tempels gesprochen – und dies vor allem aus der Sicht der Priesterschrift beziehungsweise der sie erweiternden priesterlichen Literatur. Dabei hat sich gezeigt, dass dort schon eine theologisch sorgfältig durchdachte Sicht von Kult, Reinheit, Opfer und Sühne vorliegt. Die Katastrophe des Exils hatte sich ja bereits ereignet und die Frage aufgeworfen: Wie hatte das alles geschehen können? Lag der Grund für die Katastrophe nicht darin, dass der Tempel unrein geworden war, und unrein auch die Priester und das ganze Volk? Unrein aber heißt: unheilig, dem Schöpfungswillen Gottes fern, der Gegenwart Gottes verlustig, unversöhnt, heillos. Nichts wäre unangemessener, als in dem Kult, wie ihn die priesterliche Literatur vorschreibt, ein naives, ja primitives Opfer- und Sühnewesen zu sehen. Die priesterliche Theologie wendet sich schließlich nicht nur gegen rituelle Verletzungen des wahren Kults. Sie schärft im Heiligkeitsgesetz (Lev 17–26) auch das kultgemäße *soziale* Verhalten ein. Die Forderung nach Nächsten- und Fremdenliebe steht in Levitikus 19,18.34 – also innerhalb des Heiligkeitsgesetzes und damit innerhalb der priesterlichen Literatur.

*

Noch viel unmittelbarer stoßen wir allerdings bei den Propheten auf die Forderung nach dem richtigen Kult. Die Schriftpropheten Israels sagen mit einer erschreckenden Direktheit, wie heillos, ja wie pervers der real existierende Tempelkult geworden ist. Er ist begleitet von Unrecht und Gewalt. Die Hände der Opfernden sind mit Blut beschmiert – und es ist eben nicht nur das Blut der Opfertiere. Das Land ist voll von den Opfern der Gesellschaft. Einer der in dieser Hinsicht drastischsten Texte ist Jesaja 1,10–17:

Hört das Wort des Herrn, ihr Sodoms-Fürsten! Horch auf die Weisung unseres Gottes, Gomorra-Volk! Was soll mir die Menge eurer Schlachtopfer, spricht der Herr. Ich habe die Brandopfer von Widdern und das Fett der Mastkälber satt. Das Blut der Jungstiere, der Lämmer und jungen Böcke ist mir zuwider. Wenn ihr kommt, um mein Angesicht zu schauen – wer hat von euch verlangt, dass ihr meine Vorhöfe zertrampelt? Bringt mir nicht länger heuchlerische Speiseopfer dar. Räucherwerk ist mir ein Greuel. Neumond und Sabbat und das Ausrufen von Festversammlungen – Festgepränge verbunden mit Gottlosigkeit ertrage ich nicht. Eure Neumondfeste und Festversammlungen sind mir in der Seele verhasst. Sie sind mir zur Last geworden. Ich bin es müde, sie zu ertragen. Wenn ihr eure Hände ausbreitet, verhülle ich vor euch meine Augen. Auch wenn ihr noch so viel betet, ich höre nicht darauf – eure Hände sind ja voll Blut.

Wascht euch, reinigt euch! Schafft mir eure bösen Taten aus den Augen! Hört auf, Böses zu tun! Lernt Gutes zu tun! Sorgt für das Recht! Helft den Unterdrückten! Verschafft den Waisen Recht und tretet ein für die Sache der Witwen! (Jes 1,10–17)

Es ist immer wieder behauptet worden, dieser Jesaja-Text lehne Opfer und kultische Frömmigkeit prinzipiell ab. Doch das ist mit Sicherheit falsch. Der Text wendet sich nicht grundsätzlich gegen den Opferkult, sondern gegen ein falsches, verkommenes und verlogenes Opferwesen. Das zeigt allein schon das ständig wiederholte „eure“: eure Schlachtopfer, eure Neumondfeste, eure Hände, eure Taten. Es gäbe also auch untadelige Schlachtopfer und dem Herrn wohlgefällige Feste, die das Gottesvolk nicht zu Sodom und Gomorra machen.

Entscheidend aber ist der Schluss dieser prophetischen Opferkritik. Er lautet ja keineswegs: „Hört auf mit dem ganzen Opferunwesen, feiert keine Feste mehr, erhebt die Hände nicht mehr zum Gebet!“, sondern: „Wascht euch, reinigt euch!“ Das heißt nichts anderes als: „Macht euch wieder kultfähig!“ Und kultfähig wird das Gottesvolk, indem es aufhört, böse zu handeln, und wieder lernt, das Gute zu tun. Das Gute aber ist die Wahrung des Rechts, vor allem des Rechts für die sozial Schwachen. Das wird in Jesaja 1,27 so zusammengefasst:

Zion wird durch Recht erlöst, und die in Zion umkehren durch Gerechtigkeit.

Was von Jesaja 1,10–17 gilt, gilt für alle kultkritischen Texte der Propheten. Glaube ohne Kult ist für die damalige Zeit (und auch für uns heute!) undenkbar. Aber der Kult muss dem JHWH-Glauben und seiner Unterscheidungskraft entsprechen. Die wohl radikalste Kultkritik findet sich in der Gottesrede von Amos 5,21–25:

Ich hasse, ich verwerfe eure Feste. Eure Festversammlungen kann ich nicht riechen. Wenn ihr mir Brandopfer darbringt und Speiseopfer – ich habe an ihnen kein Gefallen. Die Dankopfer von euren Mastkälbern will ich nicht sehen. Weg mit dem Lärm deiner Lieder! Dein Harfenspiel will ich nicht hören. Vielmehr: Das Recht ströme wie ein Wasserquell und die Gerechtigkeit wie ein nie versiegender Bach. Habt ihr mir etwa während der vierzig Jahre in der Wüste Schlachtopfer und Speiseopfer dargebracht, ihr vom Hause Israel?

Auch hier also eine radikale Herausstellung der sozialen Gerechtigkeit im Gottesvolk, ohne die alle Opfer für Gott nichts als ein Greuel sind. Weil „Recht und Gerechtigkeit" – die Kriterien der Ursprungszeit Israels – fehlen, verjagt Gott die Festgemeinde geradezu aus seiner Gegenwart. Der Hinweis auf die Wüstenzeit will keineswegs sagen, dass Israel kultlos sein soll. Er will vielmehr die *Bezogenheit* des Opferwesens herausstellen. Alle Liturgie muss eingebettet sein in die *sedaqah*, das heißt in die „Gemeinschaftstreue", in die Treue zu dem Bund, den Gott mit Israel geschlossen hat. Das wird deutlich aus dem mit Amos 5,25 verwandten Text Jeremia 7,22–23:

Ich habe euren Vätern, als ich sie aus Ägypten herausführte, nichts gesagt und nichts befohlen, was Brandopfer und Schlachtopfer betrifft. Vielmehr gab ich ihnen das folgende Gebot: Hört auf meine Stimme, dann will ich euer Gott sein, und ihr sollt mein Volk sein. Geht in allem den Weg, den ich euch befehle, damit es euch gut geht.

„Ich will euer Gott sein, und ihr sollt mein Volk sein" – dieser Satz formuliert den Bund Gottes mit Israel. Der Bund verlangt Treue zu Gott und Solidarität untereinander. Gibt es diese Gemeinschaftstreue in Israel nicht, werden alle Opfer zur Lüge, und es wäre besser, es gäbe sie nicht. Offenbar spielt hier auch eine Tradition hinein, der die Wüstenzeit als Zeit von Israels Jugendtreue, ja als Israels Brautzeit gilt (vgl. Jer 2,2).

Vielleicht will die Provokation mit der Wüstenzeit sogar sagen: Damals war Israel noch kein Staat, sondern wanderndes Gottesvolk, und es hatte noch keine Staatstempel mit ihrem routinierten und aufgeblähten Opferbetrieb, sondern ein Heiligtum, das abgebrochen werden konnte und mitwanderte, und deshalb entsprach auch sein Kult viel besser dem, was Gott mit Israel wollte.

Die prophetische Kultkritik, die hier anhand von drei Texten vorgestellt wurde, hatte für den Glauben Israels fundamentale Bedeutung. Hier wurde ja nicht nur das, was aus heidnischen Kultpraktiken in den JHWH-Kult eingeflossen war und immer wieder einzufließen drohte, zurückgewiesen. Hier wurde auch mit einer Klarheit, wie sie für den Alten Orient einmalig war, zwischen wahrem und falschem Kult unterschieden. Der wahre Kult ist nicht Leistung, die auf Gegengaben wartet. Der wahre Kult glaubt nicht: Je fetter die Rinder, desto eher schenkt Gott Erhörung. Er ist von Gott geschenkte Ermöglichung eines Lobpreises, der sich selbst vergisst. Der wahre Kult schenkt auch nicht schon deshalb Heil, weil er gut organisiert ist. Er steht nicht isoliert in sich, als Liturgie, die nur der Selbstbestätigung dient, sondern ist der Höhepunkt eines ganzheitlichen und ungeteilten Lebens vor Gott. Und das heißt eben auch: Der wahre Kult setzt eine gerechte Gesellschaft voraus, die nach dem Willen Gottes lebt.

Der evangelische Theologe und Blutzeuge Dietrich Bonhoeffer hat in der Zeit, als in Deutschland die Judenverfolgung durch die Nationalsozialisten offenkundig wurde, den unvergesslichen Satz geprägt, nur wer für die Juden schreie, dürfe gregorianisch singen. Gregorianischer Choral – das ist innerhalb der Kirche des Westens der Inbegriff christlichen Kults. Wenn Bonhoeffer sogar diese geläuterte gottesdienstliche Form in Frage stellt angesichts einer Kirche, die das Leid ihrer jüdischen Brüder und Schwestern sah und wegblickte, dann hat er millimetergenau das getroffen, was auch die Propheten Israels mit ihrer Kultkritik sagen wollten. Opfer, Gebete und Gesänge, und seien sie noch so würdig, die einhergehen mit Teilnahmslosigkeit gegenüber dem Leid, das den Nachbarn zugefügt wird, sind erschreckend und für Gott ein Abscheu.

*

Die von uns zitierten Texte aus dem Jesaja- und dem Amosbuch haben schon längst deutlich gemacht, dass die Kultkritik der Propheten unmittelbar aus ihrer Sozialkritik kommt. Diese Sozialkritik, die zugleich massive Staats- und Gesellschaftskritik ist, nimmt bei fast allen Schriftpropheten breiten Raum ein. Angeklagt wird eine reiche und wirtschaftlich unabhängige Oberschicht, die auf Kosten der sozial Schwachen ein luxuriöses Sonderleben führt. Angeklagt wird der vom Staat angeordnete Frondienst für staatliche Großbauprojekte, der die verarmenden Kleinbauern hart trifft (Mi 3,10). Angeklagt wird die Korruption in der Verwaltung: Wer Geld hat, kann seine Interessen überall durchsetzen. Angeklagt wird die Rechtsprechung an den örtlichen Gerichten: Die Richter sind parteiisch; sie stehen auf der Seite der reichen Großgrundbesitzer und lassen sich bestechen oder einschüchtern. Verschuldete, Unfreie, Fremde, Witwen und Waisen haben vor Gericht keine Chance.

Hintergrund dieser sozialen Verwüstungen war offenbar eine Entwicklung, die aus einer Gesellschaft kleiner und freier Landbesitzer immer mehr ein Volk von Verschuldeten und damit Unfreien gemacht hatte. Von dieser Entwicklung spricht am deutlichsten Micha 2,1–3:

> *Ach – die Unrecht planen und Böses tun auf ihren Lagern! Beim Morgenlicht führen sie es dann aus, denn die Macht dazu liegt in ihren Händen. Sie begehren Felder – und reißen sie an sich. Sie begehren Häuser – und nehmen sie sich. Sie verüben Gewalttat an dem Mann und seinem Haus, an dem Menschen und seinem Erbbesitz.*

Darum: So hat der Herr gesprochen: Siehe, auch ich plane über dieses Geschlecht Unheil, aus dem ihr eure Hälse nicht mehr herausziehen könnt, Unheil, in dem ihr nicht mehr aufrecht gehen könnt. Ja, es ist eine Unheilszeit.

Es lohnt sich, diesen Text etwas genauer zu betrachten. Das „Ach!“ zu Beginn (im Hebräischen *hôj*) wird meistens mit „Wehe euch!“ übersetzt. Aber das ist falsch. Es handelt sich um einen festgeprägten Ausruf, der in Israel die Totenklage einleitete. Über die Mächtigen, von denen der Text spricht, wird also eine Totenklage angestimmt, obwohl sie in Saft und Kraft leben und ihre Macht rücksichtslos gebrauchen. Das ist ungefähr so, als würde bei uns für einen noch Lebenden ein Totengottesdienst gefeiert. Der Prophet redet von den korrupten Mächtigen in Israel wie von Menschen, die bereits tot sind. Das „Ach!“ ist somit eine Todesansage. Diese kleine Beobachtung[1] zeigt, wie formenreich und aggressiv die Sprache der Propheten sein konnte. Ihre Worte waren oft wie eine Axt. Anders wären sie nicht gehört worden.

Die beißende Totenklage ergießt sich über eine herrschende Schicht in Juda, die nichts anderes im Sinn hat, als Äcker und Häuser an sich zu bringen. Die sowieso schon Reichen gehen dabei geschickt und wirkungsvoll vor. Was sie sich nachts auf ihren weichen Betten ausdenken, ist eine so effektive Planung, dass sie ihre Pläne schon am frühen Morgen ausführen können. An sich ist der Morgen jenes Stück des Tages, an dem *Gott* zu Hilfe kommt und nach dem Chaos der Nacht die Ordnung in der Welt wiederherstellt – als die aufgehende „Sonne der Gerechtigkeit“. Die Mächtigen im Land tun genau das Gegenteil: Bereits am Morgen schaffen sie Unheil, indem sie denen, die in Not geraten sind, ihre Äcker und Häuser wegnehmen. Sie sind also gottlos. Sie setzen sich selbst an die Stelle Gottes.

„Darum“, sagt Micha in der Logik prophetischer Rede, wird Gott mit ihnen nun genau dasselbe tun. Wie diese Generation von Reichen Unheil plant und es wirkungsvoll durchsetzt, so plant jetzt auch Gott Unheil gegen sie und führt es aus. Er wird ein schwer lastendes Joch mit Halsschlingen auf sie legen, unter dem sie nur noch gebückt gehen können und aus dem sie ihre Hälse nicht mehr herausbekommen. Die Totenklage des Textes betrifft also nicht das gesamte Gottesvolk, sondern die Reichen und Mächtigen, die Oberschicht in Juda. Gegen dieselben Verhältnisse redet Jesaja, wenn er formuliert:

> *Ach – die Haus an Haus reihen und Feld an Feld fügen, bis kein Raum mehr da ist und ihr allein noch als Vollbürger inmitten des Landes ansässig seid! (Jes 5,8)*

Was Micha und Jesaja hier voraussetzen, ist eine gesellschaftliche Entwicklung, die schon in der frühen Königszeit begonnen hatte und die bis zum Untergang des Staates Juda mehr und mehr Opfer forderte. Sie ist auch nach dem Exil noch weitergegangen[2]: Bis ins 8. Jahrhundert gab es in Juda „ein Gleichgewicht zwischen den reicheren Grundbesitzern, die mit dem Königshof eng verbunden waren und aus denen sich auch die hohen Beamten rekrutierten, und den kleineren Bauern“: Sie alle waren aufgrund ihres Besitzes selbständig und frei. Es galt der Grundsatz des altisraelitischen Bodenrechts: „Ein Mann und sein Haus, ein Mensch und sein Erbbesitz“, auf den der Michatext anspielte (2,2). Dann aber gelang es den Angehörigen der Oberschicht immer mehr, „die bis dahin freien Bauern um ihren Besitz zu bringen und ihn sich selbst anzueignen“[3]. Eine Klassengesellschaft entstand.

Wie aber hat man sich diese Aneignung und Inbesitznahme konkret vorzustellen? Die Grundlage bildete das orientalische Pfand- und Kreditrecht. Kam ein Bauer in Not, so brauchte er ein Darlehen, um seinen Hof weiterführen zu können. Er musste sich bei wirtschaftlich Mächtigeren verschulden. Konnte er das Darlehen wegen Missernte, Krankheit oder anderer Unglücksfälle nicht zurückzahlen, so geriet er in die Mühle des unerbittlichen orientalischen Schuldenwesens, „an dessen Ende nach Pfandnahme und Personalhaftung die Übereignung des Grundbesitzes des Verschuldeten an seinen Gläubiger“ stand[4].

Man muss sich klarmachen, was das beschönigende juristische Wort „Personalhaftung“ in diesem Zusammenhang bedeutete: Entweder einzelne Familienmitglieder oder die gesamte Familie mussten als Schuldsklaven arbeiten. Unter Umständen wurden sie sogar ins Ausland verkauft. Es lässt sich leicht denken, dass es Mittel gab, den Druck auf verschuldete Familien zu erhöhen: Micha 6,12 redet von Täuschung und Lüge vor Gericht. Dies alles wurde noch dadurch verschlimmert, dass die Reichen oft schon wegen geringfügiger finanzieller Außenstände vor Gericht gingen. „Um eines Paares Sandalen willen“ wird ein Bedürftiger verkauft, sagt Amos 2,6[5].

So driftete die Gesellschaft auseinander in Reiche und Arme, in Herren und Knechte. Genau das aber widersprach dem egalitären Ideal des alten Israel, das ja der Knechtschaft Ägyptens und der kanaanäischen Städte entflohen war, um einen Gesellschaftsentwurf ganz anderer Art zu leben[6]. Deshalb in unserem Text auch die harte Reaktion Gottes! Er lässt sich das, was er mit dem Gottesvolk will, nicht entreißen.

*

Kultkritik und Sozialkritik der Propheten – wir haben damit zwei entscheidende Elemente ihres Auftretens ins Auge gefasst. Aber der prophetische Gesichtskreis reicht noch viel weiter. Häufig haben die Propheten Israels auch in die Politik eingegriffen. Wählen wir als einziges Beispiel aus einer kaum übersehbaren Fülle möglicher Texte den Bericht Jes 20,2–5!

> *In jener Zeit sprach der Herr durch Jesaja, den Sohn des Amos: „Geh, löse den Sack von deinen Hüften und zieh die Sandalen von deinen Füßen.“ Das tat er und ging nackt und barfuß einher. Da sprach der Herr: „Ebenso wie mein Knecht Jesaja nackt und barfuß einhergegangen ist, drei Jahre lang, als Zeichen und Sinnbild über Ägypten und Kusch, so wird der König von Assur die Gefangenen Ägyptens und die Deportierten Kuschs wegtreiben, Junge und Alte, bloß und barfuß und mit entblößtem Gesäß, zur Schande für Ägypten. Dann wird man sich entsetzen und sich schämen, weil man auf Kusch gehofft und mit Ägypten geprahlt hat.“*

Die Szene gehört in die Jahre 713–711. Azuri, der König der Philisterstadt Aschdod, hatte damals die Tributzahlungen an Assur eingestellt und sich im Geheimen um die Bildung einer antiassyrischen

Koalition mit anderen Philisterstädten sowie mit Juda, Moab, Edom und Ägypten bemüht. Sollte man sich in Jerusalem diesen Aufstandsplänen anschließen? Jesaja warnt davor mithilfe einer prophetischen Zeichenhandlung (die „drei Jahre" dürften eine spätere Ausmalung sein). So wie er selbst entblößt vor der Menge erscheint – so werde es den Ägyptern durch Assur ergehen. Das ägyptische Heer werde in Gefangenschaft geraten und in Schande weggeführt werden.

Jesaja hat der Jerusalemer Oberschicht angehört. Seine Zeichenhandlung musste deshalb um so mehr schockieren. Auf jeden Fall war sie in Jerusalem Stadtgespräch. Die sich anschließenden Ereignisse haben Jesaja nicht unmittelbar recht gegeben. Ägypten leistete Aschdod überhaupt keine Waffenhilfe. Es hielt sich klug zurück. Aschdod und die mit ihm verbündeten Philisterstädte wurden von den Assyrern erobert, die Oberschicht deportiert und das Gebiet der Philisterstädte zu einer assyrischen Provinz gemacht. Jesaja hatte also den *äußeren* Ablauf der Ereignisse nicht korrekt vorhergesagt, jedoch völlig zu Recht vor einer Verstrickung in die Verschwörungspläne gegen Assur gewarnt. Ägypten hatte sich wie schon oft als „geknicktes Schilfrohr" erwiesen, „das jeden, der sich darauf stützte, durch die Hand stach und sie durchbohrte" (Jes 36,6).

Es ließen sich noch viele andere Texte zitieren, die zeigen, wie unmittelbar Propheten in die Politik eingriffen. Es war vor allem Jesaja, der offenbar Zugang zu einflußreichen Kreisen in Jerusalem hatte. Aber genauso waren es Jeremia[7] und andere. Ihre „politische" Kritik muss freilich richtig verstanden werden. Die Sache, die sie bewegte, war nicht Politik um der Politik willen, sondern die Frage, ob das Gottesvolk seiner Sendung und dem, was sein innerstes Wesen ausmachte, gerecht wurde. Sie wagten es, sich dem Staat und seinen angeblichen Interessen entgegenzustellen und stattdessen kritisch nach dem wahren Willen Gottes mit seinem Volk zu fragen.

*

Damit haben wir drei wichtige Bereiche der prophetischen Rede zumindest umrissen. Sowohl der Kultkritik als auch der Sozialkritik und der politischen Kritik ist gemeinsam, dass sie sich mit dem gegenwärtigen Zustand des Gottesvolkes beschäftigen. Es handelt sich – in der Sprache der Medizin – um Diagnose, also um das Aufdecken der Krankheitszustände des Gottesvolkes. Allerdings gibt es bei den Schriftpropheten Israels nicht nur die Diagnose. Es gibt auch die Prognose, den Hinweis darauf, welchen Verlauf die Krankheit nehmen wird. Ob sie zum Tod führt oder ob es am Ende Heilung gibt. Normalerweise spricht man in diesem Fall von den Zukunftsaussagen, genauer: den Gerichtsansagen oder den Heilsverheißungen der Propheten.

Liest man die Prophetenbücher des Alten Testamentes, so sieht man sofort, dass diese Gerichtsansagen und Heilsverheißungen eine außerordentlich wichtige Rolle spielen. Im Textgefüge der Prophetenbücher sind sie derart umfangreich, dass man die Propheten im Volksverständnis oft überhaupt nur als *Seher der Zukunft* verstanden hat.

Passen die zahlreichen Zukunftsaussagen überhaupt in unsere Fragestellung? Es geht uns ja um die „Gegenaktion Gottes“ gegen die Unheilszusammenhänge in Israel. Das heißt, es geht um die Gegenwart Israels. Seine Zukunft scheint dabei irrelevant zu sein. Aber das scheint nur so. Denn sämtliche prophetischen Aussagen über die Zukunft des Gottesvolkes sind immer schon Anforderungen an seine Gegenwart. Die angesagte Zukunft verändert bereits das „Heute“. Die angedrohte beziehungsweise die verheißene Zukunft wirkt in die Gegenwart hinein. Das zeigt überaus deutlich der bekannte Text Micha 4,1–5:

> *Am Ende der Tage wird es geschehen: Der Berg mit dem Haus des Herrn steht fest gegründet als höchster der Berge; er überragt alle Hügel. Völker werden zu ihm strömen, viele Nationen machen sich auf den Weg. Sie sagen: „Kommt, wir ziehen hinauf zum Berg des Herrn, zum Haus des Gottes Jakobs. Er zeige uns seine Wege, auf seinen Pfaden wollen wir gehen.“ Denn vom Zion geht Tora aus, von Jerusalem das Wort des Herrn. Er richtet zwischen vielen Völkern, er spricht Recht für mächtige Nationen bis in die Ferne.*
>
> *Dann schmieden sie Pflugscharen aus ihren Schwertern und Winzermesser aus ihren Lanzen. Nie mehr wird Volk gegen Volk*

das Schwert ziehen, man bildet nicht mehr aus für den Krieg. Jeder sitzt unter seinem Weinstock und unter seinem Feigenbaum, und niemand schreckt ihn mehr auf. Ja, der Mund des Herrn der Heere hat gesprochen.

Denn alle Völker gehen ihren Weg, jedes Volk ruft den Namen seines Gottes an; wir aber gehen unseren Weg im Namen des Herrn, unseres Gottes, für immer und ewig.

Der Text entwirft eine unfassliche Vision: Der Tempelberg von Jerusalem wächst in die Höhe, so dass er sämtliche Berge der Welt überragt. Er wird zum Zentrum der Welt. In einer nicht abreißenden Wallfahrt strömen die Völker zu ihm hin. Sie kommen freiwillig, ohne jeden Zwang. Sie kommen nicht einmal aufgrund von Mission oder Propaganda. Sie kommen, weil vom Zion Tora ausgeht. Tora ist hier der Rechtsspruch Gottes. Dieser Rechtsspruch schlichtet den Streit zwischen den Völkern. Offenbar kommen die Völker, weil sie selbst ihren Streit nicht schlichten können und nicht in der Lage sind, die immer wieder neu aufflammenden Kriege zu beenden. Hier aber gibt es Schlichtung, die von allen akzeptiert werden kann.

Liest man das Wort *tora* freilich nicht isoliert, allein auf Micha 4,1–5 bezogen, sondern im Duktus des gesamten Zwölfpropheten-Kanons, so bedeutet es mehr als nur den einzelnen Rechtsspruch, der je und je vom Zion aus ergeht. Dann ist *tora* die Gesellschaftsordnung vom Sinai, die im Gottesvolk gelebt wird. Und dann ist es gerade diese Gesellschaftsordnung, die zum Heil für die Weltgesellschaft wird. Sie ist die einzige Sozialordnung der Welt, die Gerechtigkeit und Frieden bringen kann.

Wichtig ist dabei: Es wird keineswegs gesagt, dass die Völker sich in das Volk Israel eingliedern und Wohnung rund um den Zion nehmen würden. Nein, die Bewegung der Völkerwallfahrt kehrt sich um: Die Hinzugeströmten ziehen zurück in ihre Heimat und sind nun in der Lage, in Frieden zu leben – aufgrund der Weisung, die sie empfangen haben. Sie schmieden ihre eisernen Waffen um zu Pflügen und Winzermessern (Eisen war kostbar; man benutzte es hauptsächlich für die Herstellung von Waffen). Aber nicht nur die Rüstung hört auf, sondern auch die Ausbildung für den Krieg. Der Weltfriede ist da.

Aber er ist leider nur in der Vision da. Die Realität der Welt ist eine völlig andere. Die Zukunft, die hier geschaut wird, ist noch in weiter Ferne. Sie liegt „am Ende der Tage", also am Ende der Geschichte. Insofern scheint sie bedeutungslos. Denn Visionen gibt es viele, und wunderschöne Worte lassen sich leicht formulieren. Allerdings: Der Text hat zwei Elemente, die alles verändern.

Das eine ist die Schlussformel der Vision: „Ja, der Mund des Herrn der Heere hat gesprochen." Es liegt also kein tastendes, hoffendes, aus der Sehnsucht gesprochenes Menschenwort vor, sondern das Wort des allmächtigen Gottes, das Realität schafft. Das andere, alles verändernde Text-Element ist die Schlussforderung, mit der das Ganze schließt:

Denn alle Völker gehen ihren Weg, jedes Volk ruft den Namen seines Gottes an; wir aber gehen unseren Weg im Namen des Herrn, unseres Gottes, für immer und ewig.

Dieser Schluss bringt die Vision ins Heute hinein. Was da geschaut wurde, war gerade keine Utopie. Denn Utopie heißt: „Ohne Ort", „Nirgendwo". Diese Vision jedoch ist an einem Ort festgemacht. Ihr Ort ist Israel. Dort wird die gewaltfreie Gesellschaft anfangen – und zwar schon jetzt. Freilich nicht aus der Kraft von Menschen, sondern aus der Kraft „des Herrn, unseres Gottes".

Es ist kein Zufall, dass der Text genau an dieser Stelle von der dritten Person in die erste wechselt: vom „sie" zum „wir". Und zwar in das „Wir" der Heilsgemeinde Israel. Diese erwartet nicht vom babylonischen und auch nicht vom persischen Großreich den Frieden, sondern allein von JHWH. Der Friede ist an den Zion gebunden, an eine Gesellschaft, die schon jetzt aus der Weisung Gottes lebt, die schon jetzt ihren Streit schlichtet und sich immer wieder versöhnt. Damit nimmt Israel vorweg, was einmal für die ganze Welt wahr werden soll. Es handelt stellvertretend für die Völker. Der Text sagt es zwar nicht unmittelbar, aber er geht doch davon aus, dass eben diese Gegenwelt des Gottesvolkes den Frieden der Weltgesellschaft vorbereitet und ermöglicht.

Die in Micha 4,1–5 so deutlich zu Tage tretende Struktur: dass nämlich alle angekündigte Zukunft in die Gegenwart hineinragt und bereits als Ankündigung die Gegenwart verändert, gilt ausnahmslos für sämtliche Zukunftstexte der Propheten, seien sie nun Texte, die Gericht ankündigen oder Heil verheißen. Immer sind die Worte der Propheten in das Heute hineingesprochen. Sie stellen den *status quo* in Frage. Sie wollen die Gegenwart des Gottesvolkes verwandeln.

Dies gilt sogar von den vielen Texten, in denen sich die Propheten mit anderen Völkern beschäftigen. Es ist ja erstaunlich, welchen Raum die heidnischen Völker in der Prophetie Israels einnehmen. Da tauchen Reden auf gegen Assur und Babylon, gegen Tyrus und Sidon, gegen Damaskus, Moab, Ammon, Edom, Arabien, Ägypten und Äthiopien. Die Fremdvölker und die sogenannten „Fremdvölkerorakel" spielen in den Prophetenbüchern eine außerordentliche Rolle.

Dieser Blick über die Grenzen Israels hinaus war unumgänglich. Die Propheten konnten über die anderen Völker nicht schweigen. Nicht nur deshalb, weil Israel von diesen Völkern immer wieder in seiner Existenz bedroht wurde. Nicht nur, weil ihre imponierende politische und militärische Macht die Macht JHWHs in Frage stellte. Sondern vor allem deshalb, weil es den Propheten um die Identität Israels ging. Der Sinn der Fremdvölkersprüche war nicht, anderen Völkern die Zukunft zu künden. Sie richten sich an Israel selbst. Indem sie zeigen, dass JHWH souveräner Herr auch über die Heidenvölker ist, wollen sie Israel das Vertrauen zu seinem Gott zurückschenken. Sie wollen Israel aber auch vor falschen Hoffnungen warnen und ihm zeigen, worin es sich als Gottes Eigentumsvolk von allen anderen Völkern unterscheidet. Am Rande der Fremdvölkerorakel kann sogar, ganz überraschend, neben allem Gericht Heil für die Völker angesagt werden, denn auch die Heidenvölker sind Gottes Geschöpfe und ihm deshalb kostbar.

> *An jenem Tag wird eine Straße von Ägypten nach Assur führen, so dass die Assyrer nach Ägypten und die Ägypter nach Assur ziehen können. Und Ägypten wird zusammen mit Assur [dem Herrn] dienen. An jenem Tag wird Israel als drittes dem Bund von Ägypten und Assur beitreten, zum Segen für die ganze Erde.*

Denn der Herr der Heere wird sie segnen und sagen: „Gesegnet sei Ägypten, mein Volk, und Assur, das Werk meiner Hände, und Israel, mein Erbbesitz." (Jes 19,23–25)

*

Damit sind die wichtigsten Themenbereiche der alttestamentlichen Prophetie umrissen. Allerdings haben wir bisher eine grundlegende Frage außer acht gelassen: Nämlich die Frage, was denn überhaupt ein Prophet sei. Bis hierher konnte man noch den Eindruck haben, die Propheten seien eine interessante Mischung aus Religions- und Sozialkritikern, Visionären und Schauspielern gewesen, die politisches Straßentheater inszenierten. Was waren die Propheten wirklich?

Für die Antwort würde ein rein *religionsgeschichtlicher* Vergleich keinesfalls genügen. Selbstverständlich ist es höchst sinnvoll, etwa die Prophetentexte aus Mari am mittleren Euphrat (18./17. Jahrhundert) oder die neuassyrischen Prophetien aus der Regierungszeit Assurbanipals (669–628) mit den Texten der Schriftpropheten Israels zu vergleichen[8]. Man verbliebe dann aber im Rahmen der Religionsgeschichte. Am Ende stünden lediglich verschiedene Formen des Prophetischen.

Genauso wenig würde die rein *psychologische* Frage genügen. Selbstverständlich kann und darf man fragen, was denn eigentlich in der Psyche eines Propheten geschah, der überzeugt war, ein Wort Gottes zu empfangen. Die Frage würde relativ schnell in *erkenntnistheoretische* Probleme hinüberspielen. Etwa folgendermaßen: Garantiert die tiefe Überzeugung des Propheten, ein Wort Gottes unmittelbar zu vernehmen, dass er auch wirklich ein direktes Wort Gottes hört? Doch offensichtlich nicht! Wie spricht Gott überhaupt in der Welt? Spricht er nicht immer durch Zweitursachen, also auch bei einem ‚wahren' Propheten durch dessen Wissen, durch dessen Erfahrung, durch Eindrücke, die tief in seinem Unbewussten gespeichert sind, durch die Erfahrung Israels, in der er lebt, und durch vieles andere?

Doch all das ist nicht unsere Fragestellung. Wir fragen *theologisch* nach dem Profil der Propheten. Das heißt konkret: Was sagt das Alte Testament selbst über das Wesen seiner Prophetie? Hierzu wählen wir einen der wichtigsten Texte des Alten Testamentes für die Definition des Prophetischen. Es ist Deuteronomium 18,9–22.

Dieser Text grenzt das Prophetische in Israel zunächst von dem ab, was damals bei den heidnischen Nachbarvölkern gang und gäbe war und was auch in Israel immer wieder wie eine schwärende Wunde aufgebrochen ist:

> *Wenn du in das Land hineinziehst, das der Herr, dein Gott, dir gibt, sollst du nicht lernen, die Greuel dieser Völker nachzuahmen. Es soll bei dir keinen geben, der seinen Sohn oder seine Tochter durchs Feuer führt, keinen, der Losorakel befragt, Wolken deutet, aus dem Becher weissagt, zaubert, Gebetsbeschwörungen hersagt oder Totengeister befragt, keinen Hellseher, keinen, der Verstorbene um Rat fragt. Denn jeder, der so etwas tut, ist dem Herrn ein Greuel. Wegen dieser Greuel vertreibt sie der Herr, dein Gott, vor dir. Du sollst ganz und gar bei dem Herrn, deinem Gott, bleiben. (Dtn 18,9–13)*

Worum es bei dieser Aufzählung geht, zeigt der letzte Satz: „Du sollst ganz und gar bei dem Herrn, deinem Gott, bleiben." Es geht um das *ungeteilte* Leben Israels mit seinem Gott, es geht um die vollkommene Gemeinschaft mit JHWH. Sie wird durch Unmenschlichkeiten zerstört. Unmenschlich ist es, Kinder zu opfern, um Gott zu versöhnen – unmenschlich sind aber auch die Manipulationen der Hellseher, Weissager und Totenbeschwörer. Es sind Praktiken, die dem Menschen die Freiheit nehmen, ja, die Gott selbst in den Griff bekommen möchten. Prophetischer Dienst für Israel ist etwas ganz anderes:

> *Für dich aber hat der Herr, dein Gott, es anders bestimmt. Einen Propheten wie mich wird dir der Herr, dein Gott, aus deiner Mitte, unter deinen Brüdern, erstehen lassen. Auf ihn sollt ihr hören. Der Herr wird ihn als Erfüllung von allem erstehen lassen, worum du am Horeb, am Tag der Versammlung, den Herrn, deinen Gott, gebeten hast, als du sagtest: „Ich kann die donnernde Stimme des Herrn, meines Gottes, nicht noch einmal hören und*

> *dieses große Feuer nicht noch einmal sehen, ohne dass ich sterbe." Damals sagte der Herr zu mir: „Was sie von dir verlangen, ist recht. Einen Propheten wie dich will ich ihnen mitten unter ihren Brüdern erstehen lassen. Ich will ihm meine Worte in den Mund legen, und er wird ihnen alles sagen, was ich ihm auftrage." (Dtn 18,14–18)*

Weil dieser ganze Text Mose-Rede ist, spricht er von einem „Propheten wie mich" – beziehungsweise dort, wo Mose Gott zitiert, von einem „Propheten wie dich". Gemeint ist also ein Prophet wie Mose. Die Urkirche hat diese Formulierungen auf eine einzige Person bezogen. Sie war überzeugt, hier werde von dem Propheten der Endzeit gesprochen, der endgültig das Wort Gottes in die Welt bringe. Und dieser endzeitliche Prophet sei Jesus Christus. Ihn habe Gott mitten in Israel erstehen lassen. Auf ihn hätte ganz Israel hören müssen (vgl. Apg 3,22–23; 7,37).

Die urchristliche Auslegung versteht also unseren Text als eine alttestamentliche Weissagung auf Christus hin. Solche Auslegung ist sinnvoll und richtig. Die Urkirche hat von den vielen Propheten, die Gott im Gottesvolk erstehen lässt, sofort den wichtigsten und herausragendsten ins Auge gefasst, den Propheten im tiefsten Sinn, der das Wort Gottes nicht nur empfängt und weitersagt, sondern der selbst das *Wort Gottes* ist.

Allerdings war der alttestamentliche Text weiter gefasst. Er war nicht nur auf einen einzigen Propheten bezogen. Er steht nämlich innerhalb eines Verfassungsentwurfs für das Gottesvolk, der auch von den Richtern, den Beamten, den Priestern und den Königen Israels handelt (Dtn 16,18–18,22)[9]. In diesem Zusammenhang will der Text sagen, dass Gott dem Volk *immer wieder* einen Propheten schenkt. Israel wird niemals ohne Propheten sein, die wie Mose sind. Aber was ist nun das Wesen dieser Propheten?

Zunächst einmal: Sie sind reines Geschenk, denn die Gemeinde Israel kann sie aus sich selbst nicht hervorbringen. Richter kann das Volk selbst einsetzen (Dtn 16,18). Priester können am Tempel ausgebildet und dann in ihr Amt eingeführt werden (sie müssen allerdings aus dem Stamm Levi sein). Selbst den König kann sich Israel einsetzen, vorausgesetzt, dass Gott ihn erwählt hat (Dtn 17,14–15). Propheten hingegen kann niemand machen. Es gibt für sie keine Laufbahn. Sie sind charismatische Gestalten. Gott selbst muss sie in Israel erstehen lassen.

Von hier aus wird deutlich, was gemeint ist mit dem: „Aus deiner Mitte, unter deinen Brüdern, werde ich sie erstehen lassen." Es sind keine Hofpropheten, die am Königshof angestellt sind, und die deshalb dazu neigen, dem König nach dem Mund zu reden. Die Propheten, die dem Gottesvolk hier versprochen werden, haben ihren Ort „mitten in Israel", „mitten unter den Brüdern" – das heißt: in der neuen Familie des Gottesvolkes, die das Buch Deuteronomium bereits vor Augen hat. Sie haben ihre Sicherheit allein aus Gott und dem brüderlichen und schwesterlichen Miteinander des Gottesvolkes.

Bis hierhin hatte der Text in die Zukunft geblickt. Aber nun wendet er den Blick, schaut zurück in die Vergangenheit und sagt: Der Dienst dieser Propheten ist am Horeb (= Sinai) gestiftet worden. Damit ist etwas Außerordentliches formuliert, über das wir nicht zu schnell hinweggehen dürfen. Denn am Sinai wurde Israel ja die Tora gegeben. Wenn dem Gottesvolk am selben Ort und zur selben Stunde auch die Prophetie geschenkt wurde, stehen offensichtlich Tora und Propheten in einer engen Relation.

Man darf diese Relation im Sinne des Buches Deuteronomium folgendermaßen umschreiben[10]: Wie die Tora unmittelbar von Gott herkommt, so reden auch die Propheten unmittelbar von Gott her. Das setzt in sich schon voraus: Sie lehren nicht die am Sinai ergangene Tora, sondern sie verkünden – freilich im Sinne und im Geiste der Tora –, was in der jeweiligen Situation des Gottesvolkes zu tun ist. Sie verkünden den aktuellen Willen Gottes. Dabei stehen sie Deuteronomium 18 zufolge in einer erschreckenden Gottunmittelbarkeit. Die Versammlung am Sinai hatte ja geklagt:

> *Ich kann die donnernde Stimme des Herrn, meines Gottes, nicht noch einmal hören und dieses große Feuer nicht noch einmal sehen, ohne dass ich sterbe. (Dtn 18,16)*

Was heißt das im Sinne alttestamentlicher Theologie? Gott unmittelbar ausgesetzt zu sein, hält der Mensch normalerweise nicht aus.

Bei dem, der mit Gott selbst konfrontiert ist, müssen alle Masken und Mauern fallen, mit denen der Mensch sich ständig umgibt. Wer mit Gott selbst konfrontiert ist, steht mitten in der Glut. Wer sich Gott bedingungslos öffnet, gerät in ein Feuer hinein, das ihn brandmarkt. Die Versammlung des Gottesvolkes am Horeb hat diese *Unmittelbarkeit,* dieses Feuer der Nähe Gottes ein einziges Mal ausgehalten, aber sie wollte es nicht noch ein zweites Mal ertragen. Deshalb erhielt sie als Mittler Mose und mit Mose die Propheten. So unser Text in Anlehnung an Deuteronomium 5,23–33 und Exodus 20,18–19! Seitdem gilt:

> *Ich werde ihm [dem jeweiligen Propheten] meine Worte in den Mund legen und er wird ihnen [dem Volk] alles sagen, was ich ihm auftrage. (Dtn 18,18)*

Der Prophet hört also das Wort Gottes unmittelbar, es wird ihm „in den Mund gelegt". Wir brauchen diesen Satz nicht in die Theorie eines wörtlichen Diktats durch Gott, also in die Theorie einer ‚Verbalinspiration' hineinzupressen. Gemeint ist vielmehr, dass die Propheten Israels die Tora nicht nur *auslegen,* sondern wie Mose selbständige Offenbarungsempfänger sind. Gemeint ist aber auch, dass sie dabei Gott mit ihrer ganzen Existenz ausgesetzt sind.

Will man wissen, wie dieses Ihm-Ausgesetztsein und In-seinem-Feuer-Stehen konkret aussieht, blickt man am besten auf Jeremia. Zumal es zwischen dem Buch Deuteronomium und dem Jeremiabuch unübersehbare Berührungen gibt. In Jeremia 20,7–10 klagt der Prophet:

> *Du hast mich betört, Herr, und ich ließ mich betören; du hast mich gepackt und überwältigt. Zum Gespött bin ich geworden den ganzen Tag, jeder verhöhnt mich. Denn sooft ich rede, muss ich schreien, „Gewalt" und „Unterdrückung" muss ich rufen. Das Wort des Herrn bringt mir den ganzen Tag nur Spott und Hohn. Sagte ich aber: „Ich will nicht mehr an ihn denken und nicht mehr in seinem Namen sprechen", so war es mir, als brenne in meinem Herzen ein Feuer, eingeschlossen in meinem Innern. Ich quälte mich, es auszuhalten, und konnte es nicht; hörte ich*

doch das Flüstern der Vielen: „Grauen ringsum! Zeigt ihn an! Wir wollen ihn anzeigen." All meine Freunde lauern auf meinen Fall: „Vielleicht lässt er sich verleiten, dass wir ihm beikommen können und uns an ihm rächen." (Jer 20,7–10)

Der Prophet vergleicht sich also mit einem Mädchen, das verführt und vergewaltigt wurde. Der Verführer hat die Unerfahrenheit und Einfalt des Mädchens mit schönen Worten ausgenutzt. Genauso hat JHWH Jeremia verführt. Er hat ihm das Propheten-Amt in Israel angetragen, Jeremia hat schließlich zugestimmt. Natürlich war er dabei frei. Er hat sich in Freiheit „betören" lassen – und jetzt kommt er sich wie ein Ausgenutzter und Missbrauchter vor. Sein Amt ist ihm unerträglich geworden.

Denn Jeremia muss als Unheilsprophet auftreten. Er kann dem Volk keine wunderbare Zukunft prophezeien. Das Land ist voll Unrecht und Unglaube. So muss er unablässig rufen: „Gewalt! Unterdrückung!" Gewalt und Unterdrückung herrschen bereits im Innern des Gottesvolkes – und deshalb wird nun auch von außen die Gewalt Babylons über Jerusalem hereinbrechen.

Seine Gegner wollen davon nichts hören. Sie wollen Glückspropheten, die ihnen herrliche Zeiten ausmalen. Deshalb wird Jeremia nicht anerkannt. Er wird verspottet, verhöhnt, gemieden, ja sogar verfolgt. Seine schlimmste Not aber sind nicht Spott und Verfolgung, sondern die Wirkungslosigkeit seines Auftretens. Er hatte gedacht, er könne durch sein prophetisches Wort das Volk zur Umkehr führen. In Wirklichkeit führt er es ins Gericht.

Deshalb bäumt sich in Jeremia alles auf. Sein Reden mit Gott wird zur Klage. Er möchte nichts lieber, als den Auftrag Gottes zurückgeben. Mehr noch: Am liebsten möchte er Gott überhaupt aus seinem Leben verdrängen. Aber er kann sich gegen seine Berufung nicht wehren. Gott ist stärker. Wenn er aufgeben will, brennt es in seinem Innern wie Feuer. Es ist das Wissen, dass er sich Gott nicht entziehen darf, weil es um Israel geht und weil Gott im Recht ist. Dieses Wissen verbrennt in ihm allen Widerstand und führt ihn in eine letzte Freiheit.

Jeremia ist seinem prophetischen Dienst treu geblieben. Während der Belagerung Jerusalems in den Jahren 588–587 wird der

Prophet des Hochverrats verdächtigt, verhaftet und im Wachhof des Königspalastes gefangen gesetzt. Selbst dort schweigt er nicht. Als dann Jerusalem durch die Babylonier erobert worden ist, wird er von seinen Gegnern im Volk nach Ägypten verschleppt. Dort ist er verschollen. Ein Prophetenschicksal in Israel.

Von Jeremia wissen wir relativ viel. Von anderen Propheten weniger. Aber so viel kann von allen gesagt werden: Gott war für sie eine übermächtige, sie ganz beanspruchende, ja sie verzehrende Realität. Dem Wort Gottes nackt und unmittelbar ausgesetzt zu sein, war eine schreckliche Last. Die Propheten in Israel müssen reden. Kein Wort, das Gott ihnen in den Mund legt, dürfen sie zurückhalten. Sie müssen reden vor dem König, vor den staatstragenden Kreisen, vor den Priestern, vor dem ganzen Volk. Doch ihr offenes, direktes Wort wird ihnen nur allzu oft übel genommen. Es wird ihnen verdreht und zur Schlinge gemacht. Sie werden verleumdet und sozial ausgegrenzt. Sie sollen ruhiggestellt und mundtot gemacht werden. In Jeremia 26,20–23 wird von einem Propheten namens Urija, von dem wir sonst nichts wissen, das Folgende berichtet:

> *Damals wirkte noch ein anderer Mann als Prophet im Namen des Herrn: Urija, der Sohn Schemajas, aus Kirjat-Jearim. Er weissagte gegen diese Stadt und dieses Land mit ganz ähnlichen Worten wie Jeremia. Der König Jojakim, alle seine Heerführer und alle Beamten hörten seine Worte. Daher suchte der König ihn zu töten. Als Urija davon erfuhr, bekam er Angst, floh und gelangte nach Ägypten. Der König Jojakim aber schickte Leute nach Ägypten, nämlich Elnatan, den Sohn Achbors, mit einigen Männern. Sie holten Urija aus Ägypten und brachten ihn zu König Jojakim. Dieser ließ ihn mit dem Schwert erschlagen und seinen Leichnam zu den Gräbern des niederen Volkes werfen. (Jer 26,20–23)*

Hier ist gebündelt da, was den Propheten ausmacht: Urija hatte dem König und seinen Beamten nicht nach dem Mund geredet, sondern Unheil für die Stadt und ganz Judäa prophezeit. Und das war lebensgefährlich. Die Flucht nach Ägypten half Urija nichts. König

Jojakim war ägyptischer Vasall, und deshalb war es für ihn offensichtlich kein Problem, die Auslieferung des Propheten zu erreichen. Urija wird hingerichtet und noch nach seinem Tod entehrt: Sein Leichnam wird auf den Armeleutefriedhof „geworfen". Das Schicksal Urijas illustriert die Ausgesetztheit der Propheten Israels. Letztlich ist es diese Ausgesetztheit, warum in Deuteronomium 18,16 das am Sinai versammelte Israel sagt:

> *„Ich kann die donnernde Stimme des Herrn, meines Gottes, nicht noch einmal hören und dieses große Feuer nicht noch einmal sehen, ohne dass ich sterbe."*

Was Jeremia in seiner Klage vor Gott direkt ausspricht: die auf ihm lastende Unmittelbarkeit vor Gott, sprechen Deuteronomium 18,16 (vgl. 5,23–33) in erzählender Form aus: Das Volk um den Sinai erträgt nicht die Unmittelbarkeit zu Gott und das damit gegebene Gefährdetsein.

*

Was das alles für unsere Frage nach der „Gegenaktion Gottes" bedeutet, liegt auf der Hand. Erbsünde heißt ja immer auch: Dem Wort und dem Willen Gottes fern sein – und zwar nicht nur in dem Sinn, dass der Mensch das Wort Gottes nicht will und sich ständig seinem Willen entzieht, sondern auch in dem Sinn, dass er dieses Wort gar nicht mehr wahrnehmen kann, weil die Sinnlinien der Welt verzerrt sind und das sich selbst bestätigende Gequassel der Gesellschaft das Wort Gottes unhörbar macht.

Dass es aber Propheten gibt, Propheten – wie sie Deuteronomium 18,15 verheißt, bedeutet gerade, dass das Wort Gottes in Israel und damit in der Welt vernommen werden kann, dass es hörbar wird, dass es offen daliegt. Gewiss, es kann verachtet werden, die Propheten können getötet werden, aber das Wort Gottes und damit sein Wille für die Geschichte kann nicht mehr mundtot gemacht werden. Es gilt Ezechiel 2,6–7:

> *Du aber, Menschensohn, fürchte dich nicht vor ihnen und lass dich durch ihre Reden nicht einschüchtern. Wenn dich auch Dor-*

> *nen umgeben und du unter Skorpionen wohnst, hab keine Angst vor ihren Worten, und erschrick nicht vor ihrem Blick; denn sie sind ein Haus der Widerspenstigkeit. Du sollst ihnen meine Worte sagen, ob sie hören oder nicht.*

Das Volk Gottes als „Haus der Widerspenstigkeit" – das umschreibt in geradezu klassischer Weise, was mit Erbsünde gemeint ist: Menschen verhärten sich, wollen nicht, was Gott will, lehnen sich auf, und diese Distanz zu Gott wird von Generation zu Generation weitergegeben. Die Folge ist, dass sich ein Nicht-Wissen, eine Unkenntnis des Willens Gottes wie eine unübersteigbare Mauer zwischen Gott und seinem Volk aufbaut:

> *Der Ochse kennt seinen Besitzer und der Esel die Krippe seines Herrn; Israel aber hat keine Erkenntnis, mein Volk hat keine Einsicht. (Jes 1,3)*

Dieses Keine-Einsicht-Haben übersteigt noch die *persönliche* Schuld. Es ist neben aller Eigenschuld eine überindividuelle Blockade. Und doch: Gott hat durch seine Propheten Breschen in dieses Nicht-Wissen und in das „Haus der Widerspenstigkeit" geschlagen. Immer wieder lässt er in Israel einen Propheten wie Mose erstehen – das ist die Verheißung von Deuteronomium 18. Israel hat, über die Tora hinaus, stets das direkte, kompromisslose, gottunmittelbare Wort seiner Propheten. Damit ist ein wesentliches Element der Erbsünde außer Kraft gesetzt.

*

Aber war es denn auch *historisch* so? Hatte Israel tatsächlich auf Dauer seine Propheten? Oder waren es nicht doch nur relativ wenige Einzelne – und waren diese nicht zunächst fast unbekannt? Gab es in Israel nicht weite Zeitstrecken ganz ohne Propheten? Gab es nicht die Klage von der prophetenlosen Zeit?

> *Zeichen für uns sehen wir nicht mehr, kein Prophet ist mehr da, und keiner ist mehr bei uns, der weiß, bis wann. (Ps 74,9)*

Kurz gesagt: Stimmte die Verheißung von Deuteronomium 18,16? Das ist die letzte Frage dieses Kapitels über die Propheten, der wir noch nachgehen müssen. Diese Frage kann zugleich ein Auslegungsproblem klären, das bei uns offengeblieben ist.

Wir haben bisher unreflektiert von den „Büchern" der Schriftpropheten gesprochen und aus ihnen zitiert. Wir haben uns wenig Mühe gegeben, ihre ureigenen Worte aufzuspüren, also etwa das, was dem *historischen* Jesaja oder dem *historischen* Micha zugeschrieben werden kann. Im Grunde war uns das gleichgültig. In der Prophetenforschung bildete aber genau das lange Zeit die alles beherrschende Frage. Man hatte schon früh erkannt, dass die Prophetenbücher des Alten Testamentes auch viel Späteres enthalten. Das große Jesajabuch mit seinen 66 Kapiteln stammt ganz offensichtlich nicht allein von jenem Jesaja, der in der zweiten Hälfte des 8. Jahrhunderts in Jerusalem gelebt hat. Es ist von Schülern zusammengestellt worden, teils sogar von Theologen, die einer viel späteren Zeit angehörten.

Man unterschied deshalb lange Zeit zwischen einem ersten, einem zweiten und einem dritten Jesaja. Dem ersten (oder Protojesaja) rechnete man die Kapitel 1–39 zu, dem zweiten (Deuterojesaja) die Kapitel 40–55, dem dritten (Tritojesaja) die Kapitel 56–66. Diese Unterscheidung ist inzwischen fragwürdig geworden. Das Jesajabuch enthält zwar Texte, die mindestens aus *drei* verschiedenen Epochen der Geschichte Israels stammen. Aber haben jemals drei voneinander getrennte und trennbare Teile des Jesajabuches existiert? Genauso gut könnte es sein, dass das Jesajabuch relativ kontinuierlich von den ersten authentischen Jesajaworten bis zu seiner heutigen Endgestalt angewachsen ist. Dieser Wachstumsvorgang könnte bis ins 3. Jahrhundert vor Christus hineinreichen.

Was freilich die Forscher im 19. und in der ersten Hälfte des 20. Jahrhunderts am meisten interessierte, waren die Worte des „echten", des historischen Jesaja, die man herauszusieben suchte, so wie Archäologen oder Paläontologen bei ihrer Spurensuche die Erde durchsieben. Man wollte den wirklichen Amos, den wirklichen Hosea, den wirklichen Jesaja finden und ihre Botschaft rekonstruieren.

Das erkenntnisleitende Prinzip war dabei fast stets: Das Ursprüngliche ist das Echte. Das zeitlich Älteste ist schön, wahr und gut, das Spätere ist deformiert. Die Goldkörner sind nur bei den historisch echten Worten der Propheten Israels zu finden, bei ihren *ipsissima verba.* Alles andere ist spätes Schwemmgut.

Dieses in der Romantik aufgebrochene Denken ist heute überwunden – sieht man einmal von Nachzüglern ab, die aus ihren alten Denkschablonen nicht herauskommen und dabei glücklich sind. Die redaktionsgeschichtliche Methode, die etwa in der Mitte des 20. Jahrhunderts einsetzte, hat den Blick gerade auf die Bearbeitungsschichten der prophetischen Bücher gelenkt. Und einige Jahrzehnte später begannen die Alttestamentler, die literarische und theologische „Endgestalt" der einzelnen Prophetenbücher oder sogar des gesamten Prophetenkanons in den Blick zu nehmen. Sie entdeckten dabei ganz neue theologische Landschaften.

Man könnte die Untersuchung des „Endtextes" eines Prophetenbuches mit dem Blick auf eine Landkarte vergleichen. Wer eine Landkarte studiert, sieht aufs genaueste die Gesamtstruktur einer Landschaft: Flußläufe, Ansiedlungen, Wälder, Berge. Hingegen zeigt eine normale Landkarte nicht die *geologischen* Formationen: Sie verrät nicht, wie die Landschaft in den verschiedenen Erdzeitaltern gewachsen ist. Dazu braucht man Spezialkarten.

Ähnlich blicken heute die Alttestamentler mit einem ganz neuen Interesse auf die Strukturen des Endtextes. Sie betrachten jedes Prophetenbuch in seiner Ganzheit. Sie wollen zum Beispiel wissen, wie die Dramaturgie des Hoseabuches verläuft, unabhängig von allen Zuordnungsfragen. Die Neugierde an dem historischen Wachstum des Textes bis zu seiner endgültigen Form ist dabei aber mit Recht nicht erloschen. Denn gerade der Blick auf die Entstehungsgeschichte eines Textes hilft, den Text in seiner Endgestalt besser zu verstehen. Und so kommt es, dass man, etwa in einem Kommentar zum Jesajabuch, von einer Denkschrift des Propheten selbst liest, dann aber auch von Spruchsammlungen, Bearbeitungen, Kommentierungen, Zusätzen, Zuwächsen, Ergänzungen, Erweiterungen, einem geschichtlichen Anhang und schließlich einer Schlussredaktion. „Fortschreibung" ist eines der Lieblingswörter neuerer alttestamentlicher Exegese geworden.

So absurd es sich ausnimmt, wenn ein Exeget wähnt, er sei ein literarischer Archäologe und könne sieben verschiedene Schichten eines biblischen Buches sauber unterscheiden und voneinander abheben – prinzipiell gesehen ist das Ganze sogar richtig. Wir hören im Endtext eines Prophetenbuches nicht nur die ursprüngliche Stimme von Jesaja, Jeremia, Micha, Hosea, Amos und all den anderen Propheten. Ihre Worte wurden weiterüberliefert, ja, nicht nur weiterüberliefert, sondern in neue Situationen neu hineingesprochen, ergänzt, erweitert, kommentiert, so dass Israel nie mehr ohne aktuelles Prophetenwort war. Man hat, völlig zu recht, von „prophetischer Prophetenauslegung" gesprochen[11].

Zu dem Schülerkreis eines Propheten, in dem dessen ursprüngliche Worte weiterüberliefert und aktualisiert wurden, mögen nur relativ wenige Personen gehört haben. Noch geringer war wohl die Zahl der Schülerkreise, in denen überhaupt prophetische Überlieferungen gesammelt und fortgeschrieben wurden. Aber es gab sie. Das ganze Jeremiabuch ist durchsetzt mit Hinweisen auf Schriftkultur. Jeremia hatte einen Freund und Schüler namens Baruch. Er trägt den Titel „Schreiber" (Jer 36,26) und muss ein angesehener Beamter gewesen sein. Offenbar hatte Jeremia Sympathisanten auch in höchsten Kreisen der Jerusalemer Administration. Wir müssen davon ausgehen, dass die deuteronomische Reformbewegung, die unter König Joschija begann, gerade auch von Propheten unterstützt wurde. 2 Könige 22,14–20 berichtet von der Förderung durch die Jerusalemer Prophetin Hulda, bezüglich Jeremia dürfen wir dasselbe vermuten[12].

Auch ist damit zu rechnen, dass Prophetenworte gerade deshalb gesammelt und aufgeschrieben wurden, weil sie zunächst auf massiven Widerstand gestoßen waren. Das Wort Gottes sollte gleichsam dokumentarisch festgehalten werden, um als Zeugnis gegen Israel und seine Halsstarrigkeit dienen zu können. Diesen Hintergrund zeigt eindringlich die Gottesrede in Jesaja 30,8–11:

Geh jetzt, schreib es vor ihren Augen auf eine Tafel, ritze es als Inschrift ein, damit es für einen künftigen Tag, für immer, bezeugt ist. Denn sie sind ein widerspenstiges Volk, verlogene Söh-

> *ne, Söhne, die auf die Weisung des Herrn nicht hören. Sie sagen zu den Sehern: „Seht nichts!“ und zu den Propheten: „Erschaut uns nicht, was wahr ist, sondern sagt, was uns schmeichelt. Erschaut für uns das, was uns täuscht. Weicht ab vom rechten Weg, biegt ab vom richtigen Pfad, lasst uns in Ruhe mit dem Heiligen Israels!“*

Der Prophet soll – in der hier vorausgesetzten Situation – also nicht reden, sondern *schreiben:* für einen künftigen Tag. An jenem Tag wird Israel dann erkennen, dass das Wort Gottes nicht trügerisch war. Wahrscheinlich wollte die schriftliche Fixierung sogar ausdrücken: Das Wort Gottes behält seine Kraft. Es greift weit über die gegenwärtige Situation und die jetzige ungläubige Generation hinaus. Es wird einmal andere Menschen ansprechen, die glauben. Der Plan Gottes mit Israel und der Welt wird gelingen.

Höchstwahrscheinlich gab es bereits im 6. Jahrhundert kurze Erzählungen, die das Schicksal des JHWH-Wortes zum Inhalt hatten und in gebildeten Kreisen kursierten[13]. Am Ende mündete alles, was da jahrhundertelang fortgeschrieben und aktualisiert worden war, in einen Prophetenkanon, der seitdem den Glauben des Gottesvolkes bestimmt. Wie das Buch Jesus Sirach bezeugt, hat es diesen feststehenden Prophetenkanon bereits um das Jahr 180 vor Christus gegeben (vgl. Sir 48–49). Und der oben angesprochene Psalm 74 klagt lediglich darüber, dass es in der Situation, die dieser Psalm schildert, keine Propheten gibt. Die Theorie vom Aufhören der Prophetie, also vom Anheben einer Epoche, in der Gott grundsätzlich keine Propheten mehr auferweckt, ist erst sehr spät entstanden. Sie stammt aus dem Rabbinismus, kommt also nicht vor dem 1. Jahrhundert nach Christus auf. Diese Theorie hängt damit zusammen, dass nun die Propheten auf eine klassische ‚Vorzeit‘ beschränkt werden, um so den abgestuften Kanon „Tora – Propheten – Schriften“ propagieren zu können[14].

Es gab also – entgegen den Theorien des Rabbinismus – keine prophetenlose Zeit für Israel. Der beste Beweis ist Johannes der Täufer. Und die Propheten waren auch keine unbekannten Einzelgänger, von denen nur wenige wussten und die ohne Wirkung blieben. Man darf dem Elend, das sie anprangern, und der Verfolgung, der sie ausgesetzt waren, gerade nicht entnehmen, dass sie erfolglos gewesen seien. Sie waren, wie unser kurzer Blick auf die prophetische Überlieferungsgeschichte gezeigt hat, durchaus nicht eine wirkungslose Minderheit, die kaum aufgefallen wäre. Sie hatten den Untergang des Nordreiches und dann den des Südreiches angesagt. Und beides war eingetreten. Das hatte ihrer Botschaft schweres Gewicht gegeben.

Die Propheten gaben mit ihren Unheilsworten den Überlebenden in Judäa und den Exilierten in Babylon einen Schlüssel an die Hand, mit dessen Hilfe sie die Katastrophe verstehen und theologisch bewältigen konnten. Und so kam es, dass die Propheten Israels, die zunächst angefeindete Außenseiter gewesen waren, mehr und mehr Beachtung fanden und ihre Worte schließlich Teil der offiziellen Theologie des Gottesvolkes wurden[15].

Israel war also Tag für Tag seinen Propheten ausgesetzt. Sie haben ihm immer wieder den Willen Gottes vor Augen gestellt. Sie haben unablässig am Gottesvolk gearbeitet. Sie haben daran gearbeitet, dass Gottes Plan mit seinem Werkzeug Israel nicht in Vergessenheit geriet. Ständig haben sie Israels Schuld aufgedeckt und das Volk zur Umkehr gerufen. Es muss nachdenklich machen, dass im Alten Testament das Wort ‚Umkehr' eine so entscheidende Rolle spielt, eine Rolle, die in der gesamten Religionsgeschichte einmalig ist. Ursache dafür können nur die Propheten gewesen sein.

Es kommt gar nicht darauf an, ob die Propheten bei ihrem Kampf gegen Selbstbehauptung, Verhärtung, Verblendung, kurz, bei ihrem Kampf gegen die Unheilszusammenhänge der Erbsünde immer gesiegt haben. Eines haben sie auf jeden Fall: Sie haben aufgedeckt, wie Gott dachte. Sie haben Israel beständig mit dem so ganz anderen, dem Menschen fremden Willen Gottes konfrontiert. Sie haben ohne Unterlass die Unterscheidung zwischen dem wahren Gott und den falschen Gottesbildern eingeschärft. Insofern haben sie das Dunkel der Erbsünde aufgehellt.

6. Die „Weisheit“ in Israel oder die Vernunft der Schöpfung

Wir hatten bereits an früherer Stelle[1] gesehen: Die kirchliche Lehre von der Erbsünde hängt aufs engste mit einer Theologie der Schöpfung zusammen. Die Welt, wie wir sie erfahren, deckt sich nicht einfachhin mit der Schöpfung, wie Gott sie will. Vieles, was in der Geschichte geworden ist, wurde durch die Schuld des Menschen deformiert. Es hat nicht den Glanz, den es haben könnte. Unsere Städte müssten nicht hässlich und unwirtlich sein. Landschaften müssten nicht zerstört sein. Das menschliche Miteinander müsste nicht immer wieder einer Wüste gleichen.

Es geht dabei aber nicht nur um die faktischen Deformationen von Natur, Zivilisation und Geschichte. Es kommt noch etwas viel Grundlegenderes hinzu: Die Augen des von der Erbsünde gezeichneten Menschen sind auch dort, wo sie an sich den Glanz der Schöpfung sehen könnten, getrübt, oft sogar verhangen. Ein Beispiel:

Über eine Waldlichtung flattert ein Schmetterling. Seine Flügel leuchten in einem herrlichen schwarzgerahmten Rot. Die Vierjährige, die gerade mit ihren Eltern spazierengeht, staunt über das flatternde Farbenspiel und will dem Schmetterling nachlaufen. Der Vater, der gerade ein Sachbuch über Signaleffekte in der Natur gelesen hat, hält sie zurück und benutzt die Gelegenheit für zehn Minuten Biologieunterricht. „Du meinst, der Schmetterling hätte sich schön angezogen“, sagt er. „Aber das stimmt gar nicht. Der ist nur deshalb rot, damit sich die Vögel vor ihm ekeln und ihn nicht fressen. Denn er ruft mit dem Blutrot seiner Flügel allen fresslustigen Vögeln zu: ‚Ich schmecke giftig.‘ Deshalb lassen sie ihn in Ruhe.“

Was die Biologie angeht, hat der Vater recht. Im Verlauf der Evolution ging es bei dem Signal ‚Rot und Schwarz‘ nur um das Überleben der Art. Aber hat dieser extrem selektive Blick schon alles wahrgenommen? Hat das Kind vielleicht mehr gesehen? *Soll* der Mensch nicht sogar mehr sehen? Ist das Ganze am Ende nicht nur für fresslustige Vögel inszeniert, sondern auch für den Menschen, vielleicht sogar gerade für ihn? Hat die Evolution Nebeneffekte, für die ein Biologe gar nicht zuständig ist? Gibt es in der Natur verschiedene Codierungen? Ist die Rose nur schön und riecht sie nur süß-verführerisch, weil sie Insekten anlocken muss? Oder ist sie auch deshalb schön, weil sie Gott gefällt und den Menschen beglücken soll? Etwa im Sinne eines Textes von Lothar Zenetti:

Am Ende die Rechnung

Einmal wird uns gewiß
die Rechnung präsentiert
für den Sonnenschein
und das Rauschen der Blätter,
die sanften Maiglöckchen
und die dunklen Tannen,
für den Schnee und den Wind,
den Vogelflug und das Gras
und die Schmetterlinge,
für die Luft, die wir
geatmet haben, und den
Blick auf die Sterne
und für alle die Tage,
die Abende und die Nächte.
Einmal wird es Zeit,
dass wir aufbrechen und
bezahlen;
bitte die Rechnung.
Doch wir haben sie
ohne den Wirt gemacht:
Ich habe euch eingeladen,
sagt der und lacht,
soweit die Erde reicht:
Es war mir ein Vergnügen!

Wer kann beweisen, dass die Gesamtrechnung nur das enthält, was uns die Evolutionsbiologie zu sagen hat? In Wirklichkeit ist die Schlussabrechnung viel umfassender. So spezialisiert der Blick des Naturwissenschaftlers sein muss – das gerade macht ja die Kraft seiner Methode aus –, so sehr muss er sich vor der Annahme hüten, das

Ergebnis seiner bewusst verengten Wahrnehmung sei schon die ganze Welt. Die „Vermessung der Welt" muss mit mehr als nur *drei* Dimensionen rechnen. Falls diese anderen Dimensionen aus Prinzip geleugnet werden und die eigene, naturwissenschaftliche Sicht verabsolutiert wird, sind die Augen, trotz aller Scharfeinstellung, trübe geworden. Erbsünde meint nicht nur die faktischen Deformationen der Welt. Sie meint auch das Versäumthaben der Möglichkeit, die Welt ganzheitlich zu sehen, das heißt, sie im vollen Glanz des Schöpfungsplanes Gottes zu schauen.

*

Im Alten Testament gibt es zahlreiche Bücher, die gerade diesen ungeteilten, umfassenden Blick auf die Schöpfung wagen. Zu nennen sind hier vor allem: das Buch der Sprichwörter, das Buch der Weisheit, Jesus Sirach, Kohelet, Ijob, das Hohelied und die Weisheitspsalmen 19; 37; 39; 49; 73; 104; 119. Die genannten Texte werden – trotz aller Unterschiede im Einzelnen – mit Recht der sogenannten Weisheit Israels zugeordnet.

Zu der Eigenart dieser Literatur gehört, dass sie die ganze Welt betrachtet, nichts auslässt, alles registriert und ihre unbeirrt-gläubige Sicht der Dinge dabei keinen Augenblick aufgibt. So etwa in Psalm 104, der die Herrlichkeit Gottes in seinen Schöpfungswerken besingt:

> *Preise den Herrn, meine Seele! Herr, mein Gott, überaus groß bist du! (…) Du schickst Quellen aus in die Bäche, zwischen den Bergen eilen sie hin. Sie tränken alle Tiere des Feldes, die Wildesel stillen aus ihnen den Durst. Die Vögel des Himmels nisten an ihnen, sie lassen aus dem Gezweig ihre Stimme erschallen. Du bist's, der aus seinen Kammern die Berge tränkt, die Erde wird satt von der Frucht deiner Werke. Du lässt Gras sprossen für das Vieh, und Pflanzen für den Bedarf des Menschen. Damit er Brot gewinnt von der Erde, und Wein, der das Herz des Menschen erfreut. Damit sein Gesicht von Öl erglänzt, und Brot das Herz des Menschen stärkt.*
>
> *Die Bäume des Herrn auch trinken sich satt, die Zedern des Libanon, die er gepflanzt. In ihnen bauen die Vögel ihr Nest, auf*

den Zypressen nistet der Storch. Die hohen Berge gehören dem Steinbock, dem Klippdachs bieten die Felsen Zuflucht.

Du hast den Mond gemacht als Maß für die Zeiten, die Sonne weiß, wann sie untergeht. Du sendest Finsternis, und es wird Nacht, dann schweifen in ihr alle Tiere des Waldes. Die jungen Löwen brüllen nach Beute, sie verlangen von Gott ihre Nahrung. Strahlt dann die Sonne auf, schleichen sie heim und lagern sich in ihren Verstecken. Nun geht der Mensch hinaus an sein Tagwerk, an seine Arbeit bis zum Abend. Wie zahlreich sind deine Werke, Herr! Mit Weisheit hast du sie alle geschaffen, die Erde ist voll von deinen Geschöpfen. (Ps 104,1.10–24)

Welch neugieriges und zugleich beglücktes Wahrnehmen der Wirklichkeit! Wildesel, Störche, Steinböcke, Klippdachse, junge Löwen – alles gerät in den Blick. „Die Erde ist voll von deinen Geschöpfen." Da wird durchaus gesichtet und registriert, ja sogar inventarisiert. Da wird Wissen gesucht – und zwar Wissen aufgrund von Erfahrung und Beobachtung. Insofern nähert sich der Text sogar einer ersten Stufe von Naturwissenschaft. Von Salomo, dem alttestamentlichen Repräsentanten aller Weisheit, wird in den Königsbüchern gesagt:

Er redete über die Bäume, angefangen von der Zeder, die auf dem Libanon wächst, bis zu dem Ysop, der aus der Mauer hervorsprießt. Er redete über die Landtiere, die Vögel, die Kriechtiere und die Fische. (1 Kön 5,13)

Damit ist treffend das Interesse der Weisheitslehrer an der Mannigfaltigkeit der Welt, vor allem an den Naturphänomenen formuliert. Die orientalische Listenwissenschaft klingt an. Es ließen sich im Alten Testament noch viele andere Texte anführen, die man mit Psalm 104 vergleichen könnte, vor allem im Buch Ijob (vgl. etwa Ijob 38–39). Zentral ist bei ihnen allen das Stichwort ‚Weisheit'.

In Psalm 104 taucht es in Vers 24 auf: „Mit Weisheit hast du sie alle geschaffen." Das heißt nicht nur, dass alle Schöpfungswerke aus der Weisheit Gottes hervorgegangen sind, sondern auch, dass sie nun seine Weisheit für die Menschen widerspiegeln. Vor allem aber:

Die Welt wird in Psalm 104 als Gesamtwirklichkeit gesehen. Sie wird nicht nur selektiv als Erkenntnismaterial analysiert, sondern als Schöpfung betrachtet.

Damit ist gerade das vermieden, was wir oben den „verengten Blick“ genannt haben. Die Augen des Weisen, der die Welt erforscht, sind nicht einseitig fixiert, erst recht nicht getrübt. Sie nehmen den ganzen Liebreiz der Schöpfung in den Blick. Wenn Erbsünde vor allem auch darin besteht, dass der Mensch es versäumt hat, die Welt ganzheitlich und im Licht Gottes zu betrachten, dann ist dieser erbsündliche Blick hier aufgehoben. Die Schöpfung wird als das „Kleid“ Gottes wahrgenommen, denn Gott ist „mit Hoheit und Pracht bekleidet“. Kann der Blick auf die Welt noch dankbarer und demütiger werden, als er in Psalm 104 ist?

*

Nun weiß natürlich auch Israel sehr genau, dass die Welt, so wie sie uns begegnet, noch ganz andere Seiten hat. Sie hat auch ihr schreckliches Dunkel. Da sind ja nicht nur die Zerstörungen, die der Mensch verursacht. Dass die Welt als Kosmos, das heißt als Ordnung und Schmuck erfahren wird, ist keineswegs eine Selbstverständlichkeit. Auch dort, wo die Welt noch reine Natur zu sein scheint, kann sie dem Menschen als Chaos und sinnlose Groteske entgegentreten.

Wäre der entsetzte Blick des müde gewordenen Reinhold Schneider in seinem Buch „Winter in Wien“ dem alttestamentlichen Menschen völlig unverständlich geblieben? Der Blick auf die „bösen Gespenster japanischer Krabben“, die ihn anmuten, als kämen sie aus dem Inferno. Der Blick auf einen Frosch, „der aufrecht stehend wie ein Mensch, von dem ihn umschnürenden Egel ausgesaugt wird“. Der Blick auf die „absurde Architektur des Dinosauriers – eine Kathedrale der Sinnlosigkeit, des Lebenswillens, der nicht leben kann“. Und dann am Ende die Sätze:

> *Das Schaurige ist, dass menschliche Formen durch die Ungetüme spielen; das Knie des Dinosauriers erinnert an ein menschliches Knie, und die Fünfzahl der Finger und Zehen verbirgt sich noch*

> *in den Stützflossen der Elefantenrobbe. Der schönste Vogel hascht im Fluge den schönsten Schmetterling; er pflückt die Schwingen ab und läßt sie dahinwehen und verschlingt den zarten Leib, der sich für seine kurze Dauer mit ein wenig Nektar begnügte und schutzlos das Farbenspiel der Flügel, ein Blitz aus den Händen des Vaters, an die Welt verschenkte. Auch ist zur Zerstörung der Rose, wie es scheint, eigens ein grüngoldschimmernder Käfer erschaffen worden. Ich sah ihn bei der Arbeit. Er hat, unreiner Widerspruch, keine Rose verschont. Und das Antlitz des Vaters? Das ist ganz unfassbar*[2].

So wenig man Jahrtausende einfach überspringen darf – die Weisheitsliteratur kennt offensichtlich auch diesen Aspekt der Welt. Psalm 104, aus dem wir zitiert haben, und viele andere Texte des Alten Testaments versuchen bereits *auf ihre Weise*, im Bizarren der Welt, in der Gefährdung, die in ihr lauert, den verborgenen Sinn zu erkennen. Indem die Details der Schöpfung aufgelistet, geordnet und in der Weisheit Gottes verankert werden, kann die Sinnhaftigkeit und Schönheit der Welt zutage treten – allem scheinbaren Chaos zum Trotz.

Vielleicht muss man sogar noch radikaler formulieren: Der Kosmos ist tatsächlich leer und abgründig – bis das Lob Gottes erklingt, das heißt, bis es endlich Menschen gibt, die mit ihrem Lobpreis Gott alle Ehre zusprechen. Erst in diesem Augenblick taucht die Welt ins Licht und gibt ihren Sinn zu erkennen. Dann beginnt auch die bis dahin stumme Schöpfung laut zu reden. Wenn es keinen Lobpreis Gottes mehr gäbe, würde die Menschheit in Depressionen versinken. Sie könnte die Kälte des Kosmos nicht ertragen. Von daher gesehen ist der Lobgesang der Schöpfungspsalmen letztlich die einzig adäquate Weise, das Chaos der Welt zu überwinden.

Übrigens gibt es ein vergleichbares Phänomen bei Kohelet. Dieser beschreibt in einem Gedicht, gleich nach dem Vorspruch seines Buches, die Bewegungen des Kosmos. Die dabei aufscheinende ‚ewige Wiederkehr des Gleichen' bedeutet bei Kohelet nicht etwa Resignation angesichts eines dem Menschen fremden und unheimlichen Kosmos, sondern ganz im Gegenteil Beschwörung der Schönheit und Ordnung der Welt:

Eine Generation geht, eine andere kommt. Die Erde steht in Ewigkeit. Die Sonne, die aufging und wieder unterging, atemlos jagt sie zurück an den Ort, wo sie wieder aufgeht. Er weht nach Süden, dreht nach Norden, dreht, dreht, weht, der Wind. Weil er sich immerzu dreht, kehrt er zurück, der Wind. Alle Flüsse fließen ins Meer, das Meer wird nicht voll. Zu dem Ort, wo die Flüsse entspringen, kehren sie zurück, um wieder zu entspringen. Alle Dinge sind rastlos tätig, kein Mensch kann alles ausdrücken, nie wird ein Auge satt, wenn es beobachtet, nie wird ein Ohr vom Hören voll. Was geschehen ist, wird wieder geschehen, was man getan hat, wird man wieder tun: Es gibt nichts Neues unter der Sonne. (Koh 1,4–9)

Dass es nichts Neues unter der Sonne gibt, ist für Kohelet, entgegen unserem modernen Empfinden, eine *positive* Aussage. Der herrliche, ewig kreisende, nie ermüdende Kosmos zeigt die Souveränität Gottes. Das Tun Gottes ist vollkommen. Allerdings: Der Mensch kann es nicht durchschauen[3]. So wird selbst hier, wenn auch in ganz anderer Weise als in den Schöpfungspsalmen, die Ordnung des Kosmos in Sprache gefasst und so dem Unkalkulierbaren und Chaotischen in der Welt entgegengestellt.

*

Israel kann das Chaos aber auch explizit darstellen. Etwa, indem es aus der Mythologie der Nachbarvölker den Motivkomplex ‚Besiegung des Chaosdrachens' heranzieht und ihn neu deutet: als die Bändigung der Chaosmächte durch Gott bei der Weltschöpfung *und* in der Geschichte Israels.

Du bist es, der mit seiner Macht das Meer zerspalten hat, du hast die Häupter der Drachen über den Wassern zerschmettert. Du bist es, der die Köpfe des Leviatan zermalmt hat, du hast ihn den Ungeheuern der See zum Fraß gegeben. (Ps 74,13–14)

Hier ist mit dem Leviatan und den Drachen zunächst einmal das chaotische Unwesen der Natur ins Bild gebracht. Sagen wir ruhig: das Krachen der Knochen, wenn Raubtiere ihre Beute zerreißen;

die quellende und schleimige Hässlichkeit vieler Meerestiere; all das, was der Mensch in der Natur als grausam, ekelerregend und unheimlich erfährt. Es wird also durchaus im Rahmen einer Schöpfungstheologie geredet. Unmittelbar danach heißt es ja:

Dein ist der Tag, dein auch die Nacht,
du bist es, der Mond und Sonne befestigt hat.
Du hast der Erde all ihre Grenzen gesetzt,
Sommer und Winter – du hast sie gebildet. (Ps 74,16–17)

Gott hat das Chaos der Natur gebändigt, und er bändigt es noch immer. Es gibt aber nicht nur das Chaos der Natur. Genauso grausam ist das Chaos in Geschichte und Gesellschaft. Der Tempel ist verwüstet (74,3), das Land voller Terror (74,20). Doch auch hier ist Gott Herr. Das hat sich gezeigt, als er das Rote Meer spaltete, um Israel hindurchzuführen (74,13). Psalm 74 fleht darum, Gott möge das Chaos der Gesellschaft von neuem bändigen, wie einst bei der Schöpfung und bei der Errettung Israels aus Ägypten.

*

Mit der Bändigung des Chaos beschäftigt sich die Weisheitsliteratur aber nicht nur in ihren Schöpfungspsalmen. Die Weisheit benutzt für diesen Zweck noch ganz andere Textsorten, nämlich Sprichwörter, Lebensregeln, Lehrreden, Lehrgedichte und Lehr-Erzählungen. Diese Formen bilden sogar die Hauptmasse weisheitlicher Texte.

Wie die Geschichtsschreiber und wie die Propheten, so kennen auch die Weisheitslehrer Israels die Realität der Gesellschaft: Arroganz, Einbildung, Eifersucht, Großtuerei, Verleumdung, Rivalität – kurz: der ewige Kampf, wer der Größere sei. Die Weisen sind ohne Illusion. Sie wissen: Das alles ist zerstörerisch. Es deformiert das Leben, es lässt das Chaos wachsen, es versetzt den Menschen in die Sphäre des Todes.

Angesichts dieser Bedrohung versucht die ‚Weisheit', dem gesellschaftlichen Chaos eine Ordnung abzuringen. Das heißt aber gerade: Sie versucht, die von Gott selbst gewollte Ordnung menschlichen Zusammenlebens zu erkennen. Wie will *Gott* die Gesellschaft? Gibt es Formen des menschlichen Miteinanders, die Leben schenken und nicht Tod, die deshalb weise sind und dem Willen Gottes entsprechen?

Das ist eine Frage der Beobachtung. Man muss genau hinsehen, wie die Menschen sich verhalten und was dabei herauskommt: Wann Menschen krank und wann sie gesund werden. Was die Augen hell macht, und was den Blick verdunkelt. Was menschliches Miteinander aufbaut, und was es zerstört. Was weise ist, und was töricht. So listet die Weisheit wie bei ihrer Naturbeobachtung auch hier auf und versucht, den Bauplan der Gesellschaft zu erkennen. Genau dies ist die Zielsetzung einer kaum übersehbaren Menge von Sprichwörtern, Sentenzen, Aphorismen und Lebensregeln. Sie wollen die Erfahrungen vieler Generationen sammeln und zusammenfassen. Sie wollen aber auch neue Beobachtungen machen. Oft sind diese Sprüche in präzisen Bildern und schärfster Zuspitzung formuliert. Ihre Sprache trägt kein überflüssiges Gramm Fett mit sich herum. Sie soll ja im Gedächtnis bleiben. Man soll sie hören und nie wieder vergessen. Vor allem im Buch der Sprichwörter und bei Jesus Sirach findet sich eine Vielzahl solcher Sentenzen.

Besser ein Gericht Gemüse und Liebe dabei
als ein gemästeter Ochse und Hass dabei.
(Spr 15,17)

Süß schmeckt dem Menschen das Brot des Betrugs,
doch dann füllt sich sein Mund mit Kies.
(Spr 20,17)

Die Tür dreht sich in ihrer Angel,
der Faule dreht sich in seinem Bett.
(Spr 26,14)

Wer Pech anfasst, dem klebt es an der Hand.
Wer mit dem Spötter Umgang hat, nimmt seinen Wandel an.
(Sir 13,1)

Hast du ein Gerücht gehört, lass es in dir sterben.
Sei ohne Sorge: Du wirst daran nicht platzen.
(Sir 19,10)

Peitschenhieb schlägt Striemen,
Zungenhieb zerbricht Knochen.
(Sir 28,17)

Wie das Prasseln der Dornen unter dem Kessel,
so das Lachen des Toren.
(Koh 7,6)

Man sieht es solchen Sentenzen an: Sie wollen Erfahrung vermitteln, sie wollen erziehen. Deshalb ist ihr wichtigster Ort auch die Schule. In Jerusalem wurde anhand derartiger Sprichwortsammlungen Unterricht erteilt und der Beamtennachwuchs ausgebildet.

An dieser Stelle wäre noch vieles zu sagen über die verschiedenen Formen der Weisheit und ihren jeweiligen „Sitz im Leben", dann vor allem auch über die Kritik an der traditionellen Weisheit – eine Kritik, die innerhalb der Weisheitsliteratur selbst vorangetrieben wird. Diese ‚kritische' Weisheit findet sich vor allem in den Büchern Ijob und Kohelet. Der gerade zitierte Spruch Koh 7,6 zum Beispiel wird von Kohelet zwar als Tradition in seine Lehrschrift aufgenommen, doch dann sofort kritisch hinterfragt. Die Weisheitsliteratur des Alten Testamentes ist eine Welt für sich, voller Kontraste und vibrierend von Spannungen.

*

Aber all das darzustellen, kann nicht die Aufgabe dieses Kapitels über die Weisheit sein. Es geht uns nicht um eine erschöpfende Betrachtung der alttestamentliche Weisheitsliteratur, sondern um die Gegenaktion Gottes – also um die Frage, wie in Israel die Verfinsterungspotentiale der Erbsünde erhellt wurden.

Und das geschah eben nicht nur mit Blick auf die Schöpfung, sondern auch und sogar vor allem mit Blick auf die Gesellschaft. Die Weisheitsliteratur baut das Bild einer möglichen Gesellschaft auf, in der die Erfahrung vieler Generationen, vor allem aber die Erfahrung der Weisen, geachtet wird. Es ist eine Gesellschaft, in der es Erziehung zum Guten gibt, Mahnung zu Selbstbeherrschung im Reden und Handeln, Ermutigung zum Maßhalten, Anleitung zur Gerechtigkeit und vor allem zur Gottesfurcht.

Man könnte auch sagen: Es ist die Vision einer Gesellschaft, in der Vernunft und Sachlichkeit herrschen. Eben hierdurch soll das gesellschaftliche Chaos gebändigt werden. Aber diese Vernunft soll nicht nur der Lebensbewältigung dienen und nicht nur Anleitung zum glückenden Leben sein. Es geht um mehr. Es geht um die Vernunft der Schöpfung. Sie soll dem Chaos abgerungen und ans Tageslicht geholt werden. Gerade der Blick auf die innere Logik der Schöpfung ist ja durch die Barrikaden der Sünde verstellt und muss immer wieder freigelegt werden. Ein Weiser ist nur der, welcher die Erfahrungen der Früheren kennt, selbst Augen und Ohren öffnet, die geheime Ordnung der Welt aufspürt, sachgerecht handelt und das, was er erkannt hat, anderen in Ehrfurcht vermittelt.

Das Gegenteil des Weisen ist der Tor. Er achtet aus Dummheit und Überheblichkeit nicht auf die Rationalität der Welt, sondern missachtet, umgeht und zerstört sie. Auf diese Weise vergrößert er das Chaos in der Welt, die Irrationalität, die Dumpfheit, die Zerstörung. Der Tor ist das große Kontrastbild zum Weisen. Im Grunde ist er die Verkörperung des erbsündlichen Menschen. Dass es trotz der Torheit der Toren die Weisheit gibt, zeigt, dass die Erbsünde durch Sachlichkeit und Gottesfurcht zurückgedrängt werden kann. Selbstverständlich kennt die Weisheitsliteratur nicht das Wort „Erbsünde". Aber der Sache nach ist sie ständig präsent: nämlich in dem Nicht-sehen-Wollen der Toren, die voll Selbstherrlichkeit leben und so ständig neues Chaos schaffen.

Freilich ist der Begriff der Vernunft, von dem jetzt immer wieder die Rede war, keineswegs vordergründig. Israel kennt die Grenzen der Rationalität. Nicht alles kann erhellt werden. Gerade innerhalb der ‚kritischen' Weisheit, also vor allem bei Kohelet und Ijob, werden die Grenzen jeder Vernunfterkenntnis aufgezeigt. Kohelets Skepsis zerschmettert alle oberflächlichen Erklärungsversuche der Welt, die vorgeben, das Ganze verstanden zu haben. Er schließt mit der Aufforderung, die Freuden des Lebens aus der Hand Gottes zu empfangen, im Heute eines jeden Tages das Notwendige zu tun und dabei die Gottesfurcht nicht zu vergessen. Und Ijob entlarvt die naive Theologie seiner Freunde, die behaupten, die Gerechtigkeit Gottes als glatte Rechnung präsentieren zu können.

*

Wir haben bisher nur von der Weisheit *in Israel* gesprochen. Das war noch einseitig. Denn weisheitliches Denken und weisheitliche Literatur gab es nicht nur in Israel. Die ‚Weisheit' war ein internationales Phänomen. Es gab sie in Arabien – man denke an die märchenhafte Begegnung Salomos mit der Königin von Saba (1 Kön 10,1–13) –, es gab sie in Mesopotamien und es gab sie vor allem in Ägypten. Die Spruchsammlungen Israels haben viel von der internationalen Weisheit übernommen, besonders von der ägyptischen Weisheit.

Auch dieses Phänomen will bedacht sein. Kampf gegen die Erbsünde – und das heißt eben auch Kampf gegen die Verdunkelung der Rationalität der Welt –, gibt es eben nicht nur in Israel. Die unablässige Suche nach der Wahrheit, nach dem Guten und dem letzten Grund der Welt ist dem Menschen eingepflanzt. Genau in diesem Sinn sagt Paulus:

> *Was man von Gott erkennen kann, ist ihnen [den Heiden] offenbar. Gott hat es ihnen offenbart. Seit Erschaffung der Welt wird seine unsichtbare Wirklichkeit an den Werken der Schöpfung mit der Vernunft wahrgenommen, seine ewige Macht und Gottheit. Daher sind sie unentschuldbar. Denn sie haben Gott erkannt, ihn aber nicht als Gott geehrt und ihm nicht gedankt. Sie verfielen in ihrem Denken der Nichtigkeit, und ihr unverständiges Herz wurde verfinstert. Sie behaupteten weise zu sein, und wurden zu Toren. (Röm 1,19–22)*

Man muss die Dialektik dieses Textes beachten. Die Heiden wollen weise sein, sind aber Toren: Paulus greift hier die Terminologie der alttestamentlichen Weisheitsliteratur auf und formuliert mit ihrer Hilfe die erbsündliche Situiertheit der Heiden. Zugleich aber muss er ihnen Vernunft und Erkenntnis zusprechen; andernfalls könnte er nicht behaupten, sie seien „unentschuldbar". Die Heiden haben Paulus zufolge keine Weisheit, aber sie haben „Erkenntnis". Sie haben Gott an den Werken seiner Schöpfung erkannt, aber diese Erkenntnis dann pervertiert. Sie besitzen die „Weisheit der Welt“, aber Gott hat im Kreuz Jesu Christi diese Weisheit als Torheit entlarvt (1 Kor 1,20–25). Der paulinische Weisheitsbegriff steht also bereits in einem christologischen Koordinatensystem. Vergleicht man die Weisheit des Alten Testaments mit der internationalen Weisheit lediglich unter der Rücksicht von Stoff und Form, so gibt es auch unter den Völkern Weisheit.

Was ist dann aber das Besondere an der Weisheit *Israels*? Wenn Weisheit gerade das Auffinden der inneren Gesetze der Welt ist, dann wäre an sich zu erwarten, dass es zwischen der Weisheit der Völker und der Weisheit Israels keine Unterschiede gäbe. Tatsächlich finden wir, etwa in Ägypten, praktisch alle Themen wieder, die auch in der alttestamentlichen Weisheit begegnen: Ehrfurcht vor den Eltern, Respekt vor dem Alter, Warnung vor der fremden Frau, Mahnung zu Bescheidenheit, Selbstbeherrschung und Gerechtigkeit. Die Figur der ägyptischen Göttin Ma`at repräsentiert eine hochentwickelte Ethik der Menschlichkeit und Solidarität, des Aufeinander-Hörens und Füreinander-Handelns[4].

*

Das Spezifische der alttestamentlichen Weisheit liegt nicht einfach im Stoff oder der Form. Das Spezifische liegt in einem Trend, der sich in der Weisheitsliteratur Israels schon früh zeigt und sich zunehmend verstärkt: Die Schöpfungsweisheit, also die Rationalität der Welt, wird mit der Tora gleichgesetzt. In die Augen fällt diese Identifikation besonders in Psalm 19. Er beginnt als Schöpfungspsalm – nicht unähnlich Psalm 104, den wir bereits kennengelernt haben –, preist aber dann die Tora:

> *Die Himmel erzählen die Herrlichkeit Gottes, das Firmament verkündet das Werk seiner Hände. Ein Tag sagt es dem andern, eine Nacht übergibt der andern die Kunde. Ohne Worte und ohne Reden, unhörbar bleibt ihre Stimme. Doch ihre Botschaft ging in die ganze Welt hinaus, ihre Nachricht bis zu den Enden der Erde.*

Dort hat er der Sonne ihr Zelt gebaut. Wie der Bräutigam aus seinem Gemach tritt sie hervor. Sie frohlockt wie ein Held, der seine Bahn durchläuft. Am einen Ende des Himmels geht sie auf, durchläuft den Kreis bis ans andere Ende; nichts kann sich bergen vor ihrer Glut. (Ps 19,2–7)

Hier ist zwar nicht von der Vielzahl der Tiere, sondern allein vom Firmament die Rede und vom schweigenden Sprechen des Kosmos. Hierauf wird der Psalm sehr schnell zu einem Sonnengesang. Selbstverständlich schildert er die Sonne nicht als Gott, sondern als das strahlendste aller Werke Gottes. Die Bahn der Sonne über den Himmel und in der Nacht unter der Erdscheibe hinweg zum Ort ihres Aufgangs zeigt die kosmische Ordnung, die Gott geschaffen hat. Man erwartet, dass nun, ähnlich wie in Psalm 147 oder 148 auch vom Mond und den Sternen die Rede wäre. Aber Psalm 19 nimmt eine überraschende Wendung:

Die Tora des Herrn ist vollkommen, sie erquickt die Seele. Das Zeugnis des Herrn ist verlässlich, macht den Unwissenden weise. Die Befehle des Herrn sind gerade, sie erfüllen das Herz mit Freude. Das Gebot des Herrn ist lauter, es erleuchtet die Augen. Die Furcht des Herrn ist rein, sie besteht für immer. Die Entscheide des Herrn sind wahr, gerecht sind sie alle. Kostbarer sind sie als Gold, als Feingold in Menge. Süßer sind sie als Honig und tropfende Waben. (Ps 19,8–11)

Dieser Übergang vom Lauf der Sonne zum Lob der Tora ist so abrupt, dass früher viele Alttestamentler mit zwei verschiedenen Psalmen gerechnet haben. Sie waren der Meinung, ein Schöpfungs- und ein Gesetzespsalm seien nachträglich aneinandergehängt worden. Doch diese Annahme ist verfehlt. Das Wort, das Gott durch die Schöpfung spricht und das Wort, das er durch die Tora gesprochen hat, haben miteinander zu tun: Die Tora formuliert nur *ausdrücklich,* was bereits in der Schöpfung an Sinn und Rationalität enthalten ist. Die Tora bringt die geheime Ordnung der Welt zutage, ja sie ist der Bauplan des Kosmos. Der Verfasser von Psalm 19 mag das Material, mit dem er arbeitet, zwei ursprünglich getrennten Motiv-

Komplexen entnommen haben – doch sieht er beide längst als zusammengehörend an. Seine Dichtung ist ein einheitlicher Text[5].

Genauso deutlich ist das alles bei der *Figur* der Weisheit. Die Gestalt der Weisheit als lebenserfahrene Frau – Gegenfigur zur fremden Frau, die in ihr Haus zur Unzucht einlädt –, spielt in der Weisheitsliteratur eine große Rolle. Die Frau Weisheit lädt den noch unerfahrenen jungen Mann ein, bei ihr zu lernen:

> *Die Weisheit hat ihr Haus gebaut, ihre sieben Säulen behauen. Sie hat ihr Vieh geschlachtet, ihren Wein gemischt und ihren Tisch schon hergerichtet. Sie hat ihre Mägde ausgesandt und lädt ein auf die Höhen der Stadt: „Wer unerfahren ist, kehre hier ein!“ Zum Unwissenden sagt sie: „Kommt, esst von meinem Mahl und trinkt von dem Wein, den ich gemischt habe. Lasst ab von der Torheit, dann bleibt ihr am Leben, und geht auf dem Weg der Einsicht!“ (Spr 9,1–6)*

Das alles ist noch Darstellung der Weisheit, wie es sie auch in Ägypten und anderswo gibt. Aber nun geschieht etwas Außerordentliches. Die Weisheit holt nicht nur die Unwissenden in ihr Haus und belehrt sie, sondern sie ist als das erste Geschöpf Gottes beim gesamten Schöpfungswerk mit dabei:

> *Der Herr hat mich geschaffen als Anfang seines Weges, als erstes seiner Werke in der Urzeit. Vor der Zeit wurde ich eingesetzt, vor Beginn, vor den Anfängen der Erde. Als die Urfluten noch nicht waren, wurde ich geboren, als es die Quellen noch nicht gab, die wasserreichen. Ehe die Berge eingesenkt wurden, vor den Hügeln wurde ich geboren. Noch hatte er die Erde nicht gemacht und die Fluren und alle Schollen des Festlands.*
>
> *Als er den Himmel baute, war ich dabei, als er den Erdkreis abmaß über den Wassern, als er droben die Wolken befestigte und Quellen strömen ließ aus dem Urmeer, als er dem Meer seine Grenze setzte und die Wasser seinen Befehl nicht übertreten durften, als er die Fundamente der Erde abmaß, da war ich bei ihm, dem Baumeister[6]. Ich war seine Freude Tag für Tag und tanzte vor ihm allezeit. Ich tanzte auf seinem Erdenrund, und hatte meine Freude bei den Menschenkindern. (Spr 8,22–31)*

Dieser hochpoetische Text schildert Gott als den Baumeister der Welt, der die Fundamente der Erde abmisst und das Gewölbe des Himmels über der Erde errichtet. Bei seinem gesamten Werk ist die Weisheit dabei. Sie begleitet tanzend und scherzend die Erschaffung des Kosmos. Sie ist die Freude Gottes, und sie selbst ist voller Freude über seine Schöpfung. Das sind kühne und zugleich anrührende Bilder. Aber was will das theologische Lehrgedicht damit nun eigentlich sagen?

Vor allem dies: Die Weisheit, die in Israel gelehrt wird, ist mehr als die Summe von Regeln, die es in der Gesellschaft zu beachten gilt. Die Weisheit ist auch mehr als die Summe menschheitlicher Erfahrungen, die zu tradieren sind. Die Weisheit, um die es Israel geht, gründet in der Schöpfung selbst. Sie ist Gottes Schöpfungsweisheit. Sie ist das Maß, die Ordnung, der Sinn, den Gott seiner Schöpfung selbst eingestiftet hat. In der Figur der die Schöpfung umspielenden Weisheit sagt das Alte Testament, dass Gott vom Uranfang seiner Wege her ‚Welt' denkt, dass er diese Welt liebt, dass er in ihr Wohnung nehmen will und ihr aus Liebe eine Ordnung gegeben hat. Die Welt und die Menschen sind von der Weisheit Gottes heiter umspielt. Und doch geht es bei der Annahme oder Nichtannahme dieser Weisheit um eine Entscheidung über Leben und Tod[7].

Damit ist das Bild der Weisheit, die vor aller Welt geschaffen wurde und bei der gesamten Schöpfung mit dabei war, schon fast zum Bild der Tora geworden. Allerdings: In Sprichwörter 8,22–31 gehört die Weisheit noch allen Menschen. Es heißt ja am Ende: „Meine Freude war es, bei den Menschen zu sein." Der letzte Schritt im Bild der vor Gott spielenden Weisheit wird erst im Buch Jesus Sirach vollzogen: Hier nimmt die vorweltliche Weisheit Wohnung in Israel selbst:

> *Ich ging hervor aus dem Munde des Höchsten, und wie Nebel hüllte ich die Erde ein. Ich nahm meine Wohnung in der Höhe, auf einer Wolkensäule stand mein Thron. Den Kreis des Himmels umschritt ich allein, in der Tiefe der Abgründe ging ich umher. Über die Fluten des Meeres und über alles Land, über alle Völker und Nationen hatte ich Macht. Bei ihnen allen suchte ich ei-*

nen Ort der Ruhe, [ein Volk], in dessen Erbbesitz ich mich aufhalten könnte.

Da gab der Schöpfer des Alls mir Befehl; er, der mich schuf, wusste für mein Zelt einen Ruheplatz. Er sprach: „In Jakob nimm deinen Wohnsitz, in Israel sollst du deinen Erbbesitz erhalten." Vor der Zeit, am Anfang, schuf er mich, und bis in Ewigkeit vergehe ich nicht. Ich versah vor ihm den Dienst im heiligen Zelt und wurde auf dem Zion eingesetzt. In der Stadt, die er ebenso liebt wie mich, fand ich Ruhe, Jerusalem wurde mein Machtbereich. Ich fasste Wurzel bei einem ruhmreichen Volk, im Eigentum des Herrn, in seinem Erbbesitz. (Sir 24,3–12)

Die Bilder des Textes aus Sprichwörter 8 haben sich hier deutlich verschoben. Die Weisheit, die bei der Schöpfung dabei war, ist nun auf der Suche nach einer Ruhestätte, nach einem Ort wo sie wohnen, wo sie ihr Zelt aufschlagen kann. Sie bekommt von Gott Israel zugewiesen und tut seitdem Dienst im Tempel zu Jerusalem. Damit ist klar: Es geht hier um die Tora. Sie ist nicht nur von außen auferlegtes Gesetz, sondern ihre Normen gründen in der Schöpfungsordnung selbst; sie sind der Welt und dem Menschen innerlich. Damit es daran keinerlei Zweifel gibt, sagt der Text in unmittelbarem Anschluss an das Selbstlob der Weisheit:

Dies alles [ist] das Bundesbuch des höchsten Gottes, das Gesetz, das Mose uns vorschrieb als Erbe für die Gemeinde Jakobs. Es ist voll von Weisheit wie der Pischonfluss [voll Wasser ist], wie der Tigris in den Tagen der ersten Ähren. (Sir 24,23.25)

Aber was kann es heißen, dass die Erfahrung, die mithilfe der Vernunft die innersten Gesetze der Welt zu begreifen sucht und von der wir sahen, dass sie international ist, mit der Tora identifiziert wird? Wird mit dieser Regionalisierung die Allgemeingültigkeit der Weisheit nicht gerade zerstört? Wenn wir statt ‚Weisheit' einmal ‚natürliches Sittengesetz' sagen: Wie kann ein solches Gesetz, dessen Wesen gerade darin besteht, dass es mit der allgemeinen Vernunft erkannt wird, partikulare Einsicht Israels werden? Im Bild: Wie kann die Weisheit in Jerusalem ihr Zelt aufschlagen, wo sie doch bei allen Völkern wohnt? Diese Frage, die eine der Grundfragen der sogenannten ‚autonomen Moral' ist, kann uns noch einmal ein Stück näher an die Frage nach der Erbsünde heranführen.

*

Wie steht es mit dem Ethos Israels? Ist es wirklich deckungsgleich mit dem, was die menschliche Vernunft, auch die der Heiden, für gut und menschenwürdig, für anständig, redlich und human hält? Es wäre voreilig, jetzt allzu schnell zu sagen: „Nein, das Ethos des Alten Testamentes ist mehr, viel mehr als das, was die allgemeine sittliche Vernunft als richtig ansieht." Wir dürfen uns die Antwort nicht zu leicht machen.

Vielleicht lässt sich die ganze Frage noch am ehesten mit einem Blick auf die Zehn Gebote lösen. Sie formulieren über weite Strecken Ethos, wie wir es überall im Alten Orient antreffen: das Gebot der Sorge für die altgewordenen Eltern (4. Gebot); das Verbot der Tötung ohne Rechtsgrund (5. Gebot); das Verbot, in die Ehe eines anderen einzubrechen (6. Gebot); das Verbot des Menschenraubs (dies muss ursprünglich mit dem 7. Gebot gemeint gewesen sein); das Verbot des falschen Zeugnisses vor Gericht (8. Gebot); das Verbot, sich fremdes Eigentum anzueignen (9. und 10. Gebot) – all das gab es nicht nur in Israel. Es war als Sippenethos und Weisheitslehre im vorderen Orient weitverbreitet.

Was also ist alttestamentliches Ethos? Sammelt es nur auf, was überall in der damaligen Welt als sittlich angesehen wird? Ist es lediglich ein Sammelbecken aller vernünftigen ethischen Erfahrungen der Menschheit? Liegt sein Eigenes und Besonderes vielleicht sogar gerade in dieser Sammelfunktion?

Richtig ist auf jeden Fall, dass das Ethos Israels grundvernünftig ist – genauer: dass es übereinstimmt mit dem, was man die Logik und Vernunft der Schöpfung nennen könnte. Insofern hat das Ethos des Alten Testamentes sehr viel mit der sittlichen Vernunft aller Völker zu tun. Das zeigt eben bereits der Blick auf den Dekalog.

Und doch gibt es einen tiefgreifenden Unterschied. Bei unserer Aufzählung der Zehn Gebote hat der Anfang gefehlt: „Ich bin der Herr, dein Gott, der dich aus Ägypten geführt hat, aus dem Sklavenhaus. Du sollst neben mir keine anderen Götter haben. (...) Du sollst den Namen des Herrn, deines Gottes, nicht missbrauchen. (...) Gedenke des Sabbats: Halte ihn heilig! (...)“ (Ex 20,2–8).

Am Anfang des Dekalogs wird also eine geschichtliche Erfahrung formuliert. Sie ist grundlegend für alles Ethos der Bibel: Gott hat in der Welt ein Volk, das ihm gehört (das „Du“ der Anrede in den Zehn Geboten meint zuerst und vor allem das Volk als ganzes). Gott hat dieses Volk aus der Knechtschaft des Gottesstaates Ägypten in die Freiheit geführt. Er hat sich dabei als der wahre, der einzige Gott Israels erwiesen. Deshalb darf das Volk keine anderen Götter haben, wie immer diese Götter aussehen (1. Gebot).

Er ist der absolute Herr, ein Gott, dessen sich Israel nicht bemächtigen kann, so wie es die Religionen der Umwelt Israels unablässig mit ihren Göttern durch Zauberformeln, Beschwörungen und vielerlei religiöse Praktiken versuchen (2. Gebot).

Dem Gott Israels gehört alles, gehört jeder Tag und jede Woche, gehört das ganze Leben. Damit dies sinnenfällig wird, muss es nach sechs Tagen den einen Tag geben, an dem Menschen und Tiere ruhen, den Tag, der ganz Gott gehört (3. Gebot).

Der Anfang des Dekalogs zeigt: Israel wurde zu einem Raum lebendiger geschichtlicher Erfahrung mit Gott – noch genauer: zu einem Raum der Unterscheidung. Diese Unterscheidung ermöglichte es, alles zu prüfen, was es bei den Völkern rundum an Richtigem, Vernünftigem und Gutem gab. Maßstab war dabei die immer neue geschichtliche Erfahrung Israels mit seinem Gott. So entstand ein Prozess ständiger unterscheidender Beobachtung. Er gab die Möglichkeit, das Gute bei anderen Völkern zu erkennen. Er half aber auch zu kritisieren, ja zu verwerfen. (Vgl. auch Kapitel II/3.)

Auf diese Weise baut sich ein Ethos eigener Art auf. Alles prüft es, behält das Gute, verwirft die Unvernunft. Solche Art zu unterscheiden setzt freilich von Gott gestiftete Gemeinschaft voraus, einen Raum unablässiger geschichtlicher Erfahrung mit dem wahren Gott. Innerhalb dieses Erfahrungsraums kann die Vernunft der Schöpfung ganz zu sich selbst kommen. Ohne einen solchen Erfahrungsraum kann sie sich verirren, kann sie sogar pervertiert werden. Und diese Möglichkeit der Perversion hängt mit der Erbsünde zusammen.

Die Erbsünde ist eben keine totale Verfinsterung der Vernunft des Menschen. Es gibt sittliche Vernunft in allen Völkern. Diese Vernunft ist jedoch stets in der Gefahr, zu dem Prinzip zu verkommen: „Gut ist, was mir selber nützt!" Deshalb braucht alles natürliche Ethos einen Raum, der es absichert, der es immer wieder abklärt, der gegen bloße Nützlichkeitserwägungen aus der Geschichtserfahrung mit Gott lebt. Deshalb muss, um nun wieder biblisch zu reden, die Weisheit, die an sich in allen Völkern zu Hause ist, einen Ort in der Welt haben, wo sie ihr Zelt für immer aufgeschlagen hat.

Wenn die Weisheit aber nach dem Willen Gottes in Israel ihr Zelt aufgeschlagen hat, ist dann nicht wenigstens *dort* die erbsündliche Verfinsterung und Entstellung der sittlichen Vernunft überwunden?

7. Der „Rest" Israels oder die Treue Gottes

„Gottes Gegenaktion – der Kampf gegen die Erbsünde in Israel": das war das Thema dieses II. Teils. Es ging um Abraham, Mose, die Tora, den Tempel, die Propheten, die Weisheit.

Eine Linie zeichnete sich ab. Wenn Erbsünde Leben gegen den Schöpfungssinn ist und damit Verfinsterung, Nicht-Wissen, Unfreiheit und schließlich aus eigener Kraft nicht überwindbarer Unheilszusammenhang – dann wurde dies alles in Israel immer wieder durchbrochen.

Abraham steht für das Wunder des Neuanfangs. Er ist die Eröffnung einer Gegengeschichte. Mit ihm beginnt in Israel die Gottesfurcht, mit ihm der Gehorsam. Auf ihn blickt das Gottesvolk, wenn es von ‚Glaube' spricht. Und weil Abraham als Stammvater immer auch Figuration[1] ist, verdichten sich in seiner Gestalt die Gottesfurcht, der Gehorsam und der Glaube vieler in Israel.

Mose steht für den Exodus aus dem Sklavenstaat des Pharao. Doch auch hier sprechen die Texte nicht nur von der Erinnerung an ein einziges, einmaliges Geschehen. In der Figur des Mose und in der Erzählung vom Auszug aus Ägypten werden viele Exoduserfahrungen und immer neue Errettungen Israels zusammengefasst.

Wenn das Gottesvolk von Mose erzählt, erinnert es sich, wie es in die Freiheit geführt und auf die Freiheit hin geformt wurde. Es war durchaus die Freiheit vom Pharao und seinen Streitwagen, die Freiheit von dem übermächtigen Staat. Es war aber zugleich die Freiheit, den wahren Gott zu erkennen und ihm allein zu dienen.

Auch die *Tora* führt Israel aus dem Dunkel der Erbsünde in die Freiheit. In ihr hat Gott seinem Volk einen Raum geschenkt, in dem die Welt geheiligt, die Schöpfung wiederhergestellt und der wahre Wille Gottes erkannt werden kann. Psalm 119 zeigt, wie das Verweilen ‚in der Tora' den Beter mit Lust am Willen Gottes erfüllt.

Der *Tempel* und sein Kult ist von Gott gestiftet, um Israel zu heiligen und die Ursachenketten der Sünde immer wieder zu durchbrechen. Menschen vermögen die zerstörerischen Unheilspotentiale, die in der Welt fortwährend in Gang gehalten werden, nicht aufzulösen. Nur Gott kann es. Er selbst schenkt Sühne. Er unterbricht jedes Jahr spätestens am großen Versöhnungstag die unheilstiftenden Zwänge, die Israel daran hindern, in Heiligkeit und Gerechtigkeit vor Gott zu leben.

Dort, wo der Tempel versagt, weil der Kult zu einem religiösen Ritual verkommt, das inmitten von Unterdrückung und Gewalt vollzogen wird, deckt die Kritik Einzelner, die Gott sich beruft, die wahre Situation des Gottesvolkes auf. Die *Propheten* konfrontieren Israel immer wieder mit dem Willen Gottes, nicht nur im Kult und im sozialen Leben, sondern auch in der Politik. Die Arbeit der Propheten und all derer, die ihre Worte sammeln und fortschreiben, bewirkt, dass das Wort Gottes in Israel Gegenwart bleibt. Es ist hörbar, es wird immer wieder vernommen.

Die *Weisheit* in Israel betrachtet das Ganze der Welt. Sie begreift die Welt als Kosmos, als Ordnung und Schönheit. Sie kennt aber auch das Chaos, das alle Ordnung ständig bedroht. Deshalb versuchen die Weisheitslehrer zu erziehen. Sie zeigen ihren Schülern die Vision einer Welt, in der Sachlichkeit, Vernunft und Gottesfurcht herrschen. Inmitten des gesellschaftlichen Chaos soll die Vernunft der Schöpfung aufleuchten. Auch die Weisheit Israels ist Kampf gegen die Erbsünde.

Durch all das, was jetzt aufgezählt wurde und was wir in sechs Kapiteln ausführlich betrachtet haben, werden Breschen in die Unheilszusammenhänge der Welt geschlagen. Das Unheil wird aufgedeckt, Schuld wird beim Namen genannt. Israel werden Mittel angeboten, den Plan Gottes mit der Welt voranzutreiben. Immer wieder gibt es Umkehr. Immer wieder erhebt sich Lobpreis und geschieht Anbetung des wahren Gottes. Jahr für Jahr wird Unheil in Heil verwandelt.

*

Ist die Erbsünde damit aufgehoben? Bevor man einen solchen Satz wagen dürfte, kommt man an der Gegenrechnung nicht vorbei. Das Alte Testament spricht in zahllosen Texten davon, wie Israel den Glauben seiner Väter vergaß. Es erzählt, wie die aus Ägypten Herausgeretteten in das Land ihrer Knechtschaft zurückwollten, weil sie dort Fleisch und Gemüse hatten. Es berichtet immer wieder, wie die Tora verachtet wurde. Kaum war sie verkündet, tanzte Israel schon um das goldene Kalb. Mose kommt nicht ins Gelobte Land hinein. Er darf es nur aus der Ferne sehen. Hat das Gottesvolk das Land seiner „Ruhe“ je erreicht?

War der real existierende Tempel schon der Ort der endgültigen Gegenwart Gottes – jener Gegenwart, von der Exodus 40,34 sagt: „Dann verhüllte die Wolke das Offenbarungszelt, und die Herrlichkeit des Herrn erfüllte die Wohnstätte [Gottes]“? Der Tempelkult musste von den Propheten immer wieder aufs schärfste kritisiert werden. Die Propheten wurden verfolgt und umgebracht. Nicht nur die Weisheit baute in Israel ihr Haus, sondern auch die Torheit. Und Torheit meint nicht nur die unerzogene Dummheit, sondern die gewollte Distanz zu Gott, die bewusste Verweigerung. Wenn Paulus im 3. Kapitel des Römerbriefs die wahre Situation der Heiden wie der Juden beschreibt, braucht er das nicht mit eigenen Worten zu tun. Er kann – Satz für Satz – in einem Mosaik von Schriftzitaten auf das Alte Testament zurückgreifen:

> *Es gibt keinen, der gerecht ist, auch nicht einen. Es gibt keinen, der verständig ist. Es gibt keinen, der Gott sucht. Alle sind abtrünnig geworden, alle verdorben. Es gibt keinen, der rechtschaffen handelt, es gibt keinen, keinen einzigen. Ein geöffnetes Grab ist ihre Kehle; mit ihrer Zunge betrügen sie; Schlangengift ist unter ihren*

> *Lippen. Ihr Mund ist voll von Fluch und Bitterem. Rasch eilen ihre Füße zum Blutvergießen; Verwüstung und Unheil sind auf ihren Wegen; den Weg des Friedens haben sie nicht erkannt. Es gibt keine Gottesfurcht vor ihren Augen. (Röm 3,10–18)*

So verschärft sich die Frage: Auf der einen Seite diese Schuldverflochtenheit, dieses maßlose Unheil, die immer neue Ausbeutung der Armen, der Machtkampf, die fehlende Gottesfurcht, die beständige Untreue gegen Gott. Auf der anderen Seite die vielen Linien des Heils, von denen die Texte mit derselben Deutlichkeit sprechen. Wie geht das alles zusammen?

*

Diese Frage hat – seit dem Exil – auch Israel immer wieder beschäftigt. Es scheint einen Begriff zu geben, der beides zusammenbringt: Es ist der Begriff des ‚Restes‘. In ihm läuft die gesamte Unheilsgeschichte, aber eben auch die Heilsgeschichte Israels zusammen. Was besagt dieser Begriff? [2]

Seine Wurzel ist die Katastrophe. Zum Beispiel: Ein Krieg hat stattgefunden – niemand ist übrig geblieben. Dann kann gesagt werden: Es gibt keinen Rest. Oder: Eine Seuche hat sich ausgebreitet. Keiner hat überlebt. Es gibt keinen Rest. Oder: Gott selbst greift ein und bestraft eine ganze Region. Alle werden ausgelöscht. Es gibt nicht einmal einen Rest.

Entsprechend wird in Jeremia 11,21–23 formuliert. In Anatot, der Heimat Jeremias, wurde dem Propheten von der eigenen Verwandtschaft für den Fall, dass er weiterhin Unheil für Jerusalem prophezeie, der Tod angedroht. Offensichtlich sah der Clan sein Ansehen in Gefahr. Die Reaktion Gottes:

> *So spricht der Herr über die Männer von Anatot, die nach deinem Leben trachten und sagen: „Du darfst nicht im Namen des Herrn prophezeien, sonst wirst du durch unsere Hand sterben.“ Darum, so spricht der Herr der Heerscharen: „Siehe, ich suche sie heim. Ihre jungen Männer sollen durchs Schwert fallen, ihre Söhne und Töchter vor Hunger sterben. Kein Rest von ihnen bleibt. Denn ich bringe Unglück über die Leute von Anatot.“*

Hier gibt es also kein Entrinnen und keinen Rest. Alle gehen zugrunde. Daneben gibt es die Aussage, dass zwar zunächst ein Rest übrigbleibt, dass aber selbst dieser Rest noch vernichtet wird. So zum Beispiel in 2 Könige 21,12–15. Juda wird wegen der Sünden des Königs Manasse dem Untergang preisgegeben werden:

> *So spricht der Herr, der Gott Israels: Siehe, ich werde Unheil über Jerusalem und Juda bringen, dass jedem, der davon hört, beide Ohren gellen (...). Ich werde sogar noch den Rest meines Erbteils verstoßen und sie in die Hand ihrer Feinde geben, und sie werden allen ihren Feinden zum Raub und zur Plünderung preisgegeben, weil sie getan haben, was böse ist in meinen Augen und mich zum Zorn gereizt hat – von dem Tag an, als ihre Väter aus Ägypten gezogen waren, bis zum heutigen Tag. (2 Kön 21,12.14–15)*

Dieser Text ist relativ spät. Er setzt bereits das Exil voraus. Aber ähnlich müssen schon vorexilische Propheten gesprochen haben. Sie drohten mit dem völligen Untergang, damit vielleicht doch noch Umkehr geschah. Erst von dem Augenblick an, da die Katastrophe mit der Zerstörung des Nord- und später des Südreiches eingetreten war, konnte sich die Rede vom Rest ändern. Nun oszilliert die Vorstellung ins Positive hinein, ja am Ende wird der Rest zum leuchtenden Hoffnungsbegriff. Eine Art Übergang zeigt Ezechiel 6,8–10. Der Prophet soll Unheil über Israel prophezeien und dann verkünden:

> *Wenn ihr in alle Länder zerstreut seid, lasse ich einen Rest von euch übrig. Bei den Völkern wird es einige von euch geben, die dem Schwert entronnen sind. Diejenigen von euch, die davongekommen sind, werden sich bei den Völkern, zu denen sie verschleppt wurden, an mich erinnern (...). Sie werden vor sich selbst Ekel bekommen wegen der Greuel, die sie begangen haben. Sie werden erkennen, dass ich, der Herr, nicht umsonst gedroht habe, ihnen solches Unheil anzutun. (Ez 6,8–10)*

Hier gibt es also einen Rest, der nach der Katastrophe am Leben bleibt. Der Untergang Jerusalems und die Deportation wird ihm die Augen öffnen. Eindrucksvoll ist ein dreifach gestufter Vorgang formuliert: Die Übriggebliebenen werden sich „erinnern", sie werden vor sich selbst „Ekel empfinden", sie werden „erkennen". Auf diese Weise geht ihnen auf, was der Götzendienst Israels wirklich bedeutete. Damit klingt – noch ganz verhalten – eine positive Funktion des Restes an. Ein Rest wird übrig bleiben, damit es Selbsterkenntnis gibt und Anerkenntnis des göttlichen Gerichts: Was Gott angedroht hatte, ist eingetroffen.

Eine Art Übergang in der Funktion des Rest-Begriffs zeigt auch Jesaja 1,5–9. Der Text ist eine prophetische Klage über Jerusalem. Ist es die Situation des Jahres 701, als das Umland der Stadt durch Sanherib, den König von Assur, schon zerstört und Jerusalem selbst gerade noch einmal davongekommen war?

> *Wohin wollt ihr denn noch geschlagen werden? Ihr bleibt ja doch widerspenstig. Der ganze Kopf ist wund, das ganze Herz ist krank. Von der Fußsohle bis zum Scheitel kein heiler Fleck. Nur Beulen, Striemen und frische Wunden – nicht ausgedrückt, nicht verbunden, nicht mit Öl gelindert. Euer Land: eine Wüste! Eure Städte: vom Feuer verbrannt! Euer Ackerland: vor euren Augen zehren es Fremde auf! Eine Wüste wie das zerstörte Sodom ist euer Land. Die Tochter Zion ist übriggeblieben wie eine Hütte im Weinberg, wie ein Wächterhäuschen im Gurkenfeld, wie ein eingeschlossener Wachtturm. Hätte der Herr der Heere nicht einen Rest übriggelassen, wir wären wie Sodom geworden, wir glichen Gomorra.*

Hier wird nun ganz ausdrücklich gesagt, dass sich der Rest, der inmitten des Elends übriggeblieben ist, der Gnade Gottes verdankt: „Hätte der Herr der Heere nicht einen Rest übriggelassen ..." Auch die Elija-Erzählungen können so formulieren. Elija klagt, dass die Israeliten den Bund mit Gott verlassen haben, dass sie die JHWH-Altäre zerstört und die Propheten getötet haben. *Er allein* sei übriggeblieben und nun solle auch er noch ermordet werden (1 Kön 19,10.14). Elija bekommt von Gott neue Anweisungen, und auf die Meinung, er sei allein, die Antwort:

> *Ich habe in Israel Siebentausend übriggelassen, alle, deren Knie sich vor dem Baal nicht gebeugt haben und deren Mund ihn nicht geküsst hat. (1 Kön 19,18)*

Auch hier gibt es also einen Rest. Elija weiß gar nichts von ihm. Aber Gott weiß von seiner Existenz. Dass dieser Rest noch existiert, ist das Werk Gottes: „Ich habe übriggelassen ..." Dieser Rest wird den JHWH-Glauben weitertragen. Noch deutlicher formuliert Jesaja 4,2–6:

> *An jenem Tag wird, was der Herr sprossen lässt, für die Entronnenen Israels eine Zierde und Ehre sein. Die Früchte des Landes sind ihr Stolz und Ruhm. Und es wird geschehen: Der Rest von Zion, und wer in Jerusalem noch übrig ist, wird heilig genannt werden, jeder, der in Jerusalem zum Leben eingeschrieben ist.*
>
> *Wenn der Herr durch den Sturm des Gerichts und den Sturm der Läuterung von den Töchtern Zions den Kot abgewaschen und aus Jerusalems Mitte die Blutschuld weggespült hat, schafft er über dem ganzen Gebiet des Berges Zion und seinen Versammlungsplätzen bei Tag eine Wolke und bei Nacht Rauch und Glanz lodernden Feuers. Denn über allem liegt als Schutz und Schirm die Herrlichkeit des Herrn; sie spendet bei Tag Schatten vor der Hitze und ist Zuflucht und Obdach bei Unwetter und Regenflut.*

Noch immer kommt der Rest aus der Katastrophe. Er ist übriggeblieben, er ist entronnen. Aber die Katastrophe war nicht nur Sinnlosigkeit. Sie war Gericht und Läuterung. So sehr, dass „an jenem Tag" die Übriggebliebenen ein „heiliger" Rest sind. Sie werden heilig genannt werden, weil sie von Gott ausersehen und dafür bewahrt worden sind, Zeugen der endgültigen Gegenwart Gottes in seinem Volk zu werden.

Ähnlich kann Jesaja 6,13 das Motiv der Heiligkeit mit dem Motiv des Restes verknüpfen. Der Rest erscheint dort im Bild eines Baumstumpfes, aus dem aber „heiliger Same" sprossen wird. Hinter all diesen Formulierungen steht die Auffassung, dass Gott selbst es ist, der sich aus Israel einen Rest schafft. Er ist dabei der eigentlich Handelnde. So auch in Zefanja 3,12–15:

> *Ich lasse in deiner Mitte übrig ein demütiges und armes Volk, das seine Zuflucht sucht beim Namen des Herrn. Der Rest von Israel*

wird kein Unrecht mehr tun und wird nicht mehr lügen, in ihrem Mund findet man kein unwahres Wort mehr. Ja, sie gehen friedlich auf die Weide, und niemand schreckt sie auf, wenn sie ruhen.

Juble, Tochter Zion! Jauchze, Israel! Freu dich, und frohlocke von ganzem Herzen, Tochter Jerusalem! Der Herr hat das Urteil gegen dich aufgehoben und deine Feinde zur Umkehr gezwungen. Der König Israels, der Herr, ist in deiner Mitte; du hast kein Unheil mehr zu fürchten.

In diesem Text aus dem Zefanjabuch wird nun auch sehr deutlich auf das sittliche Handeln des Restes Israels abgehoben. „Kein Unrecht mehr …“ meint die erneuerte Bundestreue des Volkes, das all seine Selbstherrlichkeit abgelegt hat. Es erwartet nichts mehr von sich selbst, aber alles von seinem Gott.

Anderswo wird der Rest-Begriff mit der Umkehr zusammengebracht oder mit einem „Sich-Demütigen“, das heißt mit einer erneuten Hinwendung zu Gott[3]. Allerdings nimmt bei all dem das Handeln Gottes immer wieder die erste Stelle ein. Besonders deutlich zeigt das in unserem Zusammenhang Micha 4,6–8:

An jenem Tage – Spruch des Herrn – will ich versammeln, was lahmt, und zusammenführen, was versprengt ist, das, worüber ich Unheil gebracht habe. Ich mache das Lahmende zum Rest und das Entfernte zu einem mächtigen Volk.

Und der Herr wird König über sie sein auf dem Berg Zion von jetzt an auf ewig. Und du, Herdenturm, Burg der Tochter Zion, du erhältst wieder die Herrschaft wie früher, das Königtum kommt wieder zur Tochter Jerusalem.

Was die Begriffe „Herdenturm“ und „Burg“ konkret meinen, ist umstritten. Klar ist aber, dass es dabei um Jerusalem beziehungsweise um den Zion geht. Wichtiger ist: Gott selbst macht die Versprengten und die Zerschlagenen zum Rest. Der Rest ist seine Setzung, seine Gnadengabe. Fast möchte man sagen: Den Rest bilden zwar immer noch die Entkommenen und Übriggebliebenen, die Lahmenden und Versprengten, aber zugleich ist er neue Initiative Gottes, ein verheißungsvolles Werk, das sich Gott schafft. Der

„Rest“ steht parallel zu dem „mächtigen Volk“. Offensichtlich ist der Restbegriff dabei, zu einem Würdenamen zu werden.

*

Überblickt man die vielen Texte des Alten Testamentes, die vom Rest handeln, so ist klar, dass ihr Übergewicht bei den prophetischen Heilsverheißungen nachexilischer Zeit liegt. Klar ist auch, dass es sich beim Rest um einen *Relationsbegriff* handelt. Die Katastrophe, aus der ein Rest entkommen ist, wird fast immer mitgedacht. Zugleich aber verbindet sich mit dem Rest die Vorstellung vom kommenden Heil – je später die Texte anzusetzen sind, desto deutlicher. Insofern werden in diesem Begriff die beiden Linien Gericht und Heil miteinander verbunden[4]. Die Unheilszusammenhänge im Gottesvolk sind tiefgreifend – so tiefgreifend, dass Israel trotz aller Warnungen in die Katastrophe hineintaumelt und, menschlich gesprochen, am Ende ist. Und doch lässt Gott einen Rest übrig, ja, er schafft sich einen Rest.

Dieser Rest ist die Keimzelle des künftigen Heils. Er sichert die Kontinuität der Verheißung. Er ist der Träger der Heilsgeschichte. Gott musste sein Volk zwar in die Katastrophe hineinführen, aber er führt es durch sie hindurch auch zu neuem Leben. So spricht der Begriff des Restes letztlich von der *Treue Gottes.* Gott lässt sich seinen Plan, in der Welt ein Volk zu haben, das allen Völkern zum Segen wird, nicht zerstören. Er gibt das, was er mit Abraham begonnen hat, nicht preis. Er bleibt seinem Volk treu.

Man kann sich natürlich fragen, welchen Umfang innerhalb dieser nachexilischen Theologie vom Rest denn nun eigentlich Israel hat. Ist das „demütige und arme Volk“ von Zefanja 3,12 eine besondere Gruppe, die sich als das wahre Gottesvolk versteht? Hatte der Restbegriff neben anderem auch die Funktion, das wahre Israel von einer vorläufig nur äußerlich zu Israel gehörenden Menge zu unterscheiden? In diesem Sinn wird Paulus in Römer 11,1–12 den Begriff des Restes verwenden. Bevor er in Römer 11,26 im Blick auf das jetzt noch ungläubige Israel sagen kann: „Ganz Israel wird gerettet werden“, hatte er in 9,6 für die Gegenwart formuliert: „Nicht alle, die aus Israel stammen, sind Israel.“

Lebt also der Restbegriff von der Glaubenshoffnung einer bestimmten Gruppe oder einer bestimmten Bewegung, die in der nachexilischen Zeit im Mutterland oder in der Diaspora lebendig ist und mit ihrer Theologie breite Spuren hinterlassen hat?

Man kann diese Frage stellen. Doch sie ist nicht beantwortbar. Der Restbegriff ist im Alten Testament nicht nur komplex, er ist auch relativ breit gestreut. Er ist nicht an eine bestimmte Schrift oder redaktionelle Schicht gebunden. Er wird offenbar von den verschiedensten Trägerkreisen verwendet. Die Texte lassen deshalb nur schwerlich gesellschaftliche Verortungen zu[5].

Sie zeigen nur immer wieder, dass sich der Rest, von dem vor allem prophetische Texte reden, an den Zion gebunden weiß[6]. Das heißt nicht, dass der Rest nicht auch im Exil, zum Beispiel in Babylon, sitzen könnte. Aber selbst der dort lebende Rest wird zum Zion zurückkehren oder setzt doch seine ganze Hoffnung auf den Zion. Der Restgedanke kann sogar auf die Völker ausgeweitet werden (Sach 14,16). Doch auch dann bleibt er an den Zion gebunden.

Im Zusammenhang unserer Fragestellung ist letztlich auch gar nicht entscheidend, wer diejenigen konkret sind, die im Alten Testament ‚Rest‘ genannt werden. Entscheidend ist, dass es diesen Rest gemäß alttestamentlicher Theologie gibt. Er ist Zeichen für die weitergehende Treue Gottes, für seine Gnade an Israel.

Und noch etwas anderes ist von Gewicht. Wie wir sahen, ist der Begriff des Restes ein Relationsbegriff, in dem das Herausgerettetsein aus der Katastrophe immer mitschwingt. Eben deshalb blickt der Begriff nicht nur auf ein *zukünftiges* Israel, das zu einem mächtigen Volk wird, umgeben von Fruchtbarkeit und Segen und geschützt von der Gegenwart Gottes, sondern er kann auch von einem *jetzt schon existierenden* Israel sprechen, das Gottes Gericht durchlitten hat, das „sichtbares Zeichen für die Vergebung Gottes“ ist[7], und all das weiterträgt, was im Gottesvolk seit Abraham an Heil geschehen ist.

*

Damit sind wir noch einmal bei der Frage, die in diesem II. Teil immer wieder angeklungen ist: Wird im alttestamentlichen Israel die Erbsünde überwunden? Oder vorsichtiger: Wird die Macht jener

Unheilszusammenhänge und Schuldpotentiale, welche die Erbsünde ausmachen, durchbrochen? Noch einmal anders formuliert: Gibt es schon im alttestamentlichen Gottesvolk Erlösung? Wer das Verhältnis des Alten zum Neuen Testament nur unter dem Schema Verheißung / Erfüllung zu sehen vermag, wird sich mit solchen Fragen schwer tun. Denkt man ausschließlich in diesem Schema – und denkt man es noch dazu oberflächlich –, dann war das alttestamentliche Israel lediglich der Tradent von Verheißungen, die sich dann in Jesus Christus erfüllten.

Dabei brauchte das Schema Verheißung / Erfüllung nicht einmal an dem vorbeizugehen, was uns dieser II. Teil gezeigt hat. Man müsste das Wort ‚Verheißung' nur mit Leben füllen. Man müsste es richtig verstehen. Nicht als die bloße Summe von Ankündigungen, die sich dann irgendwann erfüllen, sondern als Realitäten, die im Gottesvolk schon anwesend, aber noch nicht vollendet sind. Sie sind noch nicht vollendet, weil sie jederzeit umschlagen können, weil sie durch Versagen und Abfall noch rückgängig gemacht werden können. Sie sind noch nicht endgültig und unüberholbar in der Welt. Aber es sind Realitäten, welche die Verheißung in sich tragen, dass sie eines Tages definitiv und unumkehrbar anwesend sind.

Der Gehorsam Abrahams, der erzählt werden konnte, weil ihn Menschen in Israel gelebt haben, ist eine Realität. Die Befreiungserfahrung des Exodus, ursprünglich nur von einer kleinen Gruppe erlebt, ist eine Realität, in die viele in Israel eingetreten sind. Die Freude am Willen Gottes, erfahren von zahllosen Betern und Tätern der Psalmen, ist eine Realität. Genauso die Versöhnungen am Jom Kippur, die Konfrontation Israels mit dem Gotteswort seiner Propheten, die Weisheit, die ständig Menschen zur Gottesfurcht erzog.

All das waren nicht nur Worte, die Künftiges verhießen. Es waren Wirklichkeiten, die Unheilszusammenhänge durchbrachen und Geschichte veränderten. Aber diese Geschichte hat vor Jesus Christus ihr letztes Ziel noch nicht erreicht. Sie ist noch nicht vollkommene Eindeutigkeit geworden. Allein deshalb ist sie noch vorläufig.

Man darf sich das, was Verheißung ist, eben nicht vorstellen wie ein Versprechen, das einem Kind gegeben wird: „Das und das wirst du bekommen" – und am Geburtstag wird ihm das Versprochene dann tatsächlich in die Hand gedrückt. Besser wäre der Vergleich mit einer Liebe zwischen zwei Menschen, die voller Verheißung ist, einer Liebe, die so groß ist, dass die beiden Menschen sie als etwas Neues und Einmaliges erfahren, die aber noch nicht vollendet ist, weil ihre letzte Bewährung noch aussteht: die Treue bis in den Tod.

Um in diesem Bild zu bleiben: Das Neue Testament sagt, dass erst in der Botschaft und Praxis Jesu, ja sogar erst in seiner gekreuzigten Liebe die lange Geschichte des alttestamentlichen Israel ihre Erfüllung und letzte Eindeutigkeit gefunden hat. Aber seine Treue bis zum Tod am Kreuz wäre nie möglich geworden ohne den Glauben Abrahams, ohne das Unterscheidungswissen der Tora und den Mut der Propheten. Deshalb redet Jesus auf dem Berg der Verklärung, auf dem sich sein Tod und seine Auferstehung im Vorhinein abzeichnen, mit Mose und Elija. Sein Sterben ist die endgültige und unüberholbare Vereindeutigung einer langen und wechselhaften Geschichte zwischen Gott und seinem Volk. Ist in Jesus die Erfüllung aller Verheißungen angebrochen? Ja! Aber die Erfüllung von Verheißungen, die schon lange als Realität unterwegs waren.

Wie sich die Realität der Erlösung, die sich seit Abraham entfaltet, in Maria verdichtet und doch erst in Jesus Christus ihre endgültige Erfüllung findet, soll der nun folgende III. Teil dieses Buches zeigen.

Dritter Teil

Maria: das Inbild des erlösten Israel

1. Biblische Figurationen für Israel

Im vorangegangenen Kapitel hatten wir uns Texte vergegenwärtigt, die vom Rest Israels sprechen. In ihnen tauchte mehrfach der Zion auf, und zwar in personalisierter Form: Da war von der „Tochter Zion“ oder der „Tochter Jerusalem“ die Rede (vgl. Jes 1,8; Mi 4,8; Zef 3,14).

Damit haben uns die Texte selbst auf ein Phänomen hingewiesen, das für die Mariologie von grundlegender Bedeutung ist: Eine einzelne Gestalt kann ein ganzes Volk figurieren. Aber was ist eine Figuration genauerhin? Was bedeutet sie? Welche Funktion hat sie? Wir besprechen zunächst Figurationen für Israel im Alten Testament. Es ist ja keineswegs eine Selbstverständlichkeit, dass dort eine ganze Volksgruppe beziehungsweise ein ganzes Volk als „Tochter Zion“, als „Menschensohn“ oder „Gottesknecht“ bezeichnet werden kann.

Wir werden sehen, dass diese Figurationen jeweils für einen theologischen Großzusammenhang stehen – zum Beispiel der „Gottesknecht“ für das dramatische Geschehen, in welchem das zerschlagene Israel durch Leiden zum Licht der Völker wird. Und wir werden sehen, dass das sprachliche Mittel der Figuration im Neuen Testament wieder aufgegriffen wird, unter anderem in der Figur der apokalyptischen Frau von Offenbarung 12.

a) Die Figur des Menschensohnes in Daniel 7

In Daniel 7,13–14 ist von einem Menschensohn die Rede, der mit den Wolken des Himmels kommt und dem von Gott das Königtum über die ganze Welt verliehen wird. Dieser Menschensohn wird im Neuen Testament konsequent mit Jesus Christus gleichgesetzt, ja, Jesus hat sich wohl selbst bereits als „der Menschensohn“ verstanden. Deshalb kommt uns kaum in den Sinn, dass der Menschensohn in Daniel 7 eine Chiffre für das wahre Israel sein könnte. Und doch ist es so. Man muss freilich das gesamte Textgefüge Daniel 7,1–28 vor Augen haben, wenn man diese ursprüngliche Bedeutung des Menschensohnes im Danielbuch erkennen will:

> *Ich [Daniel] hatte während der Nacht eine Vision: Siehe, die vier Winde des Himmels wühlten das große Meer auf. Aus dem Meer aber stiegen vier große Tiere herauf. Und jedes hatte eine andere Gestalt. Das erste war einem Löwen ähnlich, hatte jedoch Adlerschwingen. (…) Und siehe, ein anderes, zweites Tier: Es glich einem Bären und stand hoch aufgerichtet. Es hielt zwischen seinen Zähnen drei Rippen im Maul, und es wurde ihm befohlen: „Auf, friss noch mehr Fleisch!“ Danach schaute ich – und siehe, wieder ein anderes Tier: Es glich einem Leoparden, hatte aber auf dem Rücken vier Flügel wie die Flügel eines Vogels. Auch hatte das Tier vier Köpfe. Ihm wurde Herrschermacht gegeben.*
>
> *Danach schaute ich in meinen nächtlichen Visionen – und siehe: ein viertes Tier. Es war entsetzlich und furchtbar anzusehen und außergewöhnlich stark. Es hatte gewaltige eiserne Zähne. Es fraß und zermalmte. Was noch übrig blieb, zertrat es mit seinen Füßen. Es war anders als all die Tiere vor ihm. Auch hatte es zehn Hörner. Als ich die Hörner betrachtete, sah ich, wie ein weiteres, ein kleines Horn zwischen ihnen aufspross, und drei der ersten Hörner wurden ausgerissen. Und siehe: An diesem Horn waren Augen wie Menschenaugen und ein Maul, das anmaßend redete.*
>
> *Ich schaute noch immer: Da wurden Throne aufgestellt, und ein Hochbetagter nahm Platz. Sein Gewand war weiß wie Schnee, sein Haar wie reine Wolle. Feuerflammen waren sein Thron, und die Räder des Thrones loderndes Feuer. Ein Strom von Feuer ging von ihm aus. Tausendmal Tausende dienten ihm. Zehntausendmal Zehntausende standen vor ihm. Das Gericht nahm Platz, und es wurden Bücher aufgeschlagen.*

Ich sah noch immer hin, bis das [vierte] Tier wegen der anmaßenden Worte, die es redete, getötet wurde. Sein Kadaver wurde ins Feuer geworfen und vernichtet. Auch den anderen Tieren wurde die Herrschaft genommen. (…)

Immer noch hatte ich die nächtlichen Visionen. Da kam mit den Wolken des Himmels einer wie ein Menschensohn. Er gelangte bis zu dem Hochbetagten und wurde vor ihn hin geführt. Ihm wurden die Herrschaft, die Ehre und das Königtum gegeben. Alle Völker, Nationen und Sprachen müssen ihm dienen. Seine Herrschaft ist eine endgültige, unvergängliche Herrschaft. Sein Königtum geht niemals unter. (Dan 7,2–14)

Dieser Text ist in Israel in einer Zeit großer Bedrängnis niedergeschrieben worden – für Leser, die seine chiffrierte Sprache verstehen konnten. Uns Heutigen, die weit von dieser ursprünglichen Situation entfernt sind, muss der Text dechiffriert werden. Gehen wir seine Bilder im Einzelnen durch.

Daniel ist hier Deckname für einen Theologen, dessen wirklichen Namen wir nicht mehr kennen. Er lebte im 2. Jahrhundert vor Christus unter Antiochus III. und dann unter Antiochus IV., dem berüchtigten syrischen Herrscher. Für die Frommen in Israel war es eine Zeit der Glaubensnot und der Verfolgung. Deshalb sagt der Text: Es ist Nacht.

Das große Meer, von dem die nächtlichen Visionen sprechen, ist kein geographisch festlegbares Gewässer. Es ist der Weltozean, das Urmeer – Bild für das Chaos. Die vier Tiere kommen aus dem Chaos, und sie stellen selber das gesellschaftliche Chaos dar. Eigentlich sollte man nicht von Tieren reden, sondern von Bestien. Denn das ist gemeint. Sie stehen für vier große Weltreiche, wir könnten auch sagen: für vier Gesellschaften, die einander ablösen und die immer bestialischer werden. Deshalb werden sie als „Tiere" chiffriert.

Der Löwe ist für den Verfasser des Buches Daniel das babylonische Reich. Babylon war unwiderstehlich wie ein Löwe (vgl. Jer 4,7). Israel hatte sich gegen diese Großmacht nicht wehren können. Durch Babylon wurde Jerusalem erobert und die Elite des Volkes deportiert.

Der Bär, die zweite Bestie, ist das Großreich der Meder, das innerhalb der Darstellung des Danielbuches dem Reich der Babylonier folgt. Dass der Bär drei Rippen frisst, will sagen: die Meder unterwarfen sich drei Reiche.

Der Leopard, die dritte Bestie, ist das Großreich der Perser. Die Perser hatten eine solche Macht entwickelt, dass sie sogar Griechenland teilweise überrollten. Für die Durchschlagskraft und die Geschwindigkeit der persischen Heere stehen die vier Flügel und die vier Köpfe.

Dann sieht der Prophet die vierte Bestie: Sie ist so schrecklich, dass dem Verfasser fast die Bilder entgleisen. Es ist diejenige Weltmacht, die für den Glauben Israels am gefährlichsten wurde: das hellenistische Reich der Seleukiden, ein Nachfolgestaat des Alexanderreiches. Die zehn Hörner sind zehn hellenistische Herrscher, das letzte, das „kleine" Horn ist Antiochus IV. Epiphanes. Dieses „kleine" Horn wird dann in Daniel 8,9–10 bis zum Himmel emporwachsen und einen Teil der Sterne vom Firmament fegen.

Wir wissen, dass Antiochus IV. vorhatte, Israel zu hellenisieren – auch auf Betreiben von liberalen jüdischen Kreisen. Antiochus IV. regierte von 175–164. Er plünderte den Jerusalemer Tempel und betrat das Allerheiligste – für gesetzestreue Juden ein schreckliches Sakrileg. Er richtete im Tempelbereich einen Kult für den Zeus Olympios ein. Den Juden wurde ihr eigener Kult verboten, und auch der Sabbat durfte nicht mehr gefeiert werden. Das alles ist der unmittelbare historische Hintergrund des Buches Daniel und seiner endzeitlichen Hoffnung.

Als die Anmaßung des letzten Hornes seinen Höhepunkt erreicht hat, erscheint ein Hochbetagter. Es ist Gott selbst. Er wird als Hochbetagter gesehen, weil er der Ewige ist. *Er* ist der Herr der Geschichte, nicht die bestialischen Weltreiche.

Ein himmlisches Gericht tritt zusammen, um über sämtliche Weltreiche und vor allem über die vierte Bestie zu Gericht zu sitzen. Vor diesem Weltgericht erscheint nun ein fünftes Reich, eine fünfte Gesellschaft. Ihre Chiffre lautet: „Menschensohn" – das ist dasselbe wie „Mensch". Diese fünfte Gesellschaft wird sehr sorgfältig von den vorangegangenen Reichen abgehoben. Sie ist nicht mehr brutal, nicht mehr bestialisch, sondern endlich eine menschliche Gesellschaft. Deshalb wird sie nicht durch Tiere, sondern durch einen Menschen symbolisiert. Man muss sehen, wie scharf der Text an dieser Stelle unterscheidet: Die fünfte Gesellschaft kommt nicht aus dem Chaos-Meer, sondern „mit den Wolken des Himmels". Das heißt: Sie ist menschlich nicht machbar. Sie wird der Welt von Gott geschenkt. Sie ist das Ende aller Gewaltherrschaft.

Die vier Bestien sind also Figurationen von vier Weltreichen: Babylon, Medien, Persien, Syrien. Es geht dabei durchaus um benennbare Reiche und um konkrete politische Geschichte. Zugleich sind die vier Bestien aber Symbolgestalten für die Unheilsgeschichte der Welt überhaupt. Sie chiffrieren eine Geschichte, die immer brutaler und böser wird. Das Potential an Gewalt in der Welt wächst. Dargestellt ist das durch die Steigerung vom Löwen bis zu jenem Tier, das alle Formen sprengt und an Schrecklichkeit alles überragt. Der Kontrast zu den vier Bestien ist der Menschensohn. Er ist *Gesellschaft* wie die vier Lebewesen vor ihm. Aber er ist endlich die erhoffte humane Gesellschaft.

Für uns ist nun entscheidend, dass dieses ganz andere, menschliche Gemeinwesen in der sich anschließenden Deutung der Vision als „das Volk der Heiligen des Höchsten" bezeichnet wird. Ein Deute-Engel sagt nämlich zu Daniel:

> *Diese großen Tiere, vier an der Zahl, bedeuten vier Könige [= vier Königreiche], die sich auf der Erde erheben werden. Das Königtum aber werden die Heiligen des Höchsten erhalten, und sie werden es behalten für immer und ewig. (...) Das Königtum und die Macht und die Herrlichkeit aller Reiche unter dem ganzen Himmel werden dem Volk der Heiligen des Höchsten gegeben. Sein Königtum ist ein ewiges Königtum, und alle Mächte werden ihm dienen und gehorchen. (Dan 7,17–18. 27)*

In der Bibelwissenschaft ist umstritten, wer in diesem Text mit den „Heiligen des Höchsten" gemeint ist. Im Buch Daniel können Engel als „Heilige" bezeichnet werden (vgl. Dan 4,10.20; 8,13). Sind die „Heiligen des Höchsten" also Engel? Dagegen spricht, dass vom *Volk* der Heiligen des Höchsten die Rede ist. Und wie Psalm

34,10 zeigt, kann „Heilige" durchaus auch treue Israeliten bezeichnen. Gegen die Engel-Hypothese spricht auch, dass der letzte aller Gewaltherrscher die „Heiligen des Höchsten" unterdrückt und ihre Festzeiten und ihr Gesetz verändern will (Dan 7,25; vgl. auch 8,24). Gegen die Engel-Hypothese spricht schließlich, dass die vier Bestien reale Gesellschaften sind, denen im Menschensohn doch wohl eine genauso reale Gesellschaft gegenübergestellt wird. Sie kommt zwar ganz von Gott, aber sie ist Gesellschaft, sie ist Volk. Von dieser neuen Gesellschaft war im Übrigen bereits in Daniel 2 die Rede. Dort hieß es:

> *Zur Zeit jener Könige wird aber der Gott des Himmels ein Königtum errichten, das in Ewigkeit nicht mehr untergeht; dieses Königtum wird er keinem anderen Volk überlassen. Es wird alle jene Königtümer zermalmen und vernichten; es selbst aber wird in alle Ewigkeit bestehen. (Dan 2,44)*

Es führt also exegetisch kein Weg daran vorbei: Das „Volk der Heiligen des Höchsten" ist das ersehnte endzeitliche Israel, das sich abhebt von allen vorangehenden Gewaltherrschaften und in keiner Weise dem entspricht, was sich hellenisierungswillige Kreise in Jerusalem so sehr wünschten. Der Menschensohn ist somit eine Figuration des *wahren,* allein dem Gott der Väter dienenden Israel. Und nicht nur das. Die Figur des Menschensohns steht für einen theologischen Großzusammenhang. Sie steht für eine Geschichtswende, nämlich für die Ablösung der auf ihre eigene Macht bauenden Weltgesellschaften durch eine neue, endgültige, in Ewigkeit bestehende Gesellschaft, die ihre Herrschaft allein aus der Hand Gottes empfängt.

b) Die Figur des Gottesknechtes in Deuterojesaja

Um eine vergleichbare Symbolfigur geht es in Jes 40–55. Dort ist, fast gleichmäßig über diese 15 Kapitel hin verteilt, immer wieder von Israel als dem „Knecht Gottes" die Rede. Demgegenüber kommt „Knecht Gottes" in dieser Bedeutung in Jes 1–39 (Protojesaja) und auch in Jes 56–66 (Tritojesaja) nirgendwo vor[1]. Es handelt sich also um eine Besonderheit der Kapitel 40–55, des sogenannten

Deuterojesaja. Schon sofort in Jesaja 41,8–10 zeigt der Verfasser dieser Kapitel, dass der Knecht Gottes niemand anderes als Israel selbst ist:

> *Du Israel, mein Knecht, du Jakob, den ich erwählt habe, Nachkomme meines Freundes Abraham: Ich habe dich von den Enden der Erde geholt. Aus ihren äußersten Winkeln habe ich dich gerufen. Ich habe zu dir gesagt: „Du bist mein Knecht, dich habe ich erwählt und nicht verworfen." Fürchte dich nicht, denn ich bin mit dir. Blicke nicht ängstlich umher, denn ich bin dein Gott. (Jes 41,8–10; vgl. 44,21; 45,4; 48,20)*

Äußerst umstritten sind allerdings die Textgruppen Jesaja 42,1–4; 49,1–6; 50,4–9; 52,13–53,12. Seit Bernhard Duhm († 1928) werden diese vier Texte als sogenannte „Gottesknechtslieder" innerhalb Deuterojesajas abgegrenzt und jeweils für sich interpretiert. Meist wird dann der Gottesknecht dieser Lieder *individuell* als prophetische oder königliche Gestalt gedeutet. Dafür wird vor allem ins Feld geführt, dass in Jesaja 42,6 und 49,5.6 der Knecht dem Volk Israel gegenübergestellt werde. Gegen die Hypothese von vier zu isolierenden Liedern, in denen der Knecht nicht Israel, sondern eine individuelle Gestalt sei, gibt es jedoch schwerwiegende Gründe.

Erstens wird innerhalb des angeblich zweiten Gottesknechtsliedes der Knecht ausdrücklich mit Israel identifiziert (vgl. Jes 49,3). Die Vertreter einer individuellen Deutung sind gezwungen, „Israel" in diesem Vers textkritisch zu tilgen – genauer: eine nur schwach bezeugte, deutlich sekundäre Lesart zu wählen, in der Israel bereits getilgt ist.

Zweitens ist nur schwer einzusehen, dass innerhalb des Großtextes Deuterojesaja der „Knecht" zwei ganz verschiedene Bedeutungen haben sollte – teilweise kollektiv, teilweise individuell. In Deuterojesaja wird der Knecht bereits in 41,8 mit Israel identifiziert. Wie konnte ein Leser wenige Verse weiter in 42,1 plötzlich annehmen, hier sei nun nicht mehr Israel gemeint, sondern eine Einzelperson. Der damalige Hörer beziehungsweise der damalige Leser hörten und lasen kontinuierlich. Sie hatten noch nicht die gliedernden Überschriften heutiger Bibelausgaben in ihrem Text und schon gar nicht die einer wissenschaftlichen Hypothese entsprungenen Überschriften: „Erstes Gottesknechtslied“, „Zweites Gottesknechtslied“ usw.

Drittens: Nach 42,6 und 49,5.6 scheint der Gottesknecht eine Aufgabe an Israel zu haben und somit nicht mit Israel identisch zu sein. Doch diese angeblichen Gegenüberstellungen von Knecht und Israel beruhen auf Missverständnissen des Textes. Die betreffenden Übersetzer achten nicht auf den Zusammenhang und kennen sich in den Möglichkeiten der hebräischen Infinitiv-Syntax nicht aus[2]. Der Gottesknecht hat keine Aufgabe an Israel, sondern an den Völkern: Bereits in Jesaja 43,8–13 werden die Völker zum Gericht versammelt und der Gottesknecht tritt in dieser Versammlung angesichts der Nationen als Zeuge für Gott auf. In 49,1–6 wendet sich der Knecht dann in einer öffentlichen Rede an die Völker („Hört auf mich, ihr Inseln, merkt auf, ihr Völker in der Ferne!“). In 49,7 werfen sich die Könige und die Fürsten nieder, als sie erkennen, dass der verachtete Gottesknecht von Gott selbst erhöht wird. Damit ist 53,1–11 vorweggenommen und angebahnt: Dort legen die Völker ein öffentliches Bekenntnis ab. Sie haben nun endlich begriffen, dass der verfolgte, getötete, aber von Gott wieder zum Leben erweckte Gottesknecht Israel *für sie* gelitten hat und ihnen zum Heil geworden ist. Dass es sich bei dem „Wir“ des Abschnitts 53,1–11 um die Völker und ihre Könige handelt, geht aus den rahmenden Gottesreden 52,13–15 und 53,11–12 klar hervor. Dort ist je zweimal von den „Vielen“ die Rede, und diese „Vielen“ sind die Nationen der Erde.

Viertens: In dem öffentlichen Bekenntnis der Völker Jesaja 53,1–11 heißt es in der „Einheitsübersetzung der Heiligen Schrift“: „Wegen der Verbrechen *seines* Volkes (wurde er, der Gottesknecht) zu Tode getroffen“ (V. 8). Der hebräisch-masoretische Text liest hier freilich: *'ami* – „mein Volk“. Und mit „(mein) Volk“ ist hier keineswegs Israel gemeint. Es handelt sich um einen distributiven Singular anstelle eines Plurals – im Hebräischen durchaus nicht ungewöhnlich. Gemeint ist: „Er wurde zu Tode getroffen wegen des Volkes eines jeden von uns.“ Auch hier hat man sich nicht an den Urtext gehalten. Richtig übersetzt passt Vers 8 genauestens in die

Rede der Völkerkönige. Sie sprechen hier nicht von Israel, sondern von sich selbst.

Der Leser möge verzeihen. Es war unumgänglich, an dieser Stelle stärker ins exegetische Detail zu gehen. Denn unsere Bibelausgaben werden gerade in den sogenannten Gottesknechtsliedern aufgrund fragwürdiger Vorverständnisse der Übersetzer dem hebräischen Text nicht gerecht. Wir halten uns angesichts des dargelegten Gesamtbefundes an das Prinzip jeder kirchlichen Auslegung, dass der Großtext Deuterojesaja *als ganzer* die Auslegung zu bestimmen hat. Deshalb beziehen wir sämtliche „Knecht"-Stellen in Jes 40–55 auf Israel. Selbst wenn die vier sogenannten „Gottesknechtslieder" jemals für sich existiert hätten und eine individuelle Gestalt vor Augen gehabt hätten (was aber sehr unwahrscheinlich ist) – jetzt stehen sie eindeutig innerhalb eines Kontextes, der kollektiv vom Knecht Israel spricht, und sind deshalb auch in diesem Sinn auszulegen. Was wird nun von dem Knecht Israel gesagt?

1. Aussagen, die bereits seinen Anfang betreffen:
Er ist Nachkomme des Gottesfreundes Abraham (41,8).
Er ist von Gott geschaffen und geformt (43,1).
Gott hat ihn bei seinem Namen gerufen (43,1; 49,1).
Gott hat ihn erwählt (41,8–9; 43,10; 44,1–2; 45,4).
Gott hat an ihm Gefallen gefunden (42,1).

2. Aussagen über sein gegenwärtiges Elend:
Der Knecht hatte gegen Gott gesündigt (42,24).
Deshalb hat Gott ihn seinen Gegnern überlassen (42,24).
Er wurde beraubt und ausgeplündert (42,22).
Er wurde als Beute verschleppt (42,22).
Er wurde zum Knecht von Tyrannen (49,7).
Er wurde in den Kerker geworfen (42,22).
Er ist ein armer Wurm (41,14).
Er ist blind und taub (42,18–19).
Er ist ganz und gar verachtet (49,7).
Er ist den Menschen ein Abscheu (49,7; 53,3).
Er wird gemieden (53,3).

Viele entsetzen sich über ihn (52,14).
Er sieht nicht mehr wie ein Mensch aus (52,14).
Er ist ein Mann der Schmerzen (53,3).

3. Das erlösende Handeln Gottes an seinem Knecht:
Gott verwirft ihn nicht (41,9).
Gott fegt seine Vergehen hinweg wie eine Wolke (44,22).
Er ist in den Augen Gottes teuer und wertvoll (43,4).
Gott erlöst ihn (41,14; 43,1; 44,22–23).
Gott gibt ganze Länder [als Kaufpreis] für ihn (43,4).
Gott ist sein Retter (43,3).

4. Ausrüstung, Sendung und Aufgabe des Knechtes:
Gott nimmt ihm die Furcht (41,13; 44,2).
Gott hilft ihm (41,10.13; 50,7).
Gott macht ihn stark (41,10).
Gott macht ihn zu einem Dreschschlitten (41,15).
Sein Mund ist ein scharfes Schwert (49,2).
Er ist ein spitzer Pfeil im Köcher Gottes (49,2).
Wer mit ihm streitet, geht zugrunde (41,11–12).
Gott öffnet sein Ohr (50,5).
Gott gibt ihm die Zunge eines Jüngers (50,4).
So kann er die Ermatteten aufrichten (50,4).
Gott legt seinen Geist auf ihn (42,1).
Er wird zum Zeugen für die Taten Gottes (43,10).
Er richtet überall das Rechtsurteil Gottes auf (42,1–4).
Gott macht ihn zum Licht für die Völker (42,6).
An ihm zeigt Gott seine Herrlichkeit (49,3).
Durch ihn erreicht das Heil Gottes die ganze Welt (49,6).

5. Das anstößige Paradox seiner Sendung:
Wie ein Lamm tut er seinen Mund nicht auf (53,7).
Er verzichtet auf jede Gewalt (50,6).
Er wird misshandelt (53,7).
Er gibt sein Leben dem Tode preis (53,12).
Er wird verhaftet und vor Gericht geführt (53,8).

Er wird getötet (53,8).
Man gibt ihm ein Grab unter Verbrechern (53,9).

6. Die Deutung des Paradoxes:
Er gibt sein Leben als Sühnopfer hin (53,10).
Er trägt die Krankheiten [der Völker] (53,4).
Er wird durchbohrt wegen ihrer Verbrechen (53,5).
Gott lädt die Schuld der Völker auf ihn (53,6).
Er tritt [fürbittend] für die Übeltäter ein (53,12).
Seine Wunden bewirken ihre Heilung (53,5).
Er macht die „Vielen" gerecht (53,11).

7. Die Zukunft des Knechtes:
Er endet nicht in Schande (50,7).
Er wird Erfolg haben und erhöht werden (52,13).
Er wird Nachkommen sehen und lange leben (53,10).
Der Plan des Herrn wird durch ihn gelingen (53,10).
Er versetzt viele Völker in Staunen (52,15).
Könige müssen vor ihm verstummen (52,15).
Fürsten werfen sich nieder (49,7).

Überblickt man all diese Aussagen über den Knecht, so zeigt sich: Sie bilden nicht nur ein festes Sinngefüge, sondern enthüllen darüber hinaus ein Drama, das in ständig wechselnden Sprechsituationen ‚aufgeführt' wird: Israel, der von Gott erwählte und mit Gott vertraute Knecht, lebt wegen seiner Sünden im Elend des Exils. Er ist zur Beute der Völker geworden, hat keine Gestalt mehr, alle verachten ihn. Er lebt in der Sphäre des Todes. Er lebt wie im Grab. Doch eben dieses zerschlagene und zertretene Israel ist Gottes Werkzeug. Gott macht es zum „Licht für die Völker". Durch den Knecht Israel bringt Gott sein Heil bis zu den Grenzen der Erde.

Dies geschieht nun aber gerade nicht durch Ausübung von Macht und Gewalt. Es geschieht durch das stumme Leiden Israels, durch seine Verunstaltung und Deformation. In der antiken Welt, in der schwere Krankheit und Entstellung der menschlichen Gestalt als göttliche Strafe empfunden werden, ist dies eine für uns kaum noch fassbare Revolution des Denkens. Israel leidet für die „Vielen“, das heißt für die Völker. Eben auf diese Weise gelingt der Plan Gottes.

Die Juden haben den Knecht von Deuterojesaja häufig und in steigendem Maß kollektiv auf Israel hin ausgelegt. Die christliche Deutung ging von Anfang an auf Jesus (vgl. etwa Apg 8,26–40). Diese Auslegung auf Jesus ist auch keineswegs falsch. Jesus selbst versammelt in sich alle Linien des Alten Testamentes und all das, was das Gottesvolk sein soll. Im Augenblick seines Todes repräsentiert er in seinem stellvertretenden Leiden ganz allein jenes Israel, das von Gott zum Heil für die Völker erwählt wurde und das im Sinne Deuterojesajas „besser Opfer ist als gewalttätiger Sieger“ [3]. Allerdings: Wenn Jesus als der neutestamentliche Gottesknecht für ganz Israel stehen soll, entspricht dem viel besser und sachgerechter, wenn der Knecht in den sogenannten Gottesknechtsliedern nicht eine Einzelgestalt, sondern *Israel* meint. Erst so erhält die Deutung Jesu als Gottesknecht ihren Israelbezug und damit ihre ganze Tiefe. Der Gottesknecht bei Deuterojesaja ist dann viel mehr als nur eine Voraussage. Er ist Inbegriff dessen, was Israel im Sinne Gottes sein soll und was dann in Jesus endgültig geschichtliche Wahrheit geworden ist.

Wir sind nun also im Alten Testament neben der Figur des Menschensohns von Daniel 7 schon auf eine zweite, äußerst markante Symbolfigur gestoßen, die Israel figuriert. Entscheidend ist dabei genau wie bei der Figur des Menschensohnes: Der Gottesknecht symbolisiert nicht ein abstraktes Israel, sondern einen theologischen Großzusammenhang: er symbolisiert das gesamte dramatische Geschehen, in welchem das zerschlagene Israel durch sein Leiden zum Licht der Völker wird.

Am Ende dieses Abschnitts soll noch auf einen Sachverhalt hingewiesen werden, der nicht unwichtig ist. Der Verfasser von Jesaja 40–55 redet in dem literarischen ‚Drama‘, das er geschaffen hat, aus zwei verschiedenen Perspektiven. Er kann die Ereignisse von den in der zerstörten Heimat Zurückgebliebenen her in den Blick nehmen. Dann redet er „Jerusalem zu Herzen“ und verkündet der Stadt, dass ihr Frondienst zu Ende geht. Dann fordert er Jerusalem auf, in

Jubel auszubrechen, weil die Gefangenen aus Babylon zurückkehren. Vgl. Jes 40,1–11; 49,9–50,3; 51,1–3; 51,9–16; 51,17–23; 52,1–10; 54,1–17. In diesen Textgruppen redet Deuterojesaja niemals vom Gottesknecht, sondern vom Zion – und er redet von ihm als der „Tochter Zion" (Jes 52,2) oder als von einer Mutter, die ihre Kinder verloren hat (Jes 49,21).

Dabei zeigt sich, dass die Mutter Zion zunächst noch weit davon entfernt ist, in Jubel auszubrechen und als „Freudenbotin" (Jes 40,9) aufzutreten. Sie bleibt zunächst skeptisch. Das Elend der zerstörten Stadt ist zu groß:

> *JHWH hat mich verlassen,*
> *mein [Ehe-] Herr hat mich vergessen.*
> *(Jes 49,14)*

Gott muss zuerst noch Überzeugungsarbeit leisten – und dabei nimmt er selbst mütterliche Züge an[4]:

> *Kann denn eine Frau ihr Kind vergessen,*
> *eine Mutter ihren leiblichen Sohn?*
> *Und selbst wenn sie ihn vergäße –*
> *ich vergesse dich nicht. (Jes 49,15)*

Deuterojesaja kann die Situation Israels aber auch von den Deportierten in Babylon her in den Blick nehmen – und das ist bei ihm die weitaus häufigere Perspektive. Dann redet er von dem verfolgten, getöteten, aber von Gott wieder zum Leben erweckten Gottesknecht.

Heißt das nun, dass mit dem Gottesknecht eben doch nicht ganz Israel gemeint ist, sondern nur die Gruppe der Verschleppten in Babylon? Eine solche Folgerung ginge wahrscheinlich zu weit. Man muss wohl eher sagen: Israel erscheint bei Deuterojesaja in zweifacher Symbolgestalt: als der „Gottesknecht", dessen Mund ein scharfes Schwert sein kann (Jes 49,2), aber auch als die „Tochter Zion", die vereinsamte und verstoßene Frau, die trotz allem zur Mutter vieler Kinder wird (Jes 49,14–50,3). Ihre Gesichter sind verschieden. Aber beide sind notwendig, um die Situation ganz Israels darzustellen.

c) Die Figur der „Tochter Zion" und der „Jungfrau Israel"

Damit sind wir bereits bei den Wendungen „Tochter Zion" und „Jungfrau Israel" angelangt. Sie werden im Alten Testament ergänzt und variiert durch „Tochter Jerusalem", „Tochter Juda", „Tochter meines Volkes", „Jungfrau Zion", „Jungfrau, Tochter Zion", „Jungfrau, Tochter Juda" und „Jungfrau, Tochter meines Volkes". Am häufigsten begegnet davon die Wendung „Tochter Zion". Die übrigen Zusammensetzungen sind seltener.

Bei allen hier aufgezählten Wendungen handelt es sich zunächst einmal um Städte. Mit der „Jungfrau Israel" dürfte die Stadt Samaria gemeint sein; anzunehmen ist das jedenfalls für Jeremia 31,4.21 und Amos 5,2[5]. Und die „Tochter Zion" ist die Stadt Jerusalem. Auch die „Tochter meines Volkes" meint nichts anderes als Jerusalem; mehrfach stehen die „Tochter Zion" und die „Tochter meines Volkes" in Parallele (vgl. Jer 6,23–26; 8,18–23).

Allerdings: Die Hauptstadt Jerusalem oder die Hauptstadt Samaria werden dabei wohl nie isoliert gesehen. In ihnen verdichtet sich die Situation Judäas oder des Nordreiches, oft sogar die Situation des gesamten Gottesvolkes.

Die Frage ist natürlich: Wie kam es überhaupt dazu, dass Samaria oder noch viel häufiger Jerusalem als Frau personifiziert wurden? Den Weg zu einer Antwort weist zunächst einmal das Faktum, dass nicht nur Jerusalem, sondern auch *heidnische* Städte „Tochter" oder „Jungfrau" genannt werden – zum Beispiel Sidon (Jes 23,12), Tyrus (Ps 45,13), Babel (Jes 47,1) oder Tarschisch (Jes 23,10). Damit verrät das Alte Testament, dass es sich hier um ein damals weit verbreitetes Phänomen handelt[6].

Tatsächlich wurden im westsemitischen Bereich – vor allem auf Münzen – Städte oft als Frauen dargestellt. Und zwar nicht als einfache Frauen, sondern als Göttinnen. Dahinter stand die Vorstellung, dass die betreffende Stadt eine Schutzgöttin besitzt, die ihr Leben mit der Existenz der Stadt verknüpft hat. Im Schicksal der Schutzgöttin spiegelt sich das Schicksal der Einwohner der Stadt. Ihre Gegenwart vermittelt Sicherheit und Schutz. In dem Verhältnis zwischen der Stadt Athen und der Göttin Athena steht uns diese Vorstellung auch innerhalb eines anderen Kulturkreises anschaulich vor Augen.

Die westsemitische Stadtgöttin wird als Königin abgebildet. Sie trägt die ‚Mauerkrone' auf ihrem Haupt – das heißt eine Krone, die den Ring der Stadtmauer mit ihren Türmen und Zinnen stilisiert. Dementsprechend werden Städte oft mit denselben Titulaturen versehen wie ihre Göttin: Sie können „Fürstin", „Herrin", „Mutter", „die Heilige", „die Große" oder auch „die Unversehrte" genannt werden. Die „mater inviolata", die „unversehrte Mutter" der Lauretanischen Litanei dürfte – zumindest sprachlich – hier ihren Ursprung haben.

„Mutter" war die Stadt, weil sie ihre Bewohner wie Kinder in sich barg, aber auch deshalb, weil sie Tochterstädte hervorgebracht hatte. „Unversehrt" wurde sie genannt, weil sie bisher von niemandem erobert worden war oder darauf hoffte, nie erobert zu werden. Es ist klar: Wenn die Stadt „Fürstin" und „Herrin" ist, dann wird sie auch mit Hoheit und Pracht, mit Glanz und Erhabenheit assoziiert.

Dass gerade die Stadt, in der sich der antike Mensch umfangen und geborgen fühlte, durch weibliche und nicht durch männliche Figurationen dargestellt wurde, hing offensichtlich mit dem kulturellen Code der damaligen Zeit zusammen: Der Mann stand eher für Abenteuer, für Grenzüberschreitung und Eroberung, die Frau hingegen für das Bergende und Schützende, für „Stabilität, Aufbau, Ernährung und Kultivierung des Zusammenlebens"[7].

Freilich ist mit all dem der alttestamentliche Befund noch nicht wirklich erklärt. Denn die aufgezählten Wortverbindungen verteilen sich keineswegs über das gesamte Alte Testament. Wenn die Tochter Zion lediglich eine poetische Variante des Namens ‚Jerusalem' wäre, müsste diese Variante in den poetischen Texten des Alten Testaments überall anzutreffen sein. Doch das ist keineswegs der Fall. Gerade in den Psalmen fehlen diese Wortverbindungen fast ganz[8]. Hingegen finden sie sich gehäuft bei Jesaja, Jeremia, Amos, Micha, Zefanja, Sacharja und in den an das Buch Jeremia angehängten „Klageliedern" – und dort fast immer im Kontext von Not, Elend und Untergang.

Das ruft nach einer Erklärung. Weshalb ist im Alten Testament gerade dann von der „Tochter Zion" und der „Jungfrau Israel" die Rede, wenn es um Katastrophen geht? Der wohl älteste Beleg für die weibliche Personifikation einer Stadt im Alten Testament, nämlich Amos 5,1–3, kann uns hier weiterhelfen:

> *Hört dieses Wort, das ich als Totenklage über euch anstimme, ihr vom Haus Israel: „Gefallen ist, nicht wird mehr aufstehen die Jungfrau Israel. Hingestreckt [liegt sie] auf ihrem Boden, niemand richtet sie mehr auf." Denn so hat Gott, der Herr, über das Haus Israel gesprochen: „In die Stadt, aus der tausend Männer in den Krieg zogen, kehren nur hundert zurück. Und wo hundert auszogen, kehren nur zehn zurück."*

Der Kern dieses Prophetenwortes geht höchstwahrscheinlich auf Amos selbst zurück. Die „Jungfrau Israel", von der hier gesprochen wird, meint Samaria und mit Samaria das Nordreich. Noch lebt dort alles in Frieden und Wohlstand. Aber Amos sieht das Unheil heranziehen[9]. Und so stimmt er auf Samaria die Totenklage an:

> *Gefallen ist, nicht wird mehr aufstehen die Jungfrau Israel. Hingestreckt [liegt sie] auf ihrem Boden, niemand richtet sie mehr auf. (Am 5,2)*

In dem sich anschließenden Gottesspruch ist die „Stadt", deren waffenfähige Männer dezimiert werden, möglicherweise ein kollektiver Singular; gemeint wären dann hier über Samaria hinaus auch alle anderen Städte des Nordreichs. Für unseren Zusammenhang entscheidend ist die eigentliche Totenklage: So wie eine Leiche nach der Schlacht hingestreckt und ausgeblutet daliegt, wird die Stadt Samaria vernichtet am Boden liegen. Ihr Fall ist endgültig und unabänderlich.

Gerade weil es eine *fiktive* Totenklage ist, also ein Lied auf noch lebende Menschen, ist das Ganze so beklemmend. Die Zuhörer des Propheten werden als Leichen angesprochen. Und das Lied wird noch schrecklicher dadurch, dass es Samaria als jugendlich-schöne „Jungfrau" beklagt. Diese Kontrastierung ist charakteristisch für orientalische Klagelieder: auf der einen Seite die einstige Größe und Herrlichkeit der beklagten Person, auf der anderen Seite das gegenwärtige Elend: nämlich Unglück und Tod.

Der wahrscheinlich älteste Beleg im Alten Testament für die Personifikation einer Stadt als Frau zeigt uns also: Die Situation, in der diese Personifikation vollzogen wird, ist das *Klagelied,* und – verbunden mit ihm – die desolate Situation einer Stadt.

Was sich bei Amos beobachten lässt, zeigt sich dann später noch in vielen anderen Texten, in denen – nun das Südreich betreffend – von der „Tochter Zion“ oder von der „Tochter Jerusalem“ oder von der „Jungfrau, Tochter Zion“ die Rede ist. Die meisten dieser Texte setzen die Krise beziehungsweise den Untergang Jerusalems voraus. Und immer wieder begegnen wir in solchen Texten Elementen der Klage. So zum Beispiel in Jesaja 1,8; 22,4; Jeremia 6,26; 8,18–23; 14,17; Klagelieder 1,1–22; 2,1–22; 4,1–10; Micha 4,10.

Damit öffnet sich ein Hintergrund, der uns erneut auf die Umwelt Israels verweist. In Mesopotamien gab es im ganzen 1. Jahrtausend Klagelieder, in denen um eine Stadt getrauert wurde. Man hat sie in der Forschung „Stadtklagen“ beziehungsweise „Stadtuntergangsklagen“ genannt.

> *Zentrale Figur dieser Klagen ist die Stadtgöttin, deren Schicksal beklagt wird oder die selbst in Klage ausbricht. Sie wird geschlagen, geschändet und deportiert, sie verliert ihren königlichen Status, sie beklagt als Mutter den Verlust ihrer Kinder und wird andererseits gegenüber den höheren Göttern als Fürbitterin und Vermittlerin eines Neuanfangs in Anspruch genommen (Marc Wischnowsky[10]).*

Diese Gattung der Stadtklage wird nun offenbar von bestimmten Propheten benutzt, das Desaster von Samaria (Amos) und dann vor allem von Jerusalem (Jesaja, Jeremia) ins Wort zu bringen. Denn genau in diesem Zusammenhang begegnen in biblischen Texten zum ersten Mal Wendungen wie die „Tochter Zion“ oder die „Jungfrau Jerusalem“. Dabei kamen den betreffenden Propheten nicht nur die orientalischen Stadtklagen, sondern noch etwas anderes zu Hilfe: Zum sprachlichen Code des Alten Orients gehörte es auch, dass die militärischen Sieger mit männlichen, die Besiegten hingegen mit weiblichen Attributen beschrieben wurden[11]. Deshalb konnte eine Stadt wie Jerusalem vor allem auch dann als *Frau* beschrieben werden, wenn es um Schwäche und Untergang ging. Gerade das Wort ‚Tochter‘ signalisierte Verletzbarkeit und Schutzbedürftigkeit.

Selbstverständlich erlaubte der JHWH-Glaube für Jerusalem keine Stadtgöttin mehr, die um ihre Stadt klagte. Schutz und Schirm der Stadt ist JHWH selbst, und nur seine Gegenwart auf dem Zion macht Jerusalem zur herrlichen Gottesstadt. Als die „Tochter Zion" steht Jerusalem unter seiner Fürsorge. Sie ist freilich dann, wenn sie ihm untreu wird, auch in besonderem Maße seinem richtenden Zorn ausgesetzt. Denn als ein Gott der Gerechtigkeit kann JHWH nicht in einer Stadt wohnen, in der die Gerechtigkeit mit Füßen getreten wird. Da er andererseits untrennbar mit Jerusalem verbunden ist, muss er über die Stadt das Gericht hereinbrechen lassen. Gerade die „Klagelieder" verdeutlichen diesen richtenden Zorn Gottes über Jerusalem:

Ach, mit seinem Zorn umwölkt der Herr die Tochter Zion. Er schleuderte vom Himmel zur Erde die Pracht Israels. Nicht gedachte er des Schemels seiner Füße am Tag seines Zornes. Schonungslos vernichtete der Herr alle Fluren Jakobs, nieder riss er in seinem Grimm die Bollwerke der Tochter Juda. (Klgl 2,1–2)

In das Zelt der Tochter Zion goss er seinen Grimm aus wie Feuer. Wie ein Feind ist der Herr geworden, Israel hat er vernichtet. Vernichtet hat er alle Paläste der Tochter Zion, zerstört ihre befestigten Städte. Auf die Tochter Juda hat er gehäuft Jammer über Jammer. (Klgl 2,4–5)

Wie soll ich dir zureden, wem dich vergleichen, du Tochter Jerusalem? Was soll ich dir gleichsetzen, wie dich trösten, Jungfrau, Tochter Zion? Denn weit wie das Meer ist dein Trümmerfeld, wer kann dich heilen? (Klgl 2,13)

Die „Klagelieder" arbeiten deutlich mit Stilelementen der altorientalischen Stadtklage. Über die bereits zerstörte Stadt Jerusalem wird die Totenklage angestimmt. Zu den Stilementen der Stadtklage gehört auch, dass von der einstigen Herrlichkeit der zerstörten Stadt gesprochen wird. So auch hier. Die „Tochter Zion" war einst „die Pracht Israels" und für Gott der „Schemel seiner Füße". Sie war voll von „Palästen" und umgeben von „befestigten Städten". Mehr noch: Sie war genau das gewesen, dessen sich die altorientalischen Städte rühmten: „Fürstin" und „Große unter den Völkern". Das zeigt eindrucksvoll der Beginn der Klagelieder:

> *Ach, wie einsam sitzt da die einst so volkreiche Stadt. Einer Witwe wurde gleich die Große unter den Völkern. Die Fürstin über die Länder – zur Zwangsarbeit ist sie erniedrigt. Sie weint und weint des Nachts, Tränen laufen über ihre Wangen. Da ist keiner, der sie tröstet unter all ihren Geliebten. Untreu geworden sind all ihre Freunde, ja sie sind ihr zu Feinden geworden. (Klgl 1,1–2)*

Die „Klagelieder" ziehen den, der sie heute liest und den, der sie damals gehört hat, gerade dadurch in ihren Bann, dass sie hinter aller Not und Zerstörung die einstige Herrlichkeit der Stadt durchschimmern lassen. Der Hörer wusste: Eigentlich ist diejenige, die da am Boden liegt, die Königin, die Herrliche, die Heilige, die stets als die Unversehrte und Unverletzbare gepriesen wurde.

Die Personifikation Zions als Frau war aber nicht nur ein poetisches Mittel, die *Krise* Jerusalems ins Wort zu heben. Die Krise kann in Heil umschlagen. Dann wird aus der Totenklage ein Jubellied. Und dann kommen die Herrlichkeitsaussagen, die an sich mit der Personifikation einer Stadt verbunden sind, wieder zum Tragen. Dieser Durchbruch zeigt sich in einer ganzen Reihe der für uns einschlägigen Texte, zum Beispiel in Jesaja 62,11–12:

> *Hört, was der Herr bis ans Ende der Erde bekanntmacht: Sagt der Tochter Zion: Sieh her, jetzt kommt deine Rettung. Siehe, sein Lohn ist bei ihm, und seine Belohnung geht vor ihm her. Dann nennt man sie „das heilige Volk", „die Erlösten des Herrn". Und dich nennt man „die begehrte, die nicht mehr verlassene Stadt".*

Ähnlich Jesaja 52,2; Jeremia 31,4; Klagelieder 4,22; Micha 4,8.13; Zefanja 3,14 und Sacharja 2,14; 9,9. Die Unheilsmotive der früheren Klage-Texte werden dabei aufgegriffen und in ihr Gegenteil verkehrt. Die „Jungfrau", die „Tochter Zion" wird zur weltweit verehrten Mutter und Königin mit zahlreicher Nachkommenschaft[12]. Allerdings: In diesen Texten ist nie isoliert vom Glück der Tochter Zion die Rede. Immer ist Zion die aus dem Elend und der Hoffnungslosigkeit endzeitlich Errettete.

Am Ende ist noch auf eine besonders auffällige Sachlage hinzuweisen, nämlich auf den schnellen Wechsel zwischen „Tochter",

„Jungfrau", „Braut" und „Mutter". In Jesaja 47 wird der Stadt Babel der Untergang angekündigt. In dieser Gerichtsprophetie wird sie zunächst als „Jungfrau Babel" angesprochen, dann als „Tochter Babel", dann als „Tochter Chaldäa"[13], dann als Witwe, schließlich als unheilbringende „Zauberin", der aber jetzt ihre vielen Zaubersprüche nichts mehr helfen.

Damit sind wir bei einem Phänomen, das sich Jahrhunderte später auch in der Mariologie zeigen wird: Maria ist Jungfrau und Braut und Mutter zugleich. Immer wieder werden die Theologen der frühen Kirche auf diese Begriffe zurückgreifen. Sie schöpfen dabei aus dem Alten Testament, aus den Texten über den Zion, die wir behandelt haben. Dort zeigt sich dieses Nebeneiander sehr oft. In Jesaja 54,1–7 war Jerusalem die „Unfruchtbare, die nie gebar" und „die nie in Wehen lag" – und doch hat sie jetzt „mehr Söhne, als die Vermählte". Sie litt unter der „Schmach ihrer Witwenschaft" – und jetzt ist „ihr Schöpfer selbst ihr Gemahl". Sie war die „Einsame" und „Verlassene" – und nun wird sie als Braut „heimgeholt". In Jesaja 66 schließlich wird das endzeitliche Heil mit dem Bild der Mutterschaft Jerusalems beschrieben:

> *Freut euch mit Jerusalem! Jubelt in der Stadt, alle, die ihr sie liebt. Frohlockt mit ihr in Freude, alle, die ihr über sie getrauert habt! Saugt euch satt an ihrer tröstenden Brust, trinkt und labt euch an ihrer herrlichen Fülle! (Jes 66,10–11)*

Doch genug der Beispiele! Wir haben in der Tochter, der Jungfrau und der Mutter Zion wie beim Menschensohn und beim Gottesknecht eine eindrucksvolle Figuration für Israel (so sehr es zunächst einmal um Jerusalem geht). Der Unterschied besteht darin, dass die Symbolfigur nun eine *Frau* ist. Wir werden noch darüber nachdenken müssen, weshalb diese *weibliche* Figuration für das Gottesvolk von so großer und unaufgebbarer Bedeutung ist. Eines allerdings hat auch die Figur der Tochter Zion mit dem Menschensohn und dem Gottesknecht gemeinsam: Auch sie weist auf einen Großzusammenhang hin – in diesem Fall auf die Krise und den Untergang, aber auch auf das Heil, das aus der Krise für Israel erwächst.

d) Die Figur der Himmelsfrau in Offenbarung 12

Die Johannesoffenbarung ist prall mit Bildern gefüllt. An zentraler Stelle, im 12. Kapitel, geschieht Folgendes: Am Firmament erscheint eine Frau, umstrahlt von der Sonne. Unter ihren Füßen hat sie den Mond, auf ihrem Haupt einen Kranz von zwölf Sternen.

Die Wirkungsgeschichte dieses Bildes in Malerei und Plastik war außerordentlich: Seit dem 14. Jahrhundert wird Maria immer wieder dargestellt mit dem Sternenkranz, der Mondsichel, dem Strahlenkleid und – seit dem 16. Jahrhundert – mit der Schlange[14]. Doch Offenbarung 12,1 ist nur das Eröffnungsbild eines dramatischen Geschehens. Denn auch hier steht die Figuration wiederum für einen theologischen Großzusammenhang:

> *Ein mächtiges Zeichen erschien am Himmel: eine Frau, umkleidet mit der Sonne, unter ihren Füßen der Mond, auf ihrem Haupt ein Kranz von zwölf Sternen. Sie ist schwanger. Sie schreit in ihren Wehen und in der Qual des Gebärens.*
>
> *Und ein anderes Zeichen erschien am Himmel: siehe, ein großer, feuerroter Drache. Er hat sieben Köpfe und zehn Hörner und auf seinen Köpfen sieben Diademe. Sein Schwanz fegt ein Drittel der Sterne des Himmels hinweg und wirft sie auf die Erde. Und der Drache steht vor der Frau, die gebären soll. Er will ihr Kind verschlingen, sobald sie es geboren hat.*
>
> *Und sie gebar einen Sohn, ein männliches Kind, der alle Völker weiden wird mit eisernem Stab. Und ihr Kind wurde entrückt zu Gott und zu dessen Thron. Die Frau aber floh in die Wüste, wo sie eine von Gott bereitete Stätte hat, damit man sie dort 1260 Tage lang ernähre. (Offb 12,1–6)*

An dieser Stelle wechselt der Schauplatz wieder von der Wüste zum Himmel. Johannes schiebt den Krieg Michaels mit dem roten Drachen ein, der im Himmel entbrennt. Der Drache und seine Engel können sich nicht halten. Sie werden auf die Erde hinabgestürzt. Im Himmel aber verkündet eine Stimme den endgültigen Anbruch der Königsherrschaft Gottes. In diesem Siegesruf, der wie ein Hymnus gestaltet ist, wird deutlich, dass dem Kampf im Himmel ein Kampf auf Erden entsprochen hat: Der Sieg wurde errungen durch den Tod

Jesu Christi. Der Kampf ist also schon entschieden. Was aber im Himmel schon entschieden ist, muss auf Erden, in der zu Ende gehenden Geschichte, noch seine Vollendung finden: durch das Zeugnis der Christen und die Standhaftigkeit der christlichen Märtyrer. Ihr Zeugnis wird zum hinweisenden Zeichen für den schon errungenen Sieg Christi. Der Drache, dem nur noch eine befristete Zeit gegeben ist, kämpft nun auf Erden erbittert um seine Macht. Das dramatische Geschehen der Verse 1–6 wird wieder aufgegriffen und weiter entfaltet:

> *Und als der Drache sah, dass er auf die Erde hinabgeworfen war, verfolgte er die Frau, die das männliche Kind geboren hatte. Da wurden der Frau die zwei Flügel des großen Adlers gegeben, damit sie in die Wüste an ihre Stätte flöge, wo sie eine Zeit und [zwei] Zeiten und eine halbe Zeit ernährt wird, fern von der Schlange.*
>
> *Da spie die Schlange aus ihrem Rachen Wasser wie einen Strom hinter der Frau her, um sie fortzuschwemmen. Doch die Erde kam der Frau zu Hilfe. Die Erde öffnete ihren Schlund und verschluckte den Strom, den der Drache aus seinem Rachen ausgespien hatte. Da ergrimmte der Drache über die Frau. Er ging weg, um Krieg zu führen mit den übrigen ihres Samens, mit denen, die Gottes Gebote halten und das Zeugnis Jesu bewahren. (Offb 12,13–17)*

Über diese Frau ist unendlich viel gerätselt worden. Die meisten Theologen der frühen Kirche, so zum Beispiel Augustinus († 430), deuteten sie auf das Gottesvolk. Seit Epiphanius von Salamis († 403) gibt es jedoch eine zweite Deutungslinie: Die Himmelsfrau sei Maria. Im Mittelalter und auf katholischer Seite noch bis ins 20. Jahrhundert hinein hatte diese Deutung stets ihre Vertreter. Das Hauptargument war fast immer: Das Kind, das die Frau zur Welt bringt, ist Christus, also kann seine Mutter nur Maria sein. Weil das Kind individuelle Person ist, muss auch seine Mutter individuelle Person sein.

Vom Text her muss jedoch anders gedacht werden. Denn die Frau hat gemäß 12,17 ja noch andere Kinder, und zwar diejenigen, die „Gottes Gebote halten und das Zeugnis Jesu bewahren". Ist sie also wirklich eine Einzelperson? Und dass die Frau von Gott an eine sichere Stätte in der Wüste gebracht wird – wie soll das auf Maria passen? Hingegen passt es ausgezeichnet zu Israel. Gemäß alttestamentlicher Theologie hatte Israel zur Wüste eine besondere Beziehung. Dort wurde es von Gott gefunden, geführt, ernährt, erzogen, erprobt und auch geschützt (vgl. besonders Dtn 32,10–12).

So erfordert der Text eine überindividuelle Deutung. Die Frau, die als Zeichen am Himmel erscheint, ist eine Figuration des Gottesvolkes. Das beweisen nicht nur die zwölf Sterne (= zwölf Stämme), sondern das zeigt auch die Art, wie über ihr Kind berichtet wird. Die christlichen Leser mussten davon ausgehen, dass dieses Kind der Messias war. Seltsamerweise wird aber dann das Leben Christi – nämlich sein Auftreten, sein Sühnetod und seine Auferstehung – völlig ausgespart. Nur die Bewahrung des Kindes vor der Macht des Bösen ist im Blick; diese Bewahrung wird ausgesagt im Schema der ‚Entrückung'. Und das Schema ‚Entrückung und im Himmel Aufbewahrtwerden für eine eschatologische Aufgabe am Ende der Welt' entstammt zeitgenössisch-jüdischer Theologie. Vor dem Hintergrund dieser Theologie kann die Frau, die einen Sohn, ein männliches Kind, gebiert – und zwar einen Sohn, der dann entrückt wird, um zu seiner Zeit mit Macht zu regieren, nur Israel sein[15].

Allerdings symbolisiert die Frau nicht *nur* das alttestamentliche Gottesvolk. Denn es ist ja von der Verfolgung der Frau durch den Drachen die Rede. Und der Drache steht für die feindliche Weltmacht, die das Kind vernichten will, konkret: für das römische Imperium. Dann aber muss mit der verfolgten Frau auch das *endzeitliche* Israel, die Kirche, gemeint sein.

Die „eine Zeit und zwei Zeiten und eine halbe Zeit" von Vers 14 bedeuten genau dasselbe wie die 1260 Tage von Vers 6 – nämlich dreieinhalb Jahre. Selbstverständlich sind diese dreieinhalb Jahre symbolisch gemeint. Die Zeitangabe stammt, wie auch die zehn Hörner des Drachen, aus dem Buch Daniel (vgl. Dan 7,25; 12,7). Die dreieinhalb Zeiten wollen signalisieren, dass die Dauer der endzeitlichen Drangsal von Gott befristet ist.

Vielen Auslegern macht es Schwierigkeiten, dass die Frau als Zeichen am Himmel erscheint, dass es andererseits aber auch um Vorgänge auf der Erde geht: zum Beispiel um die Geburt des Messias. Dessen Geburt kann nur als Geschehen auf der Erde vorgestellt sein, weil das Kind ja anschließend in den Himmel entrückt wird. Aber wer hier Probleme hat, übersieht das Visionäre und Zeichenhafte der gesamten Szenenfolge. Es geht um Vorgänge, die der irdischen Geschichte angehören, die aber zugleich in ihrer himmlischen Dimension abgebildet werden. Als die Verfolgte symbolisiert die Frau die bedrohte Kirche auf Erden, als strahlendes „Zeichen am Himmel" zeigt sie das Gottesvolk in seiner wahren Bestimmung und in seiner endzeitlichen Vollendung.

So ist die Frau also beides: Einerseits das alttestamentliche Israel, das den Messias und die Kirche hervorgebracht hat. Andererseits die Kirche in ihrer endzeitlichen Not. Die Frau ist das als Einheit verstandene Gottesvolk des Alten und des Neuen Bundes. Anders gesagt: Sie ist das wahre Israel[16]. Die Deutung der apokalyptischen Frau auf Maria entspricht nicht dem Textsinn von Offenbarung 12. Sie wird höchstens *intertextuell* richtig, wenn man davon ausgeht, dass das Gottesvolk im Gesamt des Neuen Testamentes auch durch Maria symbolisiert werden kann. Vergleiche dazu das folgende Kapitel!

Wir sind bisher noch nicht auf die *mythischen* Motive eingegangen, die in Offenbarung 12 als Darstellungsmittel eingesetzt werden. Irgendwo im Hintergrund steht ein Astral-Mythos von der Himmelsgöttin, die täglich die Sonne zur Welt bringt, und von dem Finsternisdrachen, der täglich die Sonne verschlingt. Im Hintergrund steht außerdem der Mythos vom Götterkampf im Himmel und vom Sturz der Empörer. Der Verfasser der Johannesoffenbarung benutzt diese Mythen – höchstwahrscheinlich über im Judentum ausgeformte Zwischenstufen –, um den Sieg Christi über die widergöttlichen Mächte zu veranschaulichen, aber auch um die Situation des tödlich bedrängten Gottesvolkes zu erhellen[17].

In unserem Zusammenhang brauchen uns die Details des Mythos und seiner Verwendung nicht zu interessieren. Wichtig ist hingegen die Frage, was es dem Verfasser überhaupt möglich machte, die Frauengestalt des Mythos mit dem Gottesvolk in Verbindung zu bringen. Und da kann die Antwort nur lauten: Es war möglich, weil schon das Alte Testament das Gottesvolk als Frau figuriert hatte, als „Tochter Zion" und als „Jungfrau Israel". So ist die Basis von Offenbarung 12 letztlich nicht der Mythos, sondern die reale Geschichte: nämlich die Rettungserfahrungen des alttestamentlichen Gottesvolkes, die sich in den Rettungserfahrungen der Kirche fortsetzen. Es gibt in Offenbarung 12 einige Stellen, wo dieser alttestamentliche Hintergrund mit Händen zu greifen ist, zum Beispiel bei den Geburtswehen der apokalyptischen Frau. In Jeremia 4,31 (vgl. auch Mi 4,9–10) heißt es von der Tochter Zion, die von ihren Feinden bedrängt wird:

> *Geschrei wie von einer Frau in Wehen höre ich, Stöhnen wie von einer Erstgebärenden, das Schreien der Tochter Zion, die nach Atem ringt und die Hände ausstreckt: „Weh mir, unter Mörderhand endet mein Leben!"*

e) Bedeutung und Funktion von Figurationen

Sind mit dem Menschensohn, dem Gottesknecht, der Tochter Zion und der apokalyptischen Frau alle biblischen Figurationen des Gottesvolkes erfasst? Sicherlich einige der wichtigsten, aber bei weitem nicht alle! Ist nicht auch die Geliebte im Hohenlied ein Bild für Israel? Zwar handelt es sich beim Hohenlied ursprünglich um kunstvolle Gedichte, die Eros, Liebe und Hochzeit besingen. Aber das Hohelied wurde wohl kaum in den Kanon aufgenommen, weil es so bezaubernde Liebesgedichte enthielt. Vieles spricht dafür, dass es nur deshalb Heilige Schrift werden konnte, weil man in der besungenen Liebe das Verhältnis zwischen Gott und Israel symbolisiert sah.

Trifft dies zu, muss man das ganze Hohelied in einem übertragenen Sinn lesen. Und dann wäre es auch für unsere Fragestellung von Bedeutung. Zumal es dann später in der christlichen Theologie nicht nur auf die Kirche, sondern auch auf Maria hin ausgelegt wurde. Doch das alles würde uns in weit verzweigte Probleme hineinführen. Lassen wir sie lieber beiseite! Fragen wir stattdessen am

Ende dieses Kapitels im Rückblick auf die vielen Texte, die uns vor Augen standen: Welche Funktion haben Figurationen denn nun eigentlich?

Eine erste Antwort ist einfach. Der Sinn von Figurationen besteht zunächst einmal darin, dass sie etwas veranschaulichen und ihm zur Plastizität verhelfen. Weiträumige Entwicklungen und komplexe Sachverhalte werden durch die Figuration fassbar und greifbar. Die Figuration versammelt die Vielschichtigkeit der historischen Wirklichkeit in einer überschaubaren Form und bringt so gerade das, worauf es ankommt, zur Anschauung. Dass der Gottesknecht unter Gottlosen begraben wird (Jes 53,9) – was hätte die Grabesexistenz Israels zwischen den Mauern von Babylon und die Tatsache, dass die Exilierten ihre Toten nicht in der heiligen Erde Israels bestatten konnten, genauer und plastischer beschreiben können als dieser Satz?

Und wenn Weltreiche als Bestien vorgeführt werden, so ist das anschaulicher und auch präziser, als wenn nur gesagt würde, die Vertreter dieser Weltreiche würden sich immer wieder unmenschlich verhalten. Scheint in der Metapher „Tier“ nicht auf, dass ein ganzer Staat, ein ganzes System unmenschlich sein kann?

Und wird mit der Trauer der Tochter Zion, die niemand trösten kann (Klgl 2,13), nicht bedeutend mehr gesagt, als wenn nur von der Trauer der Menschen in der Hauptstadt die Rede wäre? Zion mit seiner ganzen Geschichte trauert wie eine einzige Frau, die alles verloren hat.

Damit sind wir bereits bei einem *zweiten Gesichtspunkt:* Die Personifikation ermöglicht es, dass nicht aus der Distanz gesprochen wird, nicht aus der Perspektive des fernen, verobjektivierenden Beobachters. Die Personifikation will Emotionen wecken – und sie tut gut daran. Der Hörer beziehungsweise der Leser stellt sich wie von selbst auf die Seite der Frau, die alles verloren hat, deren Kinder umgebracht wurden und die nun hilflos und schutzlos ist:

> *Ach, wie einsam sitzt da die einst so volkreiche Stadt. Einer Witwe wurde gleich die Große unter den Völkern. Die Fürstin über die Länder – zur Zwangsarbeit ist sie erniedrigt. Sie weint und weint*

des Nachts, Tränen laufen über ihre Wangen. Da ist keiner, der sie tröstet unter all ihren Geliebten. Untreu geworden sind all ihre Freunde, ja sie sind ihr zu Feinden geworden. (Klgl 1,1–2)

Der Text will, dass man sich mit dieser Stadt identifiziert – und er will auf diese Weise verständlich machen, dass sich nun selbst Gott ihrer annimmt und Israel die Schuld vergibt. In diesem Zusammenhang wäre auch darüber nachzudenken, was es für die Christen bedeutet, dass sie die Kirche in Maria anschauen und sich mit ihr identifizieren können.

Ein *dritter Gesichtspunkt.* Wir haben immer wieder festgestellt, dass sich in den von uns besprochenen Figurationen ein geschichtlicher und theologischer Großzusammenhang verdichtet. Die Figur des Menschensohnes steht für eine umfassende Geschichtswende, nämlich für die Ablösung der auf ihre eigene Macht bauenden Staaten durch eine neue Gesellschaft, die ihre Herrschaft allein aus der Hand Gottes empfängt. Die Figur des Gottesknechtes steht für das dramatische Geschehen, in welchem das zerschlagene Israel durch Leiden zum Licht der Völker wird. Auch die Figur der Tochter Zion und die entsprechenden Wortverbindungen verweisen auf einen geschichtlichen Großzusammenhang, nämlich auf den Untergang des Nord- und Südreiches, aber auch auf die Neubesinnung, die Israel aus dieser Krise erwächst. Und schließlich die apokalyptische Frau: Als die Sternenumkränzte zeigt sie das Gottesvolk in seiner wahren Bestimmung und in seiner endzeitlichen Herrlichkeit, als Verfolgte symbolisiert sie zugleich die bedrängte Kirche auf Erden.

Wäre in all diesen Fällen einfach nur von „Israel", von „Juda" oder von „Jerusalem" die Rede, so müsste der geschichtliche und theologische Zusammenhang, um den es geht, jeweils umständlich benannt werden. Mit Chiffren wie Menschensohn, Gottesknecht und Tochter Zion hingegen ist sofort klar, worum es geht – jedenfalls für die damaligen Hörer. Mit dem Wort ist bereits die entsprechende Erfahrung verbunden.

Ein *vierter Gesichtspunkt:* Israel wird in den Beispielen, die wir besprochen haben, jedesmal als *Person* figuriert: als Mensch, als

Knecht, als Tochter, als Jungfrau, als Geliebte, als Frau oder als Witwe. Heißt das nicht auch, dass da von einem Gemeinwesen die Rede ist, das zwar aus vielen Menschen besteht, das aber mehr ist als anonyme Masse? Es ist wirkliches Gegenüber zu Gott: von ihm gesucht, gefunden, angeredet, erwählt, umworben, geliebt – aber auch geprüft.

Vielleicht wird das im Alten Testament nirgendwo deutlicher als in Ezechiel 16. Das ganze Kapitel ist Gottesrede an Jerusalem-Israel. Der Text schildert in hochrealistischer Bildsprache, wie Gott an Israel gehandelt und wie Israel auf seine Wohltaten geantwortet hat. Das Ganze beginnt nicht erst mit der Brautzeit Israels. Der Text setzt früher an. Zunächst schildert er die fragwürdige Herkunft Israels. Es hatte anrüchige Eltern. Gerade deshalb muss die Brautwerbung Gottes umso rätselhafter und unverdienter erscheinen:

> *Deiner Herkunft und deiner Geburt nach stammst du aus dem Land der Kanaaniter. Dein Vater war ein Amoriter, deine Mutter eine Hetiterin. Mit deiner Geburt verhielt es sich so: An dem Tag, da du geboren wurdest, hat man deine Nabelschnur nicht abgeschnitten. Man hat dich nicht mit Wasser abgewaschen, nicht mit Salz eingerieben, nicht in Windeln gewickelt. Nichts von all dem tat man an dir, kein Auge schaute dich mitleidig an, niemand hatte Erbarmen mit dir. Am Tag deiner Geburt hat man dich auf freiem Feld ausgesetzt, weil man dich verabscheute.*
>
> *Da ging ich an dir vorüber und sah dich in deinem Blute zappeln. Und ich sagte zu dir, als du blutverschmiert dalagst: „Bleib am Leben und wachse heran wie das Gewächs des Feldes!" Und du bist herangewachsen, bist groß geworden und herrlich aufgeblüht. Deine Brüste wurden fest und dein Schamhaar fing an zu sprossen. Doch du warst nackt und bloß. Da ging ich wieder an dir vorüber und sah dich, und siehe, deine Zeit war gekommen, die Zeit der Liebe. Ich breitete meinen Gewandzipfel über dich und bedeckte deine Blöße. Ich leistete dir den Eid und ging mit dir einen Bund ein – Spruch des Herrn – und du wurdest mein. (Ez 16,3–8)*

Der Überwurf des Gewandzipfels ist ritueller Rechtsbrauch (vgl. Rut 3,9): Gott erwählt sich Israel zur Braut. Dann bekleidet er es mit kostbaren Gewändern, beschenkt es mit herrlichem Schmuck, ernährt es mit den besten Speisen und gibt ihm in Überfluss alles, was es braucht. Der Status Israels als Ehefrau wird so für alle sichtbar. Die junge Frau wird schön, und der Ruf ihrerer Schönheit dringt zu allen Völkern. Doch sie dankt es Gott nicht:

> *Du hast dich auf deine Schönheit verlassen. Du hast deinen Ruhm missbraucht und dich zur Dirne gemacht. Jedem, der vorbeiging, hast du dich angeboten, jedem bist du zu Willen gewesen. Du hast deine farbigen Gewänder genommen, dir auf den Kulthöhen ein Lager bereitet und darauf Unzucht getrieben. (...) Bei all deinen Greueltaten und deiner Unzucht hast du die Zeit deiner Jugend vergessen, in der du noch nackt und bloß und zappelnd in deinem Blut lagst. (Ez 16,15–16.22)*

Die Unzucht, von welcher der Text spricht, ist der Götzendienst Israels sowie seine leichtfertige Vertragspolitik. Das Gottesvolk vergisst seinen Gott und gibt sich den Göttern der Völker hin. Deshalb gibt Gott es all denen preis, mit denen es Verkehr hat – den Ägyptern, den Philistern, den Assyrern, den Babyloniern:

> *Ich gebe dich in ihre Hand, damit sie deine Opferplätze zerstören und deine Kulthöhen einreißen, damit sie dir deine Gewänder ausziehen, deinen prächtigen Schmuck wegnehmen und dich nackt und bloß daliegen lassen. (Ez 16,39)*

Ist damit alles zu Ende? Gott kann es nicht dabei belassen, dass seine treulose Gemahlin zugrunde geht. Am Ende der Gottesrede heißt es:

> *Ich habe mit dir das gemacht, was du selbst gemacht hast; du hast den Eid verachtet und den Bund gebrochen. Aber ich will meines Bundes gedenken, den ich mit dir in den Tagen deiner Jugend geschlossen habe. (...) Ich richte meinen Bund mit dir auf, damit du erkennst, dass ich der Herr bin. Dann sollst du dich erinnern, sollst dich schämen und vor Scham nicht mehr wagen, den Mund zu öffnen, weil ich dir Sühne schaffe für alles, was du getan hast – Spruch Gottes, des Herrn. (Ez 16,59–60. 62–63)*

Eine lange Geschichte! Israel als Findelkind, als Mädchen, als Jungfrau, als Gemahlin, als Dirne, als wiederaufgenommene Frau: das ist Anschaulichkeit in höchster Intensität. Und dies mit Recht. Denn es geht ja um die reale Geschichte eines ganzen Volkes, die als ein Geschehen von Du zu Du, als lebendiges Gegenüber zwischen Gott und Israel, als Geschichte zweier Freiheiten geschildert werden soll.

Solche Personalisierung eines ganzen Volkes in einer einzigen Symbolfigur ist nur dann möglich, wenn die Geschichte, um die es geht, von konkreten Personen getragen wird. Israel ist gerade kein namenloses Kollektiv, sondern es sind reale Menschen, die in diese Geschichte verwickelt sind.

Man muss sich einmal vorstellen, wir besäßen von all dem, was Israel an Heils- und Unterscheidungswissen gefunden hat, zwar einen Katechismus mit ‚Wahrheiten', es existierten jedoch keine biblischen Bücher mit den konkreten Einzelgeschichten und den vielen Personen, die in der Bibel vorkommen. Das wäre so absurd wie eine Aszetik, in der nie der Name eines Heiligen fiele. So falsch das Konzept der sogenannten „Biblischen Geschichte" religionspädagogisch gesehen auch war, weil die Bücher der Bibel keine durchgehende Geschichte dieser Art erzählen[18] – in einem Punkt hatte dieses Konzept völlig recht: Es stellte den Kindern konkrete Erzählungen vor Augen (das war gut biblisch) und mit diesen Erzählungen außerordentlich viele Namen (das war wiederum gut biblisch).

Man muss sich nur einmal einen kleinen Ausschnitt dieser Namen vor Augen führen, um zu begreifen, dass es um eine Geschichte geht, die von konkreten Personen getragen ist: Abraham, Sara, Isaak, Jakob, Josef, Mose, Aaron, Mirjam, Josua, Debora, Gideon, Samuel, Hanna, Rut, Saul, David, Salomo, Elija, Hiskija, Hulda, Joschija, Amos, Hosea, Jesaja, Jeremia, Ezechiel, Esra, Nehemia, Johannes der Täufer. Wenn das Gottesvolk in der Bibel zur konkreten Figuration wird, über die nicht nur geredet, sondern die sogar angeredet wird, dann stehen dahinter viele Namen, viele konkrete Gesichter, viele lebendige Personen mit ihrer Not und ihrem Glauben.

Wir dürfen nicht übersehen, dass in dem bewegenden Text Ezechiel 16 nicht nur die Geschichte Israels geschildert wird. Israel wird in dieser Schilderung unablässig *angeredet.* Das Ganze ist vom

Anfang bis zum Ende beschwörende Rede Gottes an seine treulose Gemahlin. Die Figuration gibt solcher Anrede letzte Intensität.

Ein *fünfter und letzter Gesichtspunkt.* Er ist vermutlich der wichtigste[19]: Alle Beispiele von biblischen Figurationen, die wir besprochen haben, zeigen etwas für das symbolische Denken des orientalischen und des antiken Menschen Wesentliches: Symbole wie der Gottesknecht oder die Tochter Zion sind nicht eine Art Piktogramm – also eine vereinfachte Strichzeichnung oder nachträgliche Schematisierung von Dingen, die sowieso jedem klar sind und die nur noch an passender Stelle in Erinnerung zu rufen sind. Für die damaligen Menschen ist ein Symbol vielmehr ein *In-Erscheinung-Treten* des Wesens der Dinge oder des Wesens von geschichtlichen Abläufen. Im Symbol offenbart sich die eigentliche Wirklichkeit.

Dieses Denken ist uns Menschen der Moderne, die allesamt durch den Rationalismus hindurchgegangen sind, fremd geworden[20]. Aber so denken nicht nur die biblischen Autoren. So denken auch noch die Theologen der frühchristlichen Zeit. So denken sogar noch die Menschen des Mittelalters. Deshalb suchten die Theologen der frühen Kirche und des Mittelalters in der Heiligen Schrift nicht nur den *historischen* Sinn zu erfassen, sondern nach Möglichkeit immer auch den *symbolischen* Sinn dessen, was da gesagt oder erzählt wurde. Es ging ihnen vor allem anderen um das, was die Geschehnisse zeichenhaft offenbarten.

Die Art, wie die ersten christlichen Jahrhunderte bis tief ins Mittelalter hinein in Bildern und Figurationen von Maria reden, wird uns fremd bleiben, wenn wir dieses typologische Denken nicht beachten und achten. Es ist kein abstruses Ideologisieren, sondern der großartige Versuch, die Tiefe des Geschehens sprechen zu lassen, in dem Gott Mensch wurde und die Schöpfung wiederherstellte.

*

Halten wir also fest: Figuration in der Bibel ist nicht nur äußerliche Veranschaulichung, ist nicht nur Weckung von Emotionen, ist nicht nur Verdichtung eines geschichtlichen und theologischen Großzusammenhangs, sondern sie betont auch das lebendige Du, das angeredet werden kann. Figuration in der Bibel wird überhaupt nur möglich, weil da eine Geschichte ist, in der alles am Glauben von Einzelnen hängt. Für unser Fragen nach Maria aber bleibt vor allem zu bedenken: Figuration ist nicht eine nachträgliche Schematisierung, die an Ereignisse angelegt wird, sondern ein *Aufscheinen* der sich in der Geschichte zeigenden inneren Realität des Geschehens.

Wie ist es nun mit Maria? Selbstverständlich ist sie individuelle historische Person. Aber ist sie *auch* Figuration? Verdichtet ihre Gestalt in der Bibel größere Zusammenhänge, ja mehr noch, fasst sie das ganze Gottesvolk in sich zusammen? Lässt sie das Wesen des Gottesvolkes aufscheinen? Die Kirche hat Maria schon bald so gesehen. Wir werden im nächsten Kapitel darauf ausführlich eingehen. Die Frage ist nur: Hat auch schon das Neue Testament Maria so gesehen? Eben nicht nur als geschichtliche Person, sondern als Symbol, in dem sich die Heilsgeschichte Israels seit Abraham verdichtet und darstellt? Diese Frage muss uns jetzt zuallererst beschäftigen.

Eines freilich dürfte schon jetzt klar sein: Wenn die Kirche in Maria schon seit dem 2. Jahrhundert das Urbild der Kirche sah, dann war dies keine Extravaganz und erst recht keine Anmaßung. Die kirchliche Theologie tat damit nichts anderes, als was Israel längst getan hatte: Die Kirche sprach über größere theologische Zusammenhänge mithilfe einer Figuration, einer weiblichen Symbolfigur, die allerdings in diesem Fall eine historische Person war.

2. *Maria: die Tochter Zion, die Jungfrau Israel*

Ist Maria, abgesehen davon, dass sie eine historische Gestalt ist, auch Figuration? Figuration, wie wir es etwa bei der Tochter Zion gesehen haben? Dazu soll jetzt zunächst in Abschnitt (a) das Neue Testament befragt werden. Dann wenden wir uns in Abschnitt (b) dem jahrhundertelangen Nachdenken der Kirche über Maria zu. Dieses gläubige Nach-Denken, das in der Kirche unablässig geschieht, ist ja keineswegs etwas nur Äußerliches und irgendwie Beliebiges. Es ist Entfaltung des biblischen Glaubens, geführt durch den Heiligen Geist. Bevor wir jetzt die neutestamentlichen Texte untersuchen, ist aber noch eine methodische Besinnung angebracht:

Die meisten Erzählungen des Neuen Testamentes haben einen alttestamentlichen Hintergrund. Sie sind gar nicht denkbar ohne den Erzählstil, den Sprachschatz und die Theologie des Alten Testamentes. Das verlockt natürlich dazu, überall dort, wo ein Evangelist erzählt, Parallelstellen aus dem hebräischen und griechischen Alten Testament aufzuspüren. Sehr oft gibt es solche Anspielungen und Zitate tatsächlich.

Nun wird von Maria innerhalb des Neuen Testamentes am meisten in der Vorgeschichte des Lukasevangeliums erzählt, also in Lukas 1–2. Es lag deshalb nahe, gerade dort nach alttestamentlichen Vorbildern und Sprachmustern zu suchen. Praktisch jeder Satz von Lukas 1–2 ist im Laufe der Zeit schon daraufhin abgeklopft worden, ob er nicht bewusste Anspielungen auf das Alte Testament enthalte. Vor allem Mariologen haben gehofft, auf diese Weise ein noch klareres theologisches Profil von Maria gewinnen zu können.

Dagegen wäre an sich nichts zu sagen. Es ist gut, wenn Maria vor dem Hintergrund des Alten Testamentes betrachtet wird, und es gibt diesen Hintergrund tatsächlich. Die Frage ist nur, wie weit man bei solchen exegetischen Suchaktionen gehen darf. Machen wir uns das Problem an einem Beispiel klar: In Lukas 1,43 sagt Elisabet bei ihrer Begegnung mit Maria (wir übersetzen wörtlich und behalten auch die Wortstellung bei):

> *Weshalb [geschieht] mir dieses, dass k o m m t die Mutter meines Herrn z u m i r ? (Lk 1,43)*

Nun wird in 2 Samuel 6 erzählt, wie schwierig die Einholung der Bundeslade nach Jerusalem vonstatten geht: Ein Mann namens Usa, der die Lade anpackt, um sie vorm Umstürzen zu bewahren – die Rinder waren ausgebrochen –, stirbt durch die Hand Gottes. Da sagt David voller Furcht:

> *Wie soll [dann jemals] k o m m e n z u m i r [nämlich in die Stadt Davids] die Lade des Herrn? (2 Sam 6,9)*

Manche Ausleger haben in diesem Satz das Vorbild für Lukas 1,43 gesehen und daraus geschlossen, dass Lukas Maria als die „neue Bundeslade“ darstellen wollte[1]. Sie haben sich zu dieser Auslegung auch dadurch bewogen gefühlt, dass die Bundeslade anschließend „drei Monate" im Haus des Gatiters Obed-Edom bleibt (2 Sam 6,11) und Maria „drei Monate" im Haus der Elisabet (Lk 1,56).

Aber hat Lukas (oder hat seine Vorlage) wirklich so gedacht? Tragen die wenigen Vergleichspunkte das ganze Gewicht der These Maria = Bundeslade? Die Situation, in der David den oben zitierten Satz formuliert, ist doch eine völlig andere als die von Elisabet. Sucht man nach wirklich vergleichbaren Texten, stößt man auf 2 Samuel 24,21. Dort findet sich eine höfliche Begrüßungsformel, die auch von der Redegattung her eine bessere Parallele bietet, die aber mit der Bundeslade absolut nichts zu tun hat. Ein Mann, der eines Tages von König David überraschend besucht wird, wirft sich vor ihm nieder und sagt:

Weshalb kommt mein Herr, der König, zu seinem Knecht? (2 Sam 24,21)

Das ist eine wirkliche Parallele! Elisabet spricht in Lukas 1,43 also tatsächlich mithilfe eines biblischen Sprachmusters, aber mit der Erzählung von der Bundeslade haben ihre Worte an Maria nichts zu tun. Auch die „drei Monate" von Lukas 1,56 stammen nicht aus dem 2. Samuelbuch. Sie sind der Erzählung dienstbar gemachte Schwangerschafts-Zeitrechnung. Als sich Elisabet und Maria begegnen, ist Elisabet im sechsten Monat (Lk 1,36). Maria bleibt noch ungefähr drei Monate bei ihr – das heißt, sie bleibt noch bis zur Geburt des Johannes. Auf diese Weise bestätigt sich für sie das Zeichen, das ihr der Engel in Lukas 1,36 genannt hatte. Die Schwangerschaft der als unfruchtbar geltenden Elisabet konnte sie bereits bei ihrer Ankunft sehen (6. Monat!); nun sieht sie auch noch die Geburt des verheißenen Kindes. Nur so erklären sich die drei Monate sachgerecht. Mit der Lade-Erzählung haben sie nicht das Geringste zu tun.

Mit einer ähnlich überanstrengten Argumentation versuchen dieselben Ausleger zu zeigen, dass Maria in Lukas 1–2 als die Tochter Zion dargestellt werde. Der Beweis? In Lukas 1,28 tritt der Engel Gabriel bei Maria ein und sagt zu ihr:

Sei gegrüßt, Begnadete, der Herr ist mit dir.

„Sei gegrüßt" heißt im Griechischen *chaire.* Das war die normale griechische Grußformel. Wörtlich wäre sie zu übersetzen: „Freu dich!" Daraus folgern nun die betreffenden Ausleger, im Hintergrund ständen Texte wie Zefanja 3,14 („Juble, Tochter Zion, jauchze Israel und freue dich!") und schließen daraus, Maria werde hier von Lukas als die Tochter Zion eingeführt. Das ist gewiss ein schöner und ansprechender Gedanke. Doch die Tatsache, dass diese Grußformel in der Griechisch sprechenden Welt längst abgeblasst war, macht den Beweisgang schwierig. Selbst die alten lateinischen Übersetzungen des Neuen Testamentes gaben den Gruß des Engels mit „Ave (Maria)" – „Gegrüßet seist du (Maria)" wieder und nicht mit „Laetare" – „Freue dich (Maria)!"

Das alles ist wichtig für die Methode, mit der wir im Folgenden arbeiten. Es soll ja untersucht werden, ob Maria als Figuration des Gottesvolkes zu denken ist. Wir werden für diese Untersuchung einen methodisch sichereren Weg einschlagen: Zunächst einmal im Neuen Testament selbst durch eine Exegese, die sich nicht auf schwer beweisbare Parallelen zum Alten Testament stützt, sondern die der *Gesamtkomposition* der neutestamentlichen Texte folgt. Dann in der Zeit der Kirchenväter und der Theologen des Mittelalters, indem die Parallele ‚Maria-Kirche' als ein feststehendes und durchgängiges Motiv der Theologie aufgezeigt wird. Noch einmal: Der Grundgedanke, für Maria den alttestamentlichen Hintergrund herauszuarbeiten, ist gut und richtig. Aber er muss exegetisch verantwortbar bleiben.

a) Maria als Figuration Israels im Neuen Testament

In Lukas 1–2 sind einige Dinge höchst bemerkenswert. Zunächst einmal fällt auf, wie oft dort von Israel gesprochen wird. Da ist die Rede von einem „wohlvorbereiteten Volk" (Lk 1,17), vom „Haus Jakob" (Lk 1,33), vom „Knecht Israel" (Lk 1,54), dann vom „Gott Israels", der „an seinem Volk gehandelt hat" (Lk 1,68), weiterhin von einer Botschaft, die dem „gesamten Volk" zuteil wird (Lk 2,10) und schließlich von „der Herrlichkeit für das Volk Israel" (Lk 2,32). In der gesamten Vorgeschichte des Lukasevangeliums wird stets von Israel her gedacht.

Aber es kommt noch etwas anderes hinzu: In dieser Vorgeschichte treten relativ viele Personen auf: Zacharias, Elisabet, Johannes, Simeon, Hanna, die Hirten, Josef – und natürlich Maria. Sie alle sind tief im Alten Testament verwurzelt. Vom Tempel und vom Besuch des Tempels wird mit größter Selbstverständlichkeit berichtet, ja, man kann geradezu von Tempelfrömmigkeit sprechen. Gesetzestreue und gerechtes Leben nach dem Gesetz sind unerlässlich. Auffällig ist sodann das Ideal der ‚Armut vor Gott' (Lk 1,48.51–53), das charakteristisch für bestimmte Kreise im Judentum und für die judenchristlichen Gemeinden Palästinas war.

Wie alttestamentlich die Welt von Lk 1–2 ist, zeigt sich aber auch am Stil der Texte. Sie zeigen das Sprachkolorit alttestamentlichen Erzählens. Leider hat die deutsche „Einheitsübersetzung" diese biblische Sprache nicht gemocht. Sie hat sie zu tilgen versucht. Das häufige „… es geschah aber" und viele andere Biblizismen sind konsequent gestrichen. Solche Anpassungen an die angezielte Sprachebene ‚gehobenes Gegenwartsdeutsch' gehen jedoch zu Lasten der Theologie. Denn bei Lukas lebt der Sprachstil des Alten Testamentes nicht nur fort, er wird bewusst eingesetzt. Lukas will mit seinen Biblizismen sagen: Die Geschichte Gottes mit Israel, die in der Bibel erzählt wird, geht in den hier berichteten Ereignissen weiter. Gott handelt jetzt, so wie er damals gehandelt hat. Mehr noch: Jetzt findet alles seine Erfüllung.

Solche Theologie, die von den nicht abreißenden Taten Gottes redet, muss immer auch von seinem Volk, muss von Israel reden. Höchstwahrscheinlich standen Lukas für seine Vorgeschichte ältere Erzählungen zur Verfügung, die aus judenchristlichen Kreisen stammten und die vom Handeln Gottes gar nicht sprechen konnten, ohne von Israel zu sprechen. Lukas hat sich diese Erzählungen zu eigen gemacht und ihre Theologie und ihren Stil gern übernommen. Denn eines seiner großen Themen war das Herausstellen der Kontinuität zwischen Israel und der Kirche[2]. Dazu diente ihm neben anderem die Vorgeschichte seines Evangeliums. Sie zeigt in ihrer Theologie, in den handelnden Personen und selbst noch in ihrer Sprache die Gestalt des gerechten und frommen, auf den Messias hoffenden Israel. Und dieses gläubige Israel, das sich in Zacharias und Elisabet, in Simeon und Hanna spiegelt, tritt in Maria besonders hell ins Licht[3].

Wir werden uns jetzt allerdings nicht der Zeichnung ihrer Person in der Vorgeschichte zuwenden, also etwa der Verkündigungsszene Lukas 1,26–38, sondern dem Magnifikat, einem der zentralen Texte für jede Mariologie. Maria spricht diesen Psalm bei der Begegnung mit ihrer Verwandten Elisabet. Elisabet hatte ihr gesagt:

> *Selig ist, die geglaubt hat, dass sich erfüllt, was der Herr ihr sagen ließ. (Lk 1,45)*

Maria antwortet auf diese Seligpreisung ihrer Person mit dem Magnifikat. Seiner Gattung nach ist es ein Hymnus, das heißt: ein Gesang, der Gott preist. Wichtig ist nun Folgendes: Das Magnifikat ist nicht der einzige Hymnus innerhalb der Vorgeschichte des Lukasevangeliums. Es ist vielmehr der erste von vier Hymnen, die in ihren Aussagen sorgfältig aufeinander abgestimmt sind[4]. Man kann durchaus sagen: Jeder dieser Hymnen führt den vorangegangenen fort. Jeder Hymnus ist mit dem folgenden verkettet. Es handelt sich um das *Magnifikat* (Lk 1,46–55), das *Benediktus* (Lk 1,68–79), das *Gloria der Engel* (Lk 2,14) und das *Nunc dimittis* (Lk 2,29–32). Zusammengenommen entfalten diese Hymnen der Vorgeschichte ein klar konturiertes Bild vom Heilshandeln Gottes an seinem Volk Israel, das man – abgekürzt – so skizzieren könnte:

1. Magnifikat:
   Die Taten Gottes an den Vätern
2. Benediktus:
   Das Kommen des Messias
3. Gloria der Engel:
   Heute ist es geschehen!
4. Nunc dimittis:
   Die Vollendung Israels und die Völkerwallfahrt

Der Ort des Magnifikats innerhalb dieser sorgfältig abgestimmten Einheit ist wohl zu bedenken. Zwar geht es in allen vier Hymnen um Israel, selbst im Lobgesang der Engel. Dort ist ja von den „Menschen seines Wohlgefallens" die Rede, denen nun der endzeitliche Friede zugesprochen wird. Aber Israel begegnet jeweils in anderer Perspektive. Während das Benediktus und das Gloria der Engel das Gekommensein des Messias in Israel besingen, weitet das Nunc dimittis den Blick auf die Vollendung Israels. Demgegenüber blickt das Magnifikat zurück auf das schon geschehene Handeln Gottes an seinem Volk, das sich nun aber an Maria erfüllt und vollendet:

Hoch rühmt meine Seele den Herrn,
und es jubelt mein Geist über Gott, meinen Retter.
Denn er hat auf seine niedrige Magd geblickt –
siehe, von jetzt an preisen mich selig alle Generationen.
Denn Großes hat an mir getan der Mächtige,
heilig ist sein Name,
und sein Erbarmen: Generation für Generation
über denen, die ihn fürchten!
Gewaltiges hat er getan mit seinem Arm,
zersprengt hat er, die im Herzen voll Hochmut sind.
Machthaber hat er von ihren Thronen gestürzt,
erhöht hat er Niedrige.
Hungernde hat er gefüllt mit Gutem,
Reiche hat er leer weggeschickt.
Angenommen hat er sich seines Knechtes Israel,
gedenkend seines Erbarmens,
wie er gesprochen hat zu unseren Vätern,
zu Abraham und seinem Samen auf ewig.

Wie man sieht, greift Maria die Seligpreisung ihrer Person auf. Von jetzt an werden sie alle Generationen seligpreisen. Aber das Magnifikat zeigt dann auch sofort, dass solches Seligpreisen Marias nichts anderes sein kann als Lobpreis *Gottes* für das, was er an Maria getan hat.

Nur für das, was er an Maria getan hat? Hier scheint auf den ersten Blick im Text des Magnifikats eine Unstimmigkeit vorzuliegen. Sie muss sorgfältig bedacht werden, denn sie ist der Schlüssel für die richtige Deutung des ganzen Hymnus. Man könnte diese anscheinende Unstimmigkeit folgendermaßen formulieren: Weshalb preist Maria Gott eigentlich für Dinge, die er gar nicht an ihr getan hat? Er hat auf seine niedrige Magd geblickt – ja! Er hat Großes an ihr getan – ja! Das alles lässt sich noch leicht auf die wunderbare Empfängnis beziehen, die ihr der Engel verkündet hatte. Aber das dann Folgende scheint mit dem Leben Marias nichts mehr zu tun zu haben. Wann hat Gott in ihrem Leben Hochmütige zersprengt? Wann hat er Machthaber von ihren Thronen gestürzt? Wann hat er im Zusammenhang mit ihr die Hungernden satt gemacht und die Reichen leer weggeschickt? Dieser anscheinende Bruch im Magnifikat ist längst von vielen Auslegern bemerkt worden. Und selbstverständlich hatten sie Lösungen zur Hand.

Eine erste Lösung war literarkritischer Art. Ein Teil der Ausleger rechnet damit, dass das ursprüngliche Magnifikat nur bis Vers 50 („über denen, die ihn fürchten") gereicht habe. Dieses „kleine" Magnifikat habe tatsächlich nur von den persönlichen Erfahrungen Marias oder ursprünglich sogar von den persönlichen Erfahrungen Elisabets gesprochen[5]. Dem kleinen Magnifikat sei dann von Lukas oder bereits von einem Erzähler *vor* ihm ein Hymnus angehängt worden, der allgemein von den Taten Gottes – weit über die Situation Marias hinausgehend – gesprochen habe. So erkläre sich die Unstimmigkeit zwischen den Versen 46–50 einerseits und den Versen 51–55 andererseits.

Eine zweite, ganz anders laufende Lösung, sieht folgendermaßen aus: Maria blicke zuerst, bis zum Ende von Vers 50, ausschließlich auf ihr eigenes Geschick. Dann aber weite sich ihr Blick und sie schaue nun, angeregt durch ihre persönlichen Erfahrungen, auf das Tun Gottes insgesamt, auf sein immerwährendes Handeln[6]. Deshalb seien die griechischen Verbformen der Verse 51–54, sieben Aoriste, präsentisch zu übersetzen. In dieser Weise verfahren die meisten Übersetzungen, auch die „Einheitsübersetzung". Diese lautet:

Er erbarmt sich von Geschlecht zu Geschlecht
über alle, die ihn fürchten.
Er vollbringt mit seinem Arm machtvolle Taten:
Er zerstreut, die im Herzen voll Hochmut sind;
er stürzt die Mächtigen vom Thron

und erhöht die Niedrigen.
Die Hungernden beschenkt er mit seinen Gaben
und lässt die Reichen leer ausgehen.
Er nimmt sich seines Knechtes Israel an
und denkt an sein Erbarmen,
das er unsern Vätern verheißen hat,
Abraham und seinen Nachkommen auf ewig.

Damit ist die anscheinende Unstimmigkeit ebenfalls gelöst, jetzt aber auf eine ganz andere Weise. Es wird keine literarkritische Operation vorgenommen, die zuerst in das Fleisch des Textes hineinschneidet und es dann wieder zusammennäht. Doch auch diese zweite Lösung, die einfach die Aoriste präsentisch übersetzt, ist nicht zufriedenstellend. Sie wird dem Magnifikat nicht gerecht.

Es ist nämlich nicht einzusehen, aus welchem Grund man dieselben griechischen Verbformen zunächst in den Versen 48 und 49 als vergangenes Geschehen („er hat Großes an mir getan") und sofort darauf in den Versen 51–54 als allgemeines, ständig geschehendes Handeln Gottes („er vollbringt mit seinem Arm") übersetzen soll[7]. Das Magnifikat erhält einen viel besseren und präziseren Sinn, wenn es konsequent von den schon geschehenen Taten Gottes spricht: „Er hat Großes an mir getan …", „Er hat Gewaltiges getan …", „Er hat Machthaber von ihren Thronen gestürzt." Erst dann passt das Magnifikat auch in die Ökonomie der vier Hymnen hinein, die eben thematisch voranschreiten vom Handeln Gottes an den Vätern bis zur künftigen Völkerwallfahrt.

Maria berichtet also vom Anfang bis zum Ende des Hymnus von Dingen, die schon geschehen sind: von dem, was Gott an ihr selbst getan hat, und von dem, was er an Israel getan hat. Beides gehört aufs engste zusammen. Die von Gott gewirkte Empfängnis, die der Engel angekündigt hat, ist eben keine Privatangelegenheit Marias. Sie durchbricht alle Erwartungen, Wünsche und Hoffnungen, die Eltern normalerweise auf ihr Kind richten. Diese Empfängnis stellt Jesus vielmehr ganz in den Raum des Handelns Gottes seit Abraham hinein – in einen Raum, der alles rein menschliche Wünschen weit übersteigt. Insofern gibt es keinerlei Bruch zwischen dem

Handeln Gottes an Maria und seinem Handeln in der Vergangenheit an Israel.

Diese Auslegung des Magnifikats lässt sich noch erhärten, wenn wir genauer darauf achten, was der zweite Teil des Magnifikats, also die Verse 51–54, denn nun eigentlich erzählt. Die Verse 51–54 sprechen von der Geschichte Israels in einem Mosaik biblischer Anspielungen[8]:

Vers 51: „Gewaltiges hat er getan mit seinem Arm, zersprengt hat er, die im Herzen voll Hochmut sind.“ – Woran dachten gläubige Juden, wenn sie das hörten? Ganz sicher zuerst an den Hochmut des Pharao und an die Vernichtung der Ägypter im Schilfmeer, und damit überhaupt an die Herausführung Israels aus Ägypten. Das Lied des Mose klingt an, in welchem von der „Rechten Gottes“ die Rede ist, mit der er die Ägypter zerschmetterte (Ex 15,6.12). Für die Wortwahl selbst muss Psalm 89,11 eine Rolle gespielt haben. Dort fließen der Chaoskampf bei der Schöpfung und das Meerwunder beim Auszug der Israeliten aus Ägypten ineinander.

Vers 52: „Machthaber hat er von ihren Thronen gestürzt, erhöht hat er Niedrige.“ – Auch hier steht die Auseinandersetzung mit dem Pharao und damit der Auszug aus Ägypten im Hintergrund. Die verallgemeinernde Formulierung dürfte auf Jesus Sirach 10,14 zurückgehen.

Vers 53: „Hungernde hat er gefüllt mit Gutem, Reiche hat er leer weggeschickt.“ – Wann hat Gott das getan? Als er sein Volk durch die Wüste geführt und es mit Manna gespeist hat. Die Formulierung greift zurück auf Psalm 107,9. Dieser Psalm, der vordergründig von der Not bestimmter Personengruppen erzählt, wird bereits im Psalter selbst heilsgeschichtlich gedeutet.

Vers 54–55: „Angenommen hat er sich seines Knechtes Israel, gedenkend seines Erbarmens.“ – Worauf spielt das Magnifikat an dieser Stelle an? Im Hintergrund steht ganz eindeutig Deuterojesaja und damit die Heimführung Israels aus Babylon in sein Heimatland. Die Wortwahl bedient sich des Textes Jesaja 41,8–9.

Wie immer man die Einzelheiten der Bezüge deutet – eines ist sicher: Maria fasst in ihrem Lobpreis die ganze Geschichte Israels zusammen. Und am Ende, in den Versen 54–55, kommt sie dann noch einmal bei sich selbst an. Das Wunder, das Gott jetzt an ihr gewirkt hat, „ist für sie also nichts anderes als der Endpunkt und die Aufgipfelung all der Wunder, die er vorher schon an seinem Knecht, dem Volk Israel, gewirkt hatte. In ihr versammelt sich gewissermaßen die ganze Geschichte Israels und bringt nun durch Gottes Erbarmen den Heiland der Welt hervor“ [9]. Gott hat sich jetzt *in ihr*, durch das Geschehen, das ihr der Engel verkündete, seines Knechtes Israel angenommen und an seine Verheißungen gedacht, die er bereits Abraham zugeschworen hatte.

Wenn sich Gott aber in ihr (und natürlich in dem Kind, das sie trägt) Israels endgültig angenommen hat, dann steht Maria für Israel, dann ist sie die Repräsentantin Israels, dann fasst sie die gesamte Geschichte Israels bis zu diesem Zeitpunkt in sich zusammen. Maria spricht von ihrer eigenen Geschichte, indem sie von der Geschichte Israels spricht. So kurz das Magnifikat ist: Es spannt einen weiten Bogen. Er reicht von Abraham (1,55) bis zu Maria (1,48). Und Maria repräsentiert dabei wie Abraham das Gottesvolk.

Wir sind von einem ganz bestimmten Problem ausgegangen: Nämlich von der Unstimmigkeit, dass Maria über Dinge redet, die ihr eigenes Leben anscheinend gar nicht betreffen. Wenn Maria lediglich individuelle historische Gestalt wäre, die ihr Leben isoliert für sich betrachtet, würden sie diese Dinge tatsächlich nicht betreffen. Aber so sieht die Bibel ihre großen Gestalten eben nicht, und so sieht auch Lukas Maria nicht. Maria ist mehr als eine einzelne, einsame Person, der seltsame Dinge widerfahren. Sie spricht das Magnifikat stellvertretend für Israel, so wie sie auch schon stellvertretend für Israel ihr „Ja“ gesprochen hatte. Weil sie in sich die Taten Gottes an Israel versammelt, kann sie ohne jeden Übergang zuerst von sich und dann vom Handeln Gottes an seinem Volk sprechen. Das Magnifikat enthält als Text keinerlei Bruch. Es ist in sich eine völlige Einheit – allerdings nur dann, wenn man begreift, dass Maria hier als Figuration Israels dargestellt wird.

Dass wir damit dem Magnifikat keinen mystischen Hintersinn zulegen, sondern genau den Strukturen des Textes folgen, zeigt noch eine weitere Beobachtung. Das Magnifikat besitzt eine Rahmung, die sehr sorgfältig durchgeführt ist. Nach dem Aufgesang beginnt der eigentliche Hymnus mit der Benennung Marias als einer „niedrigen Magd". Und der Hymnus endet, indem er vom „Knecht Gottes" spricht. Gott hat sich seiner Magd angenommen und er hat sich seines Knechtes angenommen. So werden „Magd des Herrn" und „Knecht Gottes" einander parallel gesetzt. Der „Knecht Gottes" ist Israel. Die „Magd des Herrn" ist ebenfalls Israel. Sonst hätte diese literarische Klammer keinen Sinn.

*

Für das Thema ‚Maria als Figuration Israels' ist neben dem Lukasevangelium das Johannesevangelium von besonderer Bedeutung. Im Johannesevangelium gibt es zwar nur zwei Texte, in denen Maria überhaupt eine Rolle spielt[10]. Aber gerade diese beiden Texte haben es in sich. Es handelt sich um Maria bei der Hochzeit zu Kana (Joh 2,1–12) und um Maria unter dem Kreuz (Joh 19,25–27). Blicken wir zunächst auf Johannes 2,1–12:

Am dritten Tag fand im galiläischen Kana eine Hochzeit statt, und die Mutter Jesu war dort. Aber auch Jesus und seine Jünger waren zur Hochzeit eingeladen. Als der Wein ausging, sagte die Mutter Jesu zu ihm: „Sie haben keinen Wein mehr." Da erwiderte ihr Jesus: „Was habe ich mit dir zu schaffen, Frau! Meine Stunde ist noch nicht gekommen." Da sagte seine Mutter zu den Dienern: „Was er euch sagt, das tut!"

Nun standen dort sechs steinerne Wasserkrüge, wie es der Reinigungsvorschrift der Juden entsprach; jeder fasste ungefähr hundert Liter. Jesus sagte zu den Dienern: „Füllt die Krüge mit Wasser!" Sie füllten sie bis oben hin. Dann sagte er zu ihnen: „Schöpft jetzt, und bringt es dem Festordner." Sie brachten es ihm. Wie aber der Festordner das zu Wein gewordene Wasser gekostet hatte und nicht wusste, woher es war – die Diener jedoch, die das Wasser geschöpft hatten, wussten es –, da rief der Festordner den Bräutigam und sagte zu ihm: „Jeder setzt zuerst den guten Wein vor und erst, wenn man berauscht ist, den weniger guten. Du jedoch hast den guten Wein bis jetzt zurückgehalten."

> *Dies wirkte Jesus als Anfang seiner Zeichen im galiläischen Kana. Er offenbarte [damit] seine Herrlichkeit, und seine Jünger glaubten an ihn. Danach zog er mit seiner Mutter, seinen Brüdern und seinen Jüngern nach Kafarnaum hinab. Dort blieben sie einige Zeit.*

Diese Erzählung gibt zwei Rätsel auf. Das erste: Weshalb distanziert sich Jesus mit solcher Schroffheit von der indirekten und damit höflich zurückhaltenden Bitte seiner eigenen Mutter? Schroff ist dabei nicht die Anrede „Frau“, sondern das Abstand schaffende „Was habe ich mit dir zu schaffen!“ (wörtlich: „Was zwischen mir und dir?“) Immerhin reden die Dämonen Jesus so an (vgl. Mk 1,24; 5,7).

Und das zweite Rätsel: Jesus sagt, seine Stunde sei noch nicht gekommen. Trotzdem wirkt er unmittelbar darauf das Wunder. Seine Stunde ist also offenbar doch gekommen. Beide Rätsel hängen natürlich zusammen. Sie sind nicht zu lösen, wenn man nicht den Blick auf einen anderen Text im Johannesevangelium richtet. Dieser bringt die Auflösung des Rätels:

Zu Beginn des 7. Kapitels wird Jesus von seinen „Brüdern“ bedrängt. Sie reden ihm zu, er möge doch zum Laubhüttenfest nach Jerusalem hinaufziehen, damit man auch dort die Wunder sehe, die er wirke. Jesus aber gibt seinen Brüdern zur Antwort:

> *Meine Zeit ist noch nicht gekommen; eure Zeit freilich ist immer da. (…) Zieht ihr doch hinauf zum Fest. Ich ziehe nicht hinauf zu diesem Fest, weil meine Zeit noch nicht erfüllt ist. (Joh 7,6.8)*

Die Parallelität zur Situation bei der Hochzeit zu Kana springt sofort in die Augen: Auch hier die Aufforderung an Jesus, in der Öffentlichkeit zu wirken, und auch hier eine schroffe Ablehnung. Die Gemeinsamkeiten gehen sogar noch weiter: Wie in Kana verweigert sich Jesus zwar verbal dem Wunsch seiner Familie, tut aber dann doch das Erbetene: Er zieht hinauf zum Fest (Joh 7,10), und er tritt dort am Ende sogar in aller Öffentlichkeit auf (7,14.26).

Dass Jesus in beiden Fällen tut, was sich seine Familie wünscht und sich ihr doch *formal* strikt verweigert, kann nur den einen Sinn haben:

Das, was jetzt, in der Stunde seines öffentlichen Auftretens geschieht, hat nichts mit Fleisch und Blut zu tun, entspringt nicht menschlichen Interessen, menschlichen Plänen und menschlichen Wünschen, sondern ist allein der Wille Gottes und der Plan des Vaters.

Mit dem Weinwunder zu Kana beginnt im Johannesevangelium das große, endzeitliche „Werk Gottes". Gott offenbart in Israel seine von den Propheten verheißene Herrlichkeit, und zwar offenbart er sie in der Herrlichkeit des Sohnes. In Johannes 2,1–12, dort also, wo dieser „Anfang" des Werkes Gottes erzählt wird, steht die Schilderung der Überfülle, des Glanzes und des wunderbaren Geschmacks der Herrlichkeit Christi ganz im Vordergrund. Es geht aber bereits um die „Sammlung" der Glaubenden (vgl. später Joh 11,52). Deshalb wird in der Erzählung auch so scharf unterschieden zwischen denen, die glauben, und denen, die gar nicht begreifen, was überhaupt geschieht.

Der Verantwortliche für das gesamte Fest, der „Festordner", ist die Figuration jener, die unmittelbar dabei sind, die in das ganze Geschehen verwickelt sind, ja, die sogar die Qualität des Weins schmecken und dennoch nicht wissen, „woher er kommt" (2,9). Der Festordner gehört zu denen, die hören – aber nicht verstehen, die sehen – aber nicht erkennen. Von den Jüngern Jesu hingegen wird ausdrücklich gesagt, dass sie glauben:

> *Er offenbarte seine Herrlichkeit, und seine Jünger glaubten an ihn. (Joh 2,11)*

Die Jünger glauben – und erkennen die Herrlichkeit Christi. Weil sie glauben, empfangen sie selbst von der Fülle seiner Herrlichkeit „Gnade über Gnade" (Joh 1,16). Weil sie glauben, handeln sie nicht mehr nach Maßgabe ihrer eigenen, rein menschlichen Interessen und Pläne, sondern leben aus dem Willen des Vaters. Weil sie glauben, sind sie nicht „aus dem Willen des Fleisches und nicht aus dem Willen des Mannes, sondern aus Gott gezeugt" (Joh 1,13).

Eine dritte Gruppe bilden die „Brüder" Jesu, also seine Verwandten. Sie werden zu Anfang der Erzählung, wo gesagt wird, dass die Mutter Jesu bei der Hochzeit dabei war (Joh 2,1), zwar nicht eigens genannt. Ihre Gegenwart wird aber als selbstverständlich vorausgesetzt, wie dann ja auch der Schluss der Erzählung zeigt (Joh 2,12). Maria kann nicht allein auf eine Hochzeit gehen. Von den Brüdern Jesu erfahren wir dann später, dass sie nicht an Jesus glauben (Joh 7,5).

Erst wenn all diese höchst konsequenten Linien der johanneischen Darstellung vor Augen liegen, kann sinnvoll die Frage gestellt werden, wohin denn nun Maria gehört. Was ist ihre Rolle? Was ist ihre Funktion innerhalb der Erzählung?

Auf keinen Fall gehört sie zu denen, die in das ganze Geschehen verwickelt sind und doch nicht wissen, was eigentlich geschieht. Maria weiß, woher der Wein kommt. Sie wird aber in Johannes 2,1–12 auch nicht als *Figuration der Glaubenden* herausgestellt. Nur von den Jüngern heißt es ausdrücklich, dass sie an die Herrlichkeit Jesu glauben (Joh 2,11). Die Mutter und die Brüder Jesu sind in diesen Schlüsselsatz der Erzählung nicht miteinbezogen. Wir dürfen daraus zwar nicht den Schluss ziehen, dass Maria nach Meinung des Evangelisten nicht an ihren Sohn geglaubt hätte. Trotzdem sagt er nicht: „Dies wirkte Jesus als Anfang seiner Zeichen in Kana in Galiläa und offenbarte seine Herrlichkeit, *und seine Mutter* und seine Jünger glaubten an ihn."

Der Evangelist tut dies deshalb nicht, weil die Funktion Marias in Joh 2,1–12 eine andere ist. An Maria wird in dieser Erzählung exemplarisch herausgestellt, dass die „Stunde", die Gott eröffnet, nicht identisch ist mit der Stunde der Menschen, dass der Wille Gottes nicht identisch ist mit menschlichem Wollen und der Plan Gottes nicht identisch ist mit menschlichen Plänen. Deshalb und nur deshalb weist Jesus die Bitte seiner Mutter so schroff zurück. Die Zurückweisung bezieht sich nicht auf die Person Marias, sondern sie soll zeigen, dass die messianische „Stunde" nicht von Jesus selbst, sondern vom Vater bestimmt wird.

Anhand der Figur Marias wird somit in Joh 2,1–12 klargestellt, dass jenes wahre Israel, welches Jesus um sich sammelt, nicht dort entsteht, wo Fleisch und Blut die Menschen zusammenführt, sondern allein dort, wo sich die Menschen in den Plan Gottes hineinbegeben. Gott schafft sich sein wahres Israel gegen alle Grenzziehungen der Familie, der Sippe und der Nation. Die Erzählung zielt an dieser Stelle in eine ganz ähnliche Richtung wie Markus 3,20–21.31–35, wo Jesus die neue Familie des Reiches Gottes als scharfen Kontrast zu allen leiblich-verwandtschaftlichen Bindungen proklamiert:

> *Wer ist meine Mutter und wer sind meine Brüder? (...) Wer den Willen Gottes tut, der ist mein Bruder, meine Schwester und meine Mutter. (Mk 3,33.35)*

Maria figuriert also innerhalb der Erzählökonomie von Joh 2,1–12 nicht die Glaubenden, sondern diejenigen, die den Schritt vom Fleisch und Blut zum endzeitlichen Israel noch nicht getan haben. Das heißt aber: Sie steht in Johannes 2 für das alttestamentliche Israel. Freilich für das alttestamentliche Israel in seinem allerbesten Sinn: Sie ist ganz dabei; sie ist bereit zum Hören; sie bleibt auch nach der Zurückweisung durch Jesus bei der Sache; sie lässt sich korrigieren, ja, sie befiehlt den Dienern:

> *Was er euch sagt, das tut! (Joh 2,5)*

Man muss sogar betonen: Sie allein ist diejenige, die erwartet, dass ihr Sohn handelt; sie allein erahnt die endzeitliche Fülle, die durch Jesus hereinbricht[11]. Sie repräsentiert also jenes Israel, das der messianischen Zeit entgegenhofft, das bereit ist, sich von Gott zum wahren Israel sammeln zu lassen, und das voller Erwartung auf der Schwelle zu dem Neuen steht, das Gott nun ins Werk setzt.

Es ist wohl deutlich geworden: Der Erzählung von der Hochzeit zu Kana wird man nur dann gerecht, wenn man sie *typologisch* liest. Maria, die Jünger, die Brüder Jesu, die Diener und der Festordner repräsentieren – neben dem, was sie historisch waren – jeweils eine ganz bestimmte Rolle in dem Entscheidungsprozess Israels: Maria und wohl auch die Diener stehen für das wartende und hoffende Israel, die Jünger für das schon glaubende Israel, die Brüder Jesu für das ungläubige Israel und schließlich der Festordner für jenes Israel, das überhaupt nicht merkt, was vor sich geht.

Damit ist innerhalb des Johannesevangeliums freilich noch bei weitem nicht alles gesagt. Denn am Ende steht Maria unter dem Kreuz. Und erst dort vollendet sich an ihr das, wofür sie steht. Es springt in die Augen, wie eindeutig der Evangelist die Erzählung von der Hochzeit zu Kana und die Kreuzesszene (Joh 19,25–27) aufeinander bezogen hat. Es sind die beiden einzigen Erzählungen im Evangelium, in denen Maria eine Rolle spielt. Außerdem haben beide Texte in besonderer Weise mit der „Herrlichkeit Christi" zu tun: Mit dem Kana-Wunder *beginnt* die Offenbarung seiner Herrlichkeit, mit seiner Erhöhung ans Kreuz findet sie ihre *Vollendung* – in der Paradoxie der Erniedrigung. Hinzukommt: Beide Male redet Jesus seine Mutter mit der ungewöhnlichen Anrede „Frau" an[12]:

> *Es standen aber bei dem Kreuze Jesu seine Mutter und die Schwester seiner Mutter, die [Frau?] des Klopas und Maria aus Magdala. Als nun Jesus seine Mutter und den Jünger, den er liebte, stehen sah, sagte er zu seiner Mutter: „Frau, siehe, dein Sohn!" Dann sagte er zu dem Jünger: „Siehe, deine Mutter!" Und von jener Stunde an nahm sie der Jünger zu sich. (Joh 19,25–27)*

Auf den ersten Blick sieht es so aus, als sorge Jesus hier pietätvoll für seine Mutter; als erfülle er noch unmittelbar vor seinem Tod seine letzten Sohnespflichten. Doch damit wird man dem Text nicht wirklich gerecht. Die Sinndimension, in der er sich bewegt, reicht viel tiefer. Unmittelbar an die letzte Willenserklärung Jesu schließt sich ja der Satz an: „Danach, als Jesus wusste, dass nun alles vollbracht war …" und dann, nach dem Essigtrunk, das letzte Wort Jesu: „Es ist vollbracht" (Joh 19,28.30).

Die deklaratorischen Formeln „Siehe, dein Sohn!" und „Siehe, deine Mutter!" können deshalb nicht allein Regelungen natürlicher Familienverhältnisse meinen. Nach allem, was uns Johannes 2,1–12 und 7,1–10 gezeigt haben, redet der Evangelist mit der Szene unter dem Kreuz von jenem Neuen im Gottesvolk, bei dem es nicht mehr um die menschlichen Pläne und Wünsche geht, sondern um die Vollendung des „Werkes Gottes". Jetzt, in dieser Stunde, geschieht, was der Evangelist in Johannes 11,51–52 angemerkt hatte, ein Wort des amtierenden Hohenpriesters Kajaphas ausdeutend:

> *Das aber sagte er nicht aus sich selbst, sondern als Hoherpriester jenes Jahres redete er prophetisch, dass Jesus für das Volk sterben sollte. Aber nicht für das Volk allein, sondern auch, um die zerstreuten Kinder Gottes zur Einheit zu sammeln.*

Der Tod Jesu sammelt also Israel zur Einheit. Die alten prophetischen Verheißungen über die Wiederherstellung Israels werden durch den Tod Jesu wahr – und zwar in der Kirche. Das will dieser für das Johannesevangelium hochbedeutsame Text sagen. Die „zerstreuten Kinder Gottes“ sind nicht, wie viele Ausleger vermuten, gläubige Heiden, sondern zunächst einmal gläubig gewordene Juden aus der Diaspora. Sie bilden mit Juden aus dem Mutterland das wahre Israel, das dann allerdings für die Heiden offen ist. Aber die Heidenmission ist nicht das Thema von Johannes 11,49–53. Es geht um das Thema der endzeitlichen *Wiederherstellung* Israels[13].

Wenn Maria in Johannes 2 das noch an der Schwelle stehende, hoffende und vertrauende alttestamentliche Israel repräsentierte, dann kann die Szene unter dem Kreuz nur bedeuten, dass dieses Israel nun sein Ziel erreicht hat: In der Stunde seines Sterbens gibt Jesus jenes von Maria figurierte Israel in die Gemeinschaft und in die Obhut des Lieblingsjüngers hinein, der im vierten Evangelium zusammen mit Petrus und den übrigen Jüngern das Neue verkörpert: das endzeitliche Israel. Noch einmal anders formuliert: Maria, also das sich dem Messias öffnende Israel, wird von Jesus in die Obhut eines der Apostel und so in die apostolische Kirche hineingegeben.

Aber nicht nur das durch Maria figurierte alttestamentliche Israel erreicht unter dem Kreuz sein Ziel. Es geschieht noch mehr. Es heißt eben nicht nur: „Siehe, dein Sohn!“, sondern auch: „Siehe, deine Mutter!“ Das heißt: Der Lieblingsjünger, der im Evangelium Augenzeuge und Traditionsgarant für die spätere Gemeinde ist[14], wird an eine Mutter verwiesen, die er niemals verlassen darf und die er an sein Herz nehmen muss: das alttestamentliche Israel. Mutter und Sohn – sie werden unter dem Kreuz zur „neuen Familie“ des Messias. Jeder braucht den anderen, und jeder ist auf den anderen angewiesen.

So kann abschließend gesagt werden: Nicht nur im Magnifikat bei Lukas, sondern auch im Johannesevangelium hebt der Text die historische Maria ins Typologische: Maria ist Figuration für Israel. Zunächst, in Johannes 2, steht sie für das hoffende und gehorsame Israel, das ganz offen ist für das Neue. Dann aber, in Johannes 19, unter dem Kreuz, erreicht das alttestamentliche Israel sein Ziel: Jesus vollendet sein „Werk" – er konstituiert die endzeitliche Gemeinde Israel, die „neue Familie" Gottes. Sie wird repräsentiert durch das Miteinander von Maria und dem „Jünger, den Jesus liebte"[15].

b) Maria als Figuration des Gottesvolkes seit dem 2. Jahrhundert nach Christus

Wir sahen: Maria ist bei Lukas wie bei Johannes Inbild des alttestamentlichen Gottesvolkes – soweit es gläubig geöffnet ist für das Handeln Gottes in der Geschichte. Vor allem: soweit es geöffnet ist für die verheißene messianische Zukunft. Hat die Kirche diese mariologische Konstante des Lukas- und des Johannesevangeliums durchgehalten? Auf den ersten Blick nicht! Zwar wird Maria auch in den folgenden Jahrhunderten als Figuration gesehen. Aber man hat den Eindruck, sie sei nur noch Figuration des *neutestamentlichen* Gottesvolkes, also der Kirche.

Doch das ist nur der erste Eindruck. In Wirklichkeit betrachteten die Kirchenväter, das heißt: die großen und anerkannten Theologen der ersten Jahrhunderte, die Kirche niemals isoliert als etwas Neues, das mit dem alttestamentlichen Gottesvolk nichts zu tun hätte. Sie sahen in der Kirche nicht in erster Linie eine Körperschaft, die irgendwann formell durch einen juristischen Akt Jesu konstituiert worden war. Für sie war die Kirche mehr. Sie erkannten in ihr das Gelingen des uralten Planes Gottes, die Welt ins Heil zu führen. Deshalb existiert für sie die Kirche schon von Anfang an im Heilsplan Gottes. Und deshalb enthüllt sich das Geheimnis der Kirche in vielen Schritten bereits im Alten Testament[16].

Die großen Lehrer der kirchlichen Frühzeit entdeckten im Alten Testament zahlreiche Vorabbildungen Christi und der Kirche. Wie jedes Meisterwerk Vorentwürfe braucht, sagt Origenes († um 254), so zeichnen sich im Alten Testament die Vorentwürfe des Kommenden ab[17]. Die Kirchenväter legten das Alte Testament *typo-*

logisch aus, das heißt, sie sahen in ihm bereits die Umrisse Christi und der Kirche. Sie waren mit Paulus überzeugt, dass Christus als Fels und lebenspendende Quelle schon im alttestamentlichen Gottesvolk geheimnisvoll anwesend war (1 Kor 10,1–4). Sie sprachen in vielfältigen Bildern von einer ‚Kirche schon vor Christus'. Augustinus sagt in einer Predigt, die er am Fest der „heiligen Makkabäer", also der makkabäischen Brüder (2 Makk 7), gehalten hat:

> *Niemand soll glauben, dass es vor dem christlichen Volk kein Volk Gottes gegeben habe. (...) Christus hatte doch nicht erst nach seiner Passion ein Volk; sein Volk stammte vielmehr von Abraham. (...) Von da kamen die Propheten, daraus erblühten die Märtyrer*[18].

Aber die Kirche hat ihren Ursprung nicht erst in Abraham. Sie trat schon hervor im gerechten Abel. Augustinus spricht ausdrücklich von der „Kirche seit Abel" [19]. Er formuliert selbst den Grund:

> *Von weit her ist die Kirche. Seitdem man von Heiligen spricht, gibt es auf Erden die Kirche. Irgendwann gab es die Kirche allein in Abel (...). Irgendwann gab es sie allein in Henoch (...). Irgendwann gab es die Kirche allein in der Familie des Noach (...). Irgendwann allein in Abraham (...). Dann entstand die Kirche im Volke Israel und sie durchlitt den Pharao und die Ägypter (...). Schließlich kam es bis zu unserem Herrn Jesus Christus*[20].

Die Kirchenväter greifen, was den Anfang der Kirche angeht, sogar noch weiter zurück. Nicht erst mit Abel begann die Kirche, sondern bereits mit Adam, von dem man annahm, dass er nach dem Sündenfall umgekehrt war. Ja, nicht erst mit dem zur Umkehr gelangten Adam begann sie – es gab sie schon vor der Erschaffung der Welt. Die Väter stützen sich dabei vor allem auf Epheser 1,4 („Denn in ihm hat er uns erwählt vor der Grundlegung der Welt") und auf Psalm 74 (73),2 („Gedenke deiner Gemeinde, die du ureinst erworben hast").

Dieses Vorverständnis einer von Urzeit her existierenden Kirche bestimmte die kirchliche Auslegung des Alten Testamentes. Die Väter sahen die Kirche vorentworfen in der Arche, in der Stiftshütte, in der Bundeslade, im Zion, im Tempel Salomos, in der Braut des Hohenliedes, in den Heiligen Israels. Die entsprechend ausgelegten alttestamentlichen Texte sind nicht zu zählen. Für die Kirchenväter ist das Alte Testament dabei nicht nur Spielmaterial typologischer Phantasie. Seine Präfigurationen sind ihnen mehr als äußerliche Symbole. Sie sind für sie Vor-Verwirklichungen dessen, was dann kommen sollte. Die Zeit des Alten Testamentes war für sie die lange Verlobungszeit Christi mit seiner Kirche[21].

Wenn sie in Maria das Urbild der Kirche erblickten, so war diese Aussage deshalb niemals losgelöst vom Blick auf das alttestamentliche Gottesvolk. Die Kirche realisiert sich sukzessiv in der Geschichte, und in Maria, dem Urbild dessen, was die Kirche zusammen mit Christus, ihrem Haupt, sein soll, ist das Ziel dieses langen Weges endlich erreicht.

Dennoch: Texte, die in Maria *ausdrücklich und wortwörtlich* das Inbild des wahren Israel und zwar schon in seiner alttestamentlichen Gestalt erblicken, sind bis zum 20. Jahrhundert eher selten. Wir werden noch sehen, warum sich das dann im vergangenen Jahrhundert schlagartig geändert hat. Im Folgenden sprechen wir zunächst über Maria als die Figuration[22] der *Kirche*, behalten dabei aber im Sinn, dass der Kirchenbegriff von den Vätern bis ins Mittelalter hinein weiter und tiefer war als der oft schmalbrüstige Kirchenbegriff der Folgezeit.

*

Maria als Figuration der Kirche – diese Einsicht fiel nicht einfach vom Himmel. Sie musste in der frühen Kirche zuerst einmal erarbeitet werden. Trotzdem hat sie sich erstaunlich schnell im Osten wie im Westen durchgesetzt. Selbstverständlich haben die Kirchenväter ihre Aussagen über Maria immer auch von der Christologie her gewonnen und sie auch im Gefüge der Christologie entfaltet – zum Beispiel den grundlegenden Glaubenssatz von Maria als der „Gottesgebärerin“. Und doch wurde die altkirchliche Lehre über Maria maßgebend in der Lehre über die Kirche vorentworfen. Joseph Ratzinger wagt den Satz[23]:

> *Alles, was später Mariologie sein wird, ist zunächst als Ekklesiologie vorgedacht worden.*

Damit will Joseph Ratzinger selbstverständlich nicht ausschließen, dass schon das Neue Testament selbst grundlegende Aussagen über Maria macht, zum Beispiel in Lk 1,26–38 über ihre Jungfräulichkeit. Aber das Weiterbedenken dieser Aussagen, ihre Vertiefung zur Mariologie, geschieht vor dem Hintergrund des Nachdenkens über die Kirche. Ein Beispiel mag verdeutlichen, wie das vonstatten ging. Paulus hatte im 2. Korintherbrief der Gemeinde von Korinth geschrieben:

> *Ich eifere um euch mit dem Eifer Gottes; ich habe euch nämlich einem einzigen Mann verlobt, um euch als reine Jungfrau Christus zuzuführen. (2 Kor 11,2)*

Dieser Text war den Kirchenvätern wichtig. Er spielte für ihre Theologie eine außerordentliche Rolle. Paulus hatte von der Gemeinde in Korinth gesprochen. Die Kirchenväter haben den Text weitergedacht und von ihm ausgehend die universale Kirche als „reine Jungfrau" und als „Braut Christi" verstanden. Bestärkt sahen sie sich dabei vom Epheserbrief, der die Kirche nicht nur als die Braut, sondern – vorsichtig und indirekt – sogar als die Gattin Christi beschreibt:

> *Ihr Männer, liebt eure Frauen, wie Christus die Kirche geliebt und sich für sie hingegeben hat, damit er sie heilige – sie, die er gereinigt hat durch das Wasserbad im Wort, damit er selbst sich die Kirche herrlich zuführe ohne Flecken, Falten oder andere Fehler; heilig soll sie sein und makellos. Darum sind die Männer verpflichtet, ihre Frauen so zu lieben wie ihren eigenen Leib. Wer seine Frau liebt, liebt sich selbst. Keiner hat je seinen eigenen Leib gehasst, sondern er nährt und pflegt ihn, wie auch Christus die Kirche. Denn wir sind Glieder seines Leibes. Darum wird der Mann Vater und Mutter verlassen und sich an seine Frau binden, und die zwei werden ein einziges Fleisch sein. Dies ist ein tiefes Geheimnis: ich beziehe es auf Christus und die Kirche. (Eph 5,25–32)*

Immer wieder werden die Theologen der Väterzeit vor dem Hintergrund dieser beiden Texte die Kirche als Jungfrau und als die Braut Christi bezeichnen, die durch ihn „rein", „heilig" und „makellos" geworden ist.

Der Mensch des 21. Jahrhunderts hat hier seine Schwierigkeiten. Er denkt bei dem Reizwort ‚Jungfrau' sofort an den Unterleib; wenn es hoch kommt auch noch an so etwas wie Moral. Die frühen Christen dachten anders. Wenn sie hörten, dass die Kirche als Jungfrau bezeichnet wurde, stand ihnen das Bild der unzerstörten beziehungsweise der wiederhergestellten Schöpfung vor Augen. Eva war, wie die Kirchenväter oft betonen, Jungfrau, weil sie vor ihrem Ungehorsam die ganze Schönheit und Integrität der Schöpfung Gottes ausstrahlte. Ihre Jungfräulichkeit wäre auch durch ihre Mutterschaft nicht zerstört worden. Denn mit der Jungfräulichkeit Evas war eben gemeint: unverdorbene, unzerstörte Schöpfung. Entsprechend war bei den Kirchenvätern mit der Jungfräulichkeit der Kirche *vor allem anderen* immer zuerst der Glanz der erlösten Schöpfung angesprochen und erst dann und davon ausgehend das sachgerechte, der neuen Schöpfung entsprechende Leben[24].

Die Kirche eine Jungfrau zu nennen, hieß also für die damaligen Menschen, dass die Kirche wiederhergestellte Welt ist und deshalb die Herrlichkeit des ursprünglichen Schöpfungsplanes aufleuchten lässt. Bereits der „Hirt des Hermas" (um 140) beschreibt in seinen „Visiones" die Kirche zunächst als alte Frau, weil sie „früher als alles andere geschaffen wurde" (II 4,1), dann aber als Jungfrau, die verschleiert und in strahlendem Weiß aus ihrem Brautgemach kommt (IV 2,1). Der Bericht über die Märtyrer von Lyon (um 178), den Eusebius († 339) zitiert, nennt die Kirche „Jungfrau-Mutter"[25]. Und von Hegesipp, einem Theologen des 2. Jahrhunderts, zitiert Eusebius den Satz: „Damals nannte man die Kirche eine Jungfrau, denn sie war noch nicht durch falsche Lehren verdorben"[26].

Die Kirche wird also als Jungfrau, als Braut und Mutter figuriert. Sie ist die *ecclesia immaculata*[27], weil sie im Sakrament der Taufe gereinigt und geheiligt wurde. Sie ist jungfräulich, weil sie zum wiederhergestellten Paradies wurde, das heißt zur Welt, wie sie im Sinne Gottes sein soll. Sie ist der reine Mutterschoß, weil sie in der

Taufe ihre Kinder für die neue Welt Gottes gebiert. Sie ist Mutter, weil sie viele Kinder hat.

Jungfrau, Braut, Mutter – damit wird die Kirche immer anschaubarer, immer realer und immer persönlicher. Damit wird sie aber auch immer vergleichbarer mit Maria. Auf welche Weise die Entsprechung ‚Kirche-Maria' theologische Gestalt annimmt, lässt sich an der Parallele ‚Eva-Maria' ablesen. Für das Herstellen dieser Parallele wurden die Kirchenväter vor allem durch Genesis 3,15 angeregt. Dort sagt Gott zu der Schlange:

> *Feindschaft setze ich zwischen dir und der Frau, zwischen deinem Samen und ihrem Samen. Er*[28] *[der Same, d. h. die Nachkommenschaft der Frau] wird dir den Kopf zertreten, und du wirst ihm nach der Ferse schnappen.*

Die Kirchenväter verstanden diesen Satz, der *in sich gesehen* von der ewigen Feindschaft zwischen dem Menschen und der Schlange redet, als Verheißung und frohe Botschaft: In der „Frau" sahen sie Maria, in der „Nachkommenschaft" der Frau Jesus Christus. Dieser wird der Schlange den Kopf zertreten. Seit Justin († um 165) und Irenäus (2. Jahrh.) wurden vor dem Hintergrund von Genesis 3,15 Eva und Maria in vielfältige Beziehung gesetzt: Die Jungfrau Eva hatte auf die Schlange gehört – die Jungfrau Maria hatte auf Gott gehört. Der Unglaube Evas brachte den Tod in die Welt – durch den Glauben Marias empfing die Welt das Leben. Durch Eva kam die Torheit in die Welt – durch Maria die Weisheit. Eva hatte den Knoten des Unheils geknüpft – Maria hatte ihn gelöst[29].

Das alles sagt zwar noch nicht ausdrücklich, dass Maria Urbild der Kirche sei. Es bereitet diese Aussage aber vor, denn sowohl Eva wie Maria werden dabei als Figurationen gesehen: Eva als die Figuration der unerlösten Menschheit, Maria als die Figuration aller, die an Christus glauben.

*

Bei Tertullian († nach 220), Hippolyt († 235) und Cyprian († 258) wird dann die Entsprechung zwischen Maria und der Kirche immer klarer ins Wort gebracht. Im Grunde beginnt die Deutung Marias auf die Kirche aber schon mit Irenäus. Dieser hat nämlich gesehen, dass Maria im Magnifikat nicht nur für sich selbst, sondern stellvertretend für die Kirche spricht. Ausgehend von dem Wort des Engels an Maria („Er wird herrschen über das Haus Jakob in Ewigkeit") schreibt Irenäus:

> *Wer anders herrscht über das Haus Jakob ohne Ende in Ewigkeit als Christus Jesus, unser Herr, der Sohn Gottes, des Allerhöchsten, der durch das Gesetz und die Propheten versprochen hat, sein Heil allem Fleische sichtbar zu machen, damit er des Menschen Sohn werde und der Mensch Gottes Sohn? Darum frohlockte auch Maria und rief prophetisch stellvertretend für die Kirche: „Hoch rühmt meine Seele den Herrn, und es jubelt mein Geist über Gott, meinen Retter"*[30].

In diese Richtung wird in der Folgezeit dann immer weiter gedacht: Maria hat Christus durch den Glauben empfangen – ebenso empfangen die Christen in der Kirche Christus durch Glaube und Taufe. Wie Maria Christus geboren hat, so gebiert die Kirche Christen. Gerade weil Maria und die Kirche jungfräulich sind, sind sie beide wahrhaft fruchtbar. Eine Fülle von Bildern, die meist aus dem Alten Testament stammen, werden sowohl auf die Kirche wie auf Maria bezogen: Beide sind das „Paradies", die „neue Eva", die „Leiter Jakobs", die „Pforte des Himmels", der „brennende Dornbusch", „die Bundeslade", der „Thron Salomos", der „Sitz der Weisheit", die „uneinnehmbare Burg", die „starke Frau".

Besonders häufig weist Ambrosius († 397) auf das Ineinander ‚Maria-Kirche' hin. Von vielen möglichen Texten sei hier nur der wichtigste zitiert. Ambrosius schreibt in seiner Erklärung des Lukasevangeliums:

> *Wir haben den Wortlaut der Wahrheit [dass nämlich Maria Vermählte und Jungfrau zugleich ist] gehört. Wir haben die Aussageabsicht gehört. Nun wollen wir auch das [Glaubens-] Geheimnis hören! Mit gutem Grund ist Maria eine Vermählte, zugleich aber auch Jungfrau. Sie ist nämlich Urbild der Kirche, die unversehrt ist und dennoch vermählt. Als Jungfrau hat die*

Kirche uns vom Geist empfangen, als Jungfrau gebiert sie uns ohne Schmerzenslaut[31].

Hier werden nicht nur Maria und die Kirche in Parallele gesetzt. Hier wird nun auch ausdrücklich das dabei angewendete Deutungsprinzip formuliert: *Maria est typus ecclesiae.* Was versteht Ambrosius in diesem Zusammenhang unter *typus,* das für ihn gleichbedeutend mit *figura* ist?[32] Im Hintergrund steht das griechische Wort *typos* – und das meint in solchem Kontext das „Muster", das „Vorbild", das „Modell". Man könnte auch sagen: *Typos* meint die „Vorprägung", die sich dann in der „Ausprägung" abbildet. In Maria ist also die Kirche vorgebildet. In ihr, dem Urbild, ist schon alles, was später die Kirche ausmachen wird, vorgeprägt. Man muss sogar sagen: In Maria ist es in so reiner Form figuriert, dass die Kirche als ‚Nachbild' immer nur versuchen kann, sich ihrem *typos* zu nähern.

Wahrscheinlich muss man aber noch weitergehen: Stellt man den platonischen Denkhorizont der Kirchenväter in Rechnung, so schwingt in *typos* letztlich sogar das himmlische Urbild mit. Das betont vor allem Yves Congar, der große Kenner der Vätertheologie[33]. Ist das richtig, dann darf man im Sinne der Väter sagen: In Maria hat der Plan Gottes – das, was ihm schon vor aller Schöpfung vor Augen stand – seine endgültige Verwirklichung gefunden. Die Kirche, der uranfängliche Plan Gottes für die Heimholung der Welt zu Christus, hat sich in Maria bereits vollendet. Deshalb hat die sich in der Geschichte entfaltende Kirche nicht nur ihr irdisches Urbild, sondern in diesem Urbild leuchtet auch schon das „himmlische Jerusalem" auf, das „unsere Mutter" ist (Gal 4,26).

Jedenfalls: Den Theologen und Predigern der frühen Kirche ist die Gleichsetzung ‚Maria-Kirche' bald so vertraut, dass sie immer wieder auf sie zurückkommen. Oft sprechen sie gar nicht ausdrücklich von ihr: sie setzen die Analogie ‚Maria-Kirche' als selbstverständlich voraus oder spielen nur noch auf sie an. In Maria wird die Kirche gesehen und die Kirche in Maria. Für Ephräm († 373), den großen Theologen der syrischen Kirche, ist das alles derart selbstverständlich, dass er aus Jesaja 7,14, einem Text, den damals jedermann auf Maria auslegte, ein Preislied auf die Kirche machen kann:

Selig bist du, o Kirche! Denn von dir gilt des Jesaja prophetischer Jubelruf: „Siehe, empfangen wird die Jungfrau und einen Sohn gebären." O enthülltes Geheimnis der Kirche![34]

Charakteristisch für dieses frühe Kirchenverständnis ist aber auch: Die Kirche kann preisend *angeredet* werden. Der Lobpreis auf die Kirche ist älter als der Lobpreis Marias. Das Marienlob erfließt aus dem Preis auf die Kirche. Im Übrigen fällt auf: In dem Text Ephräms erscheinen Kirche und Maria wie in einem einzigen Bild. Maria ist Jungfrau – die Kirche ist Jungfrau. Maria wird einen Sohn gebären – die Kirche wird viele Kinder gebären. Diese Aussagen sind den Kirchenvätern so geläufig und den damaligen Predigthörern so vertraut, dass sie fast keiner Erklärung mehr bedürfen.

Oft geht die Gleichsetzung zwischen Maria und der Kirche sogar so weit, dass Maria schlichtweg „die Kirche" genannt wird. Maria = Kirche: das wird fast zu einer Formel. Ephräm sagt an anderer Stelle:

Mit dem Namen ‚Maria' bezeichnen wir auch die Kirche; sie ist eines zweifachen Namens wert[35].

Das schon zur Formel gewordene Verhältnis ‚Maria-Kirche' zeigt auch eine Marienpredigt, die unter dem Namen Cyrills von Alexandrien († 444) überliefert wird und die man die berühmteste Marienpredigt des Altertums genannt hat[36]. Ihre Schlusspassage lautet:

Und so möge es uns vergönnt sein, dass wir (…) die ungeteilte Dreifaltigkeit fürchten und verehren. Maria aber, die immerwährende Jungfrau, also [dēlon hoti] die heilige Kirche, sowie ihren Sohn und makellosen Bräutigam wollen wir in Jubelliedern preisen. Ihm sei die Ehre in alle Ewigkeit. Amen[37].

Wie man sieht, ist hier die Parallelität zwischen Maria und der Kirche tatsächlich zur festen Formel geworden. Der Bilder- und Formelschatz steht – was Maria und die Kirche angeht – längst fest. Übrigens hatte die Predigt Cyrills mit einer langen Anhäufung von Ehrentiteln für Maria begonnen. Sieht man sich diese Ehrentitel genauer an, wird deutlich, dass sie nicht nur für Maria, sondern zugleich für die Kirche gelten. Sie oszillieren ständig zwischen beiden. Hier nur einige wenige Beispiele:

> *Wir grüßen dich Maria, Gottesgebärerin, ehrwürdiger Schatz der ganzen Welt, (...) Szepter der Rechtgläubigkeit, unzerstörter Tempel, (...) durch dich ist die ganze Schöpfung, die im Götzenwahn gefangen war, zur Erkenntnis der Wahrheit gelangt, durch dich wird allen Gläubigen die heilige Taufe zuteil, durch dich das Öl der Freude, durch dich sind die Kirchen gegründet auf der ganzen Welt, durch dich werden die Völker zur Umkehr geführt*[38].

„Durch dich wird allen Gläubigen die heilige Taufe zuteil, durch dich das Öl der Freude" – damit muss ja wohl die Kirche angesprochen sein, die ihre Gläubigen durch das Wasser der Taufe zeugt und sie sofort nach dem Taufbad mit Heiligem Geist salbt – aber es ist eben zugleich Maria gemeint, die als die lebendige, konkrete Figuration der Kirche gesehen wird.

Es konnte gar nicht anders sein, als dass auch Augustinus († 430) die enge Verbindung ‚Maria-Kirche' immer wieder neu betrachtet und gedeutet hat. Er sagt in einer seiner vielen mitstenographierten Predigten:

> *Achtgegeben Geliebteste! Versteht, wie die Kirche – das ist bekannt – Braut Christi ist; wie sie aber auch – das ist schwieriger einzusehen und dennoch wahr – Mutter Christi ist. Als ihr Urbild ging Maria, die Jungfrau, [der Kirche] voraus. Weshalb, so frage ich euch, ist Maria die Mutter Christi, wenn nicht deshalb, weil sie die Glieder Christi geboren hat? Ihr, zu denen ich spreche, seid die Glieder Christi. Wer hat euch geboren? Ich höre die Stimme eures Herzens: die Mutter Kirche. Diese heilige, geehrte Mutter, Maria gleich, sie gebiert und ist doch Jungfrau. Dass sie gebiert, beweise ich durch euch: Aus ihr seid ihr geboren. Christus gebiert sie, denn ihr seid die Glieder Christi. (Sermo 25,8*[39]*)*

Wie so oft in seinen Predigten spielt Augustinus auch hier mit den Begriffen. Er kann dafür bei seinen Zuhörern vieles voraussetzen. Sie kennen die stehenden Bilder. Zum Beispiel, dass die Kirche

„Braut Christi" ist. Aber dann versteigt er sich zu dem Balanceakt, dass die Kirche sogar die „Mutter Christi" sei. Wer bis dahin bei der Predigt noch geschlafen hat, wacht auf. Aber das Rätsel wird gelöst – nicht plump, sondern elegant: Die Zuhörer sind die Glieder Christi. Damit sind sie der Leib Christi. Damit sind sie Christus[40]. Deshalb hat die Kirche Christus geboren, und Maria hat die Christen geboren[41]. Augustinus kann sich solche Sprachspiele nur erlauben, weil seine Hörer längst wissen: die Kirche hat uns in der Taufe geboren, und die Kirche ist Maria.

Genug der Texte aus der Väterzeit! Der Blick auf die Kirche war von Anfang an eine der Wurzeln der Mariologie. Ein tiefes Bewusstsein von der Heiligkeit und Herrlichkeit der Kirche erfüllte die Christen der ersten Jahrhunderte. Sie sahen freilich auch ihr eigenes Versagen und die Glaubensnot der realen Kirche. Trotzdem hielten sie an der Erwählung und dem Glanz der reinen Jungfrau und Mutter Kirche fest. Wie konnten sie das?

Sie konnten es offenbar, weil sie inmitten ihrer eigenen Not den Blick mehr und mehr auf Maria als das reine Bild der Kirche richteten. Wo war die *ecclesia immaculata* denn noch unmittelbar zu erfahren? In dem Maß, in dem das Bild der unversehrten Kirche zu entschwinden drohte, verdichtete es sich im Inbild ‚Maria'.

*

Das gesamte Mittelalter steht noch in lebendiger Verbindung mit der Theologie der ersten Jahrhunderte. Für den Westen waren die Vermittler vor allem Ambrosius und Augustinus. Wie sorgfältig die Lehre der Väter aufgenommen wurde, zeigt, um ein erstes Beispiel zu nennen, eine unter dem Namen des Anastasius Sinaita († nach 700) tradierte Erklärung des Sechstagewerks. Sie greift exakt das Thema auf, dem wir gerade bei Augustinus begegnet sind: die Fruchtbarkeit der Kirche. Die Kirche wird dabei teilweise mit dem Wortlaut des (damaligen) Ave Maria angeredet:

> *Gebenedeit bist du unter den Frauen, du einziges Leben, du Gebärerin des Lebens, du Mutter der Glaubenden, du vielgepriesene Mutter Christi, du Kirche, du Gefährtin des geistlichen*

Adam Gottes! Und gebenedeit ist die Frucht deines Leibes, das Volk aus allen lebendigen Nationen[42].

Aber nicht nur im Osten, auch im Westen klingt das Thema der jungfräulich gebärenden Kirche immer wieder an. Haimo von Auxerre († um 855) schreibt in seiner Kommentierung der Johannesoffenbarung zu 12,1:

Im Himmel geschah dies, das heißt, es geschah in der Kirche, deren Glied auch die Mutter des Herrn war: „Eine Frau, bekleidet mit der Sonne", das heißt umgeben von der Göttlichkeit des Allerhöchsten (…). Jene selige Gottesgebärerin aber personifiziert an dieser Stelle die Kirche (…). In ihr [der Kirche] vollzieht sich Tag für Tag dieses Zeichen, weil in ihr Tag für Tag Christus empfangen und geboren wird[43].

Es ist erstaunlich, wie sachgemäß hier die in der Johannesoffenbarung geschilderten Vorgänge auf die aktuelle Gegenwart der Kirche hin ausgelegt werden. Im Übrigen zeigt der zitierte Text: Im frühen Mittelalter wird die apokalyptische Frau längst auf beides gedeutet: auf die Kirche wie auf Maria. Offenbarung 12 ist so eine weitere Brücke, Maria und die Kirche als innere Einheit zu sehen. Aber in dieser zweifachen Weise legen die mittelalterlichen Theologen nicht nur Offenbarung 12 aus. Man darf ruhig sagen: Sämtliche Texte des Neuen Testamentes, die von Maria sprechen, werden immer auch auf die Kirche bezogen. So schreibt der englische Mönch Beda Venerabilis († 735) zu Lukas 2,35:

„Und deine [Marias] Seele wird ein Schwert durchdringen". (…) Das meint: Der Schmerz über die Passion des Herrn wird ihre Seele durchdringen (…). Aber auch bis heute und bis zum Ende dieser Welt wird unablässig ein Schwert härtester Drangsal die Seele der Kirche durchdringen[44].

Das Mittelalter liefert unzählige Beispiele für solche Deutung marianischer Aussagen des Neuen Testamentes auf die Kirche.

Mit dem folgenden Text springen wir ins hohe Mittelalter. Er ist von Rupert von Deutz († 1129) und zeigt sehr gut, wie selbstverständlich es auch für diese Zeit der beginnenden Schultheologie noch war, Maria und die Kirche in einem zu sehen. Nicht nur die Kirche ist der Garant für das Festhalten an der wahren Lehre, auch der Blick auf Maria sichert den rechten christlichen Glauben:

> *Wo die Mutter Jesu ist, das heißt, wo die Mutter Kirche ist (...), dort wird der wahre Glaube an seine [Christi] Menschwerdung verkündet*[45].

Ein anderer Text Ruperts geht in die gleiche Richtung. Nebenbei zeigt er, dass für die mittelalterliche Theologie genau wie für die Theologie der Väterzeit die Kirche eben nicht erst mit Pfingsten begann:

> *Die selige Jungfrau, der edelste Teil der früheren Kirche [d. h. der alttestamentlichen Kirche] hat es verdient, die Braut Gottes des Vaters zu sein, um dann auch Vorbild [exemplar] der jüngeren Kirche zu sein, der Braut des Sohnes Gottes, ihres Sohnes*[46].

Das lateinische Wort *exemplar* ist hier mit „Vorbild" wohl fast zu schwach wiedergegeben. Eigentlich müsste man übersetzen: Maria ist das „Muster", das „Modell", der „Bauplan" der jüngeren Kirche. Denn auch das bedeutet *exemplar* im Lateinischen[47]. Man sieht bei Rupert von Deutz, wie die alten Aussagen weitertradiert werden, wie aber zugleich die schulmäßige Durchdringung voranschreitet. Das wird noch deutlicher bei einem Text des Zisterziensermönchs Isaak de Stella († um 1168). Isaak formuliert für das Ineinander von Kirche und Maria geradezu eine Auslegungsregel:

> *Das Haupt und der Leib sind der eine und umfassende und einzige Christus. Einer ist er: Sohn des einen Gottes in den Himmeln, Sohn der einen Mutter auf Erden. Viele Söhne sind es – und doch nur ein einziger Sohn. Wie folglich das Haupt und die Glieder zusammen viele Söhne und doch nur ein einziger Sohn sind, so sind auch Maria und die Kirche eine einzige Mutter und doch viele – eine Jungfrau und doch viele.*
>
> *Beide [Maria und die Kirche] sind Mutter, beide sind Jungfrau. Beide haben ohne Begierlichkeit vom gleichen Geist emp-*

fangen. Beide gebären Gott dem Vater ohne Sünde ihre Nachkommenschaft. Jene [Maria] hat ohne alle Sünde dem Leibe das Haupt geboren; diese [die Kirche] hat in der Vergebung aller Sünden dem Haupte den Leib geschenkt. Beide sind Mutter Christi, aber keine bringt ohne die andere den ganzen Christus zur Welt.

Daher gilt in den göttlich inspirierten Schriften alles, was im umfassenden Sinn von der Jungfrau-Mutter Kirche gesagt wird, im besonderen Sinn von der Jungfrau Maria. Und alles, was von der Jungfrau-Mutter Maria persönlich ausgesagt steht, wird mit Recht von der Jungfrau-Mutter Kirche im allgemeinen verstanden. Und wenn ein Text von der einen oder der anderen spricht, so lässt er sich fast ausnahmslos und ohne Einschränkung auf beide anwenden. (…)

Aber auch jede gläubige Seele ist in einem wahren Sinn Braut des göttlichen Wortes, Mutter Christi, Tochter und Schwester, Jungfrau und Fruchtbare. Was immer uns also von der Weisheit Gottes selbst gesagt wird, das gilt im umfassenden Sinn von der Kirche, im besonderen Sinn von Maria, und im einzelnen Sinn von der glaubenden Seele. (Sermo 51 auf Mariä Himmelfahrt[48])

Dem Text Isaak de Stellas inhaltlich verwandt ist eine Marienpredigt des Gottfried von St. Viktor († um 1194), die er am Fest Mariä Geburt gehalten hat. Die Predigt ist ein Lobpreis auf die Geburt Marias, zugleich aber auf die Geburt der Kirche. Für Gottfried wurde mit der Geburt Marias eben auch die Kirche geboren, denn zwischen Maria und der Kirche gibt es eine geheimnisvolle Analogie:

Jungfrau ist diese, Jungfrau jene; unverletzt diese, unverletzt jene; ohne Flecken und Falten diese, ohne Flecken und Falten jene; Braut des Königs diese, Braut des Königs jene; Mutter diese, Mutter auch jene[49].

Der Ort, an dem sich im Mittelalter die Parallele ‚Maria-Kirche' in einem besonderen Maß niederschlug, war die Auslegung des Hohenliedes. Aus der Zeit zwischen 700 und 1500 sind bis heute über zweihundert Hoheliedkommentare bekannt geworden. Bisher ist nur eine kleine Auswahl von ihnen ediert.

Einzelne Verse des Hohenliedes werden schon relativ früh, zum Beispiel von Ambrosius und Hieronymus († 419/20), auch auf Maria hin gedeutet. Aber das sind eher Ausnahmen. Der breite Auslegungsstrom der Väterzeit sieht in der Braut des Hohenliedes die Kirche. Sie ist die „schönste der Frauen" (Hld 1,8). Erst im frühen 12. Jahrhundert wird zum ersten Mal das gesamte Hohelied ausschließlich auf Maria hin ausgelegt, und zwar durch Rupert von Deutz[50].

Von da an beginnt dann ein Nebenarm *marianischer* Auslegung des Hohenliedes zu fließen, nicht nur in Hoheliedkommentaren, sondern auch in Predigten zu Marienfesten, besonders in Predigten zu Mariä Himmelfahrt und Mariä Geburt. Manchmal trennen sich die beiden Stromarme, doch oft fließen sie auch wieder ineinander, vermischen sich und treiben miteinander ihr Wellenspiel[51]. Diejenigen Autoren, die das Hohelied nun ganz auf Maria hin auslegen, wollen damit die klassische Auslegung auf die Kirche weder verdrängen noch ersetzen. Sie wollen ergänzen und vertiefen[52]. Ein Anonymus des 12. Jahrhunderts formuliert dazu als Auslegungsprinzip:

Der Bräutigam [im Hohenlied] ist Christus, seine Braut im weiten Sinn die Kirche, seine Braut im engeren Sinn die gläubige Seele, seine Braut im speziellen Sinn die Jungfrau Maria[53].

So wird die Hoheliedauslegung zu einem wichtigen Beleg für die Fortdauer der Entsprechung ‚Maria-Kirche'. Besonders der Vers „Alles an dir ist schön, meine Freundin, und kein Makel ist an dir" (Hld 4,7) und die Bilder vom „verschlossenen Garten" und vom „versiegelten Quell" (Hld 4,12) werden sowohl auf die Jungfräulichkeit der Kirche wie auf die Jungfräulichkeit und Sündenlosigkeit Marias hin gedeutet.

Anstelle vieler möglicher Autoren sei hier nur noch ein einziger genannt, nämlich Alexander Neckam († 1217). Sein Kommentar zum Hohenlied besteht aus einer Serie in sich geschlossener Predigten. Die 6. Predigt des 2. Teils sagt bereits alles durch ihren Titel:

Dass die selige Jungfrau geheimnisvolles Bild der heiligen Kirche gewesen ist.

Nach Helmut Riedlinger, der den Text der Predigt ediert hat[54], ist aus der Zeit zwischen Beda und der Hochscholastik bis heute kein Text bekannt, der das Marienleben und das Leben der Kirche so ausführlich in Beziehung setzt wie diese Predigt. Sie ist auch insofern bemerkenswert, als sie immer wieder von späteren Autoren zitiert wird – bis ins 18. Jahrhundert hinein[55].

Unser Thema findet sich nun freilich nicht nur in Kommentaren und Predigten. Es durchzieht auch die Liturgie. Wir beschränken uns auf ein einziges Beispiel. In der altspanischen, der sogenannten mozarabischen Liturgie (Hochblüte 7. Jahrhundert) lautet eine Marienoration:

> *Wir verkünden, Herr, was wir glauben, und schweigen nicht. Aus ganzem Herzen bitten wir dich: Du hast der Gebärerin gewährt, dass sie zugleich Mutter und Jungfrau war. So gewähre auch deiner Kirche, dass sie im Glauben unverletzt sei und fruchtbar in ihrer Reinheit*[56].

Die Oration ist kunstvoll gebaut: Gott hat Maria Mutterschaft und Jungfräulichkeit geschenkt – so gewähre er auch seiner Kirche Jungfräulichkeit im Glauben und Fruchtbarkeit in ihrer Mutterschaft. Die Begriffe „Mutter" und „Jungfrau" werden für die Kirche adjektivisch gedeutet und in umgekehrter Reihenfolge (chiastisch) wiederholt. So wird die Analogie ‚Maria–Kirche' auch *formal* herausgestellt.

Unser Thema hat aber nicht nur in der Liturgie seinen Niederschlag gefunden. Es erscheint auch häufig in der Bildenden Kunst. Auf karolingischen Elfenbeintafeln steht Maria unter dem Kreuz, aber sie steht als Doppelgestalt: Zunächst als die historische Maria, die trauernd ihre Arme erhebt. Unmittelbar neben ihr steht mit ähnlichem Gestus fast wie eine Doppelgängerin die Ecclesia, die das Blut aus der Seitenwunde Jesu in einem Gefäß auffängt[57].

Vielleicht noch sprechender ist die im Abendland seit dem 12. Jahrhundert immer häufigere Darstellung des Pfingstereignisses[58]. In dieser Darstellung sind Apostelgeschichte 1,14 (Maria inmitten der betenden Urgemeinde) und Apostelgeschichte 2,1–4 (das Pfingstgeschehen) in ein einziges Bild gebracht. Schon bei Lukas tragen die Texte typologische Züge. Lukas will darstellen, was Kirche ist und wie sie für alle Zeit sein soll: einmütige, apostolische, um den Heiligen Geist flehende Versammlung. Insofern ist die mittelalterliche Darstellung Lukas kongenial.

In einem Punkt allerdings geht sie über Lukas hinaus: Bei ihm gehört Maria zu den Versammelten, aber sie ist nicht ihre Mitte. In der Ikonographie seit dem Mittelalter hingegen wird Maria in steigendem Maß die Mitte der Versammlung; die Apostel werden im Kreis um sie gruppiert. An der Haltung und an der Gebärde Marias wird klar erkennbar, dass sie Repräsentantin und Symbol der Kirche ist.

Die vielleicht schönste Darstellung der Verbindung von Maria und der Kirche zeigt die russische Sophia-Ikone[59]. Sie wurde immer wieder gemalt nach dem Vorbild der großen Ikone in der Ikonostase der Sophienkirche in Nowgorod. Bildbeherrschend ist ein sternenstrahlender Kreis: das Weltall. Mitten in diesem Kreis thront die geflügelte Sophia. Mit ihrem Szepter durchwaltet sie das All. Über ihr erscheint Christus, der Logos, der seine Arme über das Weltall ausbreitet. Links im Bild steht Johannes der Täufer, Inbild des Alten Testamentes, rechts Maria, Inbild der Kirche. Der Täufer, Maria und Christus sind so angeordnet, dass sie um den Kreis des Weltalls eine Dreieckskomposition bilden. Offenbar deuten sie das, was die Sophia ist. Über dem Ganzen verneigen sich sechs Engel, Inbild der himmlischen Liturgie und der Vollendung, der das All durch die Sophia entgegeneilt.

Aber wer ist nun die Sophia im Zentrum des Bildes? Es ist die *Weisheit*, das erste Geschöpf Gottes, die gemäß alttestamentlicher Theologie von Anfang an beim Bau der Welt dabei war – als Personifikation des göttlichen Schöpfungsplanes. Diese Weisheit ist zugleich Abbild des Logos, durch den das All geschaffen wurde. Er war schon anwesend im Gesetz und den Propheten, er wurde Fleisch in Maria, der Mutter des Logos und aller Weisheit. Die Theologie dieser Ikone geht aber noch weiter: Die Füße der Sophia ruhen auf einem Felsen. Das heißt: Sie ist auch die Kirche, durch die das All geheiligt und heimgeholt wird in die Fülle Christi hinein. Insgesamt steht die Sophia für das ganze Heilswerk Gottes, von der

Erschaffung bis zur Vollendung der Welt. Und sie steht für das unverdorbene Konzept der Schöpfung – der Schöpfung, wie sie von Gott gedacht war und wie sie am Ende erlöst und in Herrlichkeit strahlend vor Gott erscheinen wird.

Die alttestamentliche Weisheit, die Kirche und Maria werden also in der Sophia-Ikone in eins geschaut. Die russische Mystik sah darüber hinaus in der Gestalt der Sophia auch die Seele, die sich hineinnehmen lässt in die Heimholung der Welt zu Christus hin. Eine Mal-Anweisung der Stroganow-Schule deutet die Ikone so[60]:

> *Von dem Bild der Sophia, der Weisheit Gottes, gemalt nach dem Titelbild, das in Großnowgorod verehrt wird: Es ist die Kirche Gottes, die Sophia, die reinste Jungfrau Gottesgebärerin, das heißt aber die Seele der jungfräulichen Menschen und die Reinheit der unaussprechlichen Jungfräulichkeit, die Verwirklichung der demütigen Weisheit.*

Wie lebendig diese Sophia-Theologie des Ostens durch die Jahrhunderte geblieben ist, sieht man daran, dass sie in den Russen Wladimir S. Solowjow († 1900), Paul Florenskij († 1937) und Sergej N. Bulgakow († 1944) neu durchdacht und vertieft werden konnte. Im Zentrum ihres Denkens steht die göttliche Weisheit, die sich in Israel ein Volk geschaffen hat, um so in Christus die erbsündliche Welt mit Gott vereinen zu können. Dieses Volk aber, die universale Kirche, braucht das Reform- und Zielbild des befreiten und verklärten Geschöpfes Maria.

*

Wann kam der Theologie des Westens die innige Verbindung zwischen Maria und der Kirche abhanden? Sie verschwand selbstverständlich nicht über Nacht. Man wird nur von einem ganz langsamen, zunächst fast nicht wahrnehmbaren Zurücktreten sprechen dürfen. Noch Martin Luther war die enge Verbindung ‚Maria-Kirche' gegenwärtig. Er sagt zum Beispiel in einer Predigt zu Lukas 2,35 („Deine Seele wird ein Schwert durchdringen")[61]:

Was bedeut aber nu, das Simeon solchs alleyn zu Maria seyner mutter mit namen und nit zu Joseph sagt? Es bedeut freylich, das die Christliche kirch die geystliche iunpfraw Maria bleybt auff erden, wirt nit vortilgett, ob wol die prediger und yhr glawbe und Euangelium, der geystlich Christus, vorfolgtt wirtt.

Dass das Thema allmählich zurücktrat, hatte wohl vor allem zwei Gründe:

Zunächst einmal: In der Betrachtung Marias verschoben sich allmählich die Gewichte. Maria stand nicht mehr zusammen mit allen anderen Glaubenden Christus gegenüber, sondern erhielt einen Platz zwischen der Kirche und Christus. Mittelalterliche Theologen hatten dafür ein wenig schönes Bild entdeckt: Wenn Christus das Haupt war und die Kirche der Leib, dann musste Maria der Hals sein. Immerhin: Bei diesem Bild stand noch der kostbar geschmückte Hals der Braut des Hohenliedes im Hintergrund (Hld 1,10; 4,4; 7,5). Auf das Hohelied konnte sich aber niemand mehr berufen, der Maria mit einem Kanal verglich, der zwischen Christus und der Kirche alle Gnaden fließen ließ.

Mit derartigen Bildern verbunden war eine sich immer mehr verstärkende Privilegien-Mariologie[62]: Maria erhält alle nur denkbaren Ehrentitel wie zum Beispiel Miterlöserin, Mittlerin und Gnadenschatz-Verwalterin. Dabei wird sie als die „Mutter der Barmherzigkeit" allmählich zu einer Rettergestalt: Sie rettet vor dem richtenden Gott.

Auf einer Inkunabel des Dominikanerklosters St. Blasien in Regensburg findet sich die Zeichnung einer Schutzmantelmadonna, die alle Stände der Christenheit vor den Pfeilen eines Bogenschützen unter ihrem Mantel birgt. Der Schütze schießt aus den Wolken seinen todbringenden Pfeil ab. Es ist der zornige Gottvater. Doch sein Pfeil wird an Marias undurchdringlichem Mantel abprallen[63]. Hinter dem Bild steht eine mittelalterliche Rechtsinstitution: Höhergestellte konnten vor Gericht für Angeklagte eintreten und ihnen Asyl erwirken, indem sie die Verfolgten unter ihren Mantel nahmen. Die Abbildung ist keineswegs als ein kurioses Randphänomen der Volksfrömmigkeit des ausgehenden Mittelalters zu werten. Sie gehört zum Typ der sogenannten „Gottesplagenbilder", die weit verbreitet waren. Übrigens steht oberhalb der Schutzmantelmadonna geschrieben: „die kirch" – ein Zeichen, dass die alte Ineinssetzung noch immer vorhanden ist.

Maria ist aber nicht nur Rettung vor dem zornigen Gottvater. Sie wird seit dem späten Mittelalter sogar oft als Gegengewicht zu dem richtenden Jesus empfunden. Denn auch Christus ist strenger Richter, Maria hingegen *reine* Barmherzigkeit, Trost und Zuflucht für alle, die sie anrufen. Bereits bei dem englischen Theologen Eadmer († um 1124) findet sich der später oft zitierte Satz, dass Christus als Richter auf die Bittrufe der Menschen erst nach gerechter Beurteilung antworte, Maria hingegen erhöre die Bittenden sofort[64]. In einem Lied zum Fest Mariä Geburt heißt es in Michael Vehes „New Gesangbüchlin Geystlicher Lieder" von 1537[65]:

Dich fraw von hymmel ruff ich an
in diesen grossen nötten mein,
gegen Gott ich mich verschuldet han,
sprich das ich sey der diener dein!
Von deinem kyndt, Maria,
wend sein Zorn von mir,
tröstlich zuflucht hab ich zu dir,
hilff bald, ich forcht der todt kom schyr!

Sogar Christus, das Kind Marias, ist also voller Zorn, und die Bitte der Mutter soll diesen Zorn abwenden[66]. Irgendwie könnte man auch diesen Text noch retten und ihm einen Sinn abgewinnen, obwohl er Römer 8,35 („Was kann uns trennen von der Liebe Christi?") gegen sich hat. Aber es geht hier gar nicht um ‚theologisch noch richtig' oder ‚theologisch falsch'. Es geht um das Erkennen einer Tendenz: Wie nämlich eine bestimmte Zeit Maria sieht, und was sich dabei gegenüber älteren Sichtweisen gewandelt hat. Maria wird mehr und mehr zur universalen Nothelferin. Diese sich verändernde Positionierung Marias trägt dazu bei, dass das alte Schema ‚Maria: Urbild der Kirche' nicht mehr so recht funktionsfähig ist. Es ist noch da. Aber es wird langsam verdrängt.

Zu dieser Verdrängung trägt aber noch ein *zweiter* Grund bei. Er setzt erst in einer viel späteren Phase ein, dann aber um so massiver: Im Mittelalter hatte man noch mit den Kirchenvätern *gelebt.* Seit der Zeit des Humanismus wurden sie *erforscht* oder ihre Texte als Beweise für den *consensus patrum,* die Übereinstimmung der Väter, benutzt. Das ist ein tiefgreifender Unterschied. Vor allem jedoch bahnt sich seit der Zeit des Rationalismus ein Paradigmenwechsel an: Man versteht das Wesen der Typologie nicht mehr. Indem aber die großartige symbolgesättigte Theologie der Kirchenväter aus dem Blick gerät, geht offenbar auch das Gespür für Maria als Urbild der Kirche verloren[67].

*

Erst seit dem 19. Jahrhundert wird die Analogie ‚Maria-Kirche' wieder zum Thema. Die Suche nach der „Theologie der Vorzeit" hat begonnen. Langsam tritt der Reichtum der Kirchenvätertheologie ins Bewusstsein. Das Mittelalter wird neu entdeckt und die Enge der rationalistischen Aufklärungstheologie gesprengt. Eine wichtige Rolle hat dabei der Kölner Theologe Matthias Joseph Scheeben († 1888) gespielt. Er macht den Bezug ‚Maria-Kirche' zur Grundlage seiner Mariologie. Scheeben formuliert im 3. Band seiner Dogmatik[68]:

> *Maria [ist] Vorbild der Kirche gerade darum, weil in ihrer Person die Idee der Kirche ursprünglich und in vollkommenster Weise verwirklicht ist; und ebendadurch, dass sie zugleich selbst zur Kirche gehört und als Wurzel und Herz das Hauptglied derselben bildet, erhält auch die Idee der Kirche als eines Christo zu Seite stehenden übernatürlichen Prinzips ihre volle konkrete und lebendige Gestalt.*

Scheeben war hier wie in vielem anderen für die Folgezeit außerordentlich anregend. Im Hintergrund steht natürlich die neu belebte historische Forschung, vor allem durch Patrologen und Erkunder der mittelalterlichen Theologie. Zunächst geben Studien zu einzelnen Kirchenvätern neue Anstöße[69]. Sie führen dazu, dass Maria wieder in ihrer heilsgeschichtlichen Rolle gesehen und erneut als

Urbild der Kirche begriffen wird. Insgesamt kann man von einer Öffnung der Mariologie auf die Heilsgeschichte und auf die Ekklesiologie hin sprechen.

Bahnbrechend waren dann in der Mitte des 20. Jahrhunderts die Arbeiten von Hervé Coathalem, Hugo Rahner, Alois Müller und H. Barré. Es war fast wie ein Frühling, in dem über Nacht die Blüten aufbrechen[70]. Ganz offensichtlich hing das alles auch mit der Vorbereitung beziehungsweise mit der Verkündigung des Dogmas von der leiblichen Aufnahme Marias in den Himmel im Jahre 1950 zusammen. Innerhalb weniger Jahre erscheint nun eine Vielzahl von Veröffentlichungen zu dem Thema ‚Maria-Urbild der Kirche'[71].

*

Das 2. Vatikanische Konzil hat dann die Ernte dieser Studien eingefahren. Zunächst sollte ein eigenes Schema über Maria mit dem Titel „Maria, die Mutter Gottes und Mutter der Menschen“ zur Abstimmung kommen. Es war im üblichen, leicht angegrauten Schulstil formuliert. Aber am 29. Oktober 1963 hatten die Konzilsväter nach mehreren Interventionen in einer berühmt gewordenen Abstimmung zu entscheiden, ob das vorbereitete Schema nicht in die Konstitution über die Kirche eingebaut und eingepasst werden könnte.

Die Entscheidung fiel denkbar knapp aus. Von 2193 Stimmen waren 1114 Ja-Stimmen, 1074 Nein-Stimmen, 5 waren ungültig. Doch trotz des knappen Ergebnisses bedeutete das Ganze eine historische Wende. Denn letztlich wusste jeder der Bischöfe: Hinter der Frage der Eingliederung in die Kirchenkonstitution stand letztlich die Frage nach dem richtigen Verständnis der Mariologie. Das vorbereitete Schema wurde nicht nur in die Kirchenkonstitution eingefügt, es wurde auch von Grund auf überarbeitet. Die gewandelte Perspektive zeigt sich bereits im Titel des 8. Kapitels: „Die selige jungfräuliche Gottesmutter Maria im Geheimnis Christi und der Kirche“. Schon in der „Konstitution über die heilige Liturgie“ hatte das Konzil formuliert:

> *Bei der Feier des Jahreskreises der Mysterien Christi verehrt die heilige Kirche mit besonderer Liebe Maria, die selige Gottesgebärerin, die durch ein unzerreißbares Band mit dem Heilswerk ihres Sohnes verbunden ist. In ihr bewundert und preist sie die schönste Frucht der Erlösung. In ihr schaut sie wie in einem reinen Bilde mit Freuden an, was sie selbst ganz zu sein wünscht und erhofft. (Sacrosanctum Concilium 103)*

Noch deutlicher wurde dann die „Dogmatische Konstitution über die Kirche“, 8. Kapitel, Abschnitt II:

> *Sie [Maria] wird als überragendes und völlig einzigartiges Glied der Kirche wie auch als deren Typus und klarstes Urbild im Glauben und in der Liebe [in fide et caritate typus et exemplar] gegrüßt, und die katholische Kirche verehrt sie, vom Heiligen Geist belehrt, in kindlicher Liebe als geliebte Mutter. (Lumen gentium 53)*

Genauso deutlich und in klarer Anlehnung an die Kirchenväter formuliert dann Abschnitt III, der überschrieben ist: „Die selige Jungfrau und die Kirche“:

> *Die Gottesmutter ist, wie schon der heilige Ambrosius lehrte, der Typus der Kirche unter der Rücksicht des Glaubens, der Liebe und der vollkommenen Einheit mit Christus. Im Geheimnis der Kirche, die ja auch selbst mit Recht Mutter und Jungfrau genannt wird, ist die selige Jungfrau Maria vorangegangen, da sie in hervorragender und einzigartiger Weise das Urbild [exemplar] sowohl der Jungfrau wie der Mutter darstellt. (Lumen gentium 63)*

Man kann all diese Texte so zusammenfassen: Indem die Kirche auf Maria blickt, erkennt sie ihr eigenes Geheimnis. Sie blickt dann auf das Idealbild ihrer selbst. Aber auf ein Idealbild nicht in dem Sinn, wie sie selbst eigentlich sein sollte, es aber leider nicht ist, sondern in dem Sinn, dass es den Glauben auf Christus hin, die absolute Offenheit auf den dreieinen Gott in ihr von Anfang an gegeben hat und in der Teilnahme an diesem Anfang immer wieder gibt. Maria wird dabei ganz in die Kirche hineingenommen. Sie steht nicht außerhalb von ihr. Und doch ist sie einzigartiges Glied der Kirche, weil sie durch ihr gläubiges „Ja“ die Fleischwerdung des Wortes ermöglicht hat. So gipfelt die Lehre des Konzils über die Kirche in seiner Lehre über Maria. Die Rückkehr zu den Quellen hatte Früchte getragen und der Kirche das großartige Bild der Kirchenväter von Maria zurückgegeben.

Nicht übersehen werden darf bei all dem ein Text, der zeigt, wie sehr sich das Konzil um eine *heilsgeschichtliche* Betrachtung Marias bemüht hat. In Nr. 65 gelingt der Konstitution eine ihrer wichtigsten Formulierungen:

> *Denn Maria vereinigt, da sie zuinnerst in die Heilsgeschichte eingegangen ist, gewissermaßen die größten Glaubensgeheimnisse in sich und strahlt sie wider. (Lumen gentium 65)*

Damit war die Tür geöffnet, Maria nicht nur als Urbild der Kirche, sondern auch als Inbild des wahren, alttestamentlichen Israel zu sehen. Denn auch das Handeln Gottes in Israel gehört zu den „Glaubensgeheimnissen“ der Kirche.

*

Nun geschehen Fortschritte in der Glaubenserkenntnis meist nicht durch Theoriebildung. Fast immer müssen äußere Ereignisse hinzukommen, die dann helfen, Glaubensinhalte klarer zu formulieren. In der Alten Kirche waren das die Häresien. Sie haben immer wieder zu Klärungen gezwungen, vor allem in der Christologie. Im 20. Jahrhundert war es ein unfassliches Geschehen auf einer ganz anderen Ebene, das zu einer Reinigung des Gedächtnisses und zu Klarstellungen in der Theologie zwang: die systematische, fabrikmäßige Ermordung von Millionen von Juden durch den Nationalsozialismus. Das jüdische Volk sollte ausgelöscht werden.

Auschwitz traf nicht nur die Deutschen. Es traf auch die Christen. Die Schoah öffnete den Blick auf die jahrhundertelange Herabsetzung und Verächtlichmachung der Synagoge durch die christliche Theologie – eine Herabsetzung, die indirekt der Grund für unzählige Pogrome war. Die Kirchenväter sowie die Theologen des Mittelalters und der Neuzeit hatten allzu scharf und mit verheerenden Folgen zwischen der „Kirche seit Abel" und der Synagoge unterschieden[72].

Die theologische Degradierung der Synagoge hatte ihre Auswirkungen auch in der Mariologie. So wie man in den Propheten allzu oft nur noch die Verkünder der messianischen Zukunft sah, wurde auch Maria über Jahrhunderte hin reduziert. Verkörperte sie wirklich noch die ganze Würde Israels? Oder wurde sie nicht unter der Hand zur Christin gemacht? Wie tief solche Mentalität sitzen kann, zeigte sich vor noch gar nicht langer Zeit in Süditalien. Professor A. A. Roest Crollius SJ, Rom, hatte einen Vortrag über Jesus gehalten und dabei ausgeführt, dass Jesus ein Jude gewesen sei. Nach dem Vortrag kamen mehrere seiner Hörerinnen nach vorne und sagten: Dass Jesus ein Jude gewesen sei, mache ihnen nichts aus, „aber die Madonna, nein! *(ma la madonna no)*".

Das Beispiel kann deutlich machen, aus welcher seelischen und auch geschichtlichen Tiefe solche Verneinungen kommen. Sie reichen weit zurück. Letzten Endes gehen sie auf eine falsche, ja gefährliche Theologie zurück, die es allzulange in der Kirche gegeben hatte. In dieser Theologie war die Synagoge enterbt worden. Hohe ekklesiologisch-mariologische Auslegung des Alten Testamentes und Verachtung der Synagoge liefen dabei unverbunden nebeneinander her. Es ist jedenfalls ein sprechendes Indiz, mit welcher Behendigkeit im Mittelalter an die Stelle zerstörter Synagogen Marienkirchen gebaut wurden. In der Altgallischen Liturgie wurde Maria in einem einzigen Atemzug angerufen als „die Hoffnung der Gläubigen, der Schrecken der Dämonen und die Verwirrung der Juden" [73]. So etwas hat Folgen.

Deshalb genügt es nicht, Maria in einem eingeengten Sinn als Urbild der Kirche zu betrachten. So wichtig in der Mitte des 20. Jahrhunderts die Flut von Veröffentlichungen zum Thema ‚Maria: Urbild der Kirche' auch war – die kirchliche Tradition war damit noch nicht eingeholt. Nicht einmal die Kirchenväter und mittelalterlichen Theologen (deren antijüdische Engführungen nicht verschwiegen werden dürfen) waren damit wirklich eingeholt. Es war nur ein Anfang. Denn zur kirchlichen Tradition gehört auch das, was das Neue Testament über Maria sagt, und gehört nicht zuletzt das Verständnis des Alten Testamentes vom Gottesvolk und vom Heilsplan Gottes. Die neuere alttestamentliche Exegese hat, gerade auch durch die Erfahrung von Auschwitz getrieben, die Eigenständigkeit und Würde Israels neu sehen gelernt.

Das alles erlaubt es nicht mehr, Maria als typologische Figur ausschließlich mit dem *neutestamentlichen* Gottesvolk in Verbindung zu bringen. Dann würde das Gottesvolk nämlich auf die Kirche nach Ostern eingegrenzt. Maria ist nicht nur das Urbild der Kirche, sondern auch das Inbild Israels. Man darf ruhig sagen: Wenn sie nicht das Inbild Israels wäre, wäre sie auch nicht das Urbild der Kirche. Denn die Kirche *ist* das endzeitlich gesammelte und zu sammelnde Israel.

Nun haben wir bereits darauf hingewiesen, dass die Kirchenväter schon immer einen weiteren Kirchenbegriff hatten, der die Kirche nicht erst an Pfingsten beginnen ließ. Der Pfingsttag war Höhepunkt und Vollendung eines langen Prozesses, der schon viel früher begonnen hatte. Bereits innerhalb des Alten Testamentes ereignet sich für die Theologen der ersten Jahrhunderte unablässig Kirche – in vielen Personen und in vielen Präfigurationen.

Irgendwie hat das die Kirche durch alle Jahrhunderte immer gewusst. Was heißt es zum Beispiel, wenn die Kirchenväter Maria so oft als die „reine Erde“ bezeichnen, aus der Christus entsprossen ist[74]. Sie haben dabei natürlich den Gegensatz zu dem verfluchten Ackerboden von Genesis 3,17 im Sinn. Aber war Israel seit Abraham nur ein verfluchter Acker gewesen? Wurde, um einen heutigen Begriff zu gebrauchen, die Erde Israels durch die Propheten nicht unablässig dekontaminiert?

Oder was heißt es zum Beispiel, wenn Maria in der Lauretanischen Litanei als die „Königin der Patriarchen und Propheten“ angerufen wird? Das kann doch nur bedeuten: Sie fasst das ganze Alte Testament in sich zusammen. Sie fängt alles Licht des Alten Testamentes auf und sammelt es in ihrem „Ja“. In dem „Mir geschehe nach deinem Wort“ versammeln sich die Ja-Worte von Abraham, Mose, Hanna, David und aller Propheten.

In diesem Sinn erheben sich etwa seit der Mitte des 20. Jahrhunderts immer mehr gewichtige Stimmen in der Kirche. Es sind Stimmen von Dogmatikern, von Bischöfen, von Päpsten. Die Symphonie dieser Stimmen kann hier nicht aufgeführt werden. Wir greifen nur einige wenige heraus:

Ignace de la Potterie nennt Maria „die Synthese der gesamten vorhergehenden Offenbarung über das Volk Gottes“[75]. Michael Schmaus nennt sie die „Repräsentantin des alttestamentlichen Gottesvolkes“[76]. Clemens Dillenschneider formuliert: „In dieser Tochter Israels erreicht das ganze alttestamentliche Gottesvolk, das den Messias in seinem Fleische trägt, seinen Höhepunkt.“ Es „ballt sich zusammen im ‚Rest Israels‘ und verkörpert sich schließlich in der Jungfrau Maria, der wahren Tochter Abrahams und Israels“[77]. Für Bruno Forte „kreuzen sich“ in Maria „die tragenden Linien des Alten und des Neuen Bundes“[78]. Nach Yves M.-J. Congar ist „Maria die Vollendung der ganzen Geschichte Israels“[79]. Hans Urs von Balthasar sagt vom Jawort Marias: Es ist „die überbietende Zusammenfassung des ganzen alttestamentlichen hoffenden Glaubens Abrahams (…), also das Einbezogensein des Alten Bundes in den Neuen, des Judentums in die Kirche, was gar nicht anders möglich ist, wenn Gottes Heilswirken ein einheitliches und unzerspaltenes sein soll“[80]. Joseph Ratzinger schreibt in seinem Buch über Maria, das bezeichnenderweise den Titel „Die Tochter Zion“ trägt: Maria „*ist* das wahre Israel, in dem Alter und Neuer Bund, Israel und Kirche trennungslos eins sind. Sie ist das ‚Volk Gottes‘, das Frucht trägt aus Gottes gnädiger Macht“[81]. Und in einem Referat vor den deutschen Bischöfen sagte er: „Maria ist in dem Augenblick ihres Ja Israel in Person, die Kirche in Person und als Person“[82]. Karl-Heinz Menke bringt Maria, wie schon andere vor ihm, mit dem alttestamentlichen Restgedanken zusammen: „Maria steht nicht außerhalb Israels, sondern ganz im Gegenteil: Sie ist der ‚Heilige Rest‘, in dem der Alte Bund doch noch zum Ziel kommt.“ Sie „repräsentiert“ jenes Israel, „das ‚Ja‘ sagt zu dem Gott des Bundes“[83]. Doch die vielleicht schönste Formulierung stammt von den deutschen Bischöfen:

> *Maria ist das Band, durch das er [Jesus] mit dem ganzen Alten Bund leibhaftig geeint ist, in dem er die Heilstaten Gottes erkennt, die alle auf ihn, den Erlöser Israels zulaufen. Sie verkör-*

pert als demütig glaubende Magd den ganzen Glauben Israels seit Abraham, seit dem Sinaibund und den Propheten[84].

*

Fassen wir zusammen: Maria ist im Glauben der Kirche von Anfang an nicht nur individuelle historische Person. Sie ist zugleich Figuration der Kirche. Aber Kirche muss dabei im weitesten Sinn verstanden werden: Bereits bei Lukas und Johannes ist Maria Figuration für das alttestamentliche Israel, das seinen Messias ersehnt und auf diese Weise offen ist für die Kirche als die endzeitliche Sammlung und Vollendung des Gottesvolkes. In der Väterzeit und im Mittelalter bezog man Maria nicht mehr unmittelbar auf das alttestamentliche Gottesvolk, sondern sah in ihr das Urbild der Kirche. Allerdings wusste man stets um die Vorabbildungen der Kirche im Alten Testament. Man wusste, dass Maria und die Kirche Erfüllungen des großen Heilsplans Gottes waren, der sich im Alten Testament Zug um Zug auf Christus hin enthüllt hatte. Erst nach der Neuentdeckung dieser Theologie der Väter und in schrecklicher Weise herausgefordert durch Auschwitz wurde dann die ganze Tragweite und Tiefe der mariologischen Figuration offenkundig. Hinter diese Einsicht kann und darf die Theologie nie mehr zurück.

Dürfen wir also Maria die „Tochter Zion“ und „die Jungfrau Israel“ nennen, so wie es die Überschrift dieses Kapitels angekündigt hatte? Unbedingt! Nicht, weil diese Wendungen im Neuen Testament wörtlich vorkämen. Sie kommen nicht vor. Auch nicht, weil die entsprechenden Wendungen durch Anspielungen auf alttestamentliche Zions-Texte indirekt vorkämen. Solchen Anspielungen gegenüber sind wir eher skeptisch. Nein, Maria darf in Theologie und Frömmigkeit „Tochter Zion“ und „Jungfrau Israel“ genannt werden, weil sie schon im Neuen Testament als die Figuration des auf Gott vertrauenden und sein Handeln erwartenden Israel erscheint und dann durch viele Jahrhunderte hindurch als die Figuration der Kirche – aber einer Kirche, die das ganze Gottesvolk meint. Und da im Alten Testament selbst die „Tochter Zion“ und „die Jungfrau Israel“ zu den schönsten und tiefsten Begriffen gehören – zu Begriffen, in denen sich die gesamte Geschichte des alttestamentlichen Gottesvolkes verdichtet, vor allem auch die Geschichte seiner Hoffnungen und Verheißungen –, dürfen beide Begriffe (und selbstverständlich auch die mit ihnen verwandten Wendungen) von Maria ausgesagt werden[85].

Beiden Begriffen eignet zudem, wenn sie auf Maria angewandt werden, eine ganz eigene Qualität. Maria als die „Tochter Zion" – das sagt eben ohne lange Umschweife und ohne den Bedarf langer Erklärungen, dass Maria Jüdin ist, Tochter Israels, Tochter des von Gott erwählten Volkes, an dessen Erwählung und Würde die Kirche aus den Heiden Anteil haben darf. Und „Jungfrau Israel" – darin verbirgt sich der lange Atem Gottes, der nicht aufgab, sich ein Volk zu schaffen, in dem sich das Ziel seiner Schöpfung schön und unverletzt spiegeln sollte. In Jesus und seiner Mutter Maria hat er dieses Ziel erreicht.

*

Freilich bleibt dann die Frage: Was ist mit den anderen Figurationen, die wir im Alten Testament für Israel gefunden haben? Was ist mit dem Menschensohn, was ist mit dem Gottesknecht? Eine erste Antwort muss lauten: Beide Figurationen wurden dafür gebraucht, das Geheimnis Jesu Christi selbst zu formulieren – das Geheimnis seiner Person, seines Lebens und dass in ihm die ganze lange Geschichte Israels zu ihrem Ziel gekommen ist.

Aber diese Antwort reicht selbstverständlich noch nicht. Denn es ist ja gerade die Frage, warum es für die Kirche überhaupt noch einer eigenen Figuration bedarf. Genügt es nicht, dass Christus ihr Haupt ist? Braucht die Kirche Maria? Anders formuliert: Weshalb spielt die Mariologie, weshalb spielt das Bild von Maria in der Lehre von der Kirche eine so große Rolle? Es gibt dafür viele Gründe. Einer aber heißt: Nur in der Figuration *durch eine Frau* kann ganz und vollständig ausgedrückt werden, was die Kirche ist.

Kirche kann so leicht missverstanden werden als reine ‚Amtskirche', die von Männern beherrscht ist. Amtskirche ist zwar ein miserabler Begriff, weil er das Amt von der übrigen Kirche abtrennt und zumeist in einem höchst fragwürdigen Kontext auftritt. Andererseits trifft dieser Begriff aber auch wieder einen durchaus wichtigen Aspekt der Kirche, der schon seit dem Mittelalter herausgearbeitet wird. Die Kirche hat Ämter, und sie braucht ihre Ämter dringend zum Überleben. Für die Kirchenväter war, richtig verstanden, auch Petrus Urbild der Kirche. Doch diese Seite der Kirche darf niemals isoliert werden. Die frühe Kirche hat das mit dem ihr eigenen Glaubensgespür gewusst: Sie hat die Kirche insgesamt nicht als Mann dargestellt, sondern als Frau: als Jungfrau, als Braut und Mutter; als Frau, die hört, die das Wort in sich aufnimmt, die demütig sagt: „Siehe, ich bin die Magd des Herrn."

Der Epheserbrief zeigt, warum die Kirche nicht als Mann dargestellt werden kann: Sie steht Christus gegenüber, der ihr Haupt ist. Der tiefere Grund – mit dem Gegenüber zu Christus eng zusammenhängend – besteht freilich darin: Sie ist die Empfangende und sie ist gerade als Hörende und ohne Rückhalt sich Öffnende diejenige, die Gott mit ihrer Schönheit erfreut. Dass im Mittelalter die maskuline, politisch handelnde Reichskirche ein Gegenbild hatte: die Maria des Hohenliedes und die vielen „schönen Madonnen", ist kein Zufall. Maria war hier Korrekturbild. Wir brauchen auch heute dieses Korrekturbild dringender denn je.

Nur könnte auch das Wort ‚Korrekturbild' leicht zu Missverständnissen führen: Es geht nicht um ein Bild, das nachträglich geschaffen wäre, um Einseitigkeiten auszutarieren. Nein, das Urbild der Kirche ist eine geschichtliche Person. Die Menschwerdung des ewigen Wortes Gottes geschah in einer Frau, die nicht nur Idee, nicht nur sekundäre Figuration von Kirche ist, sondern reale Person. Joseph Ratzinger sagte 1979 in seinem Referat vor der deutschen Bischofskonferenz:

> *Die Mariologie [kann] niemals einfach ins Sachliche der Ekklesiologie aufgelöst werden: Der Typus-Gedanke der Väter ist gründlich mißverstanden, wenn er Maria zur bloßen und damit austauschbaren Exemplifikation theologischer Sachverhalte reduziert. Der Sinn des Typus bleibt vielmehr nur gewahrt, wenn die Kirche durch die unvertauschbare persönliche Gestalt Marias in ihrer persönlichen Form erkennbar wird. Nicht die Person ist in der Theologie auf die Sache zurückzuführen, sondern die Sache auf die Person*[86].

Auch in diesem Punkt bringt die Vollendung der langen Geschichte Israels in Christus die Vielfalt alttestamentlicher Linien in eine letzte *Eindeutigkeit*. Um es zu wiederholen: Es gibt im Alten Testament eben auch männliche Figurationen für das Gottesvolk: vor allem den Menschensohn und den Gottesknecht. Daneben dann die weibliche Figuration: die Jungfrau, die Tochter, die Mutter Zion. Im Neuen Testament hingegen gibt es für das Gottesvolk zwar auch Männer als Symbolfiguren – zum Beispiel Petrus, die Zwölf, die Jünger, die Jesus nachfolgten. Es gibt aber *eine* Figuration, die alle anderen in sich versammelt. Sie ist weiblich und heißt Maria. Menschensohn und Gottesknecht bleiben auf einer anderen Ebene. Sie werden zu Figurationen für Jesus Christus.

Die klärende Vereindeutigung des Alten Testamentes im Neuen geht aber noch weiter. Zwar standen alttestamentliche Figurationen wie Menschensohn, Gottesknecht und Tochter Zion für viele reale Personen; doch waren sie in sich nur eine *Personifikation*. Maria und Christus hingegen stehen zwar auch für viele, sind aber nun außerdem selbst *reale* Personen. Das ist eine außerordentliche Zuspitzung dessen, was Figuration ist. Zwar gilt: Wenn wir Maria sehen, sehen wir die Kirche, aber wir sehen in Maria zugleich die junge Frau aus Israel, die wirklich und real ihr „Ja" gesprochen hat und Mutter des Messias geworden ist.

Damit ist die Kirche, insofern sie nicht ihr Haupt Jesus Christus ist, ein für allemal als Frau konstituiert. Die deutschen Bischöfe scheuen sich nicht, zu formulieren:

> *Verstehen wir jetzt besser, weshalb die Theologen von Anfang der Kirchengeschichte an Maria als Urbild der Kirche bezeichnet haben? Was die Kirche und ihre Glieder zu tun versuchen: rückhaltlos den Willen Gottes, die Fügungen und Heilsveranstaltungen Gottes bejahen: Maria kann und tut es. Sie setzt den eigentlichen Grundakt der Kirche; alles, was später kommt: das apostolische Amt, die Sakramente, die Missionssendung in die Welt, setzt dieses marianische Fundament voraus. Ohne dieses wäre die Kirche, was sie leider für viele zu sein scheint: eine bloße Organisation*[87].

Maria „setzt den eigentlichen Grundakt der Kirche" – in ihrem Hören, in ihrem „Ja", in ihrem „rückhaltlosen" Tun des Willens Gottes. Damit verweist Maria die theologische Vernunft auf die Wahrheit, dass das *Herz* am Erkennen und Verstehen beteiligt ist.

Wenn also Maria typologisch für die wahre Gotteserkenntnis in der Geschichte Israels steht und genauso für das wahre Tun des Willens Gottes, so bedeutet das: Von Abraham an bis zu Jesus hörten Glaubende in ihrem Gewissen Gott sprechen. Das Erkennen der Wege Gottes, uns von der Erbsünde zu heilen, ist nicht einfach nur der Rationalität der biblischen Religionskritik zuzuschreiben, sondern noch mehr dem Affekt des Herzens, das sich öffnet für die dem Menschen zunächst fremde Liebe, mit der Gott uns entgegenkommt und mit der er unser Herz bewegt.

Das Transzendieren, das die Grenzen des Menschen überwindet, ist weniger ein reiner Erkenntnisakt als ein unbegründbarer gesamtheitlicher Akt des Herzens, das antwortende Vertrauen auf das „Weil er uns liebt" von Deuteronomium 7,8. Es ist ein Sich-Anvertrauen. Für diesen Grundakt der Kirche und des gesamten Gottesvolkes steht Maria, steht eine Frau.

3. Das Dogma von der Unbefleckten Empfängnis

Wir haben einen langen Weg zurückgelegt. Jetzt sind wir endlich an der Stelle angekommen, auf die der Weg zulief. Es geht ja in diesem Buch um die „Unbefleckte Empfängnis" *(immaculata conceptio)*, also um die Bewahrung Marias vor der Erbsünde vom ersten Augenblick ihres Daseins an. Es gibt wohl kaum einen Glaubenssatz, der mit so unausrottbaren Missverständnissen belastet ist, wie gerade dieser – nicht nur bei Menschen, die der Kirche entfremdet sind, sondern auch innerhalb der Kirche selbst. Deshalb war der lange Hinweg unvermeidbar. Alles in den früheren Kapiteln Behandelte: was der Begriff ‚Erbsünde' überhaupt meint (Teil I), wie in Israel eine Gegengeschichte zur Erbsünde entstand (Teil II), dass Maria Inbild des Gottesvolkes und vor allem des alttestamentlichen

Gottesvolkes ist (Teil III 1–2) – all das sollte eine sachgerechte Auslegung des Dogmas der Immaculata vorbereiten.

Bevor es am 8. Dezember des Jahre 1854 feierlich verkündet wurde, hatte es schon eine komplizierte Vorgeschichte hinter sich. Das Dogma musste erst langsam aus dem lebendigen Glauben der Kirche *Form* annehmen. Was es dann schließlich formuliert hat, war aber schon früh in der Kirche da. Zwar wurde ein für alle verbindliches Fest der Immaculata im Westen erst im Jahre 1708 eingeführt. Doch die Verehrung der Immaculata – im Osten der Panhagia, der Ganz-Heiligen – war viel älter. Wie ist es überhaupt zu der Lehre und dann im 19. Jahrhundert zu dem Dogma von der Erbsündenfreiheit Marias gekommen?

Das Dogma entstand nicht aus dem fragwürdigen Prinzip: „Über Maria kann niemals genug gesagt werden“ *(De Maria numquam satis).* Wäre es auf diese Weise zustandegekommen, hinge es in der Luft. Es wäre ein Konstrukt. Es wäre dann aus dem Drang geboren, Maria mit allen nur denkbaren Privilegien zu schmücken. Doch so verhält es sich gerade nicht. Das Dogma hat seinen Ursprung in der Heiligen Schrift.

Wir erinnern uns: Bereits die frühen Kirchenväter sprachen von der Reinheit und Unversehrtheit der Kirche. Sie beriefen sich dabei vor allem auf 2 Korinther 11,2:

> *Ich eifere um euch mit dem Eifer Gottes; ich habe euch nämlich einem einzigen Mann verlobt, um euch als reine Jungfrau Christus zuzuführen.*

Paulus formuliert diesen Text vor dem Hintergrund von Hochzeitsbräuchen, die damals jedem vertraut waren: Wie ein Brautführer hat er die Gemeinde von Korinth mit Christus verlobt, und er möchte sie ihm am Tag der Hochzeit als unversehrte Jungfrau übergeben. Der Tag der Hochzeit ist für Paulus der Tag der Wiederkunft Christi. Das Bild setzt also voraus: Die Kirche von Korinth ist bereits mit Christus verlobt, doch die Braut ist ihrem Mann noch nicht feierlich zugeführt. Die Hochzeit selbst hat noch nicht stattgefunden.

Selbstverständlich darf man aus diesem Bild nicht schließen, erst bis zum Tag der Wiederkunft Christi müsse die Gemeinde rein und heilig geworden sein. Sie könne sich also mit ihrem Heiligwerden noch Zeit lassen – so lange, bis sie „am Tag Jesu Christi" mit ihrem Bräutigam vermählt werde. Das widerspräche nicht nur der von Paulus vorausgesetzten Institution aus dem Zivilleben, sondern erst recht seiner Tauftheologie. Die Gemeinde soll *schon jetzt* unversehrt sein, denn alle, die ihr angehören, sind durch die Taufe rein und heilig gemacht worden. Sie wurden „von der Sünde befreit" (Röm 6,18), sie wurden mit dem „einen Geist getränkt" (1 Kor 12,13), sie wurden „reingewaschen und geheiligt" (1 Kor 6,11), sie sind „Geheiligte in Christus Jesus" (1 Kor 1,2), sie sind ermächtigt, „in einem neuen Leben zu wandeln" (Röm 6,4).

Dem entspricht die Hochzeitsmetaphorik in Epheser 5[1]. Der Verfasser des Epheserbriefs überträgt lediglich das, was Paulus von der Einzelgemeinde gesagt hatte, auf die ganze Kirche. Und er setzt die feierliche Übergabe der Braut nicht erst bei der Wiederkunft Christi, sondern bereits bei der Taufe an: Christus hat sich für die Kirche hingegeben, damit sie ganz „heilig und makellos" sei und damit „er selbst sich die Kirche herrlich zuführe ohne Flecken, Falten oder andere Fehler" (Eph 5,27). Die Kirche ist also schon durch die Erlösungstat Christi heilig und makellos gemacht worden. Damit ist selbstverständlich nicht ausgeschlossen, dass sie die ihr geschenkte Heiligkeit nun auch verwirklichen muss und dass sie – leider allzu offensichtlich – nicht nur eine Kirche der Heiligen, sondern auch der Sünder ist[2]. Und doch sagt das Neue Testament[3], und sagt dann auch das alte römische Taufbekenntnis[4], dass die Kirche heilig ist[5].

Von dem Zeitpunkt an, da die Kirchenväter in Maria das Urbild der Kirche sahen, wurden *notwendigerweise* die Aussagen von der Heiligkeit und Unversehrtheit der Kirche auf Maria übertragen: Die Väter sprachen spätestens seit Ambrosius von der Sündenlosigkeit[6], der Makellosigkeit und der bräutlichen Schönheit Marias. Sie konnten und durften gar nicht anders von ihr reden. Denn war Maria das Urbild der Kirche, dann galt von ihr auch all das, was von der Heiligung der Kirche galt. Joseph Ratzinger hat diesen Sachverhalt so formuliert:

Es gibt in der Schrift und erst recht bei den Vätern von Anfang an eine Immaculata-Lehre, freilich als Lehre von der Ecclesia immaculata; die Immaculata-Lehre wird hier wie die ganze spätere Mariologie zuerst als Ekklesiologie vorweggenommen[7].

Dem skeptischen Betrachter muss das alles seltsam erscheinen. *Heilige* Kirche? *Heilige* Maria? Werden hier nicht Eigenschaften eines Sozialgebildes, die in sich bereits *fiktiv-symbolisch* sind, zusätzlich auf eine *Symbol*-Figur übertragen? Also eine waghalsige Doppelkonstruktion, wobei die eine auf dem schwankenden Gerüst der anderen steht?

Aber so ist es gerade nicht. Paulus und der Epheserbrief dichten der Kirche nicht irgend etwas an, sondern machen ernst mit der Realität der Erlösung. Gäbe es das, wovon Paulus und die Paulus-Schule sprechen, in der Kirche nicht: nämlich Befreiung, Errettung, Verwandlung, Heiligung – und zwar Heiligung bis in das Fleisch hinein –, so wäre die Erlösung nicht real in der Welt angekommen. Erlösung wäre dann lediglich auf der Ebene von Hoffnung angesiedelt oder fernab in den Gedanken Gottes. Durch den Tod und die Auferstehung Jesu hätte sich in der Welt nichts geändert. Alles wäre geblieben, wie es immer war. Es gilt aber der Satz des Paulus:

Wenn jemand in Christus ist, dann ist er eine neue Schöpfung: Das Alte ist vergangen, Neues ist geworden. (2 Kor 5,17)

Paulus scheint hier auf den ersten Blick zwar nicht von der Kirche zu reden, sondern nur vom einzelnen Getauften. Aber das scheint nur so. Denn jeder Getaufte ist „auf Christus getauft" (Gal 3,27; Röm 6,3). Damit ist er „in Christus", und dieses „in Christus" meint bei Paulus das Leben im Herrschaftsbereich Christi und damit sehr konkret die Zugehörigkeit zur Kirche – sowohl in ihrer geistigen wie in ihrer gesellschaftlich greifbaren Dimension[8].

Für Paulus hat also die „neue Schöpfung" bereits begonnen: nicht nur isoliert im je einzelnen Christen, sondern im „Leib Christi", also in der Gemeinde und damit in der Kirche. Nichts ist geblieben, wie es war. Durch den Tod und die Auferstehung Jesu Christi ist der Welt ihre endzeitliche Herrlichkeit (so sehr die Realität des Kreuzes noch bleibt) bereits jetzt eingestiftet. Deshalb ist die Rede von der Heiligung und der Heiligkeit der Kirche keine bloß symbolische Rede.

Und auch das, was die Kirche über Maria sagt, ist keine ausschließlich symbolische Rede. Maria ist eben nicht reine Symbolfigur. Sie konnte nur deshalb Figuration für die Kirche werden, weil sie gemäß Lukas 1,38 ein rückhaltloses „Ja" zur Botschaft des Engels spricht. Man muss sich klar machen, was das Wort „Siehe, ich bin die Magd des Herrn" bedeutet. Es hat ein außerordentliches Gewicht. Es meint, dass Maria nichts für sich selbst will und selbst nichts sein will. Der Wille Gottes bedeutet ihr alles. Die Szene Lukas 1,26–38 ist kontrastiv vor dem Hintergrund dessen zu lesen, wie wir selbst nur allzu oft mit dem Willen Gottes umgehen, sobald er an uns herantritt:

Entweder tun wir so, als sei uns gar nicht klar, was Gott will. Wir sagen: „Ja, wenn ich wüsste, was Gott von mir will: selbstverständlich würde ich es tun." Aber das ist oft reine Ausflucht. Meistens wissen wir es. Aber wir wollen nicht.

Oder wir sagen: „Ja, ich will tun, was Gott von mir will. Aber muss es denn sofort sein? Ich brauche noch Zeit." Auch das ist Flucht. Augustinus hat beschrieben, wie tief ihn dieses ‚die-Umkehr-vor-sich-Herschieben' gelähmt hat. Es war die Lähmung des Menschen, der berufen ist, der begriffen hat – und trotzdem nicht will:

> *„Gleich", „ach ja gleich", „nur ein klein wenig lass mich noch." Aber auf das „gleich, gleich" geschah doch nichts dergleichen, und das „lass mich nur ein wenig noch" zog sich in die Länge*[9].

Es kann aber auch sein, dass wir tatsächlich anfangen, den Willen Gottes zu tun, uns dabei aber Reservate halten, in die wir Gott nicht hereinlassen. Gewiss: Er soll der Herr unseres Lebens sein – aber nicht in allem. Es gibt Räume im Haus unseres Lebens, deren Türen verschlossen bleiben. Diese Räume wollen wir ausschließlich für uns haben. Das Ganze läuft darauf hinaus, dass wir zwischen zwei Herren hin- und hergerissen werden: zwischen Gott und uns selbst.

Das ist die bittere Realität, die uns an uns selbst leiden lässt. Und erst vor dieser Gespaltenheit des eigenen Lebens kann klar werden, was es heißt, wenn Lukas von Maria sagt, sie habe ein reines, uneingeschränktes „Ja" gesprochen und sich vor Gott zur „Magd" gemacht. Maria vermählt sich mit dem Willen Gottes, selbst wenn ihr dieser Wille dunkel bleibt, selbst dann, wenn er zum Schwert wird, das ihre Seele durchdringt (Lk 2,35).

Hans Urs von Balthasar sagt von Maria zu Recht: Wenn ihr „Ja" nur ein zurückhaltendes, geteiltes und deswegen halbes „Ja" gewesen wäre, hätte der Logos in ihr nicht Mensch werden können. Und ein reines, ungeteiltes „Ja" setzt Freiheit von der Erbsünde voraus[10]. Die Kirchenväter haben es schon früh so gesehen. Sie sagen es meist in Bildern, aber sie meinen genau dies: Dass nur die reine, vollkommene, ungeteilte Zustimmung Marias dem Logos eine Wohnstatt bereiten konnte.

Wenn also die Väter seit dem 4. und 5. Jahrhundert von der Heiligung Marias reden, von ihrer Befreiung von der Erbsünde[11], ja von ihrer Sündenlosigkeit, so sind das keine Sprüche, die Maria mit Ehrenbezeigungen überhäufen wollen. Es ist vielmehr ein radikales Begreifen dessen, was die Kirche in Christus und von Christus her ist: befreite, der Zweideutigkeit entrissene Welt, die endlich das geworden ist, was Gott schon immer mit seiner Schöpfung gewollt hatte. Die Rede der Kirchenväter von der Sündenlosigkeit Marias nimmt ernst, was die Menschwerdung des Logos bedeutet: wirkliches Eingehen in die Welt und damit auch deren Erlösung.

*

Die Menschwerdung Gottes und die damit anhebende Erlösung setzt also bei Maria ein reines, ungeteiltes und damit von der Erbsünde freies „Ja" voraus. Darüber gab es in der späten Väterzeit und auch in der Kirche des Mittelalters keinerlei Meinungsverschiedenheit. Darin waren sich schon sehr bald alle Theologen einig. Was lange Zeit unklar und umstritten blieb, war im Grunde nur die Frage: Wann, zu welchem Zeitpunkt, war diese Befreiung Marias von der Erbsünde anzunehmen? Bei der Verkündigung durch den Engel? Oder schon viel früher, schon vor ihrer Geburt, etwa dem entsprechend, wie man es sich bei dem Propheten Jeremia aufgrund von Jeremia 1,5 dachte („noch ehe du aus dem Mutterschoß hervorkamst, habe ich dich geheiligt")? Oder war Maria gar schon vom ersten Augenblick ihres Daseins an frei von der Macht der Erbsünde? Darüber ging der Streit. Es war ein Streit, der mit „viel Leidenschaft, Scharfsinn, Polemik und Verbitterung" geführt wurde[12].

Die Komplexität der Streites hatte viele Gründe. Einer dieser Gründe war zum Beispiel, dass Thomas von Aquin († 1274) im Anschluss an Aristoteles annahm, die *Geist*beseelung des männlichen Embryo erfolge erst nach 40 Tagen, die des weiblichen sogar erst nach 90 Tagen. Thomas und viele andere waren nun aber überzeugt, dass die Heiligung Marias und die damit verbundene Befreiung von der Erbsünde die Eingießung der *Geist*seele voraussetze[13]. Folglich, so argumentierten sie, könne Maria auch nicht von Anfang an von der Erbsünde frei gewesen sein[14].

Letztlich aber hingen die harten Auseinandersetzungen um die Immaculata damit zusammen, dass die Theologen bei dem gesamten Fragenkomplex nicht nur an die Heiligkeit der Kirche und Marias dachten, sondern eben auch daran, dass alle Menschen außer Christus unter der Macht der Erbsünde stehen. Hatte das nicht auch für Maria zu gelten? Musste sie deshalb nicht erst *nach ihrer Beseelung* oder im Zusammenhang mit ihr aus der Unheilssphäre der Erbsünde befreit worden sein? Würde der Satz von der Erlösungsbedürftigkeit aller Menschen nicht seine Geltung verlieren, wenn sie von Anfang an ohne Erbsünde gewesen wäre? *Alle* haben gesündigt und *alle* standen unter der Macht der Sünde, bis die Rettung durch Christus kam – an dieser Fundamentalposition des Paulus (vgl. Röm 1–5) wollte und musste die Kirche festhalten. Deshalb letzten Endes die ganze Auseinandersetzung um die Erbsündenfreiheit Marias!

Thomas von Aquin und viele andere große Theologen des Mittelalters hatten durchaus nichts gegen eine Heiligung Marias schon im Mutterschoß, das heißt, sie waren nicht gegen eine Befreiung Marias von der Erbsünde. Sie versuchen sogar, diese Heiligung möglichst nahe an die Zeugung Marias heranzurücken. Um der Erlösungsbedürftigkeit aller Menschen willen hielten sie aber daran fest, dass Maria für kurze Zeit unter der Erbsünde stand. Thomas von Aquin sagt in seiner Summa theologiae:

> *Wäre die Seele der allerseligsten Jungfrau niemals durch die Berührung mit der Erbsünde befleckt gewesen, so wäre das eine Einschränkung der Würde Christi, gemäß der Er der alle umfassende Erlöser ist*[15].

*

Den Weg aus diesem Dilemma wies der englische Franziskaner Johannes Duns Scotus († 1308). Es gab für ihn Vorarbeiter wie Anselm von Canterbury († 1109), dann den Benediktiner Eadmer († um 1124), den Freund Anselms, und schließlich den Franziskaner Wilhelm von Ware († nach 1300). Aber Duns Scotus tut den entscheidenden Schritt. Er spricht bei Maria von vorausgreifender Erlösung durch Jesus Christus. Der Tod Christi habe Maria im Voraus ganz und gar vor der Erbsünde bewahrt *(praeservavit)*[16].

Zwar hält in der Folgezeit der theologische Streit um die Immaculata Conceptio noch lange an. Die sogenannten Immakulisten vertreten die Freiheit Marias von der Erbsünde. Die ihnen opponierenden Makulisten bestehen wegen der Erlösungsbedürftigkeit aller Menschen darauf, dass Maria erst nach ihrer Zeugung von der Erbsünde befreit worden sei. Mehrfach müssen Päpste zwischen den streitenden Parteien schlichten. So verbietet zum Beispiel Sixtus IV. († 1484) den Kontrahenten, sich gegenseitig der Häresie zu bezichtigen[17]. Aber im Grunde hatte sich die Entscheidung zur Immaculata Conceptio unumkehrbar angebahnt.

Sixtus IV. war es auch, der im Jahre 1477 das am 8. Dezember vielerorts gefeierte Fest der Immaculata Conceptio bestätigte und ein von Leonard von Nogarola geschaffenes Messformular billigte. Der Festinhalt ist eindeutig. So lautet die bis heute gebetete Tagesoration:

> *Gott, du hast durch die unbefleckte Empfängnis der Jungfrau deinem Sohn eine würdige Wohnstatt bereitet. Wir bitten dich: Wie du sie in Voraussicht [praevisa] des Todes deines Sohnes vor allem Makel im Voraus bewahrt hast [praeservasti], so lass auf ihre Fürsprache hin auch uns in Reinheit zu dir gelangen.*

Der theologische Streit war damit freilich noch immer nicht beendet. Das Festformular war nur approbiert, aber nicht offiziell angeordnet worden. Die Dominikaner benutzten ein anderes Festformular, das die „Reinigung" Marias und damit ihre Erbsündlichkeit voraussetzte. Trotzdem breitet sich der Glaube an die Immaculata Conceptio Marias immer weiter aus. Seit dem 16. Jahrhundert bilden sich in vielen Städten Bruderschaften mit dem Namen „Kongregation der Unbefleckten Empfängnis der Heiligen Jungfrau". Gerade auch an den Universitäten findet die neue theologische Position erstaunlich starken Rückhalt. Während sich die Päpste eher zurückhalten und darum kämpfen, dass der theologische Disput ohne gegenseitige Verketzerung geführt werden kann, wächst in der katholischen Frömmigkeit und weithin auch in der Theologie das Bekenntnis zur Immaculata Conceptio, bis es schließlich 1708 unter Clemens XI. zum allgemein angeordneten Fest und 1854 unter Pius IX. zur dogmatischen Definition kommt.

Dieser (höchst fragmentarische) Überblick sollte zeigen, wie sehr die Kirche um ihre Einsicht in die Bewahrung Marias vor der Erbsünde ringen musste. Zunächst sprach sie nur von der Heiligung beziehungsweise der Reinigung Marias. Viele Theologen der Hochscholastik bestanden darauf, dass Maria wenigstens für kurze Zeit der Erbsünde unterworfen war. Erst als klar wurde, dass auch ihre Bewahrung vor der Erbsünde mit der Erlösungstat Christi verbunden sein konnte, setzte sich die neue Richtung durch.

*

Als Pius IX. († 1878) am 8. Dezember 1854 nach einer weltweiten Befragung der katholischen Bischöfe und der Katholischen Theologischen Fakultäten das Dogma von der Immaculata Conceptio mit der Bulle „Ineffabilis Deus" verkündete, lautete der entscheidende Passus:

> *Wir erklären, verkünden und definieren, dass die Lehre, welche festhält, dass die seligste Jungfrau Maria im ersten Augenblick ihrer Empfängnis durch die einzigartige Gnade und Bevorzugung des allmächtigen Gottes im Hinblick auf die Verdienste Christi Jesu, des Erlösers des Menschengeschlechtes, von jeglichem Makel der*

Urschuld unversehrt bewahrt wurde, von Gott geoffenbart und deshalb von allen Gläubigen fest und beständig zu glauben ist[18].

Was ist mit dieser Definition gemeint? Was sagt sie, und was sagt sie nicht? Woraufhin ist sie offen? Was ist ihre Sinnspitze, was ihr Hintergrund? Hat sie einen biblischen Hintergrund? Wir betrachten der Reihe nach die drei wichtigsten Elemente der Definition:

1. „im ersten Augenblick ihrer Empfängnis" (in primo instanti suae conceptionis):
Wir sahen bereits: Jahrhundertelang war offengeblieben, von welchem Zeitpunkt an Maria ohne Erbsünde war. Mit dem Dogma von 1854 ist diese lange Debatte abgeschlossen und definitiv entschieden. Das Dogma will sagen: Nicht vom Zeitpunkt der Verkündigung des Engels an, nicht zu irgendeinem Zeitpunkt zwischen der Zeugung durch ihre Eltern und der Verkündigung durch den Engel, sondern vom ersten Augenblick ihres Daseins an war Maria ohne Erbsünde. Sie ist bereits ohne Erbsünde empfangen.

Man kann diese Entscheidung nur als providentiell bezeichnen. Hätte sich die Kirche in diesem Punkt auf die Seite des heiligen Thomas und vieler anderer gestellt – so dass Maria zunächst mit der Erbsünde behaftet gewesen, dann aber von ihr befreit worden wäre –, gäbe es für die heutige Theologie keine Möglichkeit mehr, die Erbsündenfreiheit Marias mit der Geschichte des alttestamentlichen Israel in Verbindung zu bringen. Jede Vorbereitung in Israel wäre damit abgeschnitten gewesen. So hingegen lässt die Formulierung von 1854 die Möglichkeit einer Ausweitung des Dogmas auf das alttestamentliche Israel hin offen.

Und noch eine andere Feststellung ist notwendig: Damit, dass Maria von Anfang an ohne Erbsünde ist, bekommt das Dogma einen schöpfungstheologischen Aspekt. Das Motiv des „von Anfang an" und das Motiv der „Bewahrung" lassen den Horizont paradiesischer Unversehrtheit aufscheinen. Das Bild vom Paradies meint ja: Schöpfung, wie Gott sie will, Schöpfung, die unverdorben und ungebrochen widerspiegelt, wie die Welt von Gott gedacht ist. Wir werden in Kapitel III / 7 auf diesen Aspekt des Dogmas zurückkommen.

2. *„durch die einzigartige Gnade und Bevorzugung des allmächtigen Gottes" (singulari omnipotentis Dei gratia et privilegio):*
Es lässt sich nicht leugnen: Das ist zunächst einmal ganz im Stil und im Geist der seit dem späten Mittelalter sich ausbreitenden Privilegien-Mariologie formuliert. Man muss nur einmal nachlesen, was in der Bulle „Ineffabilis Deus" der eigentlichen Definition des Dogmas vorausgeht. Da heißt es:

> *Deswegen überhäufte [cumulavit] Gott Maria noch weit vor allen Engelgeistern und allen Heiligen mit der aus dem Schatz der Göttlichkeit genommenen Fülle aller himmlischen Gnadengaben so wunderbar, dass sie, von gar allem Makel der Sünde für immer frei und ganz schön und vollkommen, eine solche Fülle an Unschuld und Heiligkeit zu erkennen gab, wie man sie sich unter Gott in keiner Weise größer vorstellen kann und wie sie außer Gott niemand in Gedanken erfassen kann*[19].

Der für uns schwer erträgliche Überschwang der Sprache spiegelt das Privilegien-Denken der damaligen Zeit wider: Gott hat die künftige Mutter Jesu gleichsam vom Himmel her mit einer Überfülle von Gnaden überschüttet. Und inmitten dieser „Fülle aller himmlischen Gnadengaben" hat dann auch das Privileg der Erbsündenfreiheit seinen Ort.

Wir dürfen uns freilich durch die Zeitgebundenheit dieser Sprache nicht daran hindern lassen, nach der Sinnspitze solcher Sätze zu fragen. Und da zeigt sich, dass hier eben doch viel biblischer und heilsgeschichtlicher geredet wird, als es zunächst den Anschein hat. Schon der Beginn von „Ineffabilis Deus" lässt aufhorchen:

> *Der unaussprechliche Gott (...) hat von Anfang an und vor den Zeiten seinem Einziggeborenen Sohn eine Mutter erwählt und bestimmt, aus der er, Fleisch geworden, in der seligen Fülle der Zeiten geboren werden sollte, und ihr eine solch große Liebe vor allen Geschöpfen erwiesen, dass er sich in jener Einen mit geneigtestem Wohlwollen gefiel*[20].

„Von Anfang an" – „vor den Zeiten" – „erwählt und bestimmt" – „in der Fülle der Zeiten" – „mit geneigtestem Wohlwollen": das ist unverkennbar nicht nur die Sprache, sondern auch die Theologie des feierlichen Eingangs des Epheserbriefs (Eph 1,3–14). Dort wird gesagt, dass die Glaubenden schon vor der Erschaffung der Welt in Christus erwählt und im voraus dazu bestimmt waren, Söhne Gottes zu werden und heilig und unbefleckt *(immaculati)* vor Gott zu leben, entsprechend dem Wohlgefallen seines Willens. Die Definition von 1854 überträgt also das, was im Epheserbrief von den Glaubenden und damit von der Kirche (vgl. 5,27) gesagt wird, auf Maria.

Selbst das Motiv der „Überfülle" der Gnade stammt aus Epheser 1,3 und 1,8 – hat aber auch Lukas 1,28 („Sei gegrüßt, du Begnadete") als Hintergrund. Ob bewusst oder unbewusst: Die Bulle „Ineffabilis Deus" folgt exakt dem Grundprinzip der mittelalterlichen und der frühkirchlichen Theologie: Alle Aussagen über Maria haben Aussagen über die Kirche als Basis.

Allerdings: Die Dogmendefinition spricht von einer „einzigartigen Gnade" und einem „Privileg", das Maria zuteil wurde, und die Einleitung von „Ineffabilis Deus" sagt, dass ihr diese Liebe „vor allen Geschöpfen" *(prae creaturis universis)* zuteil wurde. Dieses „vor" ist selbstverständlich nicht zeitlich gemeint, sondern will die privilegierte Stellung Marias gegenüber allen anderen Menschen und sogar gegenüber den Engeln betonen. Wieder erhebt sich die Frage: Ist das unbiblisch? Die Rede vom „Privileg" sicher nicht! Denn im Alten Testament wird ja immer wieder gesagt, dass sich Gott sein Volk aus allen anderen Völkern erwählt hat, ihm einen bevorzugten Platz gegeben hat und es mit seiner Liebe überhäuft hat.

> *Mit ewiger Liebe habe ich dich geliebt, darum habe ich dir die Treue bewahrt. Ich baue dich wieder auf, du sollst neu gebaut werden, Jungfrau Israel. (Jer 31,3–4)*

Oder – zum Thema der Erwählung aus allen Völkern:

> *Du bist ein Volk, das dem Herrn, deinem Gott, heilig ist. Dich hat der Herr, dein Gott, ausgewählt, damit du unter allen Völkern, die auf der Erde leben, das Volk wirst, das ihm persönlich gehört. Nicht weil ihr zahlreicher als die anderen Völker wäret,*

> *hat euch der Herr ins Herz geschlossen und ausgewählt; ihr seid das kleinste unter allen Völkern. Weil der Herr euch liebt und weil er auf den Schwur achtet, den er euren Vätern geleistet hat, deshalb hat der Herr euch mit starker Hand herausgeführt und euch aus dem Sklavenhaus freigekauft, aus der Hand des Pharao, des Königs von Ägypten. (Dtn 7,6–8)*

Vor diesem Hintergrund wird nicht nur klar, was mit einem *heiligen* Volk oder mit *heiliger* Kirche gemeint ist: unverdiente Heiligkeit, die reines Geschenk ist und die aus der Treue und Liebe Gottes kommt. Auch die Rede vom „Privileg" Marias gewinnt von hier aus plötzlich einen durch und durch biblischen Klang. Gott hat Israel tatsächlich privilegiert – vorausgesetzt, dass man Privileg als die Israel von allen Völkern unterscheidende Erwählung versteht, die ihm aus Gnade geschenkt wurde und die dann in Maria und dem Sohn, den sie getragen hat, ihr Ziel und ihren Höhepunkt erreichte. Gerade hier zeigt sich, dass sämtliche Aussagen über Maria auch Aussagen über die Kirche sind und das alttestamentliche Gottesvolk zum Hintergrund haben. Genau das war ja ein grundlegendes Prinzip der frühkirchlichen und mittelalterlichen Theologie.

„Privileg" muss also gar nicht im Sinne einer höchst einseitigen Privilegien-Mariologie aufgefasst werden. Der Begriff kann auch von der ewigen Erwählung des Gottesvolkes her verstanden werden – einer Erwählung, die mit „Bevorzugung" nicht das Geringste zu tun hat, sondern gesamtbiblisch im Sinne der Gottesknechtstheologie zu deuten ist: Es geht dann um Erwählung für die Welt und um der Welt willen.

3. „im Hinblick auf die Verdienste Christi Jesu, des Erlösers des Menschengeschlechtes, von jeglichem Makel der Urschuld unversehrt bewahrt" (intuitu meritorum Christi Jesu Salvatoris humani generis, ab omni originalis culpae labe praeservatam immunem):

Mit dieser Formulierung ist nun das Grundproblem der Unbefleckten Empfängnis in den Blick genommen – jenes Grundproblem, das die mittelalterliche und neuzeitliche Theologie so lange beschäftigt hatte: Wie kann es Erlösung *vor* Christus geben? Ist nicht alle Erlösung erst durch Jesus Christus geschehen? Und war nicht auch Maria erlösungsbedürftig?

Das Dogma formuliert in aller Eindeutigkeit: Jesus Christus ist „der Erlöser des Menschengeschlechtes". Das ist grundsätzlich gemeint: Es gibt keinen anderen Erlöser als ihn allein. Insofern war selbstverständlich auch Maria erlösungsbedürftig[21]. Allerdings nun gerade nicht so, dass sie von der Erbsünde erst noch befreit werden musste, sondern in dem Sinn, dass sie vor der Erbsünde von Anfang an bewahrt blieb. Da aber solche „Bewahrung" nur von Jesus Christus her begründet werden kann, sagt das Dogma: „im Hinblick auf die Verdienste Christi". Mit dieser Formulierung greift das Dogma die Einsicht des Duns Scotus auf, der im Mittelalter als erster die Brücke zwischen der Erlösungsbedürftigkeit auch Marias und ihrer Bewahrung vor der Erbsünde durch Christus geschlagen hat.

Natürlich bleibt die Frage, wie man sich dieses „im Hinblick auf die Verdienste Christi" konkret denken soll. Für diejenigen, die das Dogma von 1854 formuliert haben, war das kein Problem. Sie stellten sich einfach vor, Gott habe vorausgeschaut auf die Erlösungstat Jesu und „im Hinblick" auf dieses noch in der Zukunft liegende Geschehen Maria vor der Erbsünde bewahrt.

Für uns Heutige ist das nicht mehr ganz so einfach. Wir denken differenzierter über das Handeln Gottes in der Geschichte. Greift Gott gleichsam ‚von oben her' und den Menschen überwältigend in die Geschichte ein?[22] Selbstverständlich ist er stets der Herr der Geschichte. Selbstverständlich trägt und lenkt er alles, was geschieht. Die Frage ist aber, *auf welche Weise* er das tut. Handelt er nicht gerade so, dass sich sein Heil in der Geschichte entfaltet und zwar über die Freiheit von Menschen? Und solche Freiheitsgeschichte ist eben kein punktuelles Geschehen, sondern beruht auf den Entscheidungen vieler, die das ‚ständige' Handeln Gottes annehmen und so einander jeweils neue Freiheitsräume ermöglichen.

Von daher ist es uns heute schwer geworden, die „Bewahrung" Marias vor der Erbsünde einzig und allein als isoliertes Geschehen bei der Zeugung Marias durch ihre Eltern zu denken. War diese „Bewahrung" nicht zugleich mit einem viel längeren Prozess verbunden, war sie nicht auch eine lange Geschichte des Heils, die sich über viele Generationen hin erstreckte und die dann in Maria ihr Ziel und ihre endgültige Realisation fand?

Die das Dogma formulierten, haben es sich so nicht vorgestellt. Sie haben es aber auch nicht ausgeschlossen. Im Grunde lässt das „im Hinblick auf die Verdienste Christi" vieles offen. Im Nachhinein erscheint es sogar als genial. Denn es hilft, die definitive, durch nichts austauschbare und durch nichts ersetzbare Erlösung in Christus mit ihrer alttestamentlichen Anbahnung zu verknüpfen. Es gibt in Maria – und damit in Israel – schon Erlösung „vor" Christus. Aber es gibt sie nur „im Hinblick auf Christus". Es geschah schon vorher Entscheidendes, aber es wurde erst durch Christus ratifiziert. Unser übernächstes Kapitel (III/5) wird sich mit diesem Schon-vor-Christus, das aber immer ein „Im Hinblick auf Christus" bleibt, genauer beschäftigen.

*

Rückblickend lässt sich sagen: Die Formulierung des Dogmas ist viel *biblischer,* als man auf den ersten Blick denkt. Im Hintergrund steht nicht nur die neutestamentliche Theologie von der Heiligkeit und Makellosigkeit der Kirche. Im Hintergrund steht das gesamte Alte Testament mit seiner Theologie von der absolut ungeschuldeten, gnadenhaften, privilegierten Erwählung des Gottesvolkes.

Die Formulierung des Dogmas ist aber auch viel *offener,* als man auf den ersten Blick vermuten könnte. Die einzigartige Erlösung durch Jesus Christus wird betont. Es wird aber nicht gesagt, wie das „im Hinblick auf Christus" genauerhin zu denken ist. Die Bewahrung Marias vor der Erbsünde wird positiv festgestellt. Es wird aber nicht festgelegt, wie man sich den *Vorgang* dieser Bewahrung im Einzelnen vorzustellen hat.

Die Definition lässt, streng genommen, sogar die Frage offen, ob *ausschließlich Maria* vor aller Erbschuld bewahrt wurde[23]. Dass es ausschließlich um Maria geht, meint zwar der Kontext der Definition und so meinten es auch deren Verfasser, wenn sie von dem Privileg Marias und der „einzigartigen Gnade" sprachen, die ihr geschenkt wurde. Aber damit ist eben nicht ausgeschlossen, dass sich diese „einzigartige Gnade" in einer langen Vorgeschichte angebahnt hat. Wenn der Begriff des Privilegs im Sinne der Heiligen Schrift verstanden wird, kommt man in diesem Zusammenhang an der besonderen und einzigartigen Begnadung Israels nicht vorbei.

Im Übrigen macht die Bulle „Ineffabilis Deus", bevor sie das eigentliche Dogma formuliert, eine bemerkenswerte Feststellung. Sie betont, dass die Kirche dem ihr anvertrauten Gut der Glaubenslehren nichts „hinzufüge", nichts „wegnehme" und an ihm nichts „verändere". Wohl aber gehe die Kirche mit diesem „Depositum des Glaubens" so um, dass die alten Glaubenslehren „Einsichtigkeit *(evidentiam)*, Licht *(lucem)* und Unterscheidung *(distinctionem)*" erhielten[24]. Genau darum wird es im folgenden Kapitel gehen: um die „Einsichtigkeit" des Dogmas von der Unbefleckten Empfängnis und um die sachgerechte „Unterscheidung" zwischen zeitbedingten Vorstellungen und der angezielten Grundaussage. Es wird sich zeigen, dass die so schwer zugängliche Lehre über die Immaculata von der Geschichte Israels her in neuem, verstehbaren, durch die Schrift erhellten Licht erscheinen kann.

4. Ein Dogma auch über Israel?

Maria war Jüdin. Sie lebte in Israel. Sie lebte in der Zeit, in der sich das Alte Testament erfüllen sollte. Aber sie gehört zunächst noch ganz in das Alte Testament hinein. So jedenfalls stellt Lukas sie dar. Das Magnifikat zeigt sie als Tochter Abrahams, die zurückblickt auf die Erbarmungen Gottes an den Vätern und die zu sagen wagt, dass sich diese Erbarmungen jetzt an ihr vollenden, sich damit aber auch *an Israel* vollenden: „Israel, seines Knechts, hat er sich angenommen."

Damit ist Maria Figuration Israels, damit ist sie die wahre Tochter Zion. Wenn sich das aber so verhält, dann ist das Dogma von der Erbsündenfreiheit Marias in einem noch zu bestimmenden Sinn auch ein Dogma von der *Gnade in Israel.* Andernfalls müssen die Theologen aufhören, sie die „Tochter Zion" und die „Repräsentantin Israels" zu nennen.

Das Dogma von der Unbefleckten Empfängnis auch ein Dogma von der Gnade in Israel und damit ein Dogma über Israel selbst? Das mag zunächst befremden, vielleicht sogar einen theologischen Schrecken einjagen. Aber diese These liegt in der Konsequenz alles dessen, was wir bisher gesehen haben. Alles lief darauf zu. In dem vor uns liegenden Kapitel geht es darum, noch einmal zu überprüfen, ob und in welchem Sinn die These richtig ist. Außerdem ist sie zu präzisieren. Denn in der gerade formulierten Form ist sie noch viel zu ungenau.

Wir gehen in vier Schritten voran: (a) Zunächst denken wir über den Begriff ‚Gnade' nach: Wie wird Gnade vermittelt? Kommt sie senkrecht von oben oder kommt sie über Vermittler, über Vorbilder, über Lernvorgänge, über den Glauben der Vorfahren, also über die Geschichte? – (b) Dann werfen wir einen kurzen Blick auf die gegenwärtige Forschungssituation: Schon seit längerem lässt sich ein deutlicher Trend erkennen, das Dogma von der Unbefleckten Empfängnis heilsgeschichtlich auszuweiten und an der Geschichte Israels festzumachen. – (c) Aber lässt sich das Dogma wirklich an Israel festmachen? Und wo liegen die Grenzen der Übertragbarkeit? Die Mariologie stößt im Zusammenhang dieser Frage notwendig auf den Begriff des „heiligen Restes" – (d) Schließlich: Die Kirche hat es schon seit langem gewusst und es in vielen Gemälden und Skulpturen ausgedrückt: Die Gnade, die Maria von Gott geschenkt wurde, kam aus Israel.

a) Die Vermittlung von Gnade

Der Engel sagt zu Maria: „Du bist voll der Gnade." Und Pius IX. sagt in seinem Schreiben „Ineffabilis Deus", Gott habe Maria mit der „Fülle aller himmlischen Gnadengaben überhäuft". Solche Aussagen rufen danach, durchdacht zu werden. Was heißt das: „voll der Gnade"? Wie macht das Gott, mit Gnaden zu erfüllen oder gar zu überhäufen?

Ausgangspunkt unserer Überlegungen soll die scheinbare Willkür sein, mit der Gott vorgeht, wenn er seine Gnade austeilt. Den einen erfüllt er mit Gnaden, den anderen nicht. Die eine erhebt er, die andere nicht. Das eine Volk erwählt er, die anderen Völker nicht. Schon Paulus stand betroffen vor diesem dunklen Geheimnis der Gnadenwahl Gottes. Im 9. Kapitel des Römerbriefs muss er feststellen, dass nicht alle, die aus Israel stammen, Israel sind, und dass nicht alle Nachkommen Abrahams auch Kinder Abrahams sind (Röm 9,6–7). Nur der, auf den Gottes freie Wahl gefallen ist, steht in der Linie der Verheißung. Deshalb kommt Paulus nicht an der Frage vorbei: „Heißt das nun, dass Gott ungerecht handelt?" Und er gibt zur Antwort:

> *Keineswegs! Denn zu Mose sagt er: „Ich werde mich erbarmen, wessen ich mich erbarme, und Gnade erweisen, wem ich Gnade erweisen will." (Röm 9,14–15 / Ex 33,19)*

Also doch ein ungerechter, ein Willkür-Gott? Nein! Denn Paulus gibt sich mit dem Zitat aus Exodus 33,19 ja keineswegs zufrieden. Er zeigt im Folgenden in einem langen schriftgestützten Beweisgang, der am Ende den Charakter einer Prophetie annimmt, dass Gott alle in sein Erbarmen hereinholen wird – auch das jetzt noch ungläubige Israel, sogar die jetzt noch ungläubige Welt der Heiden[1]. Paulus belässt es also durchaus nicht bei der Aussage, Gott schenke Erbarmen, wem er eben Erbarmen schenken wolle. Er entwirft vielmehr eine ganze Geschichtstheologie, die zeigen soll, dass Gott gerade das menschliche Versagen benutzt, um seine Heilsgeschichte voranzutreiben und so mit seinem Erbarmen alle zu erreichen. Allerdings: Nach diesem gewagten Gang durch die künftige Geschichte kehrt Paulus wieder zurück zu der Unergründlichkeit des Handelns Gottes, das trotz aller Theologie unausforschbares Geheimnis bleibt. Er kann seine Überlegungen deshalb nur mit dem Lobpreis enden lassen:

> *O Abgrund des Reichtums, der Weisheit und der Erkenntnis Gottes! Wie unausforschbar sind seine Entscheide, wie unaufspürbar seine Wege! Denn wer hat die Gedanken des Herrn erkannt? Oder: Wer ist sein Berater gewesen? Oder: Wer hat ihm etwas gegeben, so dass Gott ihm etwas zurückgeben müsste? Denn aus ihm und durch ihn und auf ihn hin ist das All. Ihm sei die Ehre in Ewigkeit! Amen. (Röm 11,33–36)*

Ähnlich wie Paulus wird jede Theologie am Ende die Unbegreiflichkeit der Gnadenwahl Gottes bekennen müssen. Trotzdem ringt der Glaube immer neu um Einsicht. Wie ist es mit der Gnade, die Gott schenkt? Gibt er sie willkürlich?

Wir müssen uns wohl zunächst einmal von der doch sehr kindlichen Vorstellung frei machen, als ob Gott seine Gnade in Portionen austeile: hier etwas größere, dort etwas kleinere, da etwas mehr, anderswo etwas weniger, jedem hinreichend, aber dann doch in bestimmten Situationen und bei bestimmten Menschen in Überfülle. Man könnte sich ja auch einmal vorstellen, dass Gott seine ganze Schöpfung von Anfang an und bis zum Ende mit einem Übermaß an Gnade umgibt, so dass jedes Geschöpf, jeder Mensch, jede Gruppe, jedes Volk eingehüllt ist in seine liebende Gnade, die letztlich der dreieine Gott selbst ist.

Aber diese absolute Zuwendung Gottes zur Welt wird nicht überall angenommen. Wir haben in einem langen Kapitel darüber nachgedacht (I / 5), dass es ein Stehen-Bleiben des Menschen bei sich selbst gibt, obwohl er eigentlich in einer fortschreitenden Entwicklung auf Gott zugehen könnte. Wir haben konstatieren müssen, dass es ein Sich-Verschließen des Menschen gibt, ein Sich-Verweigern, ein Nicht-Ergreifen der Selbstmitteilung Gottes. Wir haben gesehen, dass Erbsünde letztlich nichts anderes ist als ein Der-Gnade-Gottes-fern-Sein, weil Menschen über lange Zeit nicht mitgegangen sind mit dem, was sich ihnen im Verlauf der Menschwerdung des Menschen von Gott her hätte eröffnen können.

Die alle Geschichte schon immer umgebende und ihr vorauseilende Gnade kann aber auch ergriffen werden. Dann kommt die Gnade an. Dann ereignet sie sich. Dann verwandelt sie ein kleines Stück Welt. Dann wird die Welt wenigstens an einer Stelle zu dem, was sie im Plan Gottes sein soll. Denkt man in diese Richtung, ist Gnade weit weg von jeder Willkür. Gnade ist dann dort, wo sie angenommen wird. Gnade geschieht dann jedesmal, wenn ein Mensch sich Gott öffnet. Eine jüdische Erzählung[2] beleuchtet das meisterhaft:

> *„Wo wohnt Gott?" Mit dieser Frage überraschte der Kozker [= Menachem Mendel von Kozk] einige gelehrte Männer, die bei ihm zu Gast waren. Sie lachten über ihn: „Wie redet Ihr! Ist doch die Welt seiner Herrlichkeit voll!" Er aber beantwortete die eigene Frage: „Gott wohnt, wo man ihn einläßt."*

Selbstverständlich ist die ganze Welt „seiner Herrlichkeit voll". Wir hatten das in der Weise formuliert, dass die Gnade Gottes die ganze Welt umfließt und allem menschlichen Tun schon zuvorkommt. Dass dann die Gnade und damit Gott selbst im Menschen Wohnung nimmt, setzt aber voraus, dass Gott eingelassen wird.

Doch nun kommt noch etwas Wesentliches hinzu. Kein Mensch steht für sich allein. Niemand ist eine Insel. Jeder ist der anderen bedürftig. Jeder entfaltet sich als Person aus den Vorgaben, die ihm andere eröffnet haben. Allein schon die Sprache (und mit ihr die jeweilige Kultur), die jedes Kind langsam und mühsam erlernt, ist eine immense Vorgabe, Welt zu deuten oder zu missdeuten. Jeder Mensch ist in einem hohen Maß davon abhängig, wie andere vor ihm Welt verstanden haben. Sie haben ihm Türen geöffnet oder Türen verschlossen. So entstehen Geschichten der Gottesferne. So kann aber auch eine Geschichte des Heils entstehen.

Es genügt also nicht zu sagen: Gnade ist dort, wo ein Mensch sich öffnet. Wir müssen präzisieren: Gnade in ihrer weltverändernden Kraft ereignet sich dort, wo sich Menschen über Generationen hin auf Gott geöffnet haben. Gnade bedeutet dann, in die Lebenswelt dieser Menschen einzutreten – in ihren Glauben, in ihre Erzählungen, in das identitätstiftende Gedächtnis, das diese Erzählungen bewahren, in die Freiheitsräume, die sie anderen eröffnen. Gnade hat also eine soziale, eine gesellschaftliche Dimension. Sie darf nicht rein individualistisch gedacht werden. Sie ist immer auch geschichtlich vermittelt. Ein klassischer theologischer Satz lautet: Die Gnade setzt die Natur voraus. Man muss ihn ergänzen: Gnade setzt auch die Geschichte voraus.

Nun sagt uns die Heilige Schrift, dass mit Abraham in der Welt eine Geschichte des Heils begonnen hat. Nicht, dass es nicht auch schon vorher Menschen gegeben hätte, die sich der alles umhüllenden Gnade Gottes öffneten. Die Heilige Schrift nennt sie „Gerechte“. Sie werden von ihr mit Abel, Henoch und Noach figuriert. Es muss also schon vor Abraham an vielen Stellen der Welt ‚partielle‘ Heilsgeschichten gegeben haben. Doch mit Abraham begann in der Welt etwas Neues. Mit ihm begann eine Geschichte des Heils, die nicht mehr abgerissen ist.

Diese Geschichte gab es nur, weil sich Menschen mit ihrer ganzen Existenz für Gott geöffnet hatten. Und es gab sie auch nur deshalb, weil sich eine Konstellation gebildet hatte, die Neues ermöglichte. In Ägypten, Mesopotamien und Palästina waren Hochreligionen entstanden, die miteinander verglichen und kritisiert werden konnten[3]. Schon allein diese religionsgeschichtliche Konstellation war Gnade. Aus dieser Konstellation heraus und aus der Hingabe vieler Einzelner wurde in vielen Schritten der wahre Gott erkannt. Die Alleinverehrung JHWHs, die alle anderen Götter ausschloss, war ein unermessliches Potential an Gnade, aber von Gnade, die gesellschaftlich vermittelt wurde: im Ethos Israels, in seinem heilsgeschichtlichen Credo, in Erzählungen, in Gebeten, in Wallfahrten und Festfeiern, im Glauben vieler Väter und Mütter, der den Kindern vor Augen stand.

Da wurde erzählt vom Gehorsam Abrahams – und weil davon erzählt wurde, konnten Menschen in Israel diesen Gehorsam ihrerseits leben. Da war die Befreiungserfahrung des Exodus. Sie war nur von einer kleinen Gruppe gemacht worden. Aber sie wurde weitererzählt, durch die Exoduserfahrungen Späterer vertieft und so traten viele in Israel in diese Erfahrung ein. Da war die Tora, aus altem Stammesethos erwachsen, immer wieder erweitert und auf den lebendigen Willen Gottes hin aktualisiert. Unzählige Menschen in Israel haben die Tora gelebt und an ihr die stille Freude erfahren, die jeden erfüllt, der den Willen Gottes tut. Unzählige haben sie auch missachtet. Aber selbst die, die sich an ihr stießen, haben an der Tora gelernt, dass es den anstößigen Willen Gottes in der Welt gibt. Da war der Tempel mit seinen Institutionen der Sühne, mit dem immer neuen Reinwerden vor Gott. Da war die ständige Konfrontation Israels mit dem Wort seiner Propheten, da war die überlieferte und im Schulunterricht vermittelte ‚Weisheit‘, die in jeder Generation den Samen der Gottesfurcht aussäte. Da waren schließlich die Psalmen, die von den ‚Armen' des Gottesvolkes gebetet wurden.

In all dem rang Israel über Jahrhunderte hin trotz vieler Rückschläge um den Glauben, das heißt um die Offenheit seiner gesamten Existenz auf Gott hin. In all dem vollzog sich eine lange Aufklärungsgeschichte, in der Unheilszusammenhänge erkannt und durchbrochen wurden, in der gewachsene Zwänge des Bösen in Freiheit vor Gott verwandelt wurden. In all dem ereignete sich Gnade. Wir haben das alles im II. Teil dieses Buches ausführlich betrachtet. Es braucht hier nicht noch einmal wiederholt zu werden.

Von hier aus müssen wir uns also die Gnade, die auf Maria herabkam, veranschaulichen. Ja, es ist wahr: Maria wurde mit Gnade überschüttet. Aber diese Überfülle der Gnade, die ihr geschenkt wurde, kam aus Gnade, die sich in Israel angesammelt hatte. Mehr noch: Sie kam aus Gnade, die in Israel *zunehmend* da war. Wieso angesammelt? Wieso zunehmend? War es nicht eher ein ständiges Hin und Her, ein wirres Durcheinander von Glaube und Unglaube, von Nachfolge und Verweigerung, von Tora-Treue und Bundesbruch?

Doch, die Gnade nahm zu. Sie nahm zu, weil die Rettungsgeschichten Israels, seine Satzungen, seine Weisheit und die Gebete seiner Umkehr niedergelegt wurden in heiligen Büchern, die nun alles einsammelten und gegenwärtig machten – die Erfahrungen einer tausendjährigen Geschichte. Man konnte sich diese gesammelten und immer wieder überprüften Erfahrungen vor Augen halten. Man konnte sie hören. Man konnte sie lesen und aus ihnen lernen. Man konnte sie täglich vor sich hin murmeln, wie es das Sch^{e}ma', das „Höre, Israel" verlangt (vgl. Dtn 6,4–9 mit 11,18–21 und Num 15,37–41). Auf diese Weise konnten sich viele durch die Vergegenwärtigung der Geschichte Israels dem Heil Gottes öffnen. Wir dürfen die Revolution, die durch die Verschriftlichung der Traditionen Israels ausgelöst wurde, nicht unterschätzen.

Das Mittelalter wusste noch, was solche Vergegenwärtigung bedeutet, und stellte Maria deshalb entsprechend dar: Als der Engel bei ihr eintritt, hat sie den Psalter auf ihrem Schoß. Hinter dieser Darstellung steht zunächst einmal ein Stück mittelalterlich-höfischer Kultur: Maria wird als junge, hochgebildete adlige Dame dargestellt. Die junge Dame lernte mithilfe des Psalters die Anfangsgründe der lateinischen Sprache, auch wenn sie nicht ins Kloster gehen wollte. Der Psalter wird zum Kennzeichen ihrer Bildung[4].

Aber selbstverständlich meinten die mittelalterlichen Maler mehr: Sie wollten zeigen, wie Maria die Glaubenstraditionen des Alten Testamentes in sich aufnahm, bewahrte und verinnerlichte[5]. Historisch gesehen dürfte die mittelalterliche Ikonographie mit ihrer Verkündigungsszene durchaus im Recht sein: Es gab in Israel Kreise, in denen man mehrere oder sogar alle 150 Psalmen auswendig konnte. Indem man sie täglich meditierte, das heißt halblaut vor sich hin sprach, lebte man ganz aus der Verinnerlichung des ‚Gedächtnisses' Israels[6]. Diese Kreise nannten sich selbst die „Armen vor Gott". Die Familie Marias hat möglicherweise zu ihnen gehört. Jedenfalls dürfen wir damit rechnen, dass Maria, genau wie es das Magnifikat beschreibt, das Handeln Gottes an Israel tief in sich aufgenommen hat. Maria lebte aus weitergegebener Gnade.

War es also falsch, wenn das Dogma von der Unbefleckten Empfängnis die Gnadenausstattung Marias als transzendentes Dekret Gottes dachte, scheinbar fern der realen Welt und Geschichte Israels? War es falsch, die Begnadung Marias als Eingriff Gottes ‚von oben' und nicht als sozial vermitteltes Geschehen zu formulieren?

Es war auf keinen Fall falsch! Beide Betrachtungsweisen sind richtig. Denn auch dann, wenn wir das Ereignis der Gnade in seiner sozialen Vermittlung, also horizontal, betrachten, hört das Fragen ja nicht auf: Wie wird es denn in der Tiefe möglich, dass ein Mensch sich der ihm sozial vermittelten Gnade öffnen kann? Ist das nicht schon wieder Gnade, Bewegtsein durch den Heiligen Geist? Ist es nicht reines Zuvorkommen Gottes, diesem einen Menschen in genau dieser Situation geschenkt? Gnade ist immer sozial vermittelt – aber das schließt das transzendente Sich-selbst-Erschließen Gottes gerade nicht aus. Gnade ist sichtbare, leibhaftige, welthafte Realität – und doch unsichtbare Gabe an den Einzelnen[7].

So hat beides seine Berechtigung: jene Sprechweise, in der Gott unmittelbar in die Welt eingreift, und jene andere, in der alle Gnade vermittelt ist. Beide theologischen Sprachen sind notwendig und ergänzen einander. Die Sprache der ‚direkten Gnade' ist notwendig, damit vor Augen steht, dass Gott selbst und sein Heiliger Geist es ist, der handelt. Die Sprache der ‚vermittelten Gnade' ist notwendig, damit niemals vergessen geht, dass Gott in der Welt als Werkzeug ein Volk braucht, um sein Ziel zu erreichen. Noch einmal anders formuliert: Beide Sprechweisen sind notwendig, um über das unfassbare Geheimnis reden zu können, dass Gott Gott und nicht Welt ist, und dass er doch in die Welt eingeht bis in ihr Innerstes[8].

Wenn das alles richtig ist, müssen wir von Maria sagen: Gott hat sie mit überreicher Gnade ausgestattet. Er hat unmittelbar eingegriffen. Er hat an ihr ein unfassliches Wunder gewirkt. Er hat sie vor dem in der Welt sich ausbreitenden Unheil bewahrt – genau so, wie es die Definition von 1854 formuliert. Zugleich aber müssen wir sagen: Maria wuchs auf in einem Volk, das sich in langen Zeiträumen auf Gott hin geöffnet hatte, das zwischen Gott und den Göttern zu unterscheiden gelernt hatte, das sich immer wieder zu Gott bekehrt hatte, das den Glauben weitergegeben hatte von Generation zu Generation und so einen Raum der Gnade ermöglicht hatte, in dem Maria vor den Unheilspotentialen der Welt bewahrt blieb und später ihr freies „Ja" sprechen konnte.

Weil aber die Sprache der ‚direkten Gnade' jahrhundertelang den Glauben und die Theologie beherrscht hat und die Sprache der ‚vermittelten Gnade' eher ein Aschenputtel war, müssen wir heute viel vehementer von jener Gnade sprechen, die innerhalb Israels in einer langen Geschichte weitergegeben wurde. Die Schäden, die eine ‚Mariologie ohne Israel' angerichtet hat, reichen bis zum Antijudaismus und bis zur Judenverfolgung. Deshalb brauchen wir nach der Geschichte des letzten Jahrhunderts klare Korrekturen. Die Mariologie muss neu verstanden und gelebt werden.

Im Jahre 1941 erschien in Deutschland ein Buch der Benediktinerin Maura Böckeler über „Die Frau als Symbol göttlicher Wirklichkeit" mit dem Haupttitel: „Das große Zeichen". In diesem Buch schreibt die Verfasserin – neben vielem Richtigem und Bedenkenswerten – über die Zeugung Marias:

> *Aus sündigem Geschlechte wird sie sündelos hervorgehen, aus verdorbener Wurzel eine unberührte Blüte in der blendenden Weiße der Heiligkeit, als das Weib, das durch seinen Sproß der Schlange den Kopf zertreten wird*[9].

So kann man nur formulieren, wenn die lange Geschichte Gottes mit seinem Volk, wenn die Arbeit Gottes an Israel verschüttet und vergessen worden ist. Dann gerät man, ohne böse Absicht, ja, ohne es selbst zu merken, unter der Decke religiös-hymnischer Sprache am Ende in die Nähe des Antijudaismus des „Rembrandtdeutschen“ [10] und vieler anderer. Dann ist Israel nichts anderes als „sündiges Geschlecht“ und „verdorbene Wurzel“, damit sich die „blendende Weiße“ des Neuen umso besser davon abhebt. Wie weit weg ist das vom Magnifikat! Wie weit weg ist es von Paulus, der in Römer 11,16–18 eben nicht von der „verdorbenen“, sondern von der „heiligen Wurzel“ gesprochen hat, das heißt von Abraham, Isaak und Jakob, durch die der ganze Ölbaum geheiligt ist[11].

b) Zur Situation der Forschung

Die Verbrechen, die in Deutschland, während Maura Böckeler ihr Buch schrieb, an Juden geschahen, erlauben es uns nicht mehr, Israel aus der Mariologie auszuklammern. Die letzten Jahrzehnte haben der Theologie den Blick für die *heilsgeschichtliche* Deutung des Dogmas von der Unbefleckten Empfängnis geöffnet.

Allererste Ansätze zeigten sich bei Otto Semmelroth. Er hatte 1950 nach patrologischen Vorarbeiten von Hervé Coathalem und Hugo Rahner Maria als „Urbild der Kirche“ herausgestellt. Wie die späten Kirchenväter und das Mittelalter spricht auch Semmelroth von der Heiligkeit und der Erbsündenfreiheit der Kirche:

> *Wenn es nun das Wesen der Kirche ist, in Christus zu sein als sein mystischer Leib, dann muß diese Kirche wesentlich, seit dem ersten Augenblick ihres Bestehens also, ohne Erbsünde sein. Sie muß die ohne Erbsünde Empfangene sein. Im Mutterschoß der Gesamtmenschheit, die ihrerseits von der Erbsünde belastet in Gottentfremdung lebt, wurde die Kirche empfangen: ohne Erb-*

sünde. Wie also sollte diese Kirche personifiziert sein können in einer Gestalt, die nicht ebenso ohne Erbsünde ist?[12]

Und da Semmelroth – wiederum wie die Theologen der Väterzeit und des Mittelalters – die Kirche nicht erst mit Jesus Christus beginnen lässt, kann er dann an anderer Stelle formulieren:

So ist die Kirche, die schon im ersten Augenblick des Daseins Mariens, schon in den Gerechten des Alten Bundes, in allen begnadeten Menschen in einem wahren, realen Sinne bestand, aus Mariens miterlösendem Jawort ohne Erbsünde[13].

Lassen wir die umstrittene Frage einer Miterlöserschaft Marias vorläufig noch beiseite! Hier geht es um etwas anderes. Alles weist darauf hin, dass Semmelroth die Erbsündenfreiheit der Kirche nicht erst mit Maria beginnen lässt, sondern sie vorverlegt auf die „Gerechten des Alten Bundes“, ja auf alle Begnadeten der Menschheitsgeschichte. Es gibt bei ihm also anscheinend so etwas wie Erbsündenfreiheit schon vor Jesus und vor Maria, aber es gibt sie nur in einem diffusen Sinn. Israel (und Maria als Inbild Israels) tritt bei Semmelroth noch nicht in den Blick[14].

Deutlicher von Israel, aber weniger deutlich von Erbsündenfreiheit, spricht dann 1957 Clemens Dillenschneider:

So fasst Maria die Mutterschaftsfunktion der messianischen Menschheit, die mit Eva begonnen hatte, in sich zusammen. Spezieller fasst sie die messianische Mutterschaft des auserwählten Volkes in sich zusammen. (…) In dieser Tochter Israels erreicht das ganze alttestamentliche Gottesvolk, das den Messias in seinem Fleische trägt, seinen Höhepunkt. (…) [Es] ballt sich zusammen im ‚Rest Israels‘ und verkörpert sich schließlich in der Jungfrau Maria, der wahren Tochter Abrahams und Israels[15].

Den entscheidenden Fortschritt und durchaus eine kleine Revolution bringt dann 1967 ein Beitrag des Franziskaners Bernhard Langemeyer[16]. Er erkennt: Eine bloß individualistisch-biographische oder lediglich mit typologischen Details geschmückte Mariologie muss scheitern. Deshalb führt es nur weiter, auf Christus *von*

Israel her zuzugehen und Maria in diese Perspektive hineinzustellen. Die Frage ist für Langemeyer allerdings: Gibt es innerhalb all der Verwerfungen und all der Neuansätze in Israel eine kontinuierliche Linie des Heils? Durchbricht die Schuld des Gottesvolkes nicht immer wieder alle Heilsgeschichte? Dieses Problem der Diskontinuität löst Langemeyer genau wie Clemens Dillenschneider mit dem Begriff des heiligen Restes[17]:

> *Durch Gottes Gericht und Gnade in der Geschichte Israels ist die Glaubenserwartung des Restes geläutert worden von Geschlecht zu Geschlecht bis hin zum reinen, bedingungslosen ‚fiat' Mariens. Was das lehramtliche ‚Unbefleckte Empfängnis' meint, sieht in dieser Perspektive so aus: Maria hat ihren Glauben, ihre existentielle Grundhaltung, empfangen aus dem von aller Untreue geläuterten Glauben des Restes. Von diesem Rest her war ihr das reine, unbedingte Ja zum einbrechenden Gottesreich geschichtlich erschlossen, d. h. heilsgeschichtlich von Gott ermöglicht und erwirkt. (...)*
>
> *Sie steht von Anfang an in der lebendigen Glaubensüberlieferung Israels, und zwar eben des getreuen und in der Treue geläuterten Restes, so daß die Untreue Israels, das ist die konkretgeschichtliche Gestalt der Erbsünde, den geschichtlich erschlossenen Raum, in dem sie zur Glaubensentscheidung heranreift, nicht erreicht*[18].

Im Jahre 1997 veröffentlichte der in Israel lebende Italiener Francesco Rossi de Gasperis ein kleines Buch mit dem Titel: Maria di Nazaret. Icona di Israele e della Chiesa[19]. Darin betont er die tiefe Verbindung zwischen Israel und der Kirche und zwischen Maria und Israel. In Maria verdichte sich die gesamte Geschichte Israels und bringe zugleich ihre reifste Frucht hervor. Von hier aus sei auch das Dogma von der Immaculata Conceptio zu interpretieren. Die Aussage dieses Dogmas richte sich in ihrem eigentlichen theologischen Sinn zuerst auf die Heilsgeschichte Israels, deren unversehrte Bewahrung Maria repräsentiere. Der Kerngedanke des Dogmas ist also nach Rossi de Gasperis auch als Aussage über Israel zu verstehen:

In der absolut einzigartigen Auserwählung und Vorherbestimmung (‘die unbefleckte Empfängnis’) Marias kommt die einzigartige Auserwählung und Vorherbestimmung Israels zur Erfüllung, welche nur von der freien Zustimmung her gerechtfertigt ist, mit der Gott in der Geschichte der Menschen die alleinige Auserwählung und Vorherbestimmung des Sohnes vorbereiten und bezeichnen wollte[20].

1999 schrieb Karl-Heinz Menke das wichtige Buch „Fleisch geworden aus Maria. Die Geschichte Israels und der Marienglaube der Kirche“ [21]. Wie Langemeyer und Rossi de Gasperis ist auch Menke überzeugt: Das Immaculata-Dogma muss in der Heilsgeschichte Israels verortet und von ihr her verstanden werden. Deshalb gilt:

Durch die gesamte Heilsgeschichte zieht sich der Wille Gottes, Israel zu einem heiligen Volk zu machen, und die Heiligkeit besteht in der Befolgung des göttlichen Willens (der Tora). Der Untreue Israels setzt Jahwe nicht nur seinen Zorn entgegen, sondern auch die Verheißung eines Restes, der sich bekehrt, der heilig heißen wird und deshalb übrigbleibt[22].

Nun wäre es aber unsinnig, sagt Menke, von einem übrigbleibenden Rest zu sprechen, wenn der Alte Bund restlos scheitern würde und nur durch einen totalen Neuanfang ersetzt werden könnte[23]. Deshalb gilt:

Unter der Voraussetzung, daß es den ‚heiligen Rest Israels‘ gibt und daß dieser ‚Rest‘ nicht einfach vom Himmel fällt, sondern zur konkreten Heilsgeschichte Israels gehört, ist Marias ‚Befreiung von der Erbschuld‘ anders zu sehen als in vielen Dogmatiklehrbüchern. Maria steht nicht außerhalb Israels, sondern ganz im Gegenteil: Sie ist der ‚Heilige Rest‘, in dem der Alte Bund doch noch zum Ziel kommt. Die Gnade, die ihr ein vollkommenes (immakulates) Ja-Wort zum Willen Gottes ermöglicht, wird ihr nicht unsichtbar, ungeschichtlich oder rein privat geschenkt, sondern durch den Bundespartner Jahwes, durch Israel[24].

Man sieht: In der Zeit von Semmelroth bis Menke hat sich vieles entwickelt und geklärt. Vermutlich ist dieser Überblick nicht einmal vollständig. Es gibt in der Theologie Einsichten, die in der Luft liegen; sie zeigen sich dann an den verschiedensten Stellen und in den verschiedensten Formen. Eines jedenfalls dürfte klar sein: Innerhalb der Mariologie der zweiten Hälfte des 20. Jahrhunderts lässt sich eine klare Linie erkennen: Zuerst wird wiederentdeckt, was die Kirchenväter und das Mittelalter längst gesagt hatten: Maria ist das Urbild der Kirche. Dann wird erkannt, dass Kirche weiter zu fassen ist: Maria wird nun auch als das Inbild Israels, als die Tochter Zion begriffen. Und das zeitigt seinerseits Konsequenzen – gerade für das Dogma von der Erbsündenfreiheit Marias. Dass Maria unbefleckt empfangen wurde, muss seine Vorgeschichte und Verwurzelung in Israel haben.

Ist damit das Dogma von der Erbsündenfreiheit Marias nicht auch als ein Dogma über Israel entdeckt – als ein Dogma über die Heiligkeit und Würde Israels, also als das, was dem Bewusstsein der Kirche so lange und mit so schrecklichen Folgen gefehlt hat? Und liegt im Fest der Unbefleckten Empfängnis am 8. Dezember nicht auch ein Fest der Erwählung Israels verborgen? Wie immer es sich damit verhält: Innerhalb der letzten fünfzig Jahre zeichnet sich eine sehr deutliche Entwicklung ab, die konsequent auf ein tieferes Verständnis Marias, der Kirche und Israels zuläuft.

c) Grenzen der Übertragbarkeit des Dogmas auf Israel

Wir sahen bereits an früherer Stelle: In der Mariologie des Mittelalters und der frühen Neuzeit hat sich ein seltsamer Kampf abgespielt. Man kann ihn auf die Formel bringen: Wurde Maria aus dem Schmutz der Erbsünde ‚errettet' oder wurde sie vor all diesem Schmutz ‚bewahrt'? Am Ende neigte sich die Waage der ‚Bewahrung' zu[25]. ‚Bewahrung' bedeutete: Maria stand nie unter der Macht der Sünde und der Unheilszusammenhänge der Geschichte. Sie war von Anfang an die Immaculata. Wir hatten das Ergebnis des ganzen Streites als providentiell erkannt. Denn eben auf diese Weise stand die Tür weit offen für die Einsicht, dass sich die Erbsündenfreiheit Marias schon in Israel angebahnt hatte.

Andererseits lässt sich jetzt im Nachhinein sagen: Auch die Gegenposition, die annahm, dass Maria wenigstens zeitweise unter der Erbschuld stand, ahnte etwas völlig Richtiges. Denn sieht man in Maria die Tochter Zion, das Inbild Israels, so kann ja nur gesagt werden: Israel wurde ständig *errettet* aus sich fortzeugenden Unheilszusammenhängen. Wir haben in Kapitel I / 6 ausführlich über diese Schuldgeschichten in Israel gesprochen. Sie sind uns anschaulich geworden an Genesis 3–9, an der Geschichte der Thronfolge Davids und an dem Bußgebet Nehemias. Angesichts der Schuldverhängnisse, die in diesen Texten beschrieben werden, kann man für Israel nur von einer ständigen *Errettung* aus den Zwängen der Erbsünde sprechen. Auch insofern hatten also die Makulisten durchaus Richtiges gesehen.

Das Alte Testament spricht fortwährend von der Schuld Israels, seinem Unglauben, seiner Treulosigkeit und seiner Halsstarrigkeit. Aber nicht nur die erzählte, auch die empirische Geschichte Israels ist voll von Sackgassen und Abbrüchen.Von daher muss notwendig die Frage auftauchen, ob es in Israel überhaupt eine durchgehende Linie des Heiles gab. Manche Theologen haben gesagt: Es gab sie nicht. Von einer Reihe protestantischer Theologen wird der Begriff der ‚Heilsgeschichte' radikal abgelehnt. Für sie gibt es nur Diskontinuitäten. Der einzige Fixpunkt des Heils innerhalb der gesamten Geschichte sei Jesus Christus, und Christus könne man sich nur je und je zuwenden[26].

Hätte diese Position recht, dann wäre Maria für unsere Erlösung nicht nur völlig unerheblich, sondern sie hätte auch keine Vorgeschichte im Alten Testament. Von einem heiligen Rest in Israel könnte dann keine Rede sein. Es gäbe keine kontinuierliche Linie des Heils auf Jesus Christus hin.

Das Ganze ist aber nicht nur ein Spezialproblem reformatorischer Theologie. Offensichtlich gab es ähnliche Fragestellungen auch schon im alttestamentlichen Israel selbst. Auch dort tauchte bereits die Frage auf: Hat sich Gott ganz von uns abgewandt? Hat er sein Volk für immer verworfen? Hat er seine Zusagen an die Väter vergessen? Gibt es überhaupt noch Heil für Israel?

Besonders im Zusammenhang mit der Katastrophe von 586, der

Zerstörung Jerusalems und dem Untergang des Südreichs, tauchten derartige Fragen auf. Aber sie finden ihre Antwort. In Exodus 32 wird das theologische Problem, ob Gott mit Israel am Ende sei, in Form einer Erzählung durchgespielt.

Das Volk hat sich ein goldenes Kalb gegossen, sich vor ihm niedergeworfen, ihm Schlachtopfer dargebracht und das Bekenntnis angestimmt: „Das sind deine Götter, Israel, die dich aus Ägypten heraufgeführt haben." Daraufhin sagt Gott zu Mose:

> *Ich habe dieses Volk gesehen. Siehe: Ein halsstarriges Volk ist es. Und nun lass mich gewähren! Mein Zorn soll gegen sie erglühen, und ich werde sie vernichten. Dann werde ich dich zu einem großen Volk machen. (Ex 32,9–10)*

Gott will also mit Israel Schluss machen und sich mit Mose als Stammvater ein gänzlich neues Volk schaffen. Radikaler kann das Problem des Abbruchs der Heilsgeschichte gar nicht formuliert werden. Mose versucht, Gott zu besänftigen und ihn von seinem Vorhaben abzubringen. Und zwar tut er es, indem er auf den Eid hinweist, den Gott Abraham, Isaak und Jakob geschworen hat: Ihre Nachkommen würden zahlreich werden wie die Sterne am Himmel und das versprochene Land in Besitz nehmen. Mose kann Gott überzeugen. Das Gespräch endet mit dem lapidaren Satz:

> *Da gereute den Herrn das Unheil, das er seinem Volk angedroht hatte. (Ex 32,14)*

Gott macht also weiter mit Israel. Mithilfe solcher Erzählungen (vgl. auch Num 14,10–20) gab das Alte Testament Antwort auf die Frage nach der Kontinuität der Heilsgeschichte. Eine in dieselbe Richtung gehende Antwort war der Begriff des heiligen Restes. Wir haben über diesen Begriff in einem eigenen Kapitel gesprochen (II / 7). Es ist völlig sachgerecht, dass dieser Begriff nun bei der Frage nach der heilsgeschichtlichen Verortung des Dogmas von der Immaculata plötzlich neu in der Theologie auftaucht[27]. Es ist ja nicht zu übersehen, dass der ‚heilige Rest' bei fast allen im vorhergehenden Abschnitt genannten Autoren eine Schlüsselrolle spielt – seien das nun Dillenschneider, Langemeyer oder Menke.

Der alttestamentliche Begriff des Restes ist von seinem Ursprung her tatsächlich geeignet, auf die Frage nach der Kontinuität des Heils eine Antwort zu geben. Denn seine Sinnspitze ist die sich durchhaltende Treue Gottes zu seinem Volk. Der Begriff des Restes will schon im Alten Testament sagen: Trotz aller Sünde Israels und trotz aller Katastrophen, die deshalb über das Volk kommen mussten – Gott hat sein Volk niemals aufgegeben. Er hat es nicht losgelassen. Dass es den Rest gibt, ist sichtbares Zeichen für die Vergebung Gottes. Er ist Gottes Setzung und reine Gnade. Aus dieser Gnade heraus ist der heilige Rest der *Träger der Heilsgeschichte*, der all das in sich birgt, was seit Abraham im Gottesvolk an Heil geschehen ist.

Schließlich wird dann der Rest sogar zum Würdenamen und zum Inbegriff des überströmenden Heils, das auf Israel zukommt. Es geht bei den biblischen Aussagen über den Rest also um die bleibende Treue Gottes und damit um die Kontinuität seiner Gnade. Deshalb ist in diesem Begriff mitausgesagt, dass es in Israel immer einen ‚Raum' gab, der frei war von den Unheilszusammenhängen der Welt. Dieser Raum bestand sehr konkret aus Personen, die den Glauben weitertrugen. Der Begriff des Restes geht im Alten Testament stets von Personen aus, die sich Gott übrig gelassen hat, die „ihre Knie vor dem Baal nicht gebeugt haben" (1 Kön 19,18) und so der Katastrophe entkommen sind.

Das schließt selbstverständlich *Institutionen*, die vom Glauben getragen sind und die Glauben ermöglichen, nicht aus. Paulus hat in Römer 9,4–5 dieses Nebeneinander von Personen und Institutionen auf knappstem Raum zur Sprache gebracht:

> *Sie sind Israeliten. Sie haben die Sohnschaft, die Herrlichkeit, die Bundesschlüsse, ihnen ist das Gesetz gegeben, der Gottesdienst und die Verheißungen, sie haben die Väter, und dem Fleische nach entstammt ihnen der Christus.*

Die Rechtsstellung Israels als Sohn Gottes, der Abraham- und der Sinaibund, die Tora, der Kult, die in der Schrift niedergelegten Verheißungen – das alles sind Institutionen. Aber diese Institutionen laufen im Text zu auf die Väter, also auf Abraham, Isaak und Jakob, und auf Christus – und hier geht es nun entscheidend um Personen. Wir werden also im Begriff des heiligen Restes die Institutionen Israels auf keinen Fall ausschließen. Aber primär geht es um Menschen, die den Glauben an den Gott Israels durchtrugen. Das ist auch deshalb wichtig, weil ja Maria das den Glauben bewahrende und für das Handeln Gottes offene Israel als *Person* figuriert.

Fazit des Ganzen: Wir müssen im Blick auf Maria stets präzisieren. Sie steht nicht einfachhin für Israel, sondern für den heiligen Rest Israels. Man könnte auch sagen: Sie ist das Inbild jenes wahren Israel, das sich Gott gerettet hat und das er im Glauben bewahrt hat. Maria symbolisiert also nicht die Unheilszusammenhänge in Israel. Wenn man in aller Vorsicht von einer ‚Erbsündenfreiheit in Israel' sprechen würde, könnte sie sich nur auf diesen ‚Rest' beziehen, von dem die nachexilische Theologie Israels redet.

Dabei werden wir freilich bedenken müssen: Der theologische Begriff des Restes hat weder mit Mathematik noch mit Statistik zu tun. Er spricht von der Treue Gottes und dem Bleiben im Glauben. Wie groß der Rest in Wahrheit war, bleibt das Geheimnis Gottes. Selbst der Prophet Elija ahnt nicht, wie groß in Israel die Zahl derer war, die sich dem Baal verweigert haben.

Es geht bei der ganzen Frage eben nicht um Quantitäten. Es geht darum, dass es in Israel einen sich durchhaltenden ‚Raum' von Gott geschenkter Heiligkeit und Gerechtigkeit gegeben hat. Im Übrigen verhält es sich bei der *ecclesia immaculata* ganz ähnlich: Sie ist heilig, aber es gibt in ihr zahllose Sünder. Sie ist ohne Erbsünde, aber es gibt in ihr erschreckende Unheilszusammenhänge. Daran wird deutlich: Die Heiligkeit der Kirche kommt nicht aus ihr selbst, sondern aus Christus. Entsprechend würde Paulus sagen: Die Heiligkeit Israels kommt von seinen Vätern, der „heiligen Wurzel", die alle Zweige trägt (Röm 11,16–18). Und er würde hinzufügen: Sie erfließt aus Christus, dem lebenspendenden Felsen, der schon unerkannt mit Israel durch die Wüste gezogen war (1 Kor 10,4).

Noch etwas anderes ist bei dem Begriff des heiligen Restes zu bedenken – sobald er im Zusammenhang der Erbsündenfreiheit Marias verwendet wird: Von seinem Ursprung her meint der Begriff diejenigen, die übrig geblieben sind aus einer ehedem großen Zahl.

Noch genauer: Der Begriff meint diejenigen, die einer Katastrophe entronnen sind. Er meint zunächst einmal die dank der Treue Gottes Überlebenden.

In die Sicht der Erbsünde, wie sie in diesem Buch entfaltet wurde, scheint das nicht besonders gut hineinzupassen. Denn wir sind ja nicht von einem ursprünglichen Heilszustand der Menschheit ausgegangen, der dann immer mehr verlorenging, so dass nur noch wenige unversehrt übrigblieben. Wir denken genau umgekehrt: Der Mensch gelangt in riesigen Zeiträumen aus der Kette tierischer Vorfahren heraus langsam zu seinem Menschsein. Er soll dabei seine wahre Bestimmung entdecken. Er soll Gott finden (vgl. Apg 17,27). Wenn er sich dabei verweigert, wenn er nicht das ergreift, was er ergreifen könnte, entstehen Schuldpotentiale, entsteht das, was mit der Erbsünde gemeint ist. Wenn er sich aber seiner Bestimmung öffnet, entstehen Heilsgeschichten.

Mit Abraham hat zwar eine Heilsgeschichte ganz neuer Art begonnen. Sie ist aber weiterhin eine Geschichte des Findens und des Entdeckens. Der heilige Rest ist also kein Überbleibsel. Er ist nicht eine Schar Zurückgebliebener, sondern ihm gehören die wahrhaft Fortschreitenden an. Sie sind nicht die Letzten, sondern die Ersten. Sie sind nicht die Überlebenden, sondern die Entdecker, die Finder der Welt, wie Gott sie will. Dem entspricht dann sogar wieder ein Stück alttestamentlicher Theologie: Dass nämlich der Begriff des Restes auf endzeitliche Herrlichkeit zuläuft. Der Rest ist in der späten Prophetie zu einem Begriff geworden, der ganz auf Zukunft ausgerichtet ist.

Insgesamt: Eine geschichtlich denkende, im Alten Testament verankerte Mariologie wird ohne den Begriff des Restes nicht auskommen. Sie wird ihn aber in den richtigen Verständnishorizont hineinstellen.

d) Das alte Wissen der Kirche

Die Kirche hat von all diesen Zusammenhängen schon immer mehr gewusst, als sie reflex formulieren konnte. Ein Indiz dafür ist, dass sie Männer und Frauen aus dem alttestamentlichen Israel als Heilige verehrt[28].

In den Ostkirchen ist das bis heute eine Selbstverständlichkeit. In der Westkirche gab es zumindest *regional* Heilige des Alten Testamentes. So lässt das Missale Hallense (1524/29) am 10. April des Propheten Ezechiel gedenken, am 24. April der Jünglinge Schadrach, Meschach und Abed-Nego, am 14. Juni des Propheten Elischa, am 1. August der sieben makkabäischen Brüder und am 30. Dezember des Königs David. Das römische Martyrologium von 1584 zählt nicht weniger als 29 Heilige des Alten Testamentes auf. Im Ersten römischen Hochgebet werden Abel, Abraham und Melchisedek kommemoriert, und es gibt immerhin noch am 24. Juni das Geburtsfest Johannes des Täufers und am 26. Juli den Gedenktag des heiligen Ehepaars Joachim und Anna[29]. Dieser stützt sich zwar auf fragwürdige Legenden. Aber letztlich beruht der Gedenktag auf dem Wissen, dass die Gnade, in der Maria stand, etwas mit ihren Vorfahren zu tun hatte.

Wenn die Kirche von den vielen Heiligen des Alten Testamentes spricht, meint sie nicht zuerst ihre moralische oder asketische Qualität, sondern vor allem, dass sie Hörende, Antwortende, Geführte, Geprüfte, Begnadete waren[30]. Sie waren Zeugen für das Werk Gottes in seinem Volk Israel.

Anschaulich wurde das alles dann aber vor allem in der Figur der Anna Selbdritt[31]. Schon seit dem 8. Jahrhundert gibt es in der christlichen Kunst das Paar Anna und Maria, dem später noch das Jesuskind hinzugefügt wird. Seit dem 13. Jahrhundert ist in Deutschland und den Niederlanden, aber auch in Italien und Spanien die Darstellung der Heiligen Anna mit ihrer Tochter Maria und ihrem Enkelkind Jesus weit verbreitet. Oft hält Anna ihre Tochter Maria sorgsam am Arm und genauso hält die junge Maria sorgsam ihr Kind. Die wachsende Verehrung der Unbefleckten Empfängnis muss bei der schnellen Ausbreitung des Motivs der Anna Selbdritt eine Rolle gespielt haben. Seit Ende des 15. Jahrhunderts kann die Darstellung sogar noch erweitert werden zu einer Anna Selbviert: Dann wird noch die heilige Emerentia, die ebenfalls legendäre Mutter der Anna, hinzugenommen.

Die Gemälde und Skulpturen der Anna Selbdritt waren vor der Renaissance, die zu einer Verbürgerlichung der Heiligen Familie neigte, fast immer mehr als nur anheimelnde Genre-Szenen gewesen. Anna Selbdritt ist von ihrem Ursprung her eine hochtheologische Komposition. Sie macht die Generationenfolge deutlich. Dabei begnügt sie sich nicht mit zwei Generationen. Sie weiß, dass es wenigstens drei sein müssen, damit das theologische Gedächtnis eines Volkes weitergegeben werden kann. Sie weiß auch, welche Rolle die Großeltern in der Erziehung eines Kindes spielen.

Aber das bliebe alles noch im Rahmen alltäglicher Soziologie. Es geht um mehr: Anna Selbdritt ist die zur Bildgestalt gewordene Glaubenseinsicht, dass Jesus nicht möglich geworden wäre ohne seine Vorfahren, und dass es in Israel ohne die Weitergabe des Glaubens von Generation zu Generation nicht das „Ja" Marias gegeben hätte.

Neben der Komposition der Anna Selbdritt hat sich im Abendland auch die Komposition der ‚Unterweisung Mariens' herausgebildet. Sie zeigt, wie die Mutter Anna ihre Tochter Maria in der Heiligen Schrift belehrt. Maria schaut in das Buch und lernt aus ihm, die Heilsgeschichte zu verstehen. Auch diese Komposition verrät das tiefe Wissen der Kirche, dass die Gnade von Generation zu Generation vermittelt werden muss. Die Erbsünde wird nicht nur im Glauben von Personen durchbrochen, sie wird auch gezähmt durch Institutionen, hier durch das Buch und das Lernen.

Das Wichtigste und Entscheidende sind freilich die Personen. Dies zeigt sich an der Mitte des christlichen Glaubens. Wir sind nicht erlöst worden durch Bücher, sondern durch Jesus Christus. Ihm wenden wir uns jetzt zu. Denn die Frage, wie es sich in der Dogmenformulierung von 1854 genauerhin mit dem „im Hinblick auf die Verdienste Christi" verhält, war ja noch offengeblieben. Es ist die alles entscheidende Frage.

5. Was heißt: Christus allein hat uns erlöst?

Paulus hat in seiner Theologie einen Punkt, über den er nicht mit sich handeln lässt, eine Erfahrung, deren er sich ganz sicher ist und die alles, was er sagt, durchdringt: *Christus allein hat uns erlöst.* Seit seiner Bekehrung vor Damaskus ist das die Grunderkenntnis seines Lebens. Sie zeigt sich am klarsten in seiner Beurteilung der Tora. Nicht die Befolgung der Tora macht den Menschen vor Gott gerecht, sondern allein der Glaube an Jesus Christus, seinen sühnenden Tod und seine Auferstehung. In dem für die Architektonik des Römerbriefs entscheidenden Text 3,21–28 schreibt Paulus:

> *Jetzt aber ist unabhängig vom Gesetz [die] Gerechtigkeit Gottes offenbar geworden, bezeugt vom Gesetz und den Propheten; und zwar als Gerechtigkeit aus Gott durch Glauben an Jesus Christus – für alle, die glauben. Denn es gibt keinen Unterschied: Alle haben gesündigt und ermangeln der Herrlichkeit Gottes. Umsonst werden sie gerechtfertigt kraft seiner Gnade durch die Erlösung in Christus Jesus.*
>
> *Ihn hat Gott öffentlich zur [Stätte der] Sühne gemacht kraft seines Blutes – [Sühne wirksam] durch Glauben. So erweist Gott seine Gerechtigkeit durch den Erlass der Sünden, die früher, in [der Zeit] seiner Geduld, begangen wurden.*
>
> *Er erweist seine Gerechtigkeit in der gegenwärtigen Zeit, um zu zeigen, dass er gerecht ist und den gerecht macht, der an Jesus glaubt. (…) Denn wir sind der Überzeugung, dass der Mensch gerecht wird [allein] durch Glauben, unabhängig von Werken des Gesetzes.*

Um diesen schwierigen Text zu verstehen, muss man wissen, was hier „Gerechtigkeit" bedeutet. Paulus meint nicht die *iustitia distributiva,* die abwägende und jedem das Seine zuteilende Gerechtigkeit, die den unbestechlichen Richter auszeichnet. Er meint die *iustitia salutifera,* eine ganz andere Art von Gerechtigkeit, von der bereits im Alten Testament und in der frühjüdischen Literatur die Rede ist. Nur Gott kann sie geben. Sie eignet ihm als dem Schöpfer und Befreier. Sie entspringt seiner Güte. Sie „macht den Gottlosen gerecht" (Röm 4,5), das heißt, sie bringt ihn in jenen Zustand, der dem Schöpferwillen und der Gemeinschaftstreue Gottes entspricht.

Damit ist bereits klar, warum Paulus in diesem zentralen Text des Römerbriefs von Gottes *Gerechtigkeit* spricht und nicht einfach von Gottes Güte, Liebe und Erbarmen. Diese drei Begriffe standen

Paulus ja durchaus zur Verfügung, und anderswo gebraucht er sie auch. Doch hier geht es ihm um das Recht des Schöpfers auf die Welt, die er geschaffen hat[1], und um das Recht des Befreiers auf das Volk, das er sich erwählt hat. Gott lässt sich seine Schöpfung nicht durch die Unheilsmacht ‚Sünde' zerstören. Dieses „Recht auf ..." ist freilich zugleich Treue zur Welt und Treue zu seinem Volk.

Es geht also bei der Gerechtmachung der Sünder – von den Theologen ‚Rechtfertigung' genannt – nicht nur um das Seelenheil des Einzelnen. Es geht immer auch, und dies sogar primär, um die Verwirklichung dessen, was Gott mit der Welt insgesamt will. Es geht um die endgültige Realisation des Schöpfungs- und Geschichtsplans Gottes. Dieser weite und welthaltige Begriff von Erlösung ist im Folgenden stets mitzudenken. Andererseits darf das *richterliche* Element im Begriff der Gerechtigkeit Gottes auch nicht ausgeklammert werden[2]. Gott spricht angesichts des Kreuzes Christi sein endzeitlich-richtendes Urteil über die Welt. Aber es ist ein aufrichtendes, lösendes, befreiendes Urteil. Es ist ein schöpferisches Geschehen. Es ist ein Akt der Neuschöpfung (Röm 4,17; 2 Kor 5,17).

Wenn Paulus sagt: „Alle haben gesündigt und ermangeln der Herrlichkeit Gottes", so beschreibt er exakt den erbsündlichen Zustand der Menschheit, die sich Gott verweigert hat und deshalb fern ist vom rechten Zustand, das heißt, von der Schöpfungsherrlichkeit, die den Menschen zugedacht war. In einer frühjüdischen Schrift, der „Apokalypse des Mose", blickt Eva auf den Sündenfall zurück und deutet, was damals geschehen war:

> *In derselben Stunde wurden meine Augen aufgetan, und ich erkannte, dass ich entblößt war von der Gerechtigkeit, mit der ich bekleidet gewesen war. Und ich weinte und sprach: „Warum habe ich das getan, dass ich von meiner Herrlichkeit entfremdet wurde?" (Apk Mos 20)*[3]

Hier stehen also „Gerechtigkeit" und „Herrlichkeit" als Gaben des Urstands parallel. Selbstverständlich müssten wir heute einen solchen Text vor dem Hintergrund unseres Wissens von der Evolution neu formulieren. Die Apokalypse des Mose und auch Paulus sprächen dann von der Schöpfungsherrlichkeit, auf die der Mensch in vielen Schritten hätte zugehen können. Er hat sie nicht verloren, er hat sich ihr verweigert. Nun aber schenkt Gott diese Herrlichkeit „umsonst". Er schenkt sie in Jesus Christus, dem *einen* Menschen, der ganz dem Schöpfungswillen Gottes entspricht und auf dem das ganze Wohlgefallen Gottes ruht. Wer an ihn glaubt – der Glaube schließt bei Paulus die Taufe und die *agape* im Miteinander der Gemeinde ein – wer also in diesem Sinne an Jesus Christus glaubt, der hat im Heiligen Geist schon jetzt Anteil an Christi Tod und Auferstehung. Er lebt bereits in der neuen Welt Gottes.

Paulus ist mit diesem Glauben an die Erlösung allein durch Christus innerhalb des Urchristentums keineswegs eine einsame Figur. Mitten in Römer 3,21–28 zitiert er eine ihm schon vorgegebene Lehrtradition (3,25–26a). In unserem Text deckt sie sich mit dem mittleren Abschnitt. Sie wurzelt in der Abendmahlsüberlieferung und besagt, dass Gott den sich im Tod hingebenden Jesus zum endzeitlichen Ort der Sühne, zum Ausgangspunkt der endgültigen Heiligung der Welt gemacht hat.

Nicht im Allerheiligsten des Tempels, wo der Hohepriester jedes Jahr am Versöhnungstag das Blut zweier Tiere in Richtung der „Sühnestätte" *(kapporet)* sprengte[4], schenkt Gott Israel seine Versöhnung, sondern allein am Kreuz Jesu. Den am Kreuz umgebrachten Jesus hat Gott für immer zur Stätte der Vergebung gemacht. In ihm erfüllt sich, was am Versöhnungstag im Allerheiligsten des Tempels geschah. Sämtliche Sühne-Institutionen Israels sind in Jesu Tod aufgehoben und vollendet[5]. Was ‚Sühne' eigentlich meint und wie unaufgebbar dieser Begriff für die Theologie ist, wurde in Kapitel II / 4 ausführlich behandelt.

*

Die Mitarbeiter und Schüler des Paulus haben an der Grundeinsicht, dass allein Christus den Menschen erlöst hat, getreu festgehalten. In 1 Timotheus 2,5–6a zitiert der Verfasser des Briefes ein Traditionsstück, das die Einzigkeit der Mittlerschaft Jesu geradezu als Glaubenssatz formuliert:

> *Gott ist ein einziger. Ein einziger auch ist Mittler zwischen Gott und den Menschen: der Mensch Christus Jesus, der sich hingegeben hat als Lösegeld für alle.*

Man sieht sofort: Hier wird das Bekenntnis zur Einzigkeit JHWHs von Deuteronomium 6,4 verlängert zur Einzigkeit des Mittlers Jesus. Und entsprechend Römer 3,25–26 wird die Einzigkeit dieser Mittlerschaft in der Todeshingabe Jesu festgemacht. Nicht anders ist es bei dem Paulusbegleiter Lukas. Ihm zufolge sagt Petrus, nachdem er den Gelähmten im Tempel geheilt hat:

> *Ihr alle und das ganze Volk Israel sollt wissen: Im Namen Jesu Christi, des Nazoräers, den ihr gekreuzigt habt und den Gott von den Toten auferweckt hat – durch ihn steht dieser Mann gesund vor euch. Er ist der Stein, der von euch Bauleuten verworfen wurde, der aber zum Eckstein geworden ist. In keinem anderen gibt es die Rettung. Denn es ist uns Menschen kein anderer Name unter dem Himmel gegeben, durch den wir gerettet werden sollen. (Apg 4,10–12)*

„Name" steht hier für „Person". Daher sagt auch dieser Text: Es gibt keinen anderen Retter. Es gibt Erlösung der Welt nur durch Jesus Christus. Weitere Texte erübrigen sich. Das gesamte Neue Testament stimmt darin überein, dass alle Erlösung in Christus geschehen ist und geschieht.

Aber so sieht es nicht nur das Neue Testament. Auch die spätere Tradition der Kirche ist in dieser Sache absolut eindeutig. Wir hatten ja bereits festgestellt: Dass Bernhard von Clairvaux, Thomas von Aquin und viele andere sich gegen eine Erbsündenfreiheit Marias vom ersten Augenblick ihres Lebens an aussprachen, hing vor allem mit ihrer Sorge zusammen, die Alleinerlösung durch Christus würde auf diese Weise zunichte gemacht. Das Dogma von der Immaculata wurde erst möglich durch die Wendung: „im Hinblick auf die Verdienste Christi". Mit diesem Einschub wird die gesamte Erlösungstheologie des Neuen Testamentes und der kirchlichen Tradition – sozusagen als Kürzel – in das Mariendogma eingebracht.

*

Spätestens an dieser Stelle kommen wir nicht mehr an der Frage vorbei, was das denn heißt: Begnadet *zeitlich schon vor Christus,* aber eben doch begnadet im Hinblick auf seine Verdienste, das heißt im Hinblick auf seinen erlösenden Tod. Ist das eine Art ‚Formelkompromiss' ?

Formelkompromisse bestimmen das öffentliche Leben. Zwei gesellschaftliche Gruppen kommen mit ihren Auffassungen nicht zusammen. Sie müssen aber zusammenkommen; die Lage erfordert es. So formulieren sie nach langem Streit einen Kompromiss-Text, in dem keine Seite von ihrer Grundposition abrückt. Er stellt aber eine *verbale* Brücke zwischen beiden Positionen her, so dass ein gemeinsamer Weg ermöglicht wird. Allerdings: Da echter Konsens nicht erreichbar war, werden die Gegensätze immer wieder neu aufbrechen.

Haben wir es bei dem seltsamen „im Hinblick auf die Verdienste Jesu Christi" mit einem ähnlichen Vorgang zu tun? Mit einem Formelkompromiss, der Unvereinbares formal überbrückt? Diejenigen, die 1854 das Dogma von der Erbsündenfreiheit Marias formuliert haben, hätten es so bestimmt nicht gesehen. Für sie war die Begnadung Marias ein halbes Jahrhundert vor dem Kreuzestod Christi, aber eben doch im Blick auf seinen erlösenden Tod, kein Problem. Sie stellten sich einfach vor, dass Gott – selber zeitlos, aber alle Zeit überblickend – auf den Tod Jesu vorausgeschaut habe und dann durch göttliches Dekret den zu zeugenden Embryo, aus dem die künftige Mutter des Erlösers werden sollte, dem Unheilsstrom der Erbsünde entrissen und vom ersten Augenblick an mit Gnade überschüttet habe.

Wir sahen bereits: Es handelt sich dabei um eine für Frömmigkeit und Theologie elementare Weise des Sprechens, die notwendig ist und die ein reales Geschehen formuliert. Es kann also auf keinen Fall darum gehen, diese Sprechweise der ‚direkten' Gnade zurückzuweisen. Die Frage ist lediglich, ob sie genügt. Brauchen wir heute nicht auch die Sprechweise der ‚vermittelten' Gnade? (vgl. Kapitel III / 4)

Um das ganze Problem *heilsgeschichtlich* zu formulieren: Genügt es, zu sagen, Christus allein sei der Erlöser, ohne darüber zu reden, wie sich diese Erlösung in der Geschichte vorbereitet hat? Ist die Erlösung eines Tages wie ein Meteorit eingeschlagen? War vorher nichts, und war dann mit Christus urplötzlich alles da? Oder hat sie sich schon vor Christus angebahnt? Mehr noch: Hat sie sich schon vor Christus ständig ereignet und wurde in ihm vollendet? Damit kommt das alttestamentliche Israel ins Spiel. Dürfen wir von Erlösung reden, ohne zu bedenken, was seit Abraham in Israel geschehen war?

Übrigens redet nicht einmal Paulus völlig isoliert von der Erlösung durch Christus. Paulus tut das Gesetz nicht einfach ab. Er ringt um das richtige Verständnis der Tora. Sie ist „vom Geist bestimmt“ (Röm 7,14); sie ist in ihren Geboten „heilig, gerecht und gut“ (Röm 7,12); sie ist „Zuchtmeister auf Christus hin“ (Gal 3,24). Die Tora wird durch den Glauben nicht außer Kraft gesetzt, sondern im Gegenteil: sie wird „aufgerichtet“ (Röm 3,31).

Mit all diesen Formulierungen will Paulus nicht nur sein Tora-Verständnis vor judaistischen Angriffen schützen. Er sucht auf diese Weise auch an einer ‚Heilsgeschichte vor Christus‘ festzuhalten. Er war dabei allerdings in einer Situation, in der er die Alleinerlösung durch Christus mit größter Wucht herausstellen musste. Deshalb redet er fast ausschließlich von der *verurteilenden* Funktion der Tora: Sie hat den wahren Zustand Israels und der Menschheit ans Licht gebracht.

Durch die Tora tritt die Sünde, die sich selbst von ihrem Wesen her unablässig verschleiert, nackt als das hervor, was sie in Wirklichkeit ist: als Missachtung, als Ablehnung Gottes (Röm 7,13). Die Tora hat also nach Paulus eine klärende, den Menschen in seiner Selbstherrlichkeit entlarvende Funktion. Damit aber schenkt sie Unterscheidung – und das ist außerordentlich viel. Die paulinische Beurteilung der Tora weiterführend, könnte man durchaus sagen: Die unablässige Unterscheidung, was Sünde ist, birgt in sich eine radikale Götter- und Gesellschaftskritik. Mit der Möglichkeit, so unterscheiden zu können, haben Gnade und Heil schon angefangen.

Gab es also vor Christus nichts an Erlösung? Kam das Heil erst mit Christus in die Welt? Gab es vor Christus keine Gnade? Man nehme das nicht als bloß rhetorische Fragen. Denn das Johannesevangelium formuliert geradezu programmatisch:

> *Aus seiner [Christi] Fülle haben wir alle empfangen, und zwar Gnade über Gnade. Denn das Gesetz ist durch Mose gegeben worden, die Gnade und die Wahrheit sind durch Jesus Christus gekommen. Niemand hat Gott jemals gesehen; der Einziggezeugte, der Gott ist und im Schoß des Vaters ruht, er hat Kunde gebracht. (Joh 1,16–18)*

Wir werden diesen Text noch im Einzelnen auslegen. Schließt er Gnade *vor Christus* aus? Jedenfalls sagt er sehr deutlich und bringt dabei sogar Mose und die Tora ins Spiel: Die Gnade kam mit Christus in die Welt. Wie soll man einem solchen Text begegnen? In der Theologie wird das Problem seit Jahrhunderten auf die Formel gebracht: „Es gab schon *vor Christus* Gnade. Aber es war bereits Gnade Christi." Das klingt dann allerdings schon wieder nach Formelkompromiss, und wir sind erneut bei unserer Ausgangsfrage. Im Grunde können wir die dogmatische Aussage „im Hinblick auf die Verdienste Christi" nur mit Leben füllen, wenn wir über das Verhältnis des Alten Testamentes beziehungsweise des alttestamentlichen Gottesvolkes zu Jesus Christus nachdenken.

*

Fragen wir zunächst einmal eher naiv: Hat es gemäß alttestamentlicher Theologie schon in Israel Gnade gegeben? Die Antwort kann nur lauten: Selbstverständlich gab es sie. Wenn Abraham dem Ruf Gottes folgt, wenn er auszieht aus seinem Land, seinem Clan und seinem Vaterhaus, wenn er es auf sich nimmt, in ein fremdes Land zu wandern, das Gott ihm überhaupt erst noch zeigen wird, so ist das Gnade.

Wenn Israel herausgeführt wird aus dem Sklavenstaat Ägypten und vor dem Pharao und seinen Streitwagen errettet wird, so ist das reine Gnade. Die Exodus-Erzählungen drücken dies so aus, dass das Volk in entscheidenden Augenblicken verzagt, gar nicht mehr aus Ägypten weg will und von Gott geradezu getrieben werden muss.

Auch dass dem Volk am Sinai die Tora geschenkt wird, ist Gnade. Wir haben Psalm 119 kennengelernt, der die Tora als Lust und Süßigkeit preist (Kapitel II / 3). Und wir haben gesehen: Die

Zehn Gebote beginnen mit einer Präambel. Diese stellt das Handeln Gottes an Israel den Geboten voran (Kapitel II / 3). Die Tora ist eben nicht bloße Forderung, nicht neue drückende Last, die denen auf die Schultern geladen wird, die bereits in Ägypten die Lastkörbe schleppen mussten. Sie ist Antwort auf die Befreiung, die Gott schon geschenkt hat. Deshalb der Vorspann: „Ich bin JHWH, dein Gott, der dich aus dem Land Ägypten geführt hat, aus dem Sklavenhaus“ (Ex 20,2).

Dass es das Heiligtum in Jerusalem gibt mit seinen Wallfahrtsfesten, also mit den Versammlungen ganz Israels, mit der ständigen Erinnerung an die Heilstaten Gottes, mit der jährlichen Versöhnung, mit den Gebeten der Umkehr und des Dankes, ist Gnade.

Dass Gott dem Volk immer wieder Propheten erweckt, die ihm zeigen, was er von den sozialen Missständen in Israel hält, und die ihm sagen, was es tun soll, ist hohe Gnade.

Dass es in Israel Lehrer gibt, die alle Weisheit der Völker sammeln, sie prüfen, das Gute behalten, die rechte Unterscheidung treffen und die Gottesfurcht als den „Anfang aller Weisheit“ lehren, ist weder Zufall noch Selbstverständlichkeit, sondern überreiche Gnade.

Und dass Gott trotz allem Abfall und allem Treuebruch das Volk nicht sich selbst überlässt, sondern viele im Glauben bewahrt, so dass es den „Rest“ gibt, der die Verheißung lebendig weiterträgt – auch das ist reine, unverdiente, huldvolle Gnade.

Indem Israel aber schon immer von der Gnade Gottes umfangen war und viele Einzelne sich dieser Gnade öffneten, gab es in Israel auch schon immer Erlösung. Es gab Erlösung aus der Hand des Pharao, Erlösung aus der Hand der Feinde, Erlösung aus Krankheit und Leiden, Erlösung aus Sünde und Unglauben. Der Psalter redet ständig davon.

Und selbstverständlich gab es auch Vergebung. Oder möchte jemand im Ernst behaupten, dass es am Jom Kippur keine Vergebung und keine Versöhnung gegeben hätte? Dass da nur ein leeres, totes Ritual abgelaufen wäre? Die Dogmatiker würden wahrscheinlich sagen: Doch, es gab bereits Vergebung, es gab bereits Versöhnung, aber eben im Blick auf Jesus Christus. Damit sind wir erneut bei der

Formel angekommen, um die es hier geht. Wie könnte man sie verständlich machen? Wie kann man sie mit Leben füllen, ohne sich auf bloße Wörter zu stützen, ohne von Abschattungen, Vorwegnahmen, Vorblicken und Hinblicken zu reden?

*

Manchmal hilft es, sich Dinge, die das ganze Gottesvolk betreffen, am Leben des Einzelnen zu verdeutlichen. Das könnte in unserem Fall folgendermaßen aussehen: Menschen, die glauben, sprechen bereits ständig ihr „Ja“ zu Gott. Sie sprechen es in einer langen Lebensgeschichte, in immer neuen Situationen, in Not und Glück, in Krisen und Höhenlagen des Glaubens. Manchmal ist ihnen der Glaube fast unmöglich, manchmal ist er nur noch ein dünner Faden. Es gibt Sackgassen, Seitenwege, Holzwege des Glaubens. Aber es gibt auch Zeiten, in denen er einfach da ist – fest und unerschüttert. Nehmen wir einmal an, dass er, aufs ganze gesehen, nicht verloren geht.

Dennoch gilt ausnahmslos: Das „Ja“ des Menschen zu Gott und seiner Sache wird erst endgültig im Tod, selbst wenn es vorher oft gesprochen wurde. Es könnte ja jederzeit zurückgenommen, es könnte widerrufen und verraten werden. Selbst die Taufgnade kann verspielt werden. Und keiner kann sich der Entscheidungen, die er getroffen, und der Treue, die er einmal versprochen hat, absolut sicher sein. Erst im Tod wird die Grundentscheidung eines jeden Menschenlebens offenbar und endgültig. Erst im Tod wird sie unumstößlich. Erst im Tod wird sie gleichsam ratifiziert und für immer besiegelt.

Dabei ist es so: Der Tod setzt nicht eine völlig neue Wirklichkeit. Der Glaube wurde ja schon gelebt. Die immer neuen Entscheidungen für Gott waren ja Realitäten. Sie waren nicht nur Gedankendinge. Sie waren auch nicht ‚nur‘ Verheißungen. Sie waren bereits Wirklichkeiten aus Gnade. Und doch: Erst der Tod macht das alles, was da geschah, definitiv. Das deutsche Wort „end-gültig“ drückt das sehr genau aus. Schon alles Vorhergehende, alle Einzelentscheidungen für Gott waren „gültig“. Doch sie waren noch nicht „end-gültig“.

Diese Grundstruktur jedes menschlichen Lebens lässt sich auf die Erlösung durch Jesus Christus übertragen. Die Geschichte des Gottesvolkes seit Abraham ist gefüllt mit den Heilstaten Gottes, mit Gnade, mit Glauben, mit immer neu geschenkter Umkehr. Aber all das wäre doch wieder in die geschichtliche Bedeutungslosigkeit versunken, wenn es nicht das Ziel erreicht hätte: die Hingabe Jesu bis in den Tod. Erst durch sie wurde das alles zum ‚Heilsweg'. Davor war es noch nicht endgültig. Israel hat den Bund mit Gott auch immer wieder gebrochen, und Gott hätte mit diesem Volk Schluss machen können. Alttestamentliche Texte sprechen es oft aus. Wir haben unter dieser Rücksicht Exodus 32,7–14 näher betrachtet (siehe Kapitel III / 4).

Israel ist aber nicht nur von Gott *abgefallen.* Es ist auch oft hinter schon Erkanntes *zurückgefallen.* Durch die Katastrophe des Jahres 586 muss vielen der besten Köpfe in Jerusalem und im Exil klargeworden sein, wie fragwürdig, ja wie gefährlich die Gleichsetzung von Gottesvolk und Nationalstaat gewesen war. Sogenannte „deuteronomistische" Bearbeitungsschichten (enthalten vor allem in den Büchern Deuteronomium, Josua, Richter, 1–2 Könige) warnen vor den Gefahren des Königtums, das heißt vor der Identifikation mit dem Staat, und drängen auf Freiheit, Solidarität und Brüderlichkeit im Gottesvolk[6]. Doch in der Zeit der Hasmonäer ist von dieser Einsicht, jedenfalls in den herrschenden Kreisen, nichts mehr übriggeblieben. Man will wieder den expandierenden Nationalstaat, der auf Macht gebaut und dazu sogar noch von Gott abgesegnet ist.

Ein anderes Beispiel: Wir haben uns ausführlich mit der Theologie von Jesaja 40–55 beschäftigt (Kapitel III / 1). Dort ist Israel der für seine Sünden geschlagene Knecht.

Gegen diesen Knecht Gottes haben sich nach den Gottesknechtsliedern die Völker zusammengerottet. Sie schlagen und foltern, ja sie töten ihn. Aber so wie die Klagenden der Klagelieder birgt er sich in seinem Gott. Er nimmt die gegen ihn rasende Gewalt an, schlägt nicht zurück und weicht ihr nicht aus. Und Gott nimmt ihn an. Plötzlich hören wir im vierten Lied ein Bekenntnis der anderen Könige und Völker der Welt. Sie erkennen, was von Gott her mit diesem Ausgestoßenen geschehen ist: „Wir meinten, er sei von Gott geschlagen, von ihm getroffen und gebeugt. Doch er wurde durchbohrt wegen unserer Verbrechen, wegen unserer Sünden zermalmt" (Jes 53,4–5)[7].

Hier ereignet sich also in der Theologie Israels die alles umstürzende Einsicht, „dass es besser ist, Opfer zu sein als gewalttätiger Sieger" [8]. Wurde diese Einsicht durchgehalten? Nein! Schon die Makkabäer, erst recht die Hasmonäer haben sie verdrängt oder gar nicht erst akzeptiert, und im 1. Jahrhundert nach Christus rüsten sich die Zeloten zum bewaffneten Aufstand gegen Rom.

Die Glaubensgeschichte Israels bleibt also offen. Sieht man genau zu, so ist zwar alles, worauf es ankommt, an irgendeiner Stelle der Geschichte Israels begriffen und erlitten. Aber es wird auch wieder neutralisiert durch theologische Gegenpositionen oder durch schlichtes Nicht-Begreifen. Diese Ambivalenz wird erst durch Jesus Christus aufgehoben. Erst er beginnt mit letzter Eindeutigkeit, in Israel ein Volk zu sammeln, das nicht auf den Nationalstaat ausgerichtet ist, auch nicht auf einen Gottesstaat, auch nicht auf eine unsichtbare Gemeinschaft tiefinnerlicher Einzelner, sondern auf Gesellschaft aus dem Glauben. Das alles war im Alten Testament schon da, es war teilweise sogar schon realisiert, aber erst in Jesus Christus und seiner Sammlung des wahren Israel wird es eindeutig und endgültig.

Erst Jesus ist endgültig und in Person der Gottesknecht von Deuterojesaja. Umgeben von Zeloten und von ihnen aufs Entschiedenste herausgefordert, hat er jede Gewalt abgelehnt und ist lieber gewaltlos gestorben als auf Gegenwehr mit gleichen Mitteln zu setzen. Erst die Kreuzigung der Wahrheit hat die ganze Wahrheit über die Sünde und die Kosten der Erlösung offenbar gemacht.

Erst Jesus ist auch endgültig der Menschensohn von Daniel 7, der Inbegriff der Gottesherrschaft, mit der Gott die gewalttätigen Gesellschaften der Welt überwindet und zu ihrem eigentlichen Ziel führt (siehe Kapitel III / 1 / a). Allerdings übertrifft er den Menschensohn von Daniel 7 noch in einem entscheidenden Punkt. Laut

Daniel 7,14 müssen dem Menschensohn „dienen alle Völker, Nationen und Sprachen". Jesus aber sagt:

> *Der Menschensohn ist nicht gekommen, um sich dienen zu lassen, sondern zu dienen und sein Leben hinzugeben als Lösegeld für viele. (Mk 10,45)*

Erst in Jesus Christus bekommt die Heilsgeschichte seit Abraham ihre definitive Gültigkeit und Unwiderruflichkeit. Sie wird zum neuen (= endzeitlich erneuerten) Bund. Alles, was in Israel in Jahrhunderten herangewachsen war, verdichtet sich nun in Jesus. Es erhält in ihm seine letzte Klarheit. Ja, es wird in ihm Person. Damit wird der vorangegangenen Heilsgeschichte nichts weggenommen. Im Gegenteil: In Jesus wird sie versammelt. Die drei ersten Bitten des Vaterunsers zeigen geradezu exemplarisch, wie Jesus aus drei großen Propheten Israels lebt: aus Ezechiel, Daniel und Jesaja, und wie er deren innerste Intentionen in sich und seiner Botschaft von der Gottesherrschaft zusammenführt[9].

*

Jesus versammelt in sich das gesamte Alte Testament. Aber das geschieht nun gerade nicht so, wie es oft dargestellt wurde: Dass Jesus zwar aus der Geschichte Israels geschöpft habe, dass diese jedoch bei seinem Kommen längst am Verdämmern gewesen sei: keine Propheten mehr, keine lebendige Begegnung mehr mit Gott, sondern nur noch Ritualismus, Gesetzlichkeit und religiöse Erschöpfung. Gott habe also etwas völlig Neues anfangen müssen: zwar aus dem historischen Judentum heraus, aber *in Diskontinuität* und mit neuen Menschen[10]. Doch mit dieser Vorstellung wird man weder der Theologie der Heiligen Schrift noch den historischen Fakten gerecht. Die Bibel kennt keine leeren Jahrhunderte, und auch rein historisch gesehen war die Zeit vor Jesus nicht leer. Jesus ist zwar reines Wunder; er ist nicht aus gesellschaftlichen und theologischen Entwicklungen ableitbar. Und doch läuft die Geschichte Israels in einem erstaunlichen Maß auf ihn zu. Zwischen der Zeit des „alten" und der Zeit des „neuen" Testamentes klafft kein Abgrund.

Wir haben uns in diesem Buch schon mehrfach mit den Psalmen beschäftigt. Sie müssen gerade in dem Zeitraum vor dem Auftreten Jesu für viele in Israel eine allgegenwärtige Sinnwelt gewesen sein. Es ist kein Zufall, dass der Psalter innerhalb des Neuen Testaments von allen alttestamentlichen Büchern weitaus am häufigsten zitiert wird. In den Höhlen oberhalb von Qumran[11] wurden nach dem 2. Weltkrieg nicht nur eine ganze Reihe von Handschriften des alttestamentlichen Psalters gefunden, sondern darüber hinaus auch Schriftrollen mit neuen Psalmen. Die wichtigste dieser Rollen (1 QH[a]) enthält etwa 35 Hymnen, die Gott preisen: die Hodajot. Sie wurden im 2. Jahrhundert vor Christus verfasst. Eines ihrer zentralen Themen ist die gnadenhafte Rechtfertigung des Sünders durch Gott. Hier wird wesentlichen Einsichten des Neuen Testamentes, vor allem der paulinischen Theologie, geradezu vorgearbeitet.

In den Höhlen bei Qumran fand man aber auch Weiterverarbeitungen von Texten der Tora und Kommentare zu den Psalmen und den Prophetenbüchern, so zum Beispiel zu Jesaja, Micha, Zefanja, Hosea und Habakuk. Diese Kommentare aktualisieren die Ankündigungen der Propheten für die Gegenwart oder die nahe Zukunft. Die Heilige Schrift war in der Epoche vor Jesus also kein Museum. Sie war lebendige Gegenwart. Sie wurde immer wieder abgeschrieben, auswendig gelernt, übersetzt, paraphrasiert und kommentiert. Gerade das hat uns die Unzahl der Schriftrollen und Schriftrollen-Fragmente von Qumran gelehrt.

Am offenkundigsten wird die auf Jesus zulaufende Glaubensgeschichte Israels an der Gestalt Johannes des Täufers. Jesus hat vieles mit ihm gemeinsam. Noch genauer: Er hat vieles von ihm übernommen. Der Täufer ist davon überzeugt, dass Gott jetzt handelt. Und zwar nicht in einem vagen, allgemeinen Sinn, sondern im Sinn eines *definitiven* Handelns Gottes. Für Israel ist die letzte Stunde angebrochen. Das Volk kann nicht mehr sagen: Später! Die grundlegende Umkehr muss *jetzt* geschehen, weil es kein Später mehr gibt.

Dieses ‚Jetzt' („Schon ist die Axt an die Wurzel der Bäume gelegt") wird dann für die Verkündigung Jesu so fundamental werden, wie es für den Täufer war. Jesus stellt zwar nicht wie Johannes das drohende Gericht und die deshalb geforderte Umkehr an die erste Stelle. Allem anderen voran steht bei ihm das Evangelium von der heilbringenden Nähe, ja der Gegenwart der Gottesherrschaft. Aber auch diese Nähe verlangt die Umkehr, und zwar die radikale Umkehr des ganzen Menschen. Deshalb kann die Botschaft Jesu zusammengefasst werden in den Sätzen:

> *Erfüllt ist die Zeit und nahegekommen ist die Gottesherrschaft. Kehrt um und glaubt an die frohe Botschaft! (Mk 1,15)*

Im Übrigen kennt Jesus, genau wie der Täufer, das drohende Gericht. Eine solche Feststellung passt zwar nicht in das heute weit verbreitete Bild des zärtlich-humanen Jesus. Aber seine Gerichtsworte sind viel zu gut bezeugt, als dass man sie ihm absprechen könnte[12]. Auch hier dürfte Jesus von Johannes dem Täufer unmittelbar beeinflusst sein.

Und Jesus hat mit Johannes noch mehr gemeinsam: Der Täufer will ganz Israel sammeln, um es auf das Kommen Gottes vorzubereiten. Deshalb holt er die Menschen zu sich an den Jordan. Er will Gott ein „wohlvorbereitetes Volk schaffen" (Lk 1,17). Dasselbe will Jesus. Man hat mit Recht seine gesamte Tätigkeit als endzeitliche „Sammlung Israels" bezeichnet.

Der dritte Bezugspunkt, der Jesus mit dem Täufer verbindet, ist die Taufe. Und vor allem hier wird nun deutlich, dass es sich nicht nur um Gemeinsamkeiten, sondern um Abhängigkeit handelt. Gemeinsamkeiten können viele Ursachen haben. Abhängigkeit ist mehr. Jesus ist zu Johannes an den Jordan gegangen und hat sich mit vielen anderen aus Israel von ihm taufen lassen. Er war also überzeugt, dass durch den Täufer Gott selbst handelte und dass man dorthin gehen musste, wo dieses Handeln Gottes sichtbar und greifbar geschah.

Jesus ging aber noch viel weiter. Er ließ sich nicht nur von Johannes taufen. Manches spricht dafür, dass er für eine gewisse Zeit Täuferschüler gewesen ist. Jedenfalls hat Jesus eine Zeitlang selbst getauft (Joh 3,22.26), und einige seiner späteren Jünger sind zuerst Jünger des Täufers gewesen (Joh 1,35–42).

Jesus ließ sich also von der Täuferbewegung ergreifen. So sehr er dann eines Tages mit seinen Jüngern einen eigenen Weg ging – diese

Nähe zum Täufer formt seine Predigt und sein ganzes Wirken. Nicht umsonst hat die neutestamentliche Tradition den Täufer schon sehr früh als den „Vorläufer“ Jesu herausgestellt. Letztlich muss diese Deutung Johannes des Täufers auf Jesus selbst zurückgehen. Niemals hat er sich von ihm distanziert, wie er sich von Pharisäern, Sadduzäern oder Zeloten distanzieren konnte. Im Gegenteil! Er hat den Täufer als den bedeutendsten aller Menschen bezeichnet:

> *Was habt ihr denn sehen wollen, als ihr in die Wüste hinausgegangen seid? Ein Schilfrohr, das im Winde schwankt? Oder was habt ihr anschauen wollen, als ihr hinausgegangen seid? Einen Mann in kostbarer Kleidung? Leute, die kostbar gekleidet sind, findet man in den Palästen der Könige. Also: Wozu seid ihr hinausgegangen? Um einen Propheten zu sehen? Amen, ich sage euch: Ihr habt mehr gesehen als einen Propheten. Er ist der, von dem es in der Schrift heißt: „Ich sende meinen Boten vor dir her; er soll den Weg für dich bereiten.“ Amen, das sage ich euch: Unter allen Weibgeborenen hat es keinen Größeren gegeben als Johannes den Täufer; doch der Kleinste im Himmelreich ist größer als er. (Mt 11,7–11)*

Mehr kann gar nicht gesagt werden: Er war der „Größte“ aller Menschen! Der Vordersatz des Vergleichs drückt die nicht zu überbietende Wertschätzung des Täufers durch Jesus aus. Allerdings sagt dann die Antithese, dass jetzt, mit Jesus selbst, noch unermesslich Größeres geschieht: „Der Kleinste im Himmelreich (= Gottesreich) ist größer als er.“ Es gibt also eine fundamentale Diskontinuität. Mit Jesus ist noch einmal absolut Neues in die Welt gekommen. Um es mit dem Stichwort dieses Kapitels zu formulieren: Jesus allein ist der Erlöser. Johannes ist nur der Vorläufer, der Wegbahner.

Und doch: Die Logienkomposition von Mt 11,7–11 drückt eben nicht nur die Diskontinuität, sondern auch die Kontinuität aus: Der Täufer ist Jesus wegbereitend vorangegangen. Und er war der Größte aller Menschen – eben weil er Jesus so nahe war. Wir sind damit im Zentrum dessen, worum es in diesem Kapitel geht. Im Grunde gibt das Logion vom Größten aller Menschen, der dennoch kleiner ist als der Kleinste im Reich Gottes, bereits die ganze Antwort auf unsere Fragen.

Jesus und das, was mit ihm kommt, ist neu, eine „neue Lehre“ (Mk 1,27; Apg 17,19). Es ist größer als alles, was vorher war. Es ist „neuer Wein“, der die alten Schläuche sprengt (Mk 2,22). Der alte Bund wird neu (Lk 22,20), die Tora verdichtet und versammelt sich zu einem „neuen Gebot“ (Joh 13,34), wer Anteil an Christus hat, ist „neue Schöpfung“ (2 Kor 5,17). Und doch ist Jesus zutiefst verbunden mit dem, was vorher war. Er ist undenkbar ohne den Täufer. Wenn Jesus nicht sein Dorf verlassen hätte und zu Johannes an den Jordan gegangen wäre, wäre er nicht der Messias geworden. Bildlich gesprochen: Dann hätte sich der Himmel über ihm nicht öffnen können und die Stimme „Das ist mein geliebter Sohn, an dem ich Gefallen gefunden habe“ (Mt 3,17) wäre nicht erklungen. Und Jesus hat nicht eine neue Religion gestiftet, wie sich das leider immer noch viele Christen vorstellen, sondern er hat den Glauben Israels zu seinem Ziel geführt. Der „neue Bund“, von dem er bei seinem letzten Mahl spricht, ist die Erneuerung, die endzeitliche Vollendung des Sinaibundes.

So steht Jesus trotz des unfasslich Neuen – dass sich nämlich in ihm Himmel und Erde verbunden haben, dass er der „Sohn“ ist, dass er „im Schoß des Vaters ruht“ – tief in der Geschichte Israels. Diese Geschichte läuft auf ihn zu, sie verdichtet sich schon vor ihm in Johannes dem Täufer, und Jesus wird dann der vereindeutigende Höhepunkt von allem, was vorher in Israel war.

Wie der Täufer gehört auch Maria in dieses Zulaufen der Geschichte Israels auf Jesus hinein. Wir können zwar keine Biographie Marias schreiben. Wir können nur die Deutungen des Neuen Testamentes betrachten, die jeweils von bestimmten Situationen her Licht auf ihr Leben werfen: die Verkündigungsszene, die Geburtsgeschichte Jesu, die Prophetie Simeons, das Wiederfinden des jungen Jesus im Tempel, das Weinwunder in Kana, die Szene unter dem Kreuz. Und wir dürfen mit Hans Urs von Balthasar überlegen: Wie muss die Frau gewesen sein, in deren mütterlicher Nähe ein absolut lauterer Mensch wie Jesus heranwuchs? Muss er an ihr nicht die gleiche Lauterkeit und den gleichen Glauben erfahren haben? Wir müssen damit rechnen, dass sie ihm Entscheidendes mitgegeben hat[13].

Gab es also in Israel schon Gnade? Die Antwort kann hier nur noch einmal wiederholt werden: Selbstverständlich! Es gab nicht nur Verheißungen, nicht nur eine Vorgeschichte, sondern eine Geschichte der Gnade, die auf Jesus zulief und sich in ihm vollendet hat. Es gab seit Abraham volle und gültige Realisationen des Heils. Aber erst in Jesus wurden sie end-gültig. Insofern und nur insofern ist er der Einzige, und nur insofern ist in ihm *alle* Gnade und Wahrheit.

*

Es gibt im Neuen Testament einen Text, der die Verbindung zwischen Jesus und dem Alten Testament mit außerordentlicher Kühnheit ins Wort bringt. Er spricht in Begriffen und Bildern, die restlos dem Alten Testament entnommen sind – vor allem seiner Weisheitsliteratur, aber auch der Tora. Er sagt mit Nachdruck, dass Christus die ganze Gnade und die ganze Wahrheit ist, dass es diese Gnade aber schon seit Abraham, ja seit der Erschaffung der Welt gegeben hat und zwar – das ist das Erstaunliche – als ‚Gnade Christi'.

Es ist der Prolog des Johannesevangeliums (Joh 1,1–18). Seine Basis ist ein kunstvoll stilisierter Text, der hymnisch-bekennenden Charakter hat. In ihn wurden vom Verfasser des Johannesevangeliums zwei Abschnitte über Johannes den Täufer eingebaut (Verse 6–8 und 15). Lässt man diese beiden Abschnitte beiseite, so könnte der Basis-Text[14] folgendermaßen gelautet haben:

1 (V. 1) Im Anfang war der Logos,
und der Logos war bei Gott,
und der Logos war Gott.
(V. 2) Dieser war im Anfang bei Gott.
(V. 3) Alles ist durch ihn geworden,
und ohne ihn ist auch nicht eines geworden,
das geworden ist[15].
2 (V. 4) In ihm [dem Gewordenen] war er das Leben[16],
und das Leben war das Licht der Menschen.

(V. 5) Und das Licht leuchtet in der Finsternis,
und die Finsternis hat es nicht ergriffen[17] (...).
(V. 9) Er war das wahre Licht,
das jeden Menschen erleuchtet –
[das Licht], das in die Welt kommt[18].
3 *(V. 10) In der Welt war er,*
und die Welt ist durch ihn geworden,
aber die Welt hat ihn nicht erkannt.
(V. 11) In das Seine ist er gekommen,
aber die Seinen haben ihn nicht aufgenommen.
4 *(V. 12) Denen jedoch, die ihn aufgenommen haben,*
hat er Macht gegeben, Kinder Gottes zu werden,
denen, die an seinen Namen glauben,
(V. 13) die nicht aus dem Blut [der Eltern]
und nicht aus dem Willen des Fleisches
und nicht aus dem Willen des Mannes,
sondern aus Gott gezeugt worden sind[19].
5 *(V. 14) Und der Logos ist Fleisch geworden*
und hat unter uns Wohnung genommen,
und wir haben seine Herrlichkeit gesehen,
die Herrlichkeit des Einziggezeugten vom Vater,
voll Gnade und Wahrheit. (...)
6 *(V. 16) Denn aus seiner Fülle*
haben wir alle empfangen,
und zwar Gnade um Gnade.
(V. 17) Denn das Gesetz
ist durch Mose gegeben worden,
die Gnade und die Wahrheit
sind durch Jesus Christus gekommen.
(V. 18) Niemand hat Gott jemals gesehen;
der Einziggezeugte, der Gott ist
und im Schoß des Vaters ruht,
er hat Kunde gebracht.

Wir kümmern uns hier weder um die exakte Abgrenzung des Basis-Textes, noch um das Lieblingsspiel vieler Ausleger des Johannesprologs: Sie schnippeln so lange am Text, bis möglichst kurze Strophen entstanden sind und alles entbehrlich Erscheinende als Interpretament des Evangelisten von einem vorgegebenen „Kultlied“ abgeschält ist. Aber handelte es sich überhaupt um ein Lied, das im Gottesdienst gesungen wurde? Und wenn ja – hatte es passgerechte Strophen, wie sie in unseren Gesangbüchern zu finden sind? Die richtige Strophen-Einteilung ist für die Auslegung gewiss nicht belanglos. Um vieles wichtiger aber ist die Frage, wie und auf welchen ‚Stationen‘ der Logos gemäß Johannes 1,1–18 in die Welt kommt. Die Herausstellung dieser Stationen hat unsere Text-Einteilung bestimmt. Es geht also nicht um eine Strophengliederung, sondern um die Markierung des Gedankenfortschritts.

Der 1. Abschnitt redet von dem vorweltlichen, präexistenten Sein des Logos. Er war vor aller Schöpfung von Ewigkeit her bei Gott. Das „bei Gott“ will die vollkommene Gemeinschaft mit dem Vater ausdrücken. Diese Gemeinschaft ist so tief, dass vom Logos gesagt werden muss: Er selbst ist Gott, und sogar die Erschaffung der Welt, also das, was nur von Gott ausgesagt werden kann, ist „durch ihn“ geschehen.

Im 2. Abschnitt wird von der Rolle des Logos *innerhalb* der Schöpfung gesprochen. Der Logos ist Leben, das die Schöpfung erfüllt, und Licht, das in der Finsternis leuchtet. Im Hintergrund steht der Schöpfungsbericht des 1. Kapitels der Genesis: Dort scheidet Gott durch sein Wort Licht und Finsternis, und er bringt durch sein Wort das Leben in die Welt.

Es geht aber nicht nur um Kosmologisches. Es geht sofort um die Menschenwelt. Die Menschen begreifen nicht den Logos, die göttliche Vernunft und alles durchdringende Huld Gottes in der Schöpfung. Dieser Abschnitt steht einer modernen, evolutionären Sicht der Welt am nächsten. Der Logos Gottes ist von Anfang an als scheidendes, unterscheidendes und Leben schaffendes Prinzip in der Welt. Aber selbstverständlich bleibt der Text dabei ganz im Vorstellungshorizont der Bibel. Die Aussage, dass die Finsternis das Licht nicht annimmt, das heißt: sich nicht von ihm erleuchten lässt, blickt wohl ganz konkret auf die Unheilsgeschichte, die in der Genesis zwischen Adam und Abraham erzählt wird.

Am Ende des 2. Abschnitts ist zum ersten Mal vom „Kommen" des Logos die Rede: Er war das wahre Licht, „das in die Welt kommt". Die Formulierung ist schwebend und noch völlig offen. Das „Kommen" wird erst im Folgenden differenziert werden.

Diese Differenzierung beginnt im 3. Abschnitt. In der Welt „war" der Logos schon immer (Imperfekt!). Die Welt ist ja „durch ihn" geschaffen worden. Aber in das „Seine", das heißt in sein „Eigentum", „ist er gekommen" (Aorist!). Wenn man damit ernst macht, dass hier *biblisch* geredet wird, kann mit „Eigentum" nur das Eigentumsvolk Gottes, nämlich Israel, gemeint sein. Es geht hier also noch keinesfalls um die Fleischwerdung des Logos. Von dieser wird feierlich und in einem markanten Neuansatz erst im 5. Abschnitt die Rede sein. Hier geht es um die Suche des Logos, in Israel heimisch zu werden – so wie von der Weisheit gesagt wird, dass sie sich eine Wohnstätte suchte (Sir 24,7–8). Doch gerade da zeigt sich ein schreckliches Paradox: Der Logos wird in Israel abgelehnt, wie er schon vorher in der Welt abgelehnt worden war, obwohl er doch für die Welt wie für Israel Licht und Leben war.

Allerdings wird dann im 4. Abschnitt die zunächst kategorisch ausgesagte Ablehnung des Logos präzisiert: Es gab in Israel Menschen, die den Logos aufnahmen, die an ihn glaubten und die so durch ihn „Kinder Gottes" wurden. Sie bilden das wahre Israel, das nicht durch biologische Abstammung, sondern durch den Glauben zustandekommt. Die Verse 12–13 beschreiben also „die Gottgeburt der zum wahren Israel gehörenden Frommen" [20]. Auch das ist gut alttestamentlich. Von der Gotteskindschaft Israels und der Gotteskindschaft derer, die der Weisheit folgen, sprechen zum Beispiel Exodus 4,22–23; Deuteronomium 32,18; Hosea 11,1 und Weisheit 2,16–18.

Der Text liefert aber noch viel mehr Hinweise auf Israel: Die jüngste Forschung hat gezeigt, dass gerade in den Versen 12–13 sprachliche Wendungen aus zeitgenössischen Paraphrasierungen des Alten Testamentes, nämlich aus den sogenannten Targumen, die Sprache beeinflusst haben[21]. So wird zum Beispiel die Wendung „an den Namen glauben" in den palästinischen Targumen Ps.-Jonatan und Neofiti dezidiert für den Glauben Abrahams und für Höhepunkte der Geschichte Israels gebraucht. Targum Neofiti paraphrasiert Genesis 15,6:

> *Und Abram glaubte an den Namen des Wortes JHWHs und es wurde ihm angerechnet zur Gerechtigkeit.*

Umgekehrt bezieht Neofiti die Wendung „nicht an den Namen glauben" auf den großen Sündenfall der Wüstenwanderung: auf die Verleumdung des verheißenen Landes durch die Kundschafter und den Unglauben des Volkes (Num 14). Es erübrigt sich also, zu rätseln, was denn damit gemeint sein könnte, dass Israel den noch nicht fleischgewordenen Logos nicht angenommen hat (V. 11). Gemeint ist das Murren der Wüstengeneration[22]. Damit ist ein weiteres Indiz dafür gegeben, dass in den Versen 11–13 von *Israel* die Rede ist: zuerst von dem sich verweigernden Israel, dann aber von dem wahren Israel, das seit Abraham geglaubt hat, in dem der Logos Gottes schon seit Abraham Heimat gefunden hat und in dem es deshalb wahre Gotteskindschaft gegeben hat.

Im 5. Abschnitt beginnt auch formal völlig Neues: Nicht mehr in der dritten Person wird nun geredet, sondern in der ersten: „*Wir* haben seine Herrlichkeit gesehen." Der Logos, der schon vorher in der Welt und erst recht in Israel anwesend war, ist in dem wahren Israel, also inmitten derer, „die an seinen Namen glauben", Fleisch geworden. Damit ist nun nicht nur das Licht und das Leben des Logos in der Welt, sondern die Überfülle seiner Gnade.

Im 6. Abschnitt, den viele Exegeten dem Logoslied überhaupt nicht mehr oder doch nur noch teilweise zurechnen, wird über das Thema ‚Gnade' ausführlicher nachgedacht: Die Gnade und die Wahrheit, die durch Christus in die Welt gekommen sind, werden der Mose-Tora gegenübergestellt. Aber gerade nicht in einem sich ausschließenden Gegensatz! Gemeint ist also nicht: Die Tora war keine Gnade; die Gnade kam erst mit Jesus Christus. Man wird im Sinne des gesamten Prologs vielmehr umschreiben müssen: Gnade, Licht und Leben war schon die Tora; aber mit Christus kam dann die *ganze* Gnade und Wahrheit. Nur so wird man Abschnitt 4 gerecht, in dem ja gesagt wird, dass die in Israel an den Logos Glaubenden von Gott gezeugt waren und bereits Kinder Gottes geworden sind.

Überblickt man diese Stationen des Logos in Johannes 1,1–18, kann man nur die Folgerichtigkeit des Textes bewundern. Man fragt sich: Warum eigentlich die endlose Diskussion der Ausleger darüber, wo denn nun die Fleischwerdung des Logos im Text ausgesagt werde – bereits in den Versen 4 und 5 oder erst in Vers 14? Diese Diskussion hat schon bei den Kirchenvätern begonnen und sie setzt sich fort bis heute. Dass sie nicht aufhören will, hat wohl vor allem zwei Gründe:

Erstens: Offenbar konnten und können sich viele Ausleger einfach nicht vorstellen, dass der Logos Gottes als „Licht“ und „Leben“, ja als „Gotteskindschaft“ schenkende Gnade schon *vor* Jesus in Israel gegenwärtig gewesen sein soll. Deshalb muss schon *vor* Vers 14 vom fleischgewordenen Logos die Rede sein. Stoßen wir da vielleicht auf einen allerheiligst verbrämten Antijudaismus?

Schon ein Blick in das „Buch der Weisheit“ hätte hier alles klären können. Dieses schildert in seinem Mittelteil das rettende Wirken der Weisheit von Adam über Noach, Abraham, Lot, Jakob und Josef bis in die Wüstenzeit hinein (Weish 10,1–11,4). Die Schilderung zeigt: Die Weisheit ist seit Anfang der Welt am Werk, besonders aber begleitet sie Israel beim Auszug aus Ägypten und bei der Wanderung durch die Wüste (Weish 11,1–4). Da nun die altttestamentliche Weisheitstradition ganz eindeutig den Hintergrund der Logos-Theologie von Johannes 1,1–18 bildet, sollte es doch eigentlich kein Kopfschütteln hervorrufen, im Johannesprolog auf ein Kommen des Logos schon in der Zeit des alttestamentlichen Israel zu stoßen. Paulus jedenfalls hatte kein Problem mit der Vorstellung, dass Christus als Wasser spendender Fels bereits mit den Israeliten durch die Wüste zog. Zwar sieht er Israel dabei genauso kritisch wie Johannes 1,11. Aber er rechnet eben doch mit der Gegenwart des präexistenten Christus in Israel schon damals:

Ich will euch nicht in Unkenntnis lassen, Brüder, dass unsere Väter alle unter der Wolke waren, alle durch das Meer hindurchgezogen sind und alle auf Mose getauft worden sind in der Wolke und im Meer. Alle haben auch die gleiche geistliche Speise gegessen und alle haben den gleichen geistlichen Trank getrunken;

denn sie haben getrunken aus dem geistlichen Felsen, der ihnen folgte. Und dieser Fels war Christus. Gott aber hatte an den meisten von ihnen kein Wohlgefallen. (1 Kor 10,1–5)

Zweitens: Eine echte Schwierigkeit bilden die Einschübe über den Täufer in den Versen 6–8 und 15. Hat der Evangelist damit dem Ganzen einen neuen Sinn gegeben? Im Duktus des Basis-Textes erfolgt die Fleischwerdung des Logos erst in Vers 14. Da der Täufer aber bereits in Vers 6 auftritt und für Jesus Zeugnis ablegt, musste die Frage entstehen, ob im Sinne des Evangelisten auch schon vorher in den Versen 4–5 vom fleischgewordenen Logos die Rede ist. Hier liegt ein wirkliches Problem vor.

Es lässt sich jedoch lösen, wenn man die vielfältigen Möglichkeiten menschlicher Sprache ernst nimmt. Der Prolog ist geformte, stilisierte Sprache. Solche Sprache spricht oft mehrdimensional, das heißt, sie spricht nicht nur auf einer einzigen Textebene. Jeder, der mit klassischer Musik vertraut ist, weiß, dass dort Themen, die später breit durchgeführt werden, schon vorher anklingen können, ein anderes Thema unterbrechend oder neben ihm herlaufend. Solche Techniken gibt es nicht nur in der Musik, sondern genauso in der Kunstprosa – und zwar schon im Alten Testament und in der Antike.

Wir müssen mit der Möglichkeit rechnen, dass der Evangelist mit seinen Einschüben keineswegs in den heilsgeschichtlichen Duktus seines Basis-Textes eingreifen wollte, sondern vorwegnehmend – *also auf einer zweiten Textebene* – die Aufgabe des Täufers erläutern und seine Vorlage mit dem sich anschließenden Evangelium verklammern wollte. Er hätte dann die beiden ‚Vorspiele' zur Täufergeschichte bei den Stichwörtern „Licht" und „der Einziggezeugte" in den Haupt-Text eingebaut. Diese Möglichkeit ist bei weitem die wahrscheinlichere.

Soviel zum Prolog des Johannesevangeliums. Er ist ein einzigartiger Text. Die Menschwerdung des Logos ist in ihm zwar deutlich abgehoben von all dem, was vorher gesagt worden war. Es ist ein unfassliches Geschehen, dass der Logos „Fleisch" wurde und dass nun Glaubende seine „Herrlichkeit" sehen können. Und doch beschreibt Vers 14 kein losgelöstes, kein isoliertes Geschehen. Die Welt ist ja schon vom Logos geschaffen, er war schon immer in der Welt und er „kam“ in sein Eigentum, wo die Seinen ihn zum Teil ablehnten, zum Teil aber auch annahmen und so Kinder Gottes wurden. Der Logos, der in Jesus Christus Fleisch geworden ist, war also schon vor seiner Fleischwerdung im „wahren Israel“ anwesend. So ist tatsächlich alle Gnade, auch die *vor* Jesus Christus, ‚Gnade Christi‘, und die Geschichte des Gottesvolkes vor Jesus ist alles andere als eine gnadenlose Zeit. In der Menschwerdung des Logos kommt zur Vollendung, was Gott lange vorher in der Welt und dann in Israel begonnen hatte. Die Erlösung durch Jesus Christus war der Höhepunkt eines langen Weges, den Gott mit seinem Volk gegangen ist.

*

Vor dem Hintergrund all dieser Überlegungen lässt sich nun endlich *konkret* von Voraus-Erlösung sprechen. Die Formel „im Hinblick auf die Verdienste Christi“ behält so ihr ganzes Gewicht. Aber sie wird jetzt anschaubar. Man braucht sie sich nicht mehr ausschließlich als ein punktuelles göttliches ‚Dekret‘ vorzustellen. Die Formel bekommt einen wirklichen Sitz in realer Geschichte, in der Geschichte Israels.

Maria nimmt in dieser Geschichte eine entscheidende Stelle ein. Sie gehört unmittelbar in die Vollendung der Heilsgeschichte des Gottesvolkes hinein. Die Marienpräfation, die das Motto für unser Buch bildet, sagt mit Recht, Maria sei der Höhepunkt der Geschichte Israels. Damit ist natürlich keinerlei Konkurrenz zu Jesus formuliert. Denn beide sind auf *je verschiedene Weise* der Höhepunkt dieser Geschichte:

Jesus ist zwar, was sein wahres Menschsein angeht, wie seine Mutter Hörender und Glaubender. Aber er ist zugleich der Sohn Gottes, der in die Welt Gesandte, der, in dem Gott endgültig in die Welt gekommen ist, „wahrer Gott vom wahren Gott“. Das ist Maria gerade nicht, und deshalb ist sie noch besser als Jesus Christus geeignet, all das darzustellen, was ganz und auschließlich der Part des Menschen ist: Sie ist die Hörende, die sich dem Geist Gottes Öffnende, die Empfangende, die „Magd des Herrn“. Diesen Part kann auf signifikanter Symbolebene nur eine Frau darstellen. In diesem Sinn ist Maria der Höhepunkt Israels. Denn Israel lebt aus dem Hören und Empfangen.

*

Wir haben uns in diesem Kapitel gefragt, wie denn der Satz „Christus allein hat uns erlöst" auszulegen sei. Der Satz gilt. Er ist eine der zentralen Wahrheiten des christlichen Glaubens. Aber er muss differenziert verstanden werden. Er schließt eben nicht aus, dass die Erlösung, die in Jesus Christus end-gültig wird, schon vorher in Israel begonnen hat.

Der Satz „Christus allein hat uns erlöst" stellt aber noch vor ein anderes Problem. Die Frage ist ja nicht nur, inwieweit schon das alttestamentliche Israel an der Erlösung beteiligt war, sondern inwieweit der Mensch überhaupt beteiligt ist, wenn Gott ihm an der Erlösung durch Christus Anteil schenkt. Welche Rolle spielt das Selbst-Tun des Menschen, wenn er begnadet wird? Diese Frage hat sich seit Pelagius († vor 431) und Augustinus († 430) in der Theologie zu einem nicht erlöschenden Feuer entwickelt. Zeitweise schlagen die Flammen hoch empor, zeitweise schwelt das Feuer unterirdisch weiter. Doch es brennt immer.

Selbstverständlich können wir das Problem hier nicht wirklich behandeln[23]. Aber ganz kommen wir an der Frage auch nicht vorbei, denn sie spielt tief in die Mariologie hinein. Hat Maria bei der Erlösung durch Christus mitgewirkt? Wenn Maria das Inbild Israels ist, wäre ja ihre Mitwirkung zugleich eine Aussage über die Mitwirkung Israels am Erlösungswerk. Insofern gehört die ganze Frage unbedingt hierher, in dieses Kapitel.

Hat Maria mitgewirkt bei der Erlösung? Kann der Mensch überhaupt mithelfen, wenn er begnadet, wenn er erlöst wird? Als Antwort sollen im Folgenden *vier Denkmöglichkeiten* durchprobiert werden. Sie entwerfen keine idealtypischen Modelle, in die sich die „Gnadensysteme" der Theologiegeschichte einordnen ließen. Sie sollen vielmehr eine Hilfe sein, das Problem zu erkennen und Abwegigkeiten zu vermeiden.

1. Möglichkeit: Alles ist Gnade – und zwar in dem Sinn, dass der Mensch zu seiner Erlösung nicht das Geringste tun kann. Gott tut alles. Das Heil des Menschen und selbst der das Heil ergreifende Glaube sind allein und ausschließlich das Werk Gottes. Der Mensch ist in keiner Weise an seiner Erlösung beteiligt.

2. Möglichkeit: Der Mensch muss alles selber tun. Er ist ja von Gott als selbständiges, freies Wesen geschaffen worden. Er hat Verstand und freien Willen. Gott will gerade, dass der Mensch seine eigene Kraft einsetzt. Und der Mensch kann es auch. Er kann die Dinge in Bewegung bringen. Er kann die Welt verändern. Er kann selbst auf Gott zugehen. Er kann sein Heil wirken.

3. Möglichkeit: Sie versucht, die Denkansätze 1 und 2 zu verbinden: Zwar kann der Mensch vieles, aber er kann nicht alles. Gott muss immer wieder eingreifen und für ihn einspringen. Einen Teil der Erlösung schafft der Mensch selbst. Einen Teil ergänzt Gott. Erlösung ist das Ergebnis eines Kräfteparallelogramms. Die eine Kraft ist Gott, die andere der Mensch. Das Ergebnis ist das Heil.

Überdenkt man diese drei Möglichkeiten, so kann das Urteil nur lauten: Sie sind allesamt abwegig und führen weit weg von der Bibel und der kirchlichen Tradition. Die 1. Denkmöglichkeit nimmt den Menschen in seiner Würde und seinem Selbstand nicht ernst. Faktisch ist sie auch kaum vertreten worden. Selbst die radikalsten Verfechter der gnadenhaften Überwältigung des Menschen durch Gott haben daran festgehalten, dass der Mensch dann, wenn ihm Gott den Glauben geschenkt hat, aus diesem Glauben leben und wirken muss. Eine völlige Herausnahme des Menschen aus dem Geschehen der Erlösung könnte nur in Fatalismus enden.

Auch die 2. Denkmöglichkeit ist zu verwerfen. Sie liefe auf Selbsterlösung hinaus. Das Ergebnis wäre eine nicht auszuhaltende Selbstherrlichkeit des Menschen.

Die 3. Denkmöglichkeit scheint auf den ersten Blick plausibel zu sein und alle Probleme zu lösen. Einen Teil tut der Mensch, einen Teil tut Gott. Denkt man aber weiter, so fällt auch dieser Ansatz dahin. Man kann das Erlösungsgeschehen nicht in zwei Hälften teilen und für die eine Häfte Gott und für die andere den Menschen als Ursache annehmen. Damit würde Gott zu einer Art innerweltlicher Kraft.

So bleibt also nur eine *4. Denkmöglichkeit.* Sie muss damit ernst machen, dass sich beim Empfang der Gnade zwei Freiheiten begegnen: die Freiheit Gottes und die Freiheit des Menschen. Gott greift nicht unter Umgehung der Freiheit und Eigenständigkeit des Menschen in die Welt ein. Er ersetzt nicht durch sein eigenes Handeln, was der Mensch zu tun hat. Er tritt nicht mit seiner Freiheit an die Stelle menschlicher Freiheit.

Indem Gott nichts ersetzt, was vom Menschen zu tun ist, hält der 4. Denkansatz daran fest, dass Gott nicht als eine Art irdische Ursache wirkt. Das heißt: Gott greift nicht unmittelbar in die Welt ein – unter Umgehung aller Zweitursachen *(causae secundae)*. Er handelt nicht, wie der Mensch in der Welt handelt, sondern er handelt *als Gott.* Deshalb tut Gott nicht nur die Hälfte. Dann würde er gerade zu einem Stück Welt. Gott tut alles. Aber eben auf seine Weise. Nämlich als die weltübergreifende und weltjenseitige Ursache *(causa prima),* die alles trägt und alles Gute wirkt und zugleich lockendes Ziel ist. Der Mensch hat Gott nicht als Lückenbüßer neben sich, der nur dann eingreift, wenn der Mensch selbst nicht mehr weiter kann.

So kommt die Gnadentheologie zu der Formel: Gott muss alles tun, und der Mensch muss alles tun. Dort, wo das Werk Gottes in der Welt geschieht, ist es ganz und vollständig Werk Gottes, aber *zugleich* ganz und vollständig Werk des Menschen[24]. Das ist natürlich eine dialektische Formel, die ein Paradox bleibt. Sie muss auch ein Paradox sein, weil das Zusammenwirken von Gott und Mensch ein Geheimnis ist. Am 25. September des Jahres 1855 machte Søren Kierkegaard die letzte Eintragung in sein Tagebuch. Am 11. November ist er gestorben. Seine Eintragung kreist um die Frage, wie es möglich sei, sich trotz allen Ekels und allen Lebensüberdrusses nicht gegen Gott zu empören, sondern an ihm festzuhalten. Es ist reine Gnade, sagt er, und doch: es ist meine Tat. Kierkegaards letzte Sätze lauten[25]:

> *Nur Freiheit kann es tun [an Gott festhalten]; aber die Überraschung über das Können drückt sich dadurch aus, dass der Mensch Gott dafür dankt, als sei Gott es, der es tat; und in seiner Freude über das Können ist er so glücklich, dass er nichts, nichts davon hören will, dass er selbst es sei, sondern dankend alles auf Gott zurückführt, und Gott bittet, es möge dabei bleiben, dass Gott es tue; denn er glaubt nicht an sich selbst, sondern er glaubt an Gott.*

Nur solch paradoxes Reden kann der Erfahrung des Glaubens gerecht werden. Ein Schüler, der nichts gelernt hat, kann nicht darauf vertrauen, dass ihm Gott bei der schriftlichen Prüfung die Mathematik-Aufgaben ausrechnet, weil er zuvor um den Heiligen Geist gebetet hat. Umgekehrt steht jeder, dem einmal etwas wirklich Schönes gelungen ist, am Ende staunend da und sagt sich: „Ich selbst habe das nicht gemacht." Und jeder Glaubende weiß auch: Umkehren zu können, glauben zu können, lieben zu können, ist vom Anfang bis zum Ende Gnade.

Aus den Briefen des heiligen Ignatius von Loyola und aus den Satzungen der Gesellschaft Jesu hat man in späterer Zeit das folgende Handlungsprinzip abgeleitet:

> *Dies sei die erste Regel für das, was zu tun ist: Vertraue so auf Gott, als hinge der Erfolg der Dinge ganz von dir und nichts von Gott ab; wende den Dingen jedoch so alle Mühe zu, als würdest du nichts, Gott allein aber alles tun*[26].

Das Gottvertrauen soll sich also gerade darin ausdrücken, dass man selbst all seine Kräfte einsetzt. Umgekehrt soll der eigene Einsatz vollkommen vom Gottvertrauen getragen sein. Es muss dabei allerdings bedacht werden: Das „ganz von dir" im Text ist eine Abstraktion, die helfen soll, das Paradox voranzutreiben. In Wirklichkeit ist der Mensch eben nie allein. Er hat Vorbilder, Vorläufer, Wegbahner. Genauer noch: er hat das Volk Gottes beziehungsweise die Kirche. Die Kirche ist der authentische Ort, an dem das Handeln Gottes erfahren werden kann.

Damit kommen wir von den Denkmöglichkeiten und Denkmodellen zur realen Geschichte. Letztlich brauchen wir gar keine Modelle zu konstruieren. Es gibt ja längst ein Realmodell, an dem sichtbar wird, wie Gott in der Welt handelt und wie menschliche und göttliche Freiheit zusammenkommen. Es ist Jesus Christus selbst. In ihm sind Gott und Mensch, sind der Wille Gottes und der Wille eines Menschen völlig eins geworden, unvermischt und ungetrennt. Das Johannesevangelium beschreibt diese Einheit in immer neuen Formulierungen – etwa, wenn es Jesus sagen lässt:

Realmodell

Meine Speise ist es, den Willen dessen zu tun, der mich gesandt hat, und sein Werk zu vollenden. (4,34)
Der Sohn kann von sich aus nichts tun, sondern nur, wenn er den Vater etwas tun sieht. Was nämlich der Vater tut, das tut in gleicher Weise der Sohn. (5,19)
Die Worte, die ich zu euch sage, spreche ich nicht aus mir selbst. Der Vater, der in mir bleibt, vollbringt seine Werke. (14,10)
Mein Vater ist bis heute am Werk, und auch ich bin am Werk. (5,17)

Gott, der Vater, ist hier der eigentlich Handelnde. Das Handeln Jesu besteht darin, sich dem Handeln seines Vaters vorbehaltlos zu öffnen. Dann handelt der Vater *durch ihn.* Weil Jesus nur das will, was der Vater will, weil sein Wille völlig einschwingt in den Willen des Vaters, kann dieser durch ihn in der Welt handeln.

Das Johannesevangelium zentriert diese Erfahrungen mit Jesus in dem Begriff der „Stunde“ (vgl. 2,4; 12,23.27; 13,1; 17,1). Sie ist Chiffre für den völligen Gehorsam Jesu und für sein Sich-selbst-Hingeben an das Handeln des Vaters. Zugleich arbeitet das Johannesevangelium aber gerade in der Passionsgeschichte die völlige Freiheit Jesu heraus[27].

So wird innerhalb der Christologie des 4. Evangeliums deutlich: Wenn es um die Sache Gottes geht, beeinträchtigen sich die Freiheit Gottes und die Freiheit des Menschen in keiner Weise. Sie konkurrieren nicht miteinander. Man muss geradezu sagen: Je mehr sich der Glaubende dem Willen Gottes preisgibt, desto mehr Freiheit gewinnt er und desto mehr wird er selbständig Handelnder.

Die Freiheit des glaubenden und sich Gott hingebenden Menschen ist also „geschenkte Freiheit“[28], aber eben so die höchste Freiheit, die es geben kann. Denn jene Freiheit, die sich der Mensch eigenmächtig herausnimmt, ist in Wirklichkeit nur ein Zerrbild von Freiheit. Sie befreit gerade nicht von der Fremdbestimmung durch den mächtigsten irdischen Herrn, den es gibt: das eigene, in sich selbst verfangene Ich. Der Mensch bedarf der Gnade und der Hingabe an die Sache Gottes, um ganz frei zu werden.

Ein zweites Realmodell für das unvermischte und ungetrennte ‚je-Ganz' des Zusammenwirkens von Gott und Mensch zeigt die Apostelgeschichte. Beim sogenannten Apostelkonzil kommt es zu einer Szene, in der die ganze Versammlung hört und schweigt und schweigend sich öffnet für das, was Barnabas und Paulus berichten:

> *Da schwieg die ganze Versammlung, und sie hörten Barnabas und Paulus zu, wie sie erzählten, welch große Zeichen und Wunder Gott durch sie unter den Heiden getan hatte. (Apg 15,12; vgl. 15,4; 21,19)*

Gott hat also *durch* Barnabas und Paulus gehandelt. Sieht man genau zu, so ist dies die Grundstruktur der gesamten Apostelgeschichte[29]. Im Grunde ist das Zweite Buch des lukanischen Doppelwerkes keine „Apostelgeschichte", sondern die Geschichte des Handelns Gottes durch die Apostel, durch Paulus und durch die frühchristlichen Gemeinden.

*

Was bedeutet das alles für die mariologische Frage? Was bedeutet es für die Frage, ob Maria bei unserer Erlösung Mitwirkende war? Das Paradox, von dem wir sprachen, muss auch hier durchgehalten werden: An Maria, die der Engel eine „Begnadete" nennt, hat Gott alles, restlos alles getan. Er hat sie, in der Sprache Pius IX., mit Gnade überschüttet. Er hat sie erwählt, er hat sie freigehalten von der Erbsünde, er hat ihr Leben behutsam geführt, er hat ihr seine Boten gesandt, er hat ermöglicht, dass sie ihr „Ja" in Freiheit sprechen konnte.

Zugleich hat Maria alles, restlos alles selber getan. Sie hat die Anfechtungen, die jeden Menschen überkommen und die auch ihrem Sohn später nicht erspart geblieben sind, überwunden. Sie lässt das Schwert des Leidens in ihr Herz dringen. Sie hört bei der Hochzeit zu Kana das Wort Jesu „Was ist zwischen mir und dir?" und resigniert dennoch nicht, sondern antwortet mit dem Satz: „Was er euch sagt, das tut." Sie steht draußen, als Jesus drinnen sagt: „Das hier sind meine Mutter und meine Brüder!" (Mk 3,34) und geht dennoch den Weg mit Jesus weiter. Bei Johannes steht sie unter dem

Kreuz, an dem ihr Sohn umgebracht wird. Sie begibt sich bei all dem in den dunklen Willen Gottes hinein. Sie betrachtet sich nicht als die Herrin ihres Lebens, sondern als „Magd des Herrn". Sie spricht ihr „Ja", obwohl sie auch verbittert sagen könnte: „Jetzt reicht es. Ich mache nicht mehr mit."

Nur gilt auch hier: Maria war bei all dem nicht allein. Sie war eingebettet in die lange Geschichte der Anfechtungen und der Tröstungen Israels. Wenn sie die Psalmen sprach, konnte sie dort alles schon finden: das Handeln Gottes an seinem Volk, seine Hilfe, seine überströmende Gnade, die Leiden des Gerechten und seine Aufrichtung durch Gott.

Hat Maria also mitgewirkt bei der Erlösung? Selbstverständlich! Jede andere Antwort würde aus der Erlösung einen Mechanismus machen, den Gott ablaufen lässt wie eine Spieluhr, und aus dem Menschen einen Automaten, der mit Computerstimme irgend etwas von sich gibt. Wenn Gott wahrhaft Gott ist, und der Mensch wirklich Mensch, so müssen bei dem Geschehen der Erlösung beide – je in ihrer Weise, aber vom Anfang bis zum Ende – ihre Freiheit hineingegeben haben. Wenn Maria bei diesem Geschehen, das ja nicht mit der von Lukas erzählten Verkündigungsszene auszuschöpfen ist, sondern bis zum Stehen unter dem Kreuz reicht, „Nein" gesagt hätte, so hätte es keinen Jesus gegeben und Gott hätte an anderer Stelle neu anfangen müssen.

Sollen wir also Maria als Miterlöserin[30] bezeichnen? Das 2. Vatikanische Konzil hat diesen Titel vermieden und hatte dafür gute Gründe. Es hat nur den Titel „Mittlerin" erwähnt und der Sache nach von der Vermittlung Marias gesprochen (Lumen gentium 62). Johannes Paul II. hat dann 1987 in seiner Enzyklika „Redemptoris Mater" ausführlich das Thema der Mittlerschaft Marias dargestellt. „Miterlöserin" wird Maria auch in dieser Enzyklika nicht genannt. Es gibt allerdings in der katholischen Kirche Kreise, die sich seit langem darum bemühen, dass auch dieser Titel kirchenoffiziell wird. Was soll man davon halten?

Auf der einen Seite haben wir schon genug Wörter, die ständig neue Missverständnisse provozieren. Man denke nur an ‚Erbsünde' und ‚Unbefleckte Empfängnis'. Selbstverständlich meint dieses Urteil nur die *Wörter* und nicht die *Sache,* die diese Wörter ausdrücken wollen. Bei der Sache, die mit diesen Wörtern gemeint ist, muss die Kirche unter allen Umständen bleiben. Aber es gibt eben Wörter, die sich im Fortgang der Geschichte als unzulänglich erweisen, mehr noch, die selbst ein Stück Unheil an sich tragen. Sollen wir die Verkündigung der Kirche wirklich mit weiteren Wörtern dieser Art belasten? Wäre es nicht viel wichtiger, das, was hinter dem „Ja" Marias steht, so tief in unser Bewusstsein zu schreiben, dass wir das Wort ‚Miterlöserin' gar nicht brauchten?

Die Sache hat aber auch eine ganz andere Seite. Von dem her, was das Thema dieses Buches ist, könnte das Stichwort ‚Miterlöserin' in einem neuen Licht erscheinen. Wenn Maria wirklich das Inbild Israels ist, würde ihre Miterlöserschaft ja besagen, dass das glaubende und hoffende Israel Wegbereiter, Helfer und Mittler auf Jesus Christus hin war. Dann würde dieser Titel ausdrücken, dass unsere Erlösung eben nicht plötzlich vom Himmel fiel, sondern sich in einer langen Geschichte in Gottes erwähltem Volk angebahnt hat. Und das wäre nun allerdings ein Sachverhalt, über den in der Kirche und in der Welt gar nicht genug geredet werden könnte. Ob das aber gerade mithilfe dieses Begriffs geschehen sollte, bleibt eine sehr ernste Frage. Man kann die unersetzliche Rolle Israels auch auf anderen Wegen zeigen.

6. *Die Taufe als Errettung aus dem Machtbereich der Erbsünde*

Die Kirche lehrt: Der Empfang der Taufe befreit von der Erbsünde. Aber wie geschieht das? Durch einen verborgenen göttlichen Akt im Augenblick der Taufhandlung, der dem Täufling das Erlösungsverdienst Christi zuwendet? Durch einen persönlichen Bund Gottes mit dem Täufling? Indem Gott das Kind oder den Erwachsenen während der Taufe mit heiligmachender Gnade überschüttet?

Es liegt auf der Hand: An dieser Stelle wiederholen sich noch einmal sämtliche Fragen, die wir uns schon bezüglich der Unbefleckten Empfängnis Marias stellen mussten. Bei Maria war es die Frage, auf welche Weise sie vor der Erbsünde *bewahrt* wurde. Bei jedem Täufling ist es die Frage, wie er von der Erbsünde *befreit* wird. Wie hat man sich diese Befreiung konkret vorzustellen?

Der „Katechismus der Katholischen Kirche", erschienen seit 1993, formuliert: „Durch die Taufe werden *sämtliche Sünden* nachgelassen, die Erbsünde und alle persönlichen Sünden sowie die Sündenstrafen"[1]. Das „Kompendium" des „Katechismus der Katholischen Kirche"[2] sagt es noch knapper: „Die Taufe bewirkt die Vergebung der Erbsünde". Ähnliche Sätze finden sich in fast allen katholischen Katechismen. Sie sind formuliert im Anschluss an das Konzil von Trient. Ihr Hintergrund ist das Stammvater-Denken der Bibel. Nachgelassen wird die Schuld, die Adam auf sich geladen hat und die von da an auf der Menschheit lastet.

Was damit gemeint ist, wird einsichtiger, wenn man die Erbsünde nicht ihm Rahmen des orientalischen Stammvater-Schemas, sondern vom heutigen Denken her als *Unheilszusammenhang* begreift, der aus den persönlichen Sünden vieler entstanden ist. Die traditionelle Erbsündenlehre hatte zwar durchaus versucht, Begriffe zu bilden, die den umfassenden Unheilszusammenhang, in dem der Einzelne steht, zur Sprache bringen sollten. Sie sprach von der geheimnisvollen Einheit des Menschengeschlechts, von der Heiligkeit und Gerechtigkeit, die Adam *für alle* verloren hat, und von der allen gemeinsamen Menschennatur, die seit Adam eine gefallene ist und als gefallene durch jede Zeugung weitergegeben wird. Vor dem Hintergrund solcher Begriffsbildungen muss der Weltkatechismus dann freilich einräumen[3]:

> *Deswegen ist die Erbsünde „Sünde" in einem übertragenen Sinn: Sie ist eine Sünde, die man „miterhalten", nicht aber begangen hat, ein Zustand, keine Tat.*

Wie aber kann man einem heutigen Menschen, der gewohnt ist, in personalen Kategorien zu denken, klarmachen, dass eine Sünde, „die man miterhalten, nicht aber begangen hat", die „ein Zustand", aber „keine Tat" ist, dennoch jedem Einzelnen „nachgelassen" werden muss? Die Schultheologie hat sich hier die Dinge unnötig schwer gemacht, indem sie abstrakt von der gefallenen *Natur* des Menschen redete. Sie wollte mit Recht an der Schuld festhalten, die mit Adam in die Welt gekommen war, hat diese Schuld aber allzusehr juridisch und allzuwenig geschichtlich gedacht. Viel einfacher ist doch zu sagen: Jeder Einzelne wird in eine Welt hineingezeugt, die von einer langen Sündengeschichte geprägt ist – und deshalb muss er aus dieser Situation errettet werden. Damit ändert sich dann notwendig die Sprache: Ein geschichtlich gewordener Unheilszusammenhang kann nicht „nachgelassen“ werden. Aus ihm muss man „befreit“ werden.

*

Nun ist es das Großartige am Weltkatechismus, dass er in so reichem Maß die Heilige Schrift, die Kirchenväter und die großen Theologen zu Wort kommen lässt. Auf diese Weise korrigiert er sich selbst. Er spielt nämlich an anderer Stelle – bei der Erklärung der Kindertaufe – auf Kolosser 1,13 an[4]. Es lohnt sich, diesen Text aus dem Brief an die Gemeinde in Kolossä genauer zu betrachten. Denn er weist den Weg, wie man am besten über die Befreiung von der Erbsünde redet:

> *Er [der Vater Jesu Christi] hat euch fähig gemacht zur Teilnahme am Los der Heiligen im Licht. Er hat uns der Macht der Finsternis entrissen und in das Reich seines geliebten Sohnes hineinversetzt. In ihm haben wir die Befreiung, den Nachlass der Sünden. (Kol 1,12–14)*

Wir werden sehen, dass hier mit dem „Nachlass der Sünden“ gerade nicht so etwas wie der Nachlass der *Erbsünde* gemeint ist. Dem, was die Kirche in späteren Jahrhunderten Erbsünde genannt hat, entspricht in Kolosser 1,12–14 vielmehr die „Macht der Finsternis“. Doch betrachten wir den Text Schritt für Schritt:

Da ist zunächst einmal von einem ganz bestimmten, einmaligen Geschehen die Rede. Dieses Geschehen kann nur die Taufe sein. Sie hat die Christen von Kolossä „der Macht der Finsternis entrissen“. Der Verfasser des Kolosserbriefs, wahrscheinlich ein Schüler des Paulus, bewegt sich hier ganz in dem Vorstellungsbereich, den wir schon bei Paulus selbst kennengelernt haben (vgl. Kapitel I / 7): Im Römerbrief spricht Paulus immer wieder von der Sünde als einer

Macht, die den Menschen überwältigt und ihm die Freiheit nimmt. Hier erscheint sie zusätzlich als ein Macht*bereich,* in dem Finsternis herrscht. Es handelt sich also genau um das, was wir als Erbsünde bezeichnet haben. Sie wird als umfassendes Unheil vorgestellt, als eine Sphäre der Unfreiheit, welcher der Mensch aus eigener Kraft nicht entkommen kann.

Aus diesem Unheilsbereich sind die Christen von Kolossä in der Taufe errettet worden. Und wie wurden sie errettet? Sie wurden hineinversetzt „in das Reich" Jesu Christi, des „geliebten Sohnes". Im Griechischen steht hier das Wort *basileia.* Statt mit „Reich" kann man es auch mit „Herrschaft" übersetzen. Es geht um den Herrschaftsbereich Christi. Dort herrscht nicht die Finsternis, sondern das Licht. Wer durch die Taufe in den Herrschaftsbereich Christi hineingenommen wird, erhält Anteil „am Los der Heiligen im Licht".

Worum handelt es sich bei diesem Herrschaftsbereich Christi? Es ist gar keine Frage, dass der Verfasser des Kolosserbriefs hier bewusst Assoziationen an den Himmel herstellt. Er redet ja nicht nur vom „Licht", sondern von den „Heiligen im Licht". In Kolosser 3,1 (vgl. 2,12) kann er sogar formulieren, dass die Christen von Kolossä in der Taufe bereits mit Christus von den Toten auferweckt wurden. Sind die Christen also durch die Taufe schon im Himmel angelangt und mit den „Heiligen im Licht", also den Engeln[5], vereint?

Genau das will der Verfasser des Kolosserbriefs sagen. Aber er will zugleich sagen, dass dieser Herrschaftsbereich Christi, in dem man schon Anteil am Himmel hat, nichts anderes ist als die Kirche auf Erden. Er spricht bewusst in paradoxer Sprache. Die Kirche ist für ihn engste Gemeinschaft mit dem zur Rechten Gottes erhöhten Christus – und doch zugleich der reale irdische Sozialverband, in den man durch die Taufe eintritt. Das Leben der Christen ist schon „mit Christus verborgen in Gott" (Kol 3,3) – und ist doch zugleich das harte und ständig von Versuchung bedrohte Leben in dieser Welt. Der Getaufte hat bereits Anteil am Leben der heiligen Engel im Himmel – und doch sind diese Engel auch seine Mitchristen in der Gemeinde. Der Verfasser des Kolosserbriefes wagt es sogar, Linien, die schon bei Paulus da waren (1 Kor 12,12–13), weiter auszuziehen und die universale Kirche als den „Leib“ des erhöhten Christus zu bezeichnen (Kol 1,18). Der Auferstandene ist das Haupt, die Kirche sein Leib.

So zeigt Kolosser 1,12–14: Die Taufe errettet den Menschen aus dem Machtbereich der Erbsünde *gerade dadurch,* dass sie ihn in den Machtbereich des erhöhten Christus versetzt. Dieser Machtbereich aber ist nichts anderes als die Kirche. Es gilt zwar auch: Der Erhöhte ist Herr der ganzen Welt, nicht nur der Kirche. Er ist ja „der Erstgeborene aller Schöpfung“ (Kol 1,15), und in ihm geschieht die Versöhnung des Alls (Kol 1,20). Aber die Kirche ist der Bereich, in dem die Weltherrschaft Christi schon jetzt anerkannt wird und wo sich der Sieg über den Machtbereich der Finsternis und die Versöhnung des Alls schon jetzt ereignen. Denn in der Kirche gibt es Versöhnung, Befreiung und den „Nachlass der Sünden“.

Noch einmal: Mit den Sünden, die „nachgelassen“ werden, ist in Kolosser 1,14 selbstverständlich nicht das gemeint, was die spätere Tradition „Erbsünde“ nennt. Gemeint sind persönliche Sünden. Es geht ja um die Taufe Erwachsener. Die Entsprechungen zur Erbsünde stecken in der Aussage über die „Macht der Finsternis“, aus der die Getauften errettet wurden.

Übrigens verwendet nicht nur der Brief an die Kolosser das Bild vom Hinübergerettet-Werden. In der Apostelgeschichte fordert Petrus nach seiner Pfingstpredigt die Zuhörer auf: „Lasst euch erretten aus diesem verkehrten Geschlecht“ (2,40). Und die Erzählung fährt fort:

> *Die nun, die sein Wort annahmen, ließen sich taufen. An diesem Tag wurden etwa dreitausend Menschen hinzugefügt. Sie hielten fest an der Lehre der Apostel und an der Gemeinschaft, am Brechen des Brotes und an den Gebeten. (Apg 2,41–42)*

Auch hier also ein Errettet-Werden aus einem Bereich, der unter der Herrschaft der Sünde steht und deshalb verkehrt, verdorben, pervertiert ist, hinein in einen anderen Bereich, dem die Neugetauften „hinzugefügt“ werden. Es ist die Kirche.

*

Wenn wir nun von der Paulus-Schule zu Paulus selbst zurückgehen, zeigt sich sofort, dass bereits bei ihm das Fundament für die Tauftheologie des Kolosserbriefs gelegt worden ist. Wählen wir zunächst Galater 3,26–29:

> *Allesamt seid ihr durch den Glauben Söhne Gottes in Christus Jesus. Denn ihr alle, die ihr auf Christus getauft worden seid, habt Christus [als Gewand] angezogen. Da gibt es nicht mehr Juden und Griechen, nicht mehr Sklaven und Freie, nicht mehr Mann und Frau. Denn ihr alle seid ‚einer' in Christus Jesus. Wenn ihr aber Christus angehört, so seid ihr Nachkommen Abrahams, Erben kraft der Verheißung.*

Die Christen in Galatien sind also „auf Christus" getauft worden. Das heißt zunächst einmal: Sie wurden auf „den Namen Christi" getauft. Der Name Christi wurde bei der Taufe über sie „ausgerufen" (Jak 2,7), und sie haben sich zu diesem Namen „bekannt" (Röm 10,9). „Auf Christus" spielt demgemäß auf den *äußeren* Taufvorgang an. Wir müssen uns ja stets vor Augen halten, wo die urchristliche Taufe herkommt. Ihr Ursprung war die Johannestaufe. Wie die Johannestaufe ist sie eine Taufe „zur Vergebung der Sünden". Wie die Johannestaufe sammelt sie das Gottesvolk zur Umkehr angesichts des nahen Endes. Wie die Johannestaufe will sie Gott ein heiliges Volk schaffen. Von der Johannestaufe unterscheidet sie nur, dass sich diese rettende Sammlung des Gottesvolkes nun aufgrund des Heilsgeschehens in Christus ereignet. Deshalb wird „auf Christus" getauft[6].

Allerdings hat dieses „auf Christus" jetzt eine nicht auslotbare Tiefe erhalten. Das wird deutlich an dem „in Christus", das in unserem kurzen Text zweimal erscheint. Die Galater sind durch ihre Taufe Söhne und Töchter Gottes geworden „in Christus Jesus". Sie sind also von Gott so geliebt, wie Jesus selbst von Gott geliebt ist. Und alle nationalen und sozialen Unterschiede sind belanglos geworden, weil die Christen von Galatien durch die Taufe ein einziger „in Christus Jesus" geworden sind. Was meint Paulus mit diesem „in Christus"?

Auf der einen Seite drückt es die tiefe Verbindung zwischen Christus und dem Täufling aus. Der Getaufte hat sich Christus ganz übereignet, so dass Christus in ihm leben und handeln kann. Paulus scheut sich nicht, in Galater 2,20 zu sagen: „Nicht mehr ich lebe, sondern Christus lebt in mir." Andererseits meint das „in Christus" das Eingefügtsein in den „Leib" Christi, das heißt in die Gemeinde beziehungsweise in die Kirche[7]. Paulus setzt also die Errettung und Befreiung von der Sündenmacht tief an. Sie ist Eintauchen in das Geschick Jesu, sie ist aber zugleich Hineingenommenwerden in den Leib der Kirche. Sie ist Geschehen von Christus her – und doch zugleich sehr konkret und sichtbar Anteilhaben am Leben der Gemeinde. Beides schließt sich nicht aus. Es sind zwei Seiten desselben Vorgangs.

Paulus hätte das „Ihr seid *einer* geworden in Christus Jesus" nie formulieren können, wenn die Neugetauften die Einheit untereinander nicht im konkreten Leben der Gemeinde tatsächlich erfahren hätten. Paulus spricht ja die völkischen Barrieren, die Geschlechts- und Standesunterschiede der Gesellschaft in unserem Text sehr deutlich an[8].

Wir erfahren noch heute täglich in den Nachrichten, was völkische und nationale Arroganz in der Welt an Unheil anrichtet. Das war damals nicht anders. Vielleicht sogar noch schlimmer. Für die Griechen waren alle Nichtgriechen „Barbaren". Umgekehrt waren die Heiden für jeden frommen Juden unreine Menschen, von denen man sich fernzuhalten hatte. Das war zwar keine völkische Arroganz. Aber es erzeugte seinerseits Feindschaft. Dass in ein und derselben Gemeinde Juden und Griechen an einem Tisch saßen (vgl. Eph 2,11–22), musste als gesellschaftliches Wunder empfunden werden.

Dasselbe gilt für das Miteinander von Sklaven und Freien. Die frühen christlichen Gemeinden haben zwar niemals versucht, gegen das antike Institut der Sklaverei auf einer allgemein-gesellschaftlichen Ebene anzugehen. Das lag nicht in ihrer Macht. Aber dort, wo sich die Gemeinde *als Gemeinde* versammelte, durfte der Unterschied von Sklaven und Freien keine Rolle mehr spielen. Der Sklave wurde zum Bruder. Wenn Paulus sagt, innerhalb der christlichen Gemeinde sei die Unterscheidung zwischen Sklaven und Freien bedeutungslos geworden, so bleiben die Gesellschaftsstrukturen der antiken Welt keineswegs unangetastet. Man kann korrupte Systeme einer Gesellschaft gar nicht schärfer angreifen, als wenn man mitten in dieser Gesellschaft eine Gegenwelt lebt[9].

Das Dritte, was Paulus zufolge „in Christus", also in der christlichen Gemeinde, nicht mehr zählt, ist der gesellschaftliche Unterschied zwischen Mann und Frau. Die Dominanz des Mannes hat die antike Gesellschaft ganz und gar bestimmt. Hat die Urkirche auch diese soziale Barriere überwunden?

Man verstellt sich die richtige Antwort, wenn man hier den Blick sofort auf die Frage ‚Frau und kirchliches Amt' fixiert[10]. Sachgerecht wäre es vielmehr, den Blick darauf zu richten, welche Rolle die Frauen tatsächlich in den paulinischen Missionsgemeinden gespielt haben. Es lohnt sich, unter dieser Rücksicht einfach einmal die Grußliste des 16. Kapitels des Römerbriefs durchzulesen. Da werden genannt: Phöbe, Priska, Maria, Junia, Tryphäna, Tryphosa, Persis, dazu die Mutter des Rufus, Julia und die Schwester des Nereus (Röm 16,1–16).

Das ist, in einem relativ kurzen Abschnitt, eine beachtliche Frauenquote. Und die meisten der genannten Frauen waren ganz offensichtlich Mitarbeiterinnen des Paulus in der Verkündigung und im Gemeindeaufbau. Phöbe wird von Paulus „Dienerin *(diakonos)* der Gemeinde von Kenchräa" genannt; von Maria, Tryphäna, Tryphosa und Persis wird gesagt, dass sie sich im Dienst an den Gemeinden „abgemüht" haben; Priska schließlich war zusammen mit ihrem Mann Aquila für die Mission des Paulus eine nicht wegzudenkende Stütze. Paulus bezeichnet die beiden ausdrücklich als seine „Mitarbeiter"[11].

Nicht mit der Frage, wer welches Amt beanspruchen darf, wird man Galater 3,28 gerecht, sondern indem man darauf achtet, wie im paulinischen Bild der christlichen Gemeinde alle „einander" helfen und „einander" dienen – gleichgültig, ob Mann oder Frau, ob Amtsträger oder nicht. Es ist ganz erstaunlich, welche Rolle das Reziprok-Pronomen „einander" in den Paulusbriefen spielt. Es beleuchtet das, was Paulus mit der Wendung „einer in Christus Jesus" gemeint hat:

einander in brüderlicher Liebe zugetan sein (Röm 12,10)
untereinander Einmütigkeit suchen (Röm 12,16)
einander annehmen (Röm 15,7)
einander zurechtweisen (Röm 15,14)
einander mit heiligem Kuss grüßen (Röm 16,16)
einander Tischgemeinschaft gewähren (1 Kor 11,33)
füreinander in Eintracht sorgen (1 Kor 12,25)
einander in Liebe Sklavendienste leisten (Gal 5,13)
einander die Lasten tragen (Gal 6,2)
einander ermahnen (1 Thess 5,11)
einander Gutes tun (1 Thess 5,15)

Man sieht dieser Liste sofort an, welches Kirchenverständnis ihr zugrunde liegt. Paulus setzt in seiner Tauftheologie Gemeinden voraus, in denen aus dem „Eins-Werden in Christus" Neues entstanden ist: eine neue Welt, eine neue Gesellschaft, eine neue Schöpfung – Gesellschaft, wie Gott sie schon immer gewollt hat. Die Befreiung von der Erbsünde geschieht durch den Eintritt in diesen „Leib" des Christus, durch den Eintritt in die Gemeinde.

Galater 3,26–29 zeigt aber noch mehr. Wenn man nur von Eingliederung in die Gemeinde beziehungsweise in die Kirche reden würde, sagte man noch zu wenig. Die Taufe ist zugleich Eingliederung in die Geschichte des Gottesvolkes seit Abraham. Der Getaufte wird nicht nur Kind Gottes, sondern auch Kind Abrahams und Erbe der Verheißung, die an Abraham ergangen ist. Deshalb kann Paulus Abraham den „Vater" auch der Heidenchristen nennen (Röm 4,11). Deshalb kann er den Heidenchristen in Galatien sagen:

Wenn ihr aber Christus angehört, dann seid ihr Nachkommen Abrahams, Erben kraft der Verheißung. (Gal 3,29)

Auch die Heidenchristen haben Anteil erhalten an der „Kraft der Wurzel". Sie sind eingepfropft worden in den „edlen Ölbaum" Israel (Röm 11,17–18.24). Anteilhaben am Schicksal und am Leben Jesu Christi heißt also zugleich: Anteil haben an der gesamten Heilsgeschichte Israels, die Christus mit seinem Leben, seinem Tod und seiner Auferstehung ‚verendgültigt' hat.

Dass der Mensch in der Taufe nicht nur Kind Gottes, sondern auch Kind Abrahams wird und so in die Geschichte Israels hineinverwurzelt wird, ist den Christen meist nicht mehr bewusst. Erschreckenderweise fehlt dieser Aspekt auch im heutigen Taufritual. Er tritt nur in der Liturgie der Osternacht hervor, dort allerdings mit großer Kraft. Man betrachte etwa die Oration „Cuius antiqua miracula“ nach der 3. Lesung[12]:

> *O Gott, wir erfahren es: Deine uralten Wunder springen über bis in unsere Tage. Was einst deine Rechte in Macht für ein einziges Volk getan hat, das wirkst du jetzt zum Heil aller Völker. Als der Pharao dem Volke nachjagte, hast du es aus dem Meere gerettet. Jetzt führst du die Völker durch das Wasser der Wiedergeburt in die Freiheit. Gib, dass die Erdenbewohner in voller Zahl zu Kindern Abrahams werden und Anteil erhalten an der Würde Israels. Durch Christus unseren Herrn.*

Man wird nicht so schnell eine bessere und anschaulichere Beschreibung der Errettung aus dem Machtbereich der Erbsünde finden, als sie diese sehr alte Oration bietet. Der Pharao steht hier für das Reich des Unheils und der Unfreiheit. Gott aber führte Israel in das Land der Freiheit. Was damals geschah, springt über in die Gegenwart: In der Taufe werden die Heidenvölker in die Freiheit geführt, indem sie zu Kindern Abrahams werden und Anteil erhalten an der Würde Israels.

*

Alles, was Paulus in seinen Briefen über die Taufe sagt, verdichtet sich noch einmal im 6. Kapitel des Römerbriefs. Hier tritt nun die Zeichendimension des Taufsakraments[13] besonders deutlich hervor. Jeder, der auf Christus getauft wird, stirbt mit Christus und wird mit ihm begraben:

> *Wisst ihr denn nicht, dass wir alle, die wir auf Christus Jesus getauft wurden, auf seinen Tod getauft worden sind? Wir wurden mit ihm zusammen begraben durch die Taufe auf den Tod, und wie Christus durch die Herrlichkeit des Vaters von den Toten*

auferweckt wurde, so sollen auch wir in einem neuen Leben wandeln. (Röm 6,3–4)

Das „Begrabenwerden" spielt selbstverständlich darauf an, dass der Täufling einst vollständig untergetaucht wurde (vgl. Apg 8,36–38). Das Wasser schlug über ihm zusammen. Es bedeckte ihn. Bei Johannes dem Täufer hatte dieses Vom-Wasser-Bedecktwerden den Sinn eines Schutz-Symbols: Der Täufling wird geschützt gegen das bevorstehende Feuergericht, das alle Sünder verbrennen wird (Mt 3,11–12). Gott hüllt denjenigen, der seine Sünden bekannt hat und im Jordan untergetaucht wurde, gleichsam in schützendes Wasser.

Nach Pfingsten, als die Jüngergemeinde Jesu die Johannestaufe neu aufgreift, lagert sich der alten Symbolik eine neue Sinndimension an. Die Wasserfluten stehen in der antiken Welt auch für Chaos und Tod. Jeder, dem die Wasser bis zur Kehle reichen, ist vom Tode bedroht (Ps 69,2). Im Wasser versinken heißt sterben. So wird das Im-Wasser-Untergetauchtwerden und das Aus-dem-Wasser-Auftauchen zum sakramentalen Zeichen, welches bewirkt, dass der Täufling mit Christus stirbt und mit ihm in ein neues Leben eintritt.

Da aber die Taufe nicht nur mit Christus, sondern in Christus auch mit dem Geschick Israels verbindet, symbolisiert das Hineingehen in das Wasser zugleich den Durchzug Israels durch das Schilfmeer. So sieht es nicht nur die Liturgie der Osternacht, sondern so sah es bereits Paulus, wie sich aus 1 Korinther 12,1–13 deutlich erkennen lässt. Israel wurde durch das Meer hindurchgerettet in das verheißene Land. Entsprechend werden die Täuflinge durch die Taufe hineingerettet in die Kirche.

Paulus arbeitet im 6. Kapitel des Römerbriefs aber nicht nur die *sakramentale Symbolik* der Taufe heraus. Er betont hier noch stärker als anderswo, dass die Taufe Errettung ist aus dem Herrschaftsbereich der Sündenmacht. Dabei greift er zu radikalen Bildern (vgl. zum Folgenden auch Kapitel I / 7). Besonders eindringlich ist hier das Bild von der Sklaverei.

Die Sündenmacht hat die Herrschaft über den Menschen. Sie hält sich ihn wie einen Sklaven, wie ihr persönliches Eigentum (Röm 6,17.20). Jeder ist ihr ausgeliefert. Wenn ein Mensch aber in der Taufe mit Christus stirbt, verliert die Sünde die Herrschaft über ihn (6,7). Ein Herrschaftswechsel findet statt. Nicht mehr die Sünde ist nun der Dienstherr des Menschen, sondern Gott (6,22). Der Getaufte ist nicht mehr Sklave der Sünde, sondern Sklave der Gerechtigkeit (6,18–19). Der „alte Mensch" wird in der Taufe „mitgekreuzigt" (6,6), das heißt, der Täufling stirbt seinem alten Leben, das unter der Herrschaft der Sünde stand.

Diese Bilder zeigen, wie weit die Sündenmacht reicht. Sie umgibt den Menschen nicht nur als Unheilssphäre, sondern sie beherrscht seine gesamte Existenz. Sie „wohnt" im Innersten des Menschen (7,17). Paulus spricht in diesem Zusammenhang sogar vom „Sündenleib" (6,6). Das meint gerade nicht, die Sünde wäre vor allem im Leib zu Hause, während der Geist von ihr frei wäre. „Leib" ist bei Paulus Ausdruck für die Form des menschlichen Daseins schlechthin. In Römer 7,14–25 schildert Paulus in einer unheimlichen Existential-Analyse, wie der Leib, also die ganze Person des Menschen, von der Sünden- und Todesmacht vergewaltigt wird. Aber eben diese der Sünde und dem Tod verfallene Daseinsform des Menschen wird in der Taufe vernichtet. Eine neue Existenz beginnt, die vom Heiligen Geist bestimmt ist. Es ist die Daseinsform des Lebens in der Kirche:

> *Jetzt gibt es kein Verdammungsurteil mehr für die, welche in Christus Jesus sind. Denn das Gesetz des Geistes und des Lebens in Christus Jesus hat dich frei gemacht vom Gesetz der Sünde und des Todes. (Röm 8,1–2)*

Noch einmal: Bei all diesen Aussagen ist zu beachten, dass Paulus sehr genau zwischen den persönlichen Verfehlungen des Menschen und „der" Sünde im Singular unterscheidet. „Die" Sünde ist für Paulus eine die Welt beherrschende Geschichtsmacht. Sie deckt sich weitgehend mit dem, was die Kirche später als „Erbsünde" bezeichnet hat (vgl. Kapitel I / 7). Dieser Sündenmacht ist der Christ in der Taufe gestorben. Ihr wurde er entrissen. Aus ihrem Herrschaftsbereich wurde er errettet in die Kirche hinein. Den „Todesleib" (7,24), also seine von der Sünde beherrschte alte Lebensform, hat er in der Taufe abgelegt.

*

Aber ist das alles nicht viel zu euphorisch? Wie kann der Eintritt in die Kirche schon Rettung sein vor der Macht der Sünde? Mit der Aufnahme in die Kirche lebt der Getaufte ja keineswegs in einem Raum, in dem es keine Sünde mehr gibt. Wieviel Karrieresucht, wieviel Intrigen, wieviel Streit, wieviel Spaltung, wieviel Elend auch in der Kirche! Und es sind ja nicht nur die persönlichen, die aktuellen Sünden, die jeder an sich selbst und an den anderen erlebt. Gibt es mitten in der Kirche nicht auch Unheilspotentiale und Unheilsgeschichten, die von Generation zu Generation weitergehen? Wir haben ausführlich über den Antijudaismus in der Kirche gesprochen (Kapitel I / 4). Er zog sich durch die Jahrhunderte. War das nicht so etwas wie ein nicht abreißender Unheilszusammenhang? Erbsünde also auch mitten in der Kirche?

Von daher kann man verstehen, dass die Theologen der letzten Jahrhunderte oft so wenig auf die Kraft des Eintritts des Getauften in die Kirche gesetzt haben. Sie verließen sich lieber auf das innerliche Geschehen im Getauften, sprachen lieber von der heiligmachenden Gnade, von dem Bund des Getauften mit Gott und von der individuellen Erlösung des Einzelnen durch Christus. Das alles war ja auch völlig richtig. Aber wird man der Taufgnade gerecht, wenn man sie auf ein Geschehen zwischen Gott und der Seele beschränkt? Wir haben bereits ausführlich darüber gesprochen, dass Gnade immer auch ‚vermittelte Gnade' ist, dass sie von daher eine eminent soziale und gesellschaftliche Dimension hat. Es muss deshalb dabei bleiben: Nicht nur das Einswerden mit Christus befreit von der Erbsünde, sondern auch der Eintritt in den Heilsraum der Kirche. Beides ist kein Gegensatz. Es gehört zusammen. Aber wie ist dann das Dilemma zu lösen, dass es in der Kirche Sünde und massive Unheilszusammenhänge gibt?

Die Lösung kann nur darin liegen, dass wir auf das genaueste unterscheiden. Das vorliegende Kapitel trägt nicht zufällig die Überschrift: „Die Taufe als Errettung aus dem Machtbereich der Erbsünde". Diese Errettung geschieht, wie wir sahen, durch den Eintritt in den Herrschaftsbereich Christi. Und Herrschaftsbereich ist nicht dasselbe wie sündenfreier Raum. Die Getauften können sündigen und sündigen immer wieder. Sie bleiben der Versuchung ausgesetzt. Aber sie leben in der gnadenhaften Vorgabe, nicht sündigen zu müssen. Sie können sich der Sünde verweigern. Sie haben die Möglichkeit der Unterscheidung, die Möglichkeit der Freiheit. Ja, sie haben die Möglichkeit, heilig zu leben. Sie sind nicht mehr „verkauft an die Sünde" (Röm 7,14).

Paulus beschreibt diese Situation mit dem Paradox des „Schon und noch nicht". Der Getaufte ist „in Christus" bereits der Sünde gestorben. Aber er ist noch nicht auferstanden. Er soll in einem „neuen Leben" wandeln. In der Paulus-Schule wird dieses Paradox sogar noch verschärft: Der Getaufte ist bereits mit Christus von den Toten auferstanden (vgl. Eph 2,6), zugleich aber gilt der Imperativ: „Wache auf, der du schläfst, von den Toten steh auf" (Eph 5,14). Das Paradox des ‚Schon und noch nicht' ist also zugleich eine Dialektik von ‚Indikativ und Imperativ'.

Die Kapitel 6 und 8 des Römerbriefs sind ganz und gar von dieser Dialektik beherrscht. Auf der einen Seite der ständige Indikativ: Der Getaufte ist schon mit Christus gestorben. Er lebt also schon in der neuen Welt Gottes. Er hat den Herrschaftwechsel von den Göttern zu Gott schon vollzogen. Er ist schon errettet. Er ist schon geheiligt im Heiligen Geist. Trotzdem muss er diese neue Existenz nun auch leben. Er muss das realisieren, was bereits an ihm geschehen ist. Es besteht die Möglichkeit, dass er in sein altes Leben zurückfällt. Die Kirche ist also kein Acker, auf dem nur Weizen wächst. In ihr wächst auch das Unkraut (Mt 13,24–30). Sie ist Kirche der Sünder durch die vielen Sünder, die in ihr leben. Und dennoch ist sie die „heilige Kirche", von der das Glaubensbekenntnis spricht und von der die Kirchenväter immer wieder gesprochen haben (vgl. Kapitel III / 2.3). Aber wie geht beides zusammen?

*

Fragen wir wieder ganz schlicht: Was macht die Kirche heilig und was schafft dem Getauften die Freiheit, nicht sündigen zu müssen? Man kann diese Frage sofort hochtheologisch beantworten: Dass die Kirche der Leib Christi ist, Christi Herrschaftsbereich, sein Anwesen, das Kraftfeld seines Heiligen Geistes. Selbstverständlich ist das alles richtig. Es ist sogar entscheidend. Die Kirche ist Raum der

Gnade. Die Gnade Christi hat sich in ihr verleiblicht. Die Kirche ist der Ort in der Welt, an dem die Gnade Christi „in geschichtlicher Greifbarkeit" und „inkarnatorischer Leibhaftigkeit" bleibend anwesend ist[14]. Wir müssen aber noch konkreter reden – und zwar deshalb, weil wir auch über die Erbsünde immer sehr konkret geredet haben. Also: Wo ist die Gnade in der Kirche zu greifen?

In Kapitel I / 3 („Eine Vorstellungshilfe aus heutiger Erfahrung") hatten wir versucht, das Wesen der Erbsünde anhand eines heutigen Zivilisationsproblems zu veranschaulichen. Wir hatten ein Szenario der Umweltverschmutzung aufgebaut, das uns – neben anderem – drei Dinge gezeigt hat:

1. Ein Kind wird in eine mit Schadstoffen durchsetzte Umwelt hineingeboren und nimmt diese Schadstoffe ständig in sich auf. Das Kind hat diesen Unheilszusammenhang nicht selbst gemacht. Er war schon vorher da. Er ist dem Kind vorgegeben.

2. Der Mensch, der in eine derartige Situation hineingeboren wird, verstärkt sie dann aber seinerseits durch seine eigenen Gedankenlosigkeiten. Er macht, was alle machen. Er wird ebenfalls zum Umweltverschmutzer und damit mitschuldig. Auf diese Weise intensivieren sich die Unheilspotentiale.

3. An dem Beispiel der kontaminierten Umwelt ließ sich darüber hinaus zeigen – und darauf kommt es hier an: Der Unheilszusammenhang entstand nicht nur aus Schadstoffen, die bedenkenlos ausgestreut oder in die Luft geblasen wurden. Will man die in dem Szenario geschilderte Situation adäquat beschreiben, muss man auch von ‚struktureller Sünde' reden. In ihr haben sich die Sünden der Gesellschaft niedergeschlagen, in ihr haben sie sich gleichsam verleiblicht – und die strukturelle Sünde schafft dann ihrerseits ständig neues Unheil.

Diese Analyse einer zivilisatorisch gewachsenen Unheilssituation lässt sich nun für den Gesellschafts-Aspekt der Taufe exakt *umkehren.* Die Umkehrung beschreibt dann die Heilssituation, in welcher der Getaufte lebt:

1. Der Mensch wird durch die ‚Neugeburt' der Taufe (also gerade noch nicht durch seine natürliche Geburt) in einen Heilszusammenhang hineingeboren. Der Täufling hat diesen Heilszusammenhang nicht selbst gemacht. Er hat an ihm keinerlei Verdienst.

Der Heilszusammenhang wird ihm mit der Kirche vorgegeben. Er ist reine Gnade, reine Vorgabe.

2. Jeder Getaufte, der wahrhaft „in Christus" lebt, verstärkt diesen Heilszusammenhang. Er erlebt bei vielen anderen in der Kirche, was Glaube, Hoffnung und Liebe sind, und kann deshalb selber glauben, hoffen und lieben. Er hat Vorbilder um sich, die er nachahmen kann. Andere eröffnen ihm durch ihr eigenes Leben die Möglichkeit der Nachfolge.

3. So wie es innerhalb der Unheilszusammenhänge der Welt ‚strukturelle Sünde' gibt, gibt es im Gottesvolk ‚strukturelle Gnade', ja die Kirche ist geradezu der Bereich ‚struktureller Gnade'[15].

Da sind die *Sakramente,* die den Getauften hineinnehmen in den Tod und die Auferstehung Jesu Christi. Das Großartige dieser Sakramente ist, dass sie konkret sind. Derjenige, der gesündigt hat, erweckt nicht nur im stillen Winkel allgemeine Gefühle der Reue, sondern er bekennt vor dem Priester als dem Vertreter der Kirche seine Schuld und wird im Namen Gottes von dieser Schuld losgesprochen. Er wird mit der Kirche und eben dadurch mit Gott versöhnt. Und so konkret wie das Sakrament der Umkehr sind auch die übrigen Sakramente: Da ist das Wasser, das Öl, das Brot, der Wein, die Handauflegung, der Vertrag.

Da ist die *Heilige Schrift,* die den Getauften hineinnimmt in die Erfahrungen Israels seit Abraham, in das Leben Jesu, in das Leben der frühen Gemeinden. Der Getaufte, der diese Heilige Schrift am Sonntag im Gottesdienst hört, dem sie in der Predigt ausgelegt wird und der sie zu Hause liest, wird jedesmal in eine Sinnwelt versetzt, die im Kontrast steht zu den Sinnwelten, denen er in der Gesellschaft ausgesetzt ist. Es ist eine Gegenwelt, die ihm hilft, sein Leben von Gott her zu verstehen und die Welt von Gott her zu deuten.

Da ist die *Lehrtradition* der Kirche. Sie geht weit über das hinaus, was in den Dogmen festgeschrieben und gegen Irrtümer abgesichert ist. Zu ihr gehören die Sprache der Liturgie, die Tradition der Katechismen, die großen Entwürfe der Theologie, die Lehre der Heiligen. Alte Lehrbücher der Dogmatik redeten vom Gnadenschatz der Kirche, dem *thesaurus ecclesiae,* der ihr durch Christus geschenkt sei. Meist stellte man sich diesen Gnadenschatz als etwas unsichtbar-geheimnisvoll-Mystisches vor, aus dem dann die Gnadenströme hervorkämen. Das ist gewiss nicht falsch. Aber was hindert daran, diesen Gnadenschatz sehr viel konkreter zu beschreiben? Ist die Tatsache, dass die Kirche die „Bekenntnisse" des Aurelius Augustinus besitzt, die Jahrhundert für Jahrhundert Menschen ergreifen und umkehren lassen, nicht konkrete Gnade, Teil eines unermesslichen, weltverändernden Schatzes von Texten?

Da ist der christliche *Festkalender* mit seinen Hochfesten, vor allem mit der großen vierzigtägigen Bußzeit und dem sich anschließenden fünfzigtägigen Osterfest, da sind die Gedächtnistage der Heiligen und da ist vor allem der Sonntag. So wie es in der Kirche heilige Orte gibt, gibt es auch heilige Zeiten. Das gesamte Kirchenjahr, das sich eben nicht mit dem bürgerlichen Jahr deckt – es beginnt am 1. Advent und nicht am 1. Januar – ist Heiligung der Zeit. Die graue Masse ewig gleicher Tage wird strukturiert, verwandelt und in das Licht der Geschichte mit Gott gestellt.

Da ist über die Gottesdienste hinaus die christliche *Gemeinde* mit ihren Versammlungen, ihren Gebeten, ihrem Miteinander, ihrer brüderlich-schwesterlichen Zurechtweisung, ihrer gegenseitigen Hilfe. Die Gemeinde bildet einen Lebensraum, in dem Glaube für viele überhaupt erst möglich wird. Sie ist als solche Gnade[16].

Da sind christliche *Lebensformen,* die den Alltag strukturieren: das Morgengebet, das Tischgebet, das Abendgebet, die Anbetung, die Gewissenserforschung. die ‚gute Meinung'.

Da ist schließlich das kirchliche *Amt.* Nicht, weil es am unwichtigsten wäre, wird es hier an letzter Stelle genannt, sondern eher, weil es am wichtigsten ist. Es ist Geschenk des auferstandenen und erhöhten Christus an die Kirche, sagt der Epheserbrief:

> *Der herabstieg, er ist auch hinaufgestiegen über alle Himmel, um das All zu erfüllen. Und er ‚gab' die einen als Apostel, andere als Propheten, andere als Evangelisten, wieder andere als Hirten und Lehrer, um die Heiligen zuzurüsten für die Arbeit des Dienstes an dem Aufbau des Leibes Christi. (Eph 4,10–12)*

Das so oft beschimpfte und als bequemer Sündenbock dienende kirchliche Amt ist also unmittelbare Gnade, die der Auferstandene selbst „gegeben" hat, um die Christen zuzurüsten für die Arbeit am Aufbau seines Leibes. Trotz aller Not und allem Elend auch bei den Amtsträgern – ohne das Amt wäre die Kirche längst untergegangen.

All das und noch vieles andere könnte man ‚strukturelle Gnade' nennen. Sie ist dem Getauften in der Kirche ständig vorgegeben. Er kann jederzeit in diese Gnadengaben eintreten und sich jederzeit von ihnen ergreifen lassen. Die strukturelle Gnade schenkt ihm die Freiheit, als Christ leben zu können – mitten in einer Gesellschaft, die sehr oft ganz anderen Gesetzen folgt. Selbstverständlich steht hinter dieser konkreten, gesellschaftlich vermittelten Gnade Christus selbst und sein Heiliger Geist.

Wir haben bei der Aufzählung dessen, was dem Getauften in der Kirche als konkrete Gnade geschenkt ist, bisher die *Heiligen* ausgelassen. Sie sind aber von größter Bedeutung. Sie sind mehr als Strukturen, obwohl bereits die richtigen Strukturen eine Gnade sind – man denke nur an die christliche Struktur der Woche mit dem Sonntag als dem ersten Wochentag. Sie sind auch mehr als das christliche ‚Milieu', obwohl wir im Augenblick entdecken, dass ohne ein (richtig verstandenes) christliches Milieu der Glaube für den Einzelnen inmitten einer neuheidnischen Gesellschaft fast unmöglich ist. Die Heiligen sind aber noch einmal mehr, denn sie sind Person. Sie sind das überzeugende Zeichen, dass die Kirche eben nicht ein untentwirrbares Gemisch von Heil und Sünde ist, sondern der Ort, an dem Gott durch Christus und alle, die ihm nachfolgen, schon gesiegt hat – der Ort, an dem das Heil endgültig und unwiderruflich in der Welt angekommen ist.

Innerhalb dieser Welt der Heiligen hat *Maria,* die Mutter Jesu, eine besondere Funktion. Von Maria soll nun noch einmal in einem letzten, abschließenden Kapitel die Rede sein.

7. Maria: das unverdorbene Konzept der Schöpfung

1968 veröffentlichte Ida Friederike Görres ein kleines, fast unscheinbares Büchlein, in dem sie vier Meditationen über Maria zusammengestellt hatte[1]. Sie gab ihm den Titel: „Maria: das unverdorbene Konzept". Sie spielt dabei mit dem lateinischen Ausdruck *immaculata conceptio* – unbefleckte Empfängnis. Selbstverständlich will sie mit dem Wort „Konzept" Maria nicht zu einem bloßen Sachverhalt degradieren. Görres, die immer wieder mit der ihr eigenen theologischen Leidenschaft das wahre Gesicht der Heiligen betrachtet hat, weiß, dass Maria Fleisch und Blut war. Aber sie weiß auch, dass Maria zugleich Bild für Größeres ist. „Konzept" sagt sie, das ist die „Konzeption des Künstlers, des Erfinders, des Staatsmanns: schöpferischer Einfall also, erster Entwurf, konzentrierter Gesamtplan"[2]. In der Person Marias tritt der Schöpfungsplan hervor; das, was Schöpfung von Gott her sein soll und was sie einmal vor aller Augen sein wird.

Es lohnt sich, über den Buchtitel von Ida Friederike Görres noch etwas nachzudenken. Denn obwohl wir nun zwanzig Kapitel lang ständig über *Geschichte* gesprochen haben, über Heils- und Unheilsgeschichte, war dabei die Schöpfungstheologie der verborgene Hintergrund unserer Untersuchungen. „Unverdorbenes Konzept" – was kann das heißen?

Görres spricht an einer Stelle ihres Buches vom „zweiten unverdorbenen Konzept, nachdem das erste verpatzt war"; sie spricht von „dem ursprünglichen Einfall Gottes", der in Maria „neu gefasst" wurde[3]. Sie meint damit natürlich die Geschichte vom Sündenfall im Paradies, und sie spielt an auf das uralte Kirchenvätermotiv von Maria als der „neuen Eva". In der „ersten Eva" ist innerhalb des Sprachspiels von Görres das Schöpfungskonzept Gottes misslungen. Eva hat es zunichte gemacht. In Maria aber ist es gelungen. Gott hatte endlich Erfolg.

Gut, das ist mythische Sprache. So spricht auch die Bibel, etwa wenn sie die Geschichte von der Sintflut erzählt: „Da reute es den Herrn, dass er den Menschen gemacht hatte" (Gen 6,6). Wenn man weiß, in welchem Sprachfeld man sich bewegt, darf man auch heute so reden. Ida Friederike Görres hat es mit Sicherheit gewusst. Allerdings: Wir werden diese Art von Sprache auch immer wieder durchbrechen müssen. War das ‚erste Konzept Gottes' tatsächlich misslungen? Brauchte Gott ein ‚zweites Konzept' beziehungsweise eine ‚Neufassung' des ersten?

Wenn es wahr ist, dass sich der Mensch aus dem Tierreich hochentwickelt hat – und welcher Vernünftige kann daran noch zweifeln? – dann stand seine Existenz noch lange unter tierischen Vorzeichen. Die Fremdenfeindlichkeit der Horde (Kapitel I / 5) sitzt ihm bis heute in den Knochen. Hat der Mensch diese Fremdenfeindlichkeit nicht sogar auf Gott ausgedehnt? Wir alle haben Gott einmal „gehasst", waren „Feinde" Gottes, sagt Paulus in Römer 1,30 und 5,10. Das Paradies war nicht der Anfang. Es ist das Ziel. Das Paradies war kein Urzustand, sondern ist das Woraufhin einer langen Entwicklung. Das Tier ‚Mensch' hätte immer menschlicher werden können, oder besser: immer offener und freier für Gott – und eben dadurch immer menschlicher. Das war der Plan. Das Paradies lag nicht in der Vergangenheit. Es wartete in der Zukunft.

Die Sünde, die sich in diese Entwicklung einschlich, hat den Plan nicht verdorben. Sie hat auch die Schöpfung nicht zerstört. Sie hat nicht einmal den Menschen völlig korrumpiert. Und doch hatte das schuldhafte Nicht-Ergreifen dessen, was ergriffen sein wollte (Kapitel I / 5), schreckliche Folgen. Es gibt den Sündenfall tatsächlich, und er ist viel schlimmer, als selbst die Bibel oder überhaupt irgend ein Text ihn schildern könnte. Aber dieser Sündenfall zieht sich durch immense Zeiträume und geht weiter bis in unsere Tage. Wir atmen mitten in ihm und atmen ihn täglich ein.

Doch es gibt zugleich die Gegengeschichte. Biblische Chiffren für sie sind die Urgestalten Henochs und Noachs und schließlich die Gestalt Abrahams. Gott lässt sich seine Schöpfung nicht zerstören. Er lässt sie sich nicht entreißen. Er handelt in der Welt durch Menschen, die sich von ihm und seinem Plan ergreifen lassen. Wir haben diese Gegengeschichte, die in Israel Fleisch annimmt, unter den Stichwörtern Abraham, Mose, Tora, Tempel, Propheten, Weisheit und heiliger Rest im Sinne der biblischen Texte dargestellt (Kapitel II / 1–7). Diese Gegengeschichte ist nicht die Vorgeschichte zu einem *neuen*

Plan Gottes. Sie soll nicht einen *zweiten* Plan Gottes einleiten, sondern in ihr verfolgt Gott unablässig seinen einen und einzigen Plan mit der Welt weiter: sie teilhaben zu lassen an seiner Herrlichkeit.

Dieser Plan trifft auch in Israel auf erbitterten Widerstand (Kapitel I / 6 und 7). Aber wo er gelingt, tritt die Welt zutage, wie sie von Gott gedacht ist – rein und makellos, strahlend wie in morgendlichem Schöpfungsglanz. In Jesus Christus ist das uranfängliche Ziel Gottes erreicht. Er ist endlich der Mensch, auf dem das ganze Wohlgefallen Gottes ruhen kann. Er ist der geliebte Sohn. Er ist der Menschensohn. Aber in das Erreichen dieses Zieles ist Maria eingebunden – und mit ihr die Glaubensgeschichte seit Abraham.

So wie der Schöpfungsplan Gottes nur in einer langen Geschichte verdunkelt und entstellt werden konnte, brauchte es auch einen langen Lauf, bis der Glanz der wahren Schöpfung hervortreten konnte. Die Reinheit Marias und die absolute Lauterkeit Jesu wurden in einer jahrhundertelangen, mühseligen und leidvollen Geschichte erkämpft. Maria ist also wirklich das „unverdorbene Konzept". Ida Friederike Görres hat recht. Aber diese „Unverdorbenheit" ist keine Konserve, die sich überraschend gut gehalten hat, sondern sie wurde in vielen Generationen erarbeitet. Die Freiheit von jenen Unheilszusammenhängen, die wir Erbsünde nennen, fiel nicht vom Himmel. Es hätte die Freiheit und Klarheit Marias niemals gegeben ohne die Hingabe vieler Generationen vor ihr an den Willen Gottes.

Und doch! Wenn das alles gesagt ist, muss (erneut) hinzugesagt werden: Die Welt hätte Jesus und sie hätte seine Mutter nicht hervorbringen können. Weder Maria noch Jesus sind einfachhin ein Produkt der Geschichte, notwendige Konsequenz ihrer Ahnenreihe, ultimatives Qualitätserzeugnis des Gottesvolkes Israel. Dass es Maria gibt, ist reines Wunder. Deshalb begrüßt sie der Engel als „Begnadete". Und dass es Jesus gibt, ist erst recht unbegreifliches Wunder, nicht erwartbar, nicht ableitbar, nicht wiederholbar. Weil das so ist, wird Maria von heiligem Geist überschattet und empfängt Jesus als Jungfrau. Das Licht, das nach den langen Finsternissen der Geschichte über diesen beiden Personen liegt, ist reines Geschenk. Es ist „Morgenglanz der Ewigkeit"[4].

*

Diesen Glanz haben die Glaubenden stets gesehen. Die tiefe Freude, die sich in der Kirche immer von neuem an Maria entzündet hat, ist der dankbare Lobpreis für Jesus, den Gott durch Maria der Welt geschenkt hat. Zugleich – das schließt sich nicht aus – ist jedes Marienlob ein staunendes Wahrnehmen der Schöpfungsherrlichkeit, die in dem jungen Mädchen aus Israel zutage getreten ist. Selbst wenn die faktische Marienverehrung für Außenstehende manchmal so aussah, als sei sie Verabsolutierung und Vergöttlichung Marias – wir müssen davon ausgehen, dass selbst hinter ihren unglücklichsten Formen das Lob der Großtaten Gottes in Schöpfung und Geschichte stand.

Von dem her, was sich uns in diesem Buch gezeigt hat, dürfen wir den Überschwang, mit dem viele katholische Lieder die Schönheit Marias preisen, noch einmal völlig neu verstehen lernen. Es ist ja wahrhaftig nicht wenig, was uns da entgegentritt. Da wird die versammelte Gemeinde wie in einem Rätsel gefragt: „Sagt an, wer ist doch diese, die vor dem Tag aufgeht, die überm Paradiese als Morgenröte steht?" Da wird behauptet, Maria sei „die Schönste von allen, von fürstlichem Stand" und „an ihrer Gestalt" sei „all Schönheit beisammen". Da wird Maria als „Meeresstern" besungen, als „lichter Morgenstern", als „edle Rose" und „Rosengart", als „ein Rosen entsprossen, ein Lilien im Tal", als „Braut, schön geschmücket", als „Freude des Erdenrunds" und „Liebling des Schöpfers", als „wunderschön prächtige, große und mächtige, liebreich holdselige himmlische Frau". Die Beispiele könnten leicht fortgesetzt werden[5].

Betrachtet man das Motiv-Inventar der Marienlieder genauer, so zeigt sich, dass dabei Blumenmotive eine fast stereotype Rolle spielen. Maria wird nicht nur mit Rosen und Lilien verglichen, sondern mit einem Rosengarten, ja mit einem Garten, in dem alle Blumen der Erde blühen. Im Hintergrund stehen spätmittelalterliche Gemälde, die um Maria eine überreiche Blumenzier anordnen. Man denke nur an das herrliche „Paradiesgärtlein" eines unbekannten Meisters im Frankfurter Städel. Solches Malen und Singen kommt nicht von ungefähr. Es hat einen biblischen Hintergrund, und der ist vor allem das Hohelied. Dort heißt es in 2,10–12:

Steh auf, meine Freundin,
meine Schöne, so komm doch!
Sieh nur, der Winter ist vorbei,
verrauscht ist der Regen.
Die Blumen erscheinen im Lande.
Die Zeit des Singens ist da.
Das Gurren der Turteltaube
ist zu hören in unserem Land.

Kurz vorher spricht die Braut von sich selbst (Hld 2,1):

Ich bin eine Narzisse auf dem Scharon,
eine Lilie der Täler.

Und der Bräutigam respondiert (Hld 2,2):

Wie eine Lilie unter den Dornensträuchern,
so ist meine Freundin unter den Mädchen.

Wenn Maria im Mittelalter als „Rose ohne Dornen" besungen wurde, so geht das auf das *lilium inter spinas* dieses Hohelied-Verses zurück[6]. Noch wichtiger aber für die gesamte Marienverehrung ist eine andere Stelle des Hohenliedes geworden, nämlich 4,12. Aus diesem Text stammt das Motiv des *hortus conclusus,* des verschlossenen Gartens:

Ein verschlossener Garten bist du,
meine Schwester Braut, ein verschlossener Teich,
ein versiegelter Quell.

Wir haben in Kapitel III / 2 gesehen, welche herausragende Rolle das Hohelied im Marienlob des Mittelalters gespielt hat. Wir haben aber auch gesehen, dass die ältere theologische Tradition in der Braut des Hohenliedes gar nicht in erster Linie Maria, sondern vor allem die Kirche gesehen hat. Die Konsequenz liegt auf der Hand: Wenn sich in den Marienliedern die floralen Motive drängen, so geht es nicht einfach um Frühlingsrausch und Blumensprießen. Es geht um die überfließende Schönheit der Kirche und um Maria, das Urbild der Kirche, in dem Gott die Herrlichkeit seiner Schöpfung zum Ziel gebracht hat. Der uranfängliche Schöpfungsgedanke Gottes hat in Maria endlich reine und unversehrte Gestalt erhalten. Das wollen die Marienlieder letztlich sagen.

Zugleich darf in all diesen Liedern der heilsgeschichtliche Horizont nicht übersehen werden. Sie arbeiten nämlich fast alle auch mit *kosmischen* Bildern, die auf Offenbarung 12 zurückgehen. Es ist das Strahlen der Sonne, der Glanz der Sterne, das Leuchten des Mondes, das Schimmern der Morgenröte. Ein sehr inniges Lied aus Oberösterreich, entstanden wohl im 19. Jahrhundert, sagt in seiner 1. Strophe[7]:

Wie schön glänzt die Sonn,
wie hell leucht' der Mond,
der Schönheit Marias
doch gleichen nichts kann.

Falsche Naturmystik? Aufdämmern der Aphrodite, der Überfrau, der Großen Mutter, der altorientalischen Himmelskönigin von Jeremia 44? Kehren hier die alten Götter zurück? In keiner Weise! Hinter diesem Motivbereich steht eindeutig das Bild von der endzeitlichen Frau von Offenbarung 12 (vgl. Kapitel III / 1). Dort, in der Johannesoffenbarung, erscheint die Frau, das Inbild des Gottesvolkes, vor einem apokalyptischen Horizont: Der Drache bedroht sie und schickt sich an, ihr Kind zu verschlingen. Hier, in dem alpenländischen Lied, scheint von dieser Gefährdung des Gottesvolkes nichts mehr da zu sein. Übriggeblieben ist offenbar nur der Schöpfungsglanz um Maria. Und doch wenden die folgenden Strophen alles ins Heilsgeschichtliche hinein. Die letzte lautet:

O guldenes Haus,
allwo gangen aus
das Heil aller Welt,
das die Sünden löscht aus.

Schöpfungstheologie und heilsgeschichtliche Theologie sind eben kein Gegensatz. Erst in der Geschichte des Heils zeichnet sich ab, was Schöpfung eigentlich ist. Ein geläuterter Schöpfungsbegriff muss durch die Not der Geschichte hindurchgegangen sein. Er wird unablässig durch die Unterscheidungskraft des Gottesvolkes geprüft. Auch braucht er in seinem Wurzelboden Ehrfurcht und Demut. Nicht wenige, die heute lauthals von der „Bewahrung der Schöpfung" reden, verströmen dabei einen ausgeprägten Herrschaftswillen.

Es lohnt sich, das Gesagte, nämlich das Ineinander von Heilsgeschichte und Schöpfungstheologie, aber auch von Gnade und einer Demut, die weit von jedem Machbarkeitswahn entfernt sind, noch einmal an einem der schönsten deutschen Lieder nachzuprüfen. Es ist ein altes Weihnachtslied, das zugleich ein Marienlied war.

*

Es ist ein Ros entsprungen
aus einer Wurzel zart,
wie uns die Alten sungen,
aus Jesse kam die Art
und hat ein Blümlein bracht,
mitten im kalten Winter,
wohl zu der halben Nacht.

Das Röslein, das ich meine,
davon Isaias sagt,
ist Maria die reine,
die uns das Blümlein bracht.
Aus Gottes ewgem Rat
hat sie ein Kind geboren
und blieb ein reine Magd.

Das Lied stammt aus dem Trierer Raum. Es dürfte dort bereits im 15. Jahrhundert entstanden sein. Im Mainzer Cantual von 1605 wird es als „Das alt Catholisch Trierisch Christliedlein" bezeichnet. Die wichtigste Bezeugung ist das Speyerer Gesangbuch von 1599. Ursprünglich hatte das Lied 23 Strophen[8]. Es war ein ‚Erzähllied', das zur Betrachtung des gesamten Weihnachtsgeheimnisses einlud – einschließlich des Kommens der drei Könige. Die beiden ersten (uns geläufigen) Strophen waren sozusagen der Eingangsraum des Liedes. Sie wollten einstimmen. Die erste Strophe formulierte ein Rätsel und die zweite gab des Rätsels Lösung.

Die erste, die Rätselstrophe spricht von einer Wurzel. Sie ist zart. „Zart“ bedeutete im Mittelhochdeutschen nicht ganz dasselbe wie bei uns heute. „Zart“ meinte fein, schön, kostbar, edel und sogar lieb und vertraut[9]. Wahrscheinlich schwingen diese alten Bedeutungen des Wortes auch hier noch mit. Aus solch kostbarer und edler Wurzel ist ein „Ros“ entsprungen. Das „Entspringen“ deutet die Macht des Vorgangs an. Wenn die richtige Zeit gekommen ist, *springen* die jungen Triebe aus der Erde hervor. Fast über Nacht verändert sich die Welt. Von den Bäumen heißt es dann, sie würden ‚ausschlagen‘. Auch in diesem Wort geht es um die Plötzlichkeit und Mächtigkeit des Vorgangs.

Aus der Wurzel entspringt ein „Ros“. Ein Dichter darf zwar eine Rose unmittelbar aus der Wurzel hervorkommen lassen. Aber eigentlich sind wir doch befremdet. Zudem heißt es auch gar nicht „eine Rose“, sondern „ein Ros“. Wie es zu „dem Ros“ kam, kommt uns heute reichlich kompliziert vor. Für den damaligen Liedermacher war der Vorgang einfach. Er kannte die Heilige Schrift und war mit der liturgischen Tradition vertraut. Er wusste: Das „Ros“ spielt auf Jesaja 11,1 an:

Ein Reis wird hervorgehen aus dem Stumpf Jesse,
ein Schössling wird aufsprossen aus seinen Wurzeln.

Offensichtlich meint das „Ros“ den jungen Trieb von Jesaja 11,1. Aber weshalb sagt der Liedermacher dann „Ros“ und nicht „Reis“? Die Schwierigkeit verstärkt sich noch, wenn man bedenkt, was der Jesaja-Text eigentlich sagen will. Er will Hoffnung schenken in einer düsteren Zeit. Mit der Davidsdynastie ist es nicht mehr weit her. Sie scheint am Ende. Sie lebt nicht mehr den Willen Gottes. Sie ist zu einem morschen Stumpf geworden. Vor diesem historischen Hintergrund sagt aber nun der Text: Aus dem alten Wurzelstock Jesse (Jesse = Isai, der Vater von David) wird ein neuer König hervorsprießen, der endlich Gerechtigkeit und Frieden bringen wird – nämlich der Messias. Bei Jesaja ist also das Reis ein *Mann.* In unserem Lied hingegen ist das Reis ein „Ros“ und – wenn wir die 2. Strophe vorwegnehmen – dieses „Ros“ ist eine *Frau,* nämlich Maria. Wie kam es zu diesem Geschlechtswechsel?

In der lateinischen Bibelübersetzung, die damals für die Gebildeten der maßgebende Text war, lautet das Wort für Reis *virga* (= der Spross, der Zweig, die Gerte). Bei dem Wort *virga* aber brauchte man nur den letzten Buchstaben zu ändern, so wurde daraus *virgo*, die Jungfrau. Damit war das Mittelalter bei Maria, der Jungfrau. Und nicht erst das Mittelalter. Die Nähe von *virga* und *virgo* war schon Tertullian aufgefallen[10]. Die Vulgata, die lateinische Bibelübersetzung, lieferte aber noch einen weiteren Fingerzeig. Sie übersetzte nämlich den hebräischen Text mit einer kleinen Variante:

Et egredietur virga de radice Iesse
et flos de radice eius ascendet.
Ein Reis [virga] wird hervorgehen aus der Wurzel Jesse,
eine Blume [flos] wird aufsprießen aus seiner Wurzel.

Aus der Zweiheit „Wurzel / Trieb" im Hebräischen ist also im lateinischen Text die Dreiheit „Wurzel / Trieb / Blume" geworden. So war es fast konsequent, dass schon im frühen Mittelalter die *virga* auf die *virgo* Maria und die Blume auf Jesus gedeutet wurde. Der Dichter folgt dabei einer langen kirchlichen Deutetradition[11]. Und nun dürfte auch klar sein, weshalb er anstelle eines Reises, wie es der Jesaja-Text eigentlich erfordert hätte, sofort von einem „Ros" spricht: Die Rose war im Mittelalter eben eine stehende Metapher für die Gottesmutter. Maria war die *rosa mystica,* die „geheimnisvolle Rose", die „Rose ohne Dornen", die „Rose von Jericho" (Sir 24,18 Vulg.). Auch hier steht der Dichter in einer langen Tradition. Es ist also keineswegs so, dass die Überlieferung des Liedes erst nachträglich aus dem „Reis" ein „Ros" gemacht hätte. Der Dichter selbst hat es getan. Er spielt mit der Sprache. Er lässt das eine Wort zum anderen hin oszillieren.

Auch bei der nächsten Aussage der Rätselstrophe müssen wir genau hinhören. „Von Jesse kam die Art" – dieser Satz scheint kein Problem zu bieten. Die „Art" denken wir, ist eben die Eigenart, die Eigentümlichkeit, die Natur, das Wesen. Aber so würden wir der Aussage in keiner Weise gerecht. Im Mittelhochdeutschen ist die *art* zunächst einmal die Herkunft, die Abstammung, und zwar oft die Abstammung aus edlem Geschlecht. Dass das Wort ‚art' zumeist positiv gebraucht wurde, sieht man an Wörtern wie abartig, entartet und ausarten. In unserem Lied kann nur das edle Geschlecht gemeint sein. Denn es geht um die Herkunft Marias aus dem königlichen Geschlecht des David – für das Mittelalter eine Selbstverständlichkeit[12]. Man braucht ja nur die vornehmen Kleider zu betrachten, in denen Maria damals gemalt wurde, oder auch nur ihr Gesicht und ihre Hände. Es sind immer die Kleider einer Adligen, und ihr Gesicht und ihre Hände verraten die Kosmetik einer gepflegten Dame. Ist das Verrat an dem wahren Milieu, in dem Maria aufwuchs? Nein! Selbst Kleid und Gesicht sind ein Stück Schöpfungstheologie, wollen etwas sagen über die Erlösung der Schöpfung, die mit der Auferstehung Jesu und mit der Kirche begonnen hat.

Wir sind immer noch bei der Rätselstrophe. Aus dem „Ros" kam ein „Blümlein" hervor. Wir wissen nun schon, dass es Jesus ist. Die Form des Rätsels erlaubte es, das Bild des zarten Blümleins dem kalten Winter zu kontrastieren, in dem es aufblühen muss. Aber es blüht nicht nur im Winter, es erblüht um Mitternacht, also in der tiefsten Stunde der Nacht – dann, wenn der Morgen noch fern ist.

Die Gemeinde, die das Lied sang, dachte dabei natürlich zunächst an die Zeit, in der sie sich um Mitternacht zur Christmette in der kalten Kirche versammelt hatte. Vielleicht dachte man auch an Legenden, die erzählten, wie mitten in der Christnacht ein Baum aufgeblüht war. Aber der Liedermacher wusste mehr. Er dachte an den Introitus des Sonntags in der Oktav von Weihnachten[13], der im Anschluss an das Buch der Weisheit (Weish 18,14–15) das Herabsteigen des göttlichen Wortes besingt:

> *Tiefstes Schweigen hielt alles umfangen; die Nacht hatte in ihrem Lauf die Mitte ihres Weges erreicht: da kam, o Herr, aus dem Himmel vom Königsthrone herab dein allmächtiges Wort.*

Im Buch der Weisheit erschlägt das Wort Gottes „als unerbittlicher Krieger" die Erstgeburt der Ägypter. Die Liturgie verwandelt den alttestamentlichen Text in die Menschwerdung des alles klärenden und unterscheidenden Logos. Der Dichter lässt genau in dieser Mitternacht das Blümlein Jesus erblühen. Willkür? Nein, legitime Variation eines einzigen großen Themas.

Die 2. Strophe bringt dann die Auflösung des Rätsels. Wir kennen die Auflösung schon, und natürlich haben auch die damaligen Gemeinden sie längst gekannt. Das Ros, das Reis, das Röslein ist Maria – und das Blümlein, das aus dem Reis hervorsprießt, Jesus. Aber auch hier, in der Rätsel-Auflösungs-Strophe, ist nicht alles selbstverständlich. „Das Röslein, das ich meine", bedeutet zunächst einmal: „Das Röslein, das ich im Sinn habe." Aber „meinen" hat im Mittelhochdeutschen auch die Bedeutung „lieben". Deshalb könnte im ersten Satz der 2. Strophe zusätzlich die Bedeutung mitschwingen: „Das Röslein, das ich von Herzen lieb habe."

Im Fortgang der 2. Strophe heißt es dann: „aus Gottes ewgem Rat". Das ist eine Anspielung auf den 2. Teil des Jesajabuches. Dort ist mehrfach von dem „Plan" Gottes die Rede, den er in der Geschichte ausführt, und zwar mithilfe seines Gesalbten Kyros. Man vergleiche die Gottesrede in Jes 46,10–11:

> *Ich sage: Mein Beschluss steht fest. Alles, was ich will, werde ich verwirklichen. (...) Was ich sage, das führe ich herbei. Ich entwerfe, und ich führe es auch aus.*

In Epheser 1,3–14 wird diese Theologie des göttlichen Planes dann weitergeführt. Dort ist von dem Ratschluss die Rede, den Gott schon vor aller Schöpfung gefasst hat (vgl. Kapitel III / 3). Der „ewige Rat" Gottes ist also sein Beschluss, sein Plan, der aus der Ewigkeit kommt und für alle Zeiten gefasst ist. Zugleich schwingt aber in dem Wort ‚Rat' vom Mittelhochdeutschen her die Bedeutung ‚Vorsorge' und ‚tätige Hilfe' mit.

Auch der Abschluss der 2. Strophe, die „reine Magd", ist nicht mehr all unseren Zeitgenossen verständlich. Magd *(maget)* ist das mittelhochdeutsche Wort für Jungfrau. Die 2. Strophe endet also mit dem Staunen über die Jungfräulichkeit Marias.

Somit birgt das Lied „Es ist ein Ros entsprungen", das auf den ersten Blick so einfach aussieht, insgesamt eine vielfältige kirchliche und theologische Tradition. Es variiert den biblischen Text, reicht mit seiner Blumen-Metapher bis in das Hohelied hinein, lebt von der Theologie des Jesajabuches und ist trotz seiner Schlichtheit ein höchst kunstvolles Lied. Ein evangelischer Pfarrer namens Friedrich

Layriz ergänzte 1844 die beiden ersten Strophen durch drei weitere, damit der Gemeinde „ein verlängerter Genuß" der wunderzarten lieblichen Melodie dieses Liedes bereitet werde[14]. Eine dieser neuen Strophen steht heute als die dritte in unseren Gesangbüchern:

Das Blümelein so kleine,
das duftet uns so süß,
mit seinem hellen Scheine
vertreibt's die Finsternis,
wahr' Mensch und wahrer Gott,
hilft uns aus allem Leide,
rettet von Sünd und Tod.

Man sollte diese spät hinzugefügte Strophe nicht verachten, wie manche hymnologische Puristen es tun. Ihr Verfasser hat sich in genialer Weise in das alte Lied hineingefühlt. Eine neue Einheit ist entstanden, eine theologische Gesamtkomposition. Sie wird nicht nur durch die innige Melodie zusammengehalten. Sie ist auch theologisch bewundernswert.

Das Lied macht damit ernst, dass Jesus nicht einfach vom Himmel gefallen ist. Er kommt aus Israel, aus einer Wurzel, die tief in der Erde sitzt, und es brauchte eine lange Vorgeschichte, bis Jesus möglich wurde. Es war eine verwickelte Geschichte, bis diese Blume aufblühen konnte. Viele Glaubende mussten mit ihrer Hoffnung auf das Handeln Gottes vorangehen und mit ihrer ganzen Leidenschaft auf die Sache Gottes setzen.

Und doch – als der Wurzelstock zu treiben anfing und aus dem Rosentrieb die Blüte hervorkam, war es wie ein Wunder, denn die Wurzel schien schon erstorben. Jesus ist undenkbar ohne den Glauben und die Hoffnung der Vielen vor ihm in Israel – zugleich aber ist er ein Wunder, das niemand erwarten konnte.

Bemerkenswert an unserem Lied ist auch Folgendes: Hier werden das Elend der Welt und die Not des Gottesvolkes nicht verschleiert. Das Lied spricht ja davon, dass das alles mitten im Winter geschieht und in der Tiefe der Nacht. Das Blümlein leuchtet mit seinem „hellen Scheine" in der Finsternis. Der Ergänzer aus dem 19. Jahrhundert hatte wohl den Satz des Johannesprologs im Ohr: „Das

Licht leuchtet in der Finsternis" (Joh 1,5). Vielleicht dachte er auch an den Tauftext aus dem Kolosserbrief, den wir im vorausgegangenen Kapitel besprochen haben: „Er hat uns der Macht der Finsternis entrissen" (Kol 1,13).

Diese Finsternis ist das, was die kirchliche Tradition als Erbsünde beschreibt. Nun sagt das Lied aber gerade nicht: „Jetzt strengt euch endlich an! Werdet bessere Menschen! Ändert euer Leben, es ist höchste Zeit!" Es wäre ja nicht ganz falsch, wenn unser Lied solches und ähnliches sagen würde. Es sagt aber etwas anderes – und das ist ein Weiteres, was man an ihm bewundern kann. Es redet überhaupt nicht von unseren Anstrengungen, von zu erbringenden Leistungen, von Handlungsbedarf und Ähnlichem. Das Lied spricht vielmehr von dem „hellen Schein", der von dem Blümlein ausgeht, und es spricht von seinem „süßen Duft".

Wenn wir diese Bilder übersetzen: Von Jesus und von Maria, die ihn empfing, ging und geht eine Faszination aus, die auf die Dauer stärker ist als alles andere in der Welt. Die Botschaft Jesu ist vor dem Hintergrund der vielen Stimmen, die uns alle erlösen wollen, die einzige Kraft in der Welt, die uns retten kann. Und die zarte Blume im Schnee, das hilflose Kind, in dem sich schon die Ohnmacht des Gekreuzigten widerspiegelt, ist stärker als alle Mächte und Gewalten.

Noch ein Letztes: Das Lied lebt aus der Heilsgeschichte. Es redet ja von den „Alten", von „Jesse", von der „Wurzel", und es weiß auch, was mit der „Mitte der Nacht" ursprünglich gemeint war: das machtvolle Handeln Gottes an Israel. Und doch redet das Lied in wunderbaren Schöpfungsbildern: Reis, Rose, Blume, Winter, Nacht, Kind, heller Schein. Schöpfungstheologie und Theologie der Heilsgeschichte sind eben kein Gegensatz. Die Reinheit der Schöpfung tritt nur aus einer langen Geschichte des Hinhörens auf den Willen Gottes zutage. Maria ist die Vollendung dieses Hinhörens, und deshalb ist sie das Aufleuchten des Schöpfungskonzeptes Gottes. Wenn die Gebete und Lieder der Kirche ihr lobsingen, dann preisen sie Gott und den endzeitlichen Glanz seiner Schöpfung.

Ausblick

Das Ende dieses Buches beginnt mit einer Frage, die zunächst seltsam erscheint, die uns aber noch einmal zur Sache selbst hinführen wird: In welchen Teil der Dogmatik gehört Maria eigentlich hinein?

Gehört sie dorthin, wo über die Kirche geredet wird, also in die Ekklesiologie? So dachten die Väter des 2. Vatikanischen Konzils. In einer äußerst knapp ausgegangenen Abstimmung entschieden sie sich, die Konzilsaussagen über Maria nicht in einem eigenen Dokument, sondern innerhalb der „Dogmatischen Konstitution über die Kirche" unterzubringen. Sie wollten ernst machen mit der jahrhundertealten Tradition, die gerade erst wieder neu entdeckt worden war: Maria, das „Urbild der Kirche". Man kann die Entscheidung der Konzilsväter verstehen. Die späteren Dogmen über Maria waren in den ersten Jahrhunderten zunächst als Aussagen über die Kirche entwickelt worden: Die Kirche ist Jungfrau, sie ist Mutter, sie ist unbefleckt empfangen, sie leidet unter der Last der Geschichte und ist dennoch schon jetzt in den Himmel aufgenommen.

Allerdings gab es beim 2. Vatikanischen Konzil auch Theologen, die überzeugt waren, Maria gehöre in die Gnadenlehre. Und auch diese Position kann man gut verstehen. Dass Maria die Mutter Jesu werden konnte, mehr noch: dass sie vom ersten Augenblick ihres Lebens an vor der Erbsünde bewahrt blieb, war reine, unverdiente, zuvorkommende Gnade. Andererseits muss Maria gemäß Lk 1,26–38 ihr „Ja" sprechen zu der Botschaft, die ihr der Engel überbringt. Was diese Erzählung verdichtet: das Zusammenwirken von Gott und Mensch, das Ineinander von Gnade und Freiheit, bildet das Zentrum der Gnadenlehre.

Gehört Maria also in den Traktat über die Gnade? Gehört sie nicht mit noch viel mehr Recht in die Christologie? Denn das Größte, was über sie gesagt werden kann, ist der Satz des Konzils von Ephesus (431), sie sei *theotokos*, „Gottesgebärerin". Nicht nur

Mutter des Messias ist sie, nicht nur Mutter Jesu, insofern er wahrer Mensch ist, sondern „Gottesmutter“, weil die Einheit von Gott und Mensch in Jesus Christus nicht auseinandergerissen werden kann. In dem höchsten Titel, den die Kirche Maria geben durfte, spricht sich das Geheimnis Jesu aus. Also gehört Maria in die Christologie.

Doch sind die Dinge so einfach? „Heiliger Geist wird über dich kommen“, sagt der Engel zu Maria. Ohne den Heiligen Geist, der schon Israel durch die Jahrhunderte hin geführt hatte und der dann Maria überschattete wie die lichte Wolke das Zeltheiligtum, ist das Heilswerk Gottes und vor allem das Heilswerk, bei dem Maria unmittelbar beteiligt war, nicht zu denken. Gehört sie also in den Traktat über den Heiligen Geist?

Dieses Buch hat noch eine andere Möglichkeit gezeigt. Wir mussten ja immer wieder von der Erbsünde sprechen. Sie war sogar eines unserer Hauptthemen. Erbsünde aber bedeutet gestörte, verwundete, entstellte Schöpfung. Eine lange Unheilsgeschichte lässt Schöpfung nicht so werden, wie sie werden könnte. Von Menschen erzeugte Unheilspotentiale verdunkeln den Sinn der Geschichte, machen die Welt zutiefst fragwürdig, nehmen ihr den Schöpfungsglanz. Ist Maria aber vor der Erbsünde bewahrt geblieben, so heißt das notwendig, dass in ihr die Schöpfung in ihrer ganzen Schönheit zu Tage tritt – in der Sinnfülle, die allem Geschaffenen von Anfang an zugedacht war. Das vorangegangene Kapitel wollte etwas von dieser Schönheit der Schöpfung in der Person Marias zeigen. In ihr tritt ins Licht, was die Welt von Gott her sein soll und was sie einmal vor aller Augen sein wird. Gehört Maria also in die Schöpfungslehre, vielleicht sogar in die Eschatologie hinein?

Selbstverständlich und doch auch wieder nicht! Sie gehört genauso in die Schöpfungslehre, wie sie in die Ekklesiologie, in die Christologie, in die Gnadenlehre, in die Lehre vom Heiligen Geist und von den Letzten Dingen hineingehört. Sie gehört in alle theologischen Traktate und in keinen. Sie ist lebendige Person, und Personen kann man nicht zergliedern. Zugleich ist sie Inbild, Urbild, Archetyp. Und auch ein Urbild kann man nicht zerstückeln. An Maria lässt sich das gesamte Heilswerk Gottes am Menschen ablesen, vom Anfang bis zum Ende. In ihr verdichtet sich die Geschichte Israels mit all der Gnade, die in dieser Geschichte gewachsen ist. Zugleich zeigt sich in ihr, was Kirche ist: hörende, glaubende, das Wort aufnehmende und demütig bewahrende Gemeinschaft. Wir haben über all das lange gesprochen.

Maria hat also in sämtlichen theologischen Traktaten ihren Ort, und sie steht zugleich jenseits von ihnen allen als reale Person und als kostbares Bild, das nicht zerschnitten werden darf. Die Dogmatik schuf sich deshalb einen eigenen Traktat über Maria: die Mariologie. Aber auch das war ein Notbehelf, so wie eigentlich alle theologischen Traktate Notbehelfe sind. Sie teilen, was zusammengehört.

Maria kann nur schwer einem genau abgrenzbaren Teil der Dogmatik zugeordnet werden. Ihre Gestalt berührt auch die Themen: Würde und Freiheit des Menschen, Weisheit Gottes, Paradies, Erbsünde, Erwählung und Vorherbestimmung, Erlösung und Heilsgeschichte, Gottesvolk, heiliger Rest, Judentum und Kirche, Messias, Gottessohn, Zusammenwirken mit dem Heiligen Geist, Kirche und Gnadenvermittlung, Tauftheologie, Braut-Gottes-Sein, Vollendung der Kirche und Vollendung der Welt.

Man sieht an diesem Ineinander vieler Themen, wie es überhaupt mit den Dogmen bestellt ist. Sie sind nicht sauber aufteilbare Paragraphen einer großen Instruktion. Sie sind Konkretionen der Selbstmitteilung Gottes. Und wenn Gott sich selbst mitteilt, stiftet das eine Geschichte – eine die Welt verändernde Geschichte, die nicht auf bloße Lehr-Inhalte reduziert werden kann. Die Dogmen sind Wahrheiten des Glaubens. Sie haben etwas Organisches. Sie hängen miteinander zusammen. Sie leben.

Allerdings genügt diese Aussage noch nicht. Denn es kann ja in jedem Organismus Wucherungen geben, Geschwülste, Auswüchse und die schrecklichste aller Krankheiten: ungeordnete Zellvermehrung. Man hat der katholischen Kirche vorgeworfen, sie unterscheide sich von den neutestamentlichen Gemeinden durch ein „Zuviel"; sie habe der Wahrheit des Evangeliums völlig Überflüssiges, ja Falsches hinzugefügt. Also: bedrohliche Zellvermehrung!

Aber damit ist die Lebenskraft des Evangeliums und das Wirken des Heiligen Geistes verkannt. Der Heilige Geist will immer tiefer in die ganze Wahrheit einführen (Joh 16,13). Die Dogmen der Kirche sind keine Wucherungen, sondern geistgetriebene, lebenerhaltende Zweige aus einem einzigen Stamm.

Das vorangegangene Kapitel hatte uns gezeigt, wie ein Bild aus Jesaja 11,1 durch die Jahrhunderte hin in der Kirche besungen wurde: Die Wurzel Jesse treibt ein Reis hervor und das Reis eine kostbare Blüte. Ein junger Trieb aus der alten Wurzel bringt Frucht.

Zwar nicht dasselbe, aber ein doch ähnliches Bild verwendet Paulus in Römer 11,16–24: Er sieht Israel und seine Väter als lebenspendenden Ölbaum, in den die Heidenchristen als Zweige eingepfropft werden. Paulus kann im selben Zusammenhang auch von der „heiligen Wurzel“ sprechen.

Man könnte diese beiden Bilder weiterführen mit dem Bild eines Dogmenbaums. Schon Hieronymus hat es verwendet. Er schreibt in seiner Auslegung des Gleichnisses vom Senfkorn:

> *Die Predigt [des Evangeliums], die anfangs unscheinbar aussieht – sobald sie einmal in der Seele des Glaubenden oder auch auf der ganzen Welt ausgesät ist, schießt nicht ins Kraut, sondern wächst zu einem Baum heran, so dass die Vögel des Himmels […] kommen und in seinen Zweigen wohnen. Die Zweige an diesem Baum des Evangeliums, der aus dem Senfkorn herangewachsen ist, sind, denke ich, die verschiedenen Glaubenssätze [dogmata], in denen jeder der obengenannten Vögel seine Ruhe findet*[1].

Selbstverständlich ist der Dogmenbaum gegenüber der Wurzel Jesse und dem Ölbaum Israel noch einmal ein neues Bild. Es verlängert nicht einfach Röm 11. Es geht um einen anderen Aspekt. Es geht jetzt um die Glaubenswahrheiten. Dennoch: Das Bild vom Dogmenbaum kann viele Schwierigkeiten ausräumen, und es führt – wie das Bild vom Ölbaum – auch wieder zu Israel hin.

Das Bild vom Dogmenbaum macht das Organische der Dogmen deutlich. Sie kommunizieren miteinander. Sie bilden untereinander ein differenziertes Ganzes. Vor allem zeigt das Bild: Die Dogmen der Kirche dürfen niemals von ihrer Wurzel abgeschnitten werden.

Denn von dort empfangen sie ihre Kraft. Alle Glaubensaussagen gehen auf Christus und über ihn auf Israel zurück. Israel ist die Wurzel. Ohne diese Wurzel gäbe es weder Maria noch Christus.

Aber das vielfältige Wurzelgefüge ‚Israel' wird in dem einen Stamm ‚Jesus Christus' zusammengeführt. Durch ihn tritt das Wurzelgeflecht ins helle Licht. Durch ihn finden die vielen Wurzeln ihre Einheit und Eindeutigkeit. Durch ihn fließt aber auch „die Kraft der Wurzel".

Nach oben verzweigt sich der Stamm. Doch seine Zweige sind keine Wucherungen; sie füllen die Welt mit Leben. Wir müssen uns endlich einmal von dem Horrorbild der Aufklärung frei machen, die Dogmen seien Indoktrinationen, die dem Menschen das Glück und die Freiheit des Denkens nähmen. Das Gegenteil ist wahr: Sie zeigen ihm den Sinn der Welt, führen ihn zur Wahrheit und machen ihn frei. Die Zweige und Blätter des Dogmenbaums atmen und erneuern ständig die Luft. Den einzelnen Ästen entsprechen die dogmatischen Traktate: die Lehre von Gott, von Jesus Christus, vom Heiligen Geist, von der Gnade, von der Befreiung des Menschen, von den Heilmitteln der Sakramente, von den Letzten Dingen.

Wenn in der Kirche nach einer oft langen liturgischen Entwicklung ein Dogma formuliert wird wie etwa 1854 das Dogma von der Unbefleckten Empfängnis, so ist dessen Entfaltung damit noch keineswegs abgeschlossen. Ein Baum, der nicht mehr weiterwächst, ist tot. In der Dogmenauslegung treten neue, zuvor nicht gesehene Aspekte zu Tage. Das Dogma bleibt lebendig. Die Zweige des Baumes leben. Aber das einzelne Dogma steht dabei in Verbindung mit allen anderen Dogmen und es ist im Zusammenhang mit allen anderen auszulegen. Vor allem: Bei jedem Dogma muss die Verbindung mit dem Stamm und mit der Wurzel beachtet werden.

Bei den Mariendogmen ist das besonders wichtig. Sie waren ursprünglich eben Dogmen über die Kirche. Sie sind Früchte an einem Zweig, der zunächst einmal nur von der Kirche sprach, von der Erlösung, die ihr geschenkt wurde, von ihrer Heiligkeit und Unversehrtheit. Wir können also die Mariendogmen nicht richtig verstehen, wenn wir nicht ihren Zusammenhang mit den Aussagen über die Kirche sehen. Konkret: Wir dürfen über Maria gar nicht sprechen, ohne dabei an die Kirche zu denken. Wir dürfen Maria nicht preisen, ohne dabei nicht zugleich die Kirche als das Werk Gottes zu rühmen. Nur so werden viele Mariengebete und Marienlieder für den denkenden Menschen erträglich. Nur so gewinnen sie aber auch ihre Tiefe.

Doch das Bild vom Dogmenbaum führt noch viel weiter: Alle Aussagen über die Kirche entstammen Aussagen über Christus. Es gibt keine Ekklesiologie ohne Christus. Deshalb können wir über Maria auch nicht reden, ohne über Christus zu reden. Wir haben bei jeder Aussage über Maria nicht nur die Kirche, sondern Christus mitzudenken. Im Bild: Wir müssen immer wieder von den Zweigen zum Stamm zurückgehen. Jede Isolation macht die Marienlehre und mit ihr die Marienfrömmigkeit fragwürdig, ja gefährlich. Gerät die Verbindung zum Stamm in Vergessenheit, kann es geschehen, dass – wie im ausgehenden Mittelalter und in der Folgezeit – Maria eine Gegeninstanz zu Gott dem Richter wird, ja sogar zu einer Gegeninstanz zu dem richtenden Christus.

Im Jahre 1950 definierte Pius XII. als Dogma, dass Maria mit Leib und Seele in den Himmel aufgenommen sei. Gerade diese Dogmenverkündung ist bei vielen evangelischen Christen auf Kopfschütteln gestoßen. Wäre ihnen klar gewesen, dass sich jedes Dogma, auch der Inhalt der Mariendogmen, ganz und gar auf Jesus Christus zurückbezieht, hätte dieser Vorgang wohl mehr Verstehen gefunden.

Jesus hat ja nicht in erster Linie das künftige Kommen des Reiches Gottes angekündigt. Er hat gesagt: Es kommt schon jetzt. Ja, es ist mit meiner Botschaft und meinen Heilstaten schon da. Neutestamentler haben deshalb für die Predigt und Praxis Jesu von „sich realisierender Eschatologie“ gesprochen. Dass nämlich trotz allem „Noch nicht“ das „Schon“ bereits begonnen hat. Entsprechend spricht der Epheserbrief von dem mit Christus schon Gestorben- und Auferstanden-Sein der Getauften. In der Person Marias wird deutlich, dass solche Aussagen keine theologischen Auswüchse sind, keine dogmatischen Wucherungen, sondern sich bereits ereignende Wirklichkeit. Die Verwandlung der Welt hat bereits begonnen. Maria ist das Realsymbol der schon vollendeten

Kirche des neuen Himmels und der neuen Erde. Was von ihr, stellvertretend für viele, schon jetzt gesagt werden kann, erhoffen alle, die noch im Pilgerstand des Gottesvolkes leben.

Aber wir müssen noch ein Stück tiefer hinabsteigen: Wenn schon die Zweige des Dogmenbaumes nicht frei in der Luft hängen, dann erst recht nicht sein Stamm. Er wächst aus einer Wurzel heraus. Jesus Christus und das Gottesvolk der Kirche sind undenkbar ohne das alttstamentliche Israel. Wir können über Maria nicht sprechen, ohne ständig über die Kirche zu sprechen. Aber erst recht dürfen wir über Maria nur dann reden, wenn wir auch über Israel reden. Deshalb handelte der gesamte II. Teil dieses Buches von der Theologie des alttestamentlichen Gottesvolkes.

Wir haben uns nicht mit der Aussage zufrieden gegeben, dass Maria wie durch ein Wunder mit Gnaden überschüttet und so vor aller Erbschuld bewahrt wurde. So richtig diese Sprechweise unter einer bestimmten Rücksicht auch ist: Sie lässt den Baum in der Luft schweben. Sie hat ihn von seinen Wurzeln abgetrennt. Wir haben deshalb, zusammen mit anderen Theologen der letzten Jahrzehnte zu zeigen versucht, dass der Erbsündenfreiheit Marias eine lange Geschichte in Israel vorausging – eine Geschichte, in der dieses Volk auf vielen Feldern gegen die Unheilspotentiale der Erbsünde gekämpft hat. Die Gnade setzt eben nicht nur die Natur, sie setzt auch die Geschichte voraus.

Nicht nur die Tora, sondern über sie hinaus weite Teile des Alten Testamentes forderten immer wieder die Heiligkeit des Gottesvolkes. „Ihr sollt heilig sein, wie ich, JHWH, euer Gott, heilig bin." Der Toraglaube sah es als Aufgabe des erwählten Volkes an, heilig zu leben und die Welt zu heiligen. Der Exodus aus Ägypten sollte in ein heiliges Land führen und heilige, das heißt gerechte und die Sozialordnung Gottes verwirklichende Gesellschaft ermöglichen.

Wenn nun von Maria gesagt wird, sie habe ganz heilig und unversehrt gelebt – und das heißt ja: sie sei ganz dem Willen Gottes zugeneigt gewesen und habe nichts anderes gewollt als diesen Willen – wenn also von der Heiligkeit und Unversehrtheit Marias gesprochen wird, so bedeutet das nichts anderes, als dass der lange Kampf Israels nicht umsonst war. Die Heiligkeit, die Gott für die Welt ersehnt, ist Realität geworden. Nicht losgelöst von Christus, sondern im Zusammenhang mit ihm.

Unsere Frage darf nicht lauten: Glauben wir, dass von Maria so Großes gesagt werden kann? Sie muss lauten: Glauben wir, dass Gott der Welt diese Freiheit vom Bösen wirklich geschenkt hat? Glauben wir, dass seine Gnade siegreich war? Glauben wir, dass die verheißene Erlösung schon da ist, dass sie schon geschieht? Natürlich glauben alle Christen, dass sie in Christus schon da ist. Aber glauben sie auch, dass sie in Christus das Volk Gottes bereits erreicht hat und nun in diesem Volk um sich greift? Gerade dafür steht Maria.

Die letzten Päpste sprachen von Maria als der „Mutter der Kirche". Wenn Maria wirklich das Inbild des wahren Israel ist, dann ist auch Israel die Mutter der Kirche und dann ist das Dogma von der Unbefleckten Empfängnis auch ein Dogma über Israel. Die Kirche verdankt Israel die wahre Gotteserkenntnis. Sie verdankt Israel die Erkenntnis, dass Gott in der Welt ein Volk will – als Instrument aller Befreiung. Sie verdankt Israel aber auch die Erkenntnis, dass dieses Volk den messianischen Helfer braucht, weil der Mensch zu schwach ist. Und im Gottesvolk Israel wurde der Kampf mit der Sünde in der Welt aufgenommen, und zwar von Anfang an, von der Glaubensprüfung Abrahams, der ‚Bindung Isaaks' an bis zum „Ja" Marias und zu Jesu freiwilliger Passion.

So ist Israel wahrhaft die Mutter der Kirche und die Mutter aller Christen. Alle Mariendogmen führen über Jesus Christus zurück zu der Wurzel Israel. Die Mutter des Messias bildet die Brücke zwischen Altem und Neuem Testament. Maria ist das Realsymbol für die Einheit von Synagoge und Kirche als der einen Braut Gottes. So kann die Theologie in der Person Marias hinter die erste und uralte Aufspaltung des Gottesvolkes zurückgehen: hinter die Aufspaltung zwischen Juden und Christen. Damit verbunden aber auch hinter die Aufspaltung in die vielen Konfessionen. Könnte nicht gerade Maria – richtig verstanden als das Symbol reiner Gnade und als die wahrhaft Glaubende – eines Tages die unselige Spaltung der Christenheit überwinden?

Literaturverzeichnis

Die Abkürzungen erfolgen nach der Liste von S. M. Schwertner in der Theologischen Realenzyklopädie. Abkürzungsverzeichnis, Berlin ²1994.

ALBERTZ, R., Religionsgeschichte Israels in alttestamentlicher Zeit Bd.1 / 2 (ATD. Ergänzungsreihe Bd. 8,1/2), Göttingen 1992.

AMMANN, A. M., Darstellung und Deutung der Sophia im vorpetrinischen Rußland: OCP 4 (1938) 148–154.

ANGENENDT, A., Toleranz und Gewalt. Das Christentum zwischen Bibel und Schwert, Münster 2007.

ASSMANN, J., Maàt. Gerechtigkeit und Unsterblichkeit im Alten Ägypten, München 1990.

AUGUSTINUS, Confessiones. Bekenntnisse. Lateinisch und deutsch, übers. von J. Bernhart, München ² 1960.

BACKUS, I., (Hg.), The Reception of the Church Fathers in the West. From the Carolingians to the Maurists, 2 Bde, Leiden 1997.

BALTHASAR, H. U. VON, Klarstellungen. Zur Prüfung der Geister (Herder-Bücherei 393) Freiburg 1971.

— DERS., Maria in der kirchlichen Lehre und Frömmigkeit, in: J. Ratzinger – H. U. von Balthasar, Maria. Kirche im Ursprung, Einsiedeln / Freiburg ⁵ 2005, 87–111.

BARRÉ, H., Marie et l'Église du Vénérable Bède à Saint Albert le Grand (EtMar), Paris 1951, 59–143.

BARRETT, C. K., Das Evangelium nach Johannes (KEK.S), Göttingen 1990.

BENEDICTUS. Neue Lieder für das Gottesvolk, hr. von P. F. Schneider u. a., Bad Tölz 2005.

BERGER, K., Im Anfang war Johannes. Datierung und Theologie des vierten Evangeliums, Gütersloh ³ 2004.

BERGER, P. L. – LUCKMANN, TH., Die gesellschaftliche Konstruktion der Wirklichkeit. Eine Theorie der Wissenssoziologie (Fischer Taschenbuch 6623), Frankfurt a. M. 1969.

BERGES, U., Klagelieder (HThKAT), Freiburg 2002.

BEUMER, J., Die marianische Deutung des Hohen Liedes in der Frühscholastik: ZKTh 76 (1954) 411–439.

— DERS., Die Parallele Maria-Kirche nach einem ungedruckten Sermo des Gottfried von St. Viktor: RThAM 27 (1960) 248–266.

BIDDLE M. E., The Figure of Lady Jerusalem: Identification, Deification and Personification of Cities in the Ancient Near East, in: K. L. Younger u. a. (Hg.), The Biblical Canon in Comparative Perspective, Lewiston 1991, 173–194.

BÖCKELER, M., Das große Zeichen. Die Frau als Symbol göttlicher Wirklichkeit, Salzburg 1941.

Böhler, D., Abraham und seine Kinder im Johannesprolog. Zur Vielgestaltigkeit des alttestamentlichen Textes bei Johannes, in: D. Böhler – I. Himbaza – Ph. Hugo (Hg.), L' Écrit et l' Esprit. Études d'histoire du texte et de théologie biblique en hommage à Adrian Schenker (OBO 214), Fribourg / Göttingen 2005, 15–29.

– Ders., Maria – Tochter Zion. Die Bedeutung der Mutter Jesu nach der Heiligen Schrift: GuL 78 (2005) 401–412.

Bohlen, R., Zur Sozialkritik des Propheten Amos: TThZ 95 (1986) 282–301.

Braulik, G., Deuteronomium II (NEB), Würzburg 1992.

– Ders., Rezeptionsästhetik, kanonische Intertextualität und die Meditation unseres Psalters, in: G. Braulik – N. Lohfink, Liturgie und Bibel (ÖBS 28), Frankfurt a. M. 2005, 523–547.

– Ders., Verweigert die Westkirche den Heiligen des Alten Testaments die liturgische Verehrung?: ThPh 82 (2007) 1–20.

Breuer, M. – Graetz, M., Deutsch-jüdische Geschichte in der Neuzeit. Bd. 1, München 2000.

Brückner, A., Von mittelalterlicher Bildertheologie. Zu zwei Skulpturen der Anna Selbdritt in Würzburg, in: Forschungshefte (hg. vom Bayerischen Nationalmuseum München) 13. Frömmigkeit, 1993, 81–88.

Brückner, W., Ketzer im Kirchenraum. Öffentlicher Bilderspott aus dem Zeitalter des Konfessionalismus: Jahrbuch für europäische Ethnologie, Paderborn 2006, 121–150.

Bründl, J., Masken des Bösen. Eine Theologie des Teufels (BDS 34), Würzburg 2002.

Buber, M., Die Erzählungen der Chassidim, Zürich 1949.

Buckenmaier, A., Moses. Geschichte einer Rettung, Augsburg 2005.

Bultmann, R., Theologie des Neuen Testamentes, Tübingen [4] 1961.

Chapman, C. R., The Gendered Language of Warfare in the Israelite-Assyrian Encounter (HSM 62), Winona Lake 2004.

Cicero, De imperio Cn. Pompei und Pro L. Murena. Eingel. und komm. von B. Czapla, Münster 1997.

Coathalem, H., Le parallélisme entre la sainte Vierge et l'Église dans la tradition latine jusqu'à la fin du XIIe siècle (AnGr 74), Rom 1954 (als Dissertation angenommen 1939).

Congar, Y. M.-J., Christus–Maria–Kirche, Mainz 1959.

– Ders., Die heilige Kirche, in: MySal IV 1, Einsiedeln 1972, 458–477.

– Ders., Ecclesia ab Abel, in: M. Reding (Hg.), Abhandlungen über Theologie und Kirche. FS Karl Adam, Düsseldorf 1952, 79–108.

– Ders., Le Christ, Marie et l'Église, Paris 1952.

– Ders., Marie et l'Église dans la pensée patristique: RSPhTh 38 (1954) 3–38.

Conybeare, F. C., Die jungfräuliche Kirche und die jungfräuliche Mutter: ARW 8 (1905) 373–389; 9 (1906) 73–86.

Crüsemann, F., Die Tora. Theologie und Sozialgeschichte des alttestamentlichen Gesetzes, München 1992.

Cunningham, F. L. B., The Relationship between Mary and the Church in Medieval Thought: MarSt 9 (1958) 52–78.

Dauer, A., Die Passionsgeschichte im Johannesevangelium. Eine traditionsgeschichtliche und theologische Untersuchung zu Joh 18,1–19,30 (StANT 30), München 1972.

De Fiores, St., Maria in der Geschichte von Theologie und Frömmigkeit, in: W. Beinert – H. Petri, Handbuch der Marienkunde Bd. 1, Regensburg ²1996, 99–266.

Delahaye, K., Maria, Typus der Kirche. Ein Beitrag zum Verständnis der Väterlehre über Maria: WiWei 12 (1949) 79–92.

Dennis, J. A., Jesus' Death and the Gathering of True Israel. The Johannine Appropriation of Restoration Theology in the Light of John 11.47–52 (WUNT II/217) Tübingen 2006.

Dillenschneider, C., Maria im Heilsplan der Neuschöpfung, übers. von E. Kretz, Colmar – Freiburg 1960.

– Ders., Marie dans l'économie de la création rénovée, Paris 1957.

Eberhard, J. A., Neue Apologie des Sokrates, Berlin ²1776–1778.

Férotin, M., Liber Mozarabicus Sacramentorum, Paris 1912.

Fessard, G., La dialectique des exercices spirituels de Saint Ignace de Loyola, Vol. 1, Paris 1956, 305–363.

Finkenzeller, J., Art. Miterlöserin, in: R. Bäumer – L. Scheffczyk, Marienlexikon Bd. 4, St. Ottilien 1992, 484–486.

Fitzgerald, A., *BTWLT* and *BT* als Titles for Capital Cities: CBQ 37 (1975) 167–183.

– Ders., The Mythological Background for the Presentation of Jerusalem as a Queen and False Worship as Adultery in the Old Testament: CBQ 34 (1972) 403–416.

Forte, B., Maria – Mutter und Schwester des Glaubens, Zürich 1990.

Freedman, D. N., Psalm 119. The Exaltation of Torah, Winona Lake 1999.

Frenaud, G., Marie et l'Église d'après les Liturgies latines du VIIe au XIe siècle, in: Marie et l'Église I (EtMar), Paris 1951, 39–58.

Fürst A. (Hg.), Der apokryphe Briefwechsel zwischen Seneca und Paulus (Sapere 11), Tübingen 2006.

Gebetbuch für den Versöhnungstag, hg. von W. Heidenheim, Basel o. Jahr.

Geistliches Wunderhorn. Große deutsche Kirchenlieder, hr. und erläutert von H. Becker u. a., München ²2003.

Gerechter Friede (Die deutschen Bischöfe 66), Sekretariat der Deutschen Bischofskonferenz (Hg.), Bonn, 27. September 2000.

Gese H., Das Gesetz, in: Zur biblischen Theologie. Alttestamentliche Vorträge (BEvTh 78), München 1977, 55–84.

– Ders., Der Johannesprolog, in: Ders., Zur biblischen Theologie. Alttestamentliche Vorträge (BEvTh 78), München 1977, 152–201.

– Der., Die Sühne, in: Zur biblischen Theologie. Alttestamentliche Vorträge (BEvTh 78), München 1977, 85–106.

– Ders., Zur biblischen Theologie. Alttestamentliche Vorträge (BEvTh 78), München 1977.

Girard, R., La violence et le sacré, Paris 1972.

Görres, I. F., Maria: das unverdorbene Konzept, Meitingen 1968.

Gorski, H., Die Niedrigkeit seiner Magd. Darstellung und theologische Analyse der Mariologie Martin Luthers als Beitrag zum gegenwärtigen lutherisch / römisch-katholischen Gespräch, Frankfurt a. M. 1987.

Gotteslob. Katholisches Gebet- und Gesangbuch. Ausgabe des Bistums Rottenburg mit dem gemeinsamen Eigenteil für die Diözesen Freiburg und Rottenburg, hg. von

den Bischöfen Deutschlands und Österreichs und der Bistümer Bozen-Brixen und Lüttich, Ostfildern 1975.
Greshake, G., Art. Seele V. VI, in: LThK³ Bd. 9, 375–379.
– Ders., Geschenkte Freiheit. Einführung in die Gnadenlehre, Freiburg 1977.
– Ders., Gnade als konkrete Freiheit. Eine Untersuchung zur Gnadenlehre des Pelagius, Mainz 1972.
– Ders., Gottes Heil – Glück des Menschen. Theologische Perspektiven, Freiburg 1983.
Haeckel, E., Die Welträtsel. Gemeinverständliche Studien über Monistische Philosophie, Leipzig, Volksausgabe o. J.
Häfner, G., Die „Sonnenfrau" im Himmel und ihr Kind (Offb 12). Ein altes Rätsel neu bedacht: MThZ 56 (2005) 113–133.
Haid, H., Kurzer Inbegriff der Christlichen Lehre, oder Katechismus des ehrwürdigen Lehrers Petrus Canisius, Landshut 1846.
Hausmann, J., Israels Rest. Studien zum Selbstverständnis der nachexilischen Gemeinde (BWANT 124) Stuttgart 1987.
Heinz, A., „Es ist ein Ros entsprungen". Zur Provenienz und Textgeschichte eines ökumenischen Weihnachtsliedes: TThZ 95 (1986) 253–281.
Heither, Th. – Reemts, Ch., Biblische Gestalten bei den Kirchenvätern. Abraham, Münster 2005.
Hieke, Th., Ein Psalm, der von der Zuverlässigkeit der Lehre überzeugt: Das Magnificat (Lk 1,46–55) als Brückentext zwischen zwei Geschichten Gottes mit seinem Volk: TThZ 116 (2007) 1–26.
Hirschfeld, Y., Qumran – die ganze Wahrheit. Die Funde der Archäologie – neu bewertet, Gütersloh 2006.
Horst, U., Die Diskussion um die Immaculata Conceptio im Dominikanerorden. Ein Beitrag zur Geschichte der theologischen Methode (Veröffentlichungen des Grabmann-Institutes N. F. 34), Paderborn 1987.
Janowski, B., Sühne als Heilsgeschehen. Studien zur Sühnetheologie und zur Wurzel KPR im Alten Orient und im Alten Testament (WMANT 55), Neukirchen-Vluyn 1982.
Jeremias, J., Die Gleichnisse Jesu, Göttingen ⁷ 1965.
– Ders., Neutestamentliche Theologie, Gütersloh ² 1973.
Jochum, H., Ecclesia und Synagoga. Das Judentum in der christlichen Kunst. Ausstellungskatalog Alte Synagoge Essen – Regionalgeschichtliches Museum Saarbrücken 1963.
Käsemann, E., An die Römer (HNT 8 a), Tübingen 1973.
Katechismus der Katholischen Kirche. Neuübersetzung aufgrund der Editio typica Latina, München 2003.
Katholischer Erwachsenenkatechismus. Das Glaubensbekenntnis der Kirche, hg. von der Deutschen Bischofskonferenz, Kevelaer u. a. 1985.
Kaut, Th., Befreier und befreites Volk. Traditions- und redaktionsgeschichtliche Untersuchung zu Magnifikat und Benediktus im Kontext der vorlukanischen Kindheitsgeschichte, Frankfurt a. M. 1990.
Kelly, J. N. D., Altchristliche Glaubensbekenntnisse. Geschichte und Theologie, Göttingen 1972.

Kessler, R., Micha (HThKAT), Freiburg [2]2000.

Kierkegaard, S. A., Die Tagebücher, ausgew. und übers. von H. Gerdes, Bd. 5, Düsseldorf / Köln 1974.

Klauck, H.-J., Die religiöse Umwelt des Urchristentums Bd. II. Herrscher- und Kaiserkult, Philosophie, Gnosis, Stuttgart 1996.

Klein, G., Bibel und Heilsgeschichte. Die Fragwürdigkeit einer Idee: ZNW 62 (1971) 1–47.

Kluge, F. – Götze, A., Etymologisches Wörterbuch der deutschen Sprache, Berlin [16]1953.

Koch, K., Art. Propheten / Prophetie II, in: TRE 27, Berlin 1997, 493–494.

Köster, H., Urstand, Fall und Erbsünde. Von der Reformation bis zur Gegenwart (HDG II 3 c), Freiburg 1982.

Kutschera, R., Das Heil kommt von den Juden (Joh 4,22). Untersuchungen zur Heilsbedeutung Israels (ÖBS 25), Frankfurt a. M. 2003.

Langbehn, J., Rembrandt als Erzieher. Von einem Deutschen, Leipzig [20]1890.

Langemeyer, B., Konziliare Mariologie und biblische Typologie. Zum ökumenischen Gespräch über Maria nach dem Konzil: Cath (M) 21 (1967) 295–316.

Laurentin, R., Structure et théologie de Luc I–II (EtB), Paris 1957.

Liliencron, R. von, Die historischen Volkslieder der Deutschen vom 13. bis 16. Jahrhundert, Bd. 1–4, Leipzig 1865 ff.

Lohfink, G., Antijudaismus bei Paulus? Die Kirche und Israel in 1 Thess 2,14–16 und Röm 9–11, in: Radici dell' Antigiudaismo in Ambiente christiano. Colloquio Intra-Ecclesiale, Città del Vaticano 2000, 163–196.

— Ders., Braucht Gott die Kirche? Zur Theologie des Volkes Gottes, Freiburg / Hagen [5]2002.

— Ders., Der Ursprung der christlichen Taufe, in: Ders., Studien zum Neuen Testament (SBA.NT 5) Stuttgart 1989, 173–198.

— Ders., Die Sammlung Israels. Eine Untersuchung zur lukanischen Ekklesiologie (StANT 39), München 1975.

— Ders., Gottes Volksbegehren. Biblische Herausforderungen, München 1998.

— Ders., Wie hat Jesus Gemeinde gewollt? Zur gesellschaftlichen Dimension des christlichen Glaubens, Freiburg [5]1982.

Lohfink, N., Altes Testament – Die Entlarvung der Gewalt, in: N. Lohfink – R. Pesch, Weltgestaltung und Gewaltlosigkeit. Ethische Aspekte des Alten und Neuen Testaments in ihrer Einheit und ihrem Gegensatz, Düsseldorf 1978, 45–61.

— Ders., Das Recht und die Barmherzigkeit. Rechtsbücher im alten Orient und in der Bibel, in: Ders., Im Schatten deiner Flügel. Große Bibeltexte neu erschlossen, Freiburg 1999, 64–81.

— Ders., Das Vaterunser, intertextuell gebetet, in: G. Braulik – N. Lohfink, Liturgie und Bibel (ÖBS 28), Frankfurt a. M. 2005, 343–365.

— Ders., Das vorpersonale Böse. Das Alte Testament und der Begriff der Erbsünde, in: Ders., Das Jüdische am Christentum. Die verlorene Dimension, Freiburg 1987, 167–199.

— Ders., Der Psalter und die Meditation. Zur Gattung des Psalmenbuches, in: Ders., Im Schatten deiner Flügel. Große Bibeltexte neu erschlossen, Freiburg 1999, 143–162.

– Ders., Der Zorn Gottes und das Exil. Beobachtungen am deuteronomistischen Geschichtswerk, in: R. G. Kratz – H. Spieckermann (Hg.), Liebe und Gebot (FS zum 70. Geburtstag von Lothar Perlitt) Göttingen 2000, 137–155.
– Ders., Die Einsamkeit des Gerechten. Zu Psalm 1, in: Ders., Im Schatten deiner Flügel. Große Bibeltexte neu erschlossen, Freiburg 1999, 163–171.
– Ders., Die Gattung der „Historischen Kurzgeschichte" in den letzten Jahren von Juda und in der Zeit des Babylonischen Exils, in: Ders., Studien zum Deuteronomium und zur deuteronomistischen Literatur II (SBAB 12), Stuttgart 1991, 55–86.
– Ders., Die Sicherung der Wirksamkeit des Gotteswortes durch das Prinzip der Schriftlichkeit der Tora und durch das Prinzip der Gewaltenteilung nach den Ämtergesetzen des Buches Deuteronomium (Dt 16,18–18,22), in: Ders., Studien zum Deuteronomium und zur deuteronomistischen Literatur I (SBAB 8), Stuttgart 1990, 305–323.
– Ders., Die traditionellen Orationen der Ostervigil deutsch. Kritische Analyse und Neuentwurf, in: G. Braulik – N. Lohfink, Osternacht und Altes Testament (ÖBS 22), Frankfurt a. M. 2003, 139–162.
– Ders., Gott auf der Seite der Armen, in: Ders., Das Jüdische am Christentum. Die verlorene Dimension, Freiburg 1987, 122–143
– Ders., „Israel" in Jes 49,3, in: Wort, Lied und Gottesspruch. FS für Joseph Ziegler, hg. von J. Schreiner (fzb 2), Würzburg / Stuttgart 1972, 217–229.
– Ders., Kennt das Alte Testament einen Unterschied von »Gebot« und »Gesetz«? Zur bibeltheologischen Einstufung des Dekalogs, in: »Gesetz« als Thema Biblischer Theologie (JBTh 4) Neukirchen-Vluyn 1989, 63–89.
– Ders., Kinder Abrahams aus Steinen. Verheißt das Alte Testament einen neuen Bund ohne Israel?, in: Ders., Im Schatten deiner Flügel. Große Bibeltexte neu erschlossen, Freiburg 1999, 237–261.
– Ders., Kohelet (NEB), Würzburg 1980.
– Ders., Lobgesänge der Armen. Studien zum Magnifikat, den Hodajot von Qumran und einigen späten Psalmen (SBS 143), Stuttgart 1990.
– Ders., Perikopenordnung „Patmos", in: G. Braulik – N. Lohfink, Liturgie und Bibel (ÖBS 28), Frankfurt a. M. 2005, 165–183.
– Ders., Psalmen im Neuen Testament. Die Lieder in der Kindheitsgeschichte bei Lukas, in: G. Braulik – N. Lohfink, Liturgie und Bibel (ÖBS 28), Frankfurt a. M. 2005, 461–480.
– Ders., Unsere großen Wörter. Das Alte Testament zu Themen dieser Jahre, Freiburg 1977.
– Ders., Wasser, Öl und Licht – Symbole der christlichen Taufe, in: G. Braulik – N. Lohfink, Liturgie und Bibel. Gesammelte Aufsätze (ÖBS 28), Frankfurt a. M. 2005, 403–408.
Lubac, H. de, Glauben aus der Liebe. ‚Catholicisme', Einsiedeln 1970.
Maier, C., Tochter Zion im Jeremiabuch. Eine literarische Personifikation mit altorientalischem Hintergrund, in: I. Fischer – K. Schmid – H. G. M. Williamson (Hg.), Prophetie in Israel (Altes Testament und Moderne Bd. 11), Münster 2003, 157–167.
Maier, M. P., Jeremia. Die Geschichte eines Berufenen (Urfelder Reihe 6), Bad Tölz 2004.

MALONEY, L. M., „All that God had Done with Them". The Narration of the Works of God in the Early Christian Community as Described in the Acts of the Apostles (AmUSt. TR 91) New York 1991.

MARIA, DIE MUTTER DES HERRN. Hirtenwort der deutschen Bischöfe vom 30. April 1979, hr. vom Sekretariat der Deutschen Bischofskonferenz, Bonn 1979.

MENKE, K.-H., Fleisch geworden aus Maria. Die Geschichte Israels und der Marienglaube der Kirche, Regensburg 1999.

MERK, O. – MEISER, M., Das Leben Adams und Evas (JSHRZ. II), Gütersloh 1998, 739–870.

MERKEL, H., Art. Gesetz. IV. Alte Kirche (TRE 13) 75–82.

MEYER, R., Art. *prophētēs* Teil C, in: ThWNT VI, 813–828.

MÜLLER, A., Ecclesia – Maria. Die Einheit Marias und der Kirche, Freiburg i. d. Schweiz ([1]1951) [2]1955.

– DERS., Fragen und Aussichten der heutigen Mariologie, in: J. Feiner – J. Trütsch – F. Böckle, Fragen der Theologie heute, Einsiedeln 1957, 301–317.

– DERS., Marias Stellung und Mitwirkung im Christusereignis, in: MySal III 2, Einsiedeln 1969, 393–510.

NEUBRAND, M. – SEIDEL, J., „Eingepfropft in den edlen Ölbaum" (Röm 11,24): Der Ölbaum ist *nicht* Israel: BN 105 (2000) 61–76.

NIETZSCHE, F., Die fröhliche Wissenschaft, Werke in drei Bänden hg. von K. Schlechta, Bd. 2, München 1966.

OELMÜLLER, W., Die unbefriedigte Aufklärung. Beiträge zu einer Theorie der Moderne von Lessing, Kant und Hegel, Frankfurt a. M. 1969.

OHLY, F., Zur Gattung des Hohenlieds in der Exegese, in: Ders., Ausgewählte und neue Schriften zur Literaturgeschichte und Bedeutungsforschung (hg. von U. Ruberg und D. Peil), Stuttgart / Leipzig 1995, 95–112.

OLLROGG, W.-H., Paulus und seine Mitarbeiter. Untersuchungen zu Theorie und Praxis der paulinischen Mission (WMANT 50), Neukirchen-Vluyn 1979.

OMERZU, H., Die Himmelsfrau in Apk 12. Ein polemischer Reflex des römischen Kaiserkults, in: M. Becker – M. Öhler (Hg.), Apokalyptik als Herausforderung neutestamentlicher Theologie (WUNT 214), Tübingen 2006, 167–193.

OTT, L., Grundriss der katholischen Dogmatik, Freiburg [3]1957.

OVERHAGE P. – RAHNER, K., Das Problem der Hominisation (QD 12/13), Freiburg [2]1963.

PESCH, O. H., Begriff und Bedeutung des Gesetzes in der katholischen Theologie, in: »Gesetz« als Thema Biblischer Theologie (JBTh 4), Neukirchen-Vluyn 1989, 171–213.

PESCH, O. H. – PETERS, A., Einführung in die Lehre von Gnade und Rechtfertigung, Darmstadt 1981.

PESCH, R., Gott ist gegenwärtig. Die Versammlung des Volkes Gottes in Synagoge und Kirche, Augsburg 2006.

– DERS., Römerbrief (NEB), Würzburg 1983.

PETRUS CANISIUS, Der Große Katechismus. Summa doctrinae christianae (1555), übs. und komm. von H. Filser – St. Leimgruber, Regensburg 2003.

PIOLANTI, A., Maria et Ecclesia. Quaedam inter utramque relationes a scriptoribus marianis saec. XII illustratae: ED 4 (1951) 324–338.

Pohlenz, M., Die Stoa. Geschichte einer geistigen Bewegung Bd. 1, Göttingen [4] 1970.
Rad, G. von, Theologie des Alten Testaments, Bd. 1, München 1957.
Rahner, H., Maria und die Kirche. Zehn Kapitel über das geistliche Leben, Innsbruck 1951.
Rahner, K., Das Problem der Hominisation (QD 12/13), Freiburg [2]1963.
– Ders., Grundkurs des Glaubens. Einführung in den Begriff des Christentums, Freiburg [11] 1984.
– Ders., Theologisches zum Monogenismus: ZKTh 76 (1954) 1–18. 171–184. Später in: Schriften zur Theologie I, Einsiedeln / Köln [2]1956.
Ratzinger, J., Die Tochter Zion. Betrachtungen über den Marienglauben der Kirche, Einsiedeln [4] 1990.
– Ders., Erwägungen zur Stellung von Mariologie und Marienfrömmigkeit im Ganzen von Glaube und Theologie, in: J. Ratzinger – H. U. von Balthasar, Maria – Kirche im Ursprung, Einsiedeln / Freiburg [5] 2005, 14–30.
Reiser, M., Die Gerichtspredigt Jesu. Eine Untersuchung zur eschatologischen Verkündigung Jesu und ihrem frühjüdischen Hintergrund (NTA NF 23), Münster 1990.
– Ders., Sünde und Sündenbewusstsein in der Antike, bei Paulus und bei uns: EuA 77 (2001) 455–469.
Riedlinger, H., Die Makellosigkeit der Kirche in den lateinischen Hoheliedkommentaren des Mittelalters, Münster 1958.
Roloff, J., Die Kirche im Neuen Testament (NTD. Ergänzungsreihe 10), Göttingen 1993.
Rossi de Gasperis, F., Maria di Nazaret. Icona di Israele e della Chiesa, Magnano 1997.
Rousseau, J.-J., Abhandlung über den Ursprung und die Grundlagen der Ungleichkeit unter den Menschen. Übers. und hg. von Ph. Rippel (Universal-Bibliothek 1770), Stuttgart 2003.
– Ders., Emil oder Über die Erziehung (UTB 115), besorgt von L. Schmidts, Paderborn u. a. [13] 1998.
– Ders., Emile oder Über die Erziehung (Universal-Bibliothek 901), hg. und eingel. von M. Rang, übers. von E. Sckommodau, Stuttgart 2004.
Sammlung von Marienmessen (Die Feier der Heiligen Messe. Messbuch für die Bistümer des deutschen Sprachgebietes. Authentische Ausgabe für den liturgischen Gebrauch) Zürich u. a. 1990.
Schanne, R., Sündenfall und Erbsünde in der Spekulativen Theologie. Die Weiterbildung der protestantischen Erbsündenlehre unter dem Einfluß der idealistischen Lehre vom Bösen (ThÜb 1), Frankfurt a. M. 1976.
Scheer, M., Rosenkranz und Kriegsvisionen. Marienerscheinungskulte im 20. Jahrhundert, Tübingen 2006.
Scheffczyk, L., Art. Maria, in: LMA 6, München / Zürich 1993, 245–249.
Scheiner, J. J., Vom ‚Gelben Flicken' zum Judenstern. Genese und Applikation von Judenabzeichen im Islam und christlichen Europa (849–1941), Frankfurt a. M. 2004.
Schelkle, K. H., Kirche und Synagoge in der frühen Auslegung des Römerbriefes, in: Ders., Wort und Schrift. Beiträge zur Auslegung und Auslegungsgeschichte des Neuen Testamentes, Düsseldorf 1966, 282–299.
Schlier, H., Der Geist und die Kirche. Exegetische Aufsätze und Vorträge, Freiburg 1980.

– DERS., Der Römerbrief (HThK 6), Freiburg 1977.
SCHMAUS, M., Katholische Dogmatik. 5. Band. Mariologie, München ²1961.
SCHNACKENBURG, R., Das Johannesevangelium I. Teil (HThKNT), Freiburg 1965.
SCHNEIDER, R., Verhüllter Tag (Herder-Bücherei 42), Freiburg ³1961.
– DERS., Winter in Wien. Aus meinen Notizbüchern 1957 / 58, Freiburg 1958.
SCHOONENBERG, P., Der Mensch in der Sünde (MySal 2), Einsiedeln / Köln 1967, 845–941.
– DERS., Theologie der Sünde, Einsiedeln / Köln 1966.
SCHRECKENBERG, H., Die christlichen Adversus-Judaeos-Texte und ihr literarisches und historisches Umfeld (1.–11. Jh.), Frankfurt a. M. ³1995.
SCHREINER, K., Konnte Maria lesen? Von der Magd des Herrn zur Symbolgestalt mittelalterlicher Frauenbildung: Merkur 44 (1990) 82–88.
– DERS., Maria. Leben, Legenden, Symbole, München 2003.
SCHRENK, F., Die Frühzeit des Menschen. Der Weg zum Homo sapiens, München ⁴2003.
SCHUBERT, A., Das Ende der Sünde. Anthropologie und Erbsünde zwischen Reformation und Aufklärung (FKDG 84), Göttingen 2002.
SCHÜCKLER, G., Maria im Geheimnis der Kirche. Zur Mariologie der Kirchenväter, Köln 1955.
SCHÜRMANN, H., Das Lukasevangelium (HThKNT III 1), Freiburg 1969.
SCHWAGER, R., Brauchen wir einen Sündenbock? Gewalt und Erlösung in den biblischen Schriften, München 1978.
– DERS., Erbsünde und Heilsdrama. Im Kontext von Evolution, Gentechnologie und Apokalyptik, Münster 1997.
SCHWIENHORST-SCHÖNBERGER, L., „Auge um Auge, Zahn um Zahn". Zu einem antijüdischen Klischee, in: Ders., Studien zum Alten Testament und seiner Hermeneutik (SBAB 40), Stuttgart 2005, 13–31.
SCORALICK, R., Gottes Güte und Gottes Zorn. Die Gottesprädikationen in Exodus 34,6 f und ihre intertextuellen Beziehungen zum Zwölfprophetenbuch (HBS 33), Freiburg 2002.
SEBALD, E., Art. Ekklesia – Maria, in: R. Bäumer – L. Scheffczyk (Hg.), Marienlexikon, Bd. 2, St. Ottilien 1989, 312–313.
SEMMELROTH, O., Urbild der Kirche. Organischer Aufbau des Mariengeheimnisses, Würzburg (¹1950) ²1954.
SEYBOLD, M., Art. Unbefleckte Empfängnis, in: R. Bäumer – L. Scheffczyk (Hg.), Marienlexikon Bd. 6, St. Ottilien 1994, 519–525.
SODER VON GÜLDENSTUBBE, E., Art. Würzburg, in: R. Bäumer – L. Scheffczyk (Hg.), Marienlexikon Bd. 6, St. Ottilien 1994, 756–766.
SÖLL, G., Mariologie (HDG III 4), Freiburg 1978.
SPAEMANN, R., Über einige Schwierigkeiten mit der Erbsündenlehre, in: Ch. Schönborn – A. Görres – R. Spaemann, Zur kirchlichen Erbsündenlehre. Stellungnahmen zu einer brennenden Frage, Freiburg i. d. Schweiz ²1994, 37–66.
STECK, O. H., Prophetische Prophetenauslegung, in: H. F. Geißer u. a. (Hg.), Wahrheit der Schrift – Wahrheit der Auslegung. Eine Zürcher Vorlesungsreihe zu Gerhard Ebelings 80. Geburtstag, Zürich 1993, 198–244.
STUHLMACHER, P., Biblische Theologie des Neuen Testaments Bd. 2, Göttingen 1999.

– DERS., Der Brief an die Römer (NTD 6), Göttingen1989.
– DERS., Der Brief an Philemon (EKK 18), Einsiedeln / Neukirchen-Vluyn ²1981.
– DERS., Zum Thema Rechtfertigung, in: P. Stuhlmacher, Biblische Theologie und Evangelium (WUNT 146), Tübingen 2002, 23–65.
TEGETHOFF, M., Lebenserfahrung im Genom. Schicksal Kindheit: Wie Mutters Pflege die Erbinformation ändert: FAZ vom 9. November 2005, Nr. 261, 40.
TERRIEN, J. B., La Mère de Dieu et la Mère des Hommes d'après les Pères et la Théologie II, Paris 1902.
UTZSCHNEIDER, H., Gottes langer Atem. Die Exoduserzählung (Ex 1–14) in ästhetischer und historischer Sicht (SBS 166), Stuttgart 1996.
WEGER, K.-H., Theologie der Erbsünde (QD 44), Freiburg 1970.
WEHRLI, M., Literatur im deutschen Mittelalter. Eine poetologische Einführung, Stuttgart 1984.
WEIMER, L., Die Lust an Gott und seiner Sache. oder: Lassen sich Gnade und Freiheit, Glaube und Vernunft, Erlösung und Befreiung vereinbaren?, Freiburg 1981.
WEINSTOCK, H., Die Tragödie des Humanismus, Heidelberg ³1956.
WEIPPERT, M., Aspekte israelitischer Prophetie im Lichte verwandter Erscheinungen des Alten Orients, in: G. Maurer – U. Magen (Hg.), Ad bene et fideliter seminandum. FS K. Deller, Neukirchen-Vluyn 1988, 287–319.
WILCKENS, U., Das Evangelium nach Johannes (NTD 4), Göttingen ²2000.
– DERS., Der Brief an die Römer (Röm 1–5) (EKK VI 1), Zürich / Neukirchen-Vluyn 1978.
– DERS., Der Brief an die Römer (Röm 6–11) (EKK VI 2), Zürich / Neukirchen-Vluyn 1980.
WILEY, T., Original Sin. Origins, Developments, Contemporary Meanings, New York 2002.
WISCHNOWSKY, M., Tochter Zion. Aufnahme und Überwindung der Stadtklage in den Prophetenschriften des Alten Testaments (WMANT 89), Neukirchen-Vluyn 2001.
ZAKOVITCH, Y., Das Hohelied (HThKAT) Freiburg 2004.
ZIEGENAUS, A., Maria in der Heilsgeschichte. Mariologie, Aachen 1998.

Anmerkungen

Zum Charakter der folgenden Anmerkungen: Sie dienen vor allem dazu, Quellenangaben zu machen und Fundorte anzugeben. Manchmal sind die Literaturangaben auch Hinweise darauf, wo der Leser Ausführlicheres finden kann. Eine erschöpfende Aufzählung oder gar Diskussion der Sekundärliteratur wollen und können sie nicht bieten.

Motto

[1] Sammlung von Marienmessen 6–7.

I 1. Sünde in der jüdisch-christlichen Tradition

[1] Auch der Begriff der Unreinheit wurde – etwa in der Theologie der Priesterschrift – weiterentwickelt und theologisch vertieft. Vgl. Kap. II / 4.

[2] Damit soll selbstverständlich nicht ausgeschlossen werden, dass es Schulderfahrung auch außerhalb Israels und der Kirche gibt. Sonst müsste man gegen Röm 2,15 leugnen, dass auch die Heiden ein Gewissen haben. Das Unterscheidende in Israel ist die Wucht und Eindeutigkeit, mit der von der Schuld des Gottesvolkes und von persönlicher Schuld gesprochen wird.

[3] Eine Vorbemerkung zur Übersetzung der biblischen Texte in diesem Buch: Oft liegt die „Einheitsübersetzung der Heiligen Schrift“ von 1979 / 80 zugrunde. Dort, wo die Einheitsübersetzung zu frei oder zu ungenau ist, wird sie korrigiert.

Zur Verwendung der Bibel in diesem Buch generell: Maßgebend für Theologie und Kirche sind nicht historische Rekonstruktionen, sondern das, was die Bibel selbst sagen will. Literaturwissenschaftlich formuliert: Maßgebend ist die Aussage des Endtextes der Bibel. Die Kirche ist überzeugt, dass die Heilige Schrift die Wirklichkeit so sieht, wie Gott sie sieht. Wer die Schrift gläubig annimmt, kann hinter diese Ausgangslage nicht zurück. Er darf nicht eine aus andersartigen Interessen gespeiste Sicht an die Stelle der Sicht der Bibel setzen. Das schließt natürlich nicht aus, dass die Aussageweisen und Sprachformen der Bibel ständig übersetzt werden müssen. Und es schließt auch nicht aus, dass es für das richtige Verstehen des Endtextes wichtig sein kann, Vorstufen des Textes zu kennen oder geschichtliche Abläufe zu rekonstruieren – nicht um eine historische Rekonstruktion zu kanonisieren, sondern um die Aussage des Endtextes selbst besser zu verstehen. Gerade was die historische Rekonstruktion angeht, ist die moderne Bibelwissenschaft außerordentlich hilfreich. Ihre Ergebnisse und Hypothesen schlagen auch in diesem Buch oft durch.

[4] Vgl. zum Folgenden die treffende Auslegung von J. Jeremias, Gleichnisse 128–132.

[5] F. Nietzsche, Fröhliche Wissenschaft Nr. 135, 131–132.

[6] Vgl. M. Reiser, Sünde 455–469.

I 2. Das Anstößige am Begriff der Erbsünde

[1] Epiktet, Enchiridion 5. Was hier mit „Meinungen" wiedergegeben ist, heißt im griechischen Urtext *dogmata.* Man könnte auch übersetzen: Auffassungen, Urteile.
[2] Stoicorum veterum fragmenta, Leipzig 1903–1924, II 975. Übersetzung: M. Pohlenz, Stoa 106.
[3] Seneca, Epistulae 107, 10: *ducunt volentem fata, nolentem trahunt.*
[4] Übersetzung von B. Effe und H.-J. Klauck aus: H.-J. Klauck, Umwelt 89.
[5] „Wähnen" *(opinari)* ist in der stoischen Erkenntnistheorie das Gegenteil vom vernünftigen Urteilen. Leidenschaft, Furcht, Begierde und Lust sind Urteile, die nicht mehr von der Vernunft begleitet und beherrscht werden.
[6] Der Prozess gegen Murena wegen unerlaubter Wählerbeeinflussung *(ambitus)* bei seiner Wahl zum Konsul fand am Ende von Ciceros Konsulat im Jahre 63 v. Chr. statt. Einer der Ankläger Murenas war der hochangesehene M. Porcius Cato, ein Freund Ciceros. Cicero durfte ihn nicht persönlich verletzen. Deshalb setzt er sich im Grunde nur freundlich-ironisch mit der rigorosen stoischen Ethik Catos auseinander. Vgl. Cicero 15–19.
[7] Seneca, De clementia II 4–6.
[8] Vgl. Seneca, De clementia II 6 (1): *Sapiens (...) non miseretur, quia id sine miseria animi non fit.*
[9] Vgl. jetzt A. Fürst, Briefwechsel.
[10] Neuere Forschungen haben allerdings gezeigt, dass die Kritik an der Erbsündenlehre nicht erst in der Zeit der Aufklärung beginnt. Vgl. bes. A. Schubert, Das Ende der Sünde. Schubert fasst den Ertrag seines Buches am Ende folgendermaßen zusammen: „Die Kritik an der Erbsündenlehre ist weder eine Erfindung der Aufklärungsphilosophie noch der Aufklärungstheologie des 18. Jahrhunderts, sondern hat eine lange und komplizierte Vorgeschichte in den theologischen Debatten des 17. Jahrhunderts. Die Aufklärung war bei weitem nicht so ‚aufgeklärt' und die Orthodoxie bei weitem nicht so ‚orthodox', wie die Aufklärer selbst behaupteten" (230–231).
[11] J. A. Eberhard, Apologie I. Abt. VI, 113.
[12] Zur Erbsünde im Denken Rousseaus vgl. T. Wiley, Original Sin 112–113. Für die Transformation der klassischen Erbsündenlehre in der Aufklärung insgesamt ist erhellend R. Schanne, Sündenfall 283–305.
[13] Vgl. Rousseau (hg. von M. Rang) 8.
[14] Zitiert nach Rousseau (hg. von M. Rang) 20.
[15] Émile, 2. Buch; Übersetzung: nach L. Schmidts: Rousseau (besorgt von L. Schmidts) 71.
[16] Émile, Anfang des 1. Buches; Übersetzung: E. Sckommodau, in: Rousseau (hg. von M. Rang) 107.
[17] Émile, 3. Buch; Übersetzung: nach L. Schmidts: Rousseau (besorgt von L. Schmidts) 209.
[18] Jean-Jacques Rousseau, Abhandlung über den Ursprung und die Grundlagen der Ungleichkeit unter den Menschen. Übersetzung: Ph. Rippel (Rousseau hg. von Ph. Rippel), 83–84.
[19] Es gibt bei Rousseau freilich nicht nur die Linie der Befreiung vom Bösen der Gesellschaft durch das Leben in glückenden Freiräumen, wie sie der Émile schildert. Es gibt Er-

lösung auch durch die Umformung der Gesellschaft zu einer ethischen Vereinigung, die vom idealen Gemeinwillen ihrer Bürger getragen ist. Diese Linie beschreitet die genauso einflussreiche Schrift Rousseaus über den „Contrat social“ (1762).

[20] Vgl. dazu R. Schanne, Sündenfall 42–68, mit der wichtigsten Literatur (43).

[21] Vgl. R. Schanne, Sündenfall 49. 58. 60.

[22] Zitiert nach W. Oelmüller, Unbefriedigte Aufklärung 317–318. Vgl. auch H. Weinstock, Tragödie 300.

[23] Zitiert nach H. Weinstock, Tragödie 300.

I 4. Schuldpotentiale in der Geschichte

[1] E. Haeckel, Welträtsel 160.

[2] Wie verhält es sich mit dem Dämonischen in der Geschichte? Was ist der Teufel? Die Antwort erforderte ein eigenes Buch und muss hier ausgeklammert werden. Verwiesen sei auf J. Bründl, Masken des Bösen.

[3] Ambrosius, Epistula 74 (Maur. 40) (CSEL 82,3; 59–69): *Proclamo quod ego synagogam incenderim, (...) ne esset locus in quo Christus negaretur. (...) Non est ergo causa tantae commotioni idonea, ut propter aedificii exustionem in populum tam severe vindicetur, multo autem minus quia synagoga incensa est, perfidiae locus, impietatis domus, amentiae receptaculum, quod deus damnavit ipse. (...) Hunc dabis triumphum Iudaeis de ecclesia dei? Hoc tropaeum de Christi populo? Haec gaudia, imperator, perfidis? Hanc celebritatem synagogae, hos luctus ecclesiae? Referet Iudaeorum populus hanc sollemnitatem in dies festos suos (...). Quid pio commune cum perfido? Abolenda cum impio sunt etiam impietatis exempla.* Übersetzung nach H. Schreckenberg, Adversus-Judaeos-Texte 305.

[4] Ambrosius, Epistula extra collectionem 1 (Maur. 41) (CSEL 82,3; 145–161). Vgl. H. Schreckenberg, Adversus-Judaeos-Texte 305.

[5] K. H. Schelkle (Kirche) zählt zunächst Beispiele positiven Denkens der Kirchenväter über die Synagoge auf. Doch am Ende schreibt er, fast resigniert: „Wir stellen dann freilich auch fest, wie sich dieses Verhältnis nach den ersten Jahrhunderten deutlich ändert. Dringt vielleicht, nachdem das Christentum römische Staatsreligion geworden ist, mit den Massen der Bekehrten auch etwas vom gemeinen, spätantiken Antisemitismus in das Verhältnis von Synagoge und Kirche ein? (...) Über alldem wird die Trennung zwischen Synagoge und Kirche von der Kirche immer mehr als endgültige und vollendete Tatsache hingenommen. Synagoge und Kirche empfinden sich als zwei Kulte und Religionen, die einander feindlich, ja, was vielleicht noch schlimmer ist, die einander gänzlich fremd sind“ (299).

[6] Vgl. K. Schreiner, Maria 54.

[7] Zitiert nach M. Breuer – M. Graetz, Geschichte 31.

[8] In Südeuropa konnten sich die Vorwürfe der Brunnenvergiftung, der Hostienschändung und des Ritualmordes offenbar kaum durchsetzen.

[9] Vgl. W. Brückner, Ketzer 129.

[10] Vgl. H. Jochum, Ecclesia 96–100.

[11] Vgl. J. J. Scheiner, Judenstern 57–94.

[12] Text bei F. Ohly, Gattung 104.

[13] DH 773.

[14] Vgl. zum Ganzen A. Angenendt, Toleranz 496–502.

[15] K. Schreiner, Maria 84.
[16] E. Soder von Güldenstubbe, Würzburg 764.
[17] R. von Liliencron, Volkslieder Nr. 336, Zeilen 343–345, 351–352.
[18] Aber es gab auch Ausnahmen. Vgl. etwa die tragische Geschichte der spanischen Conversos bei A. Angenendt, Toleranz 526–533.
[19] J. Langbehn, Rembrandt 118. 230. 108. 231. 138. 199. 92. 13. 300.
[20] J. Langbehn, Rembrandt 211. 130.
[21] J. Langbehn, Rembrandt als Erzieher 61.–66. Auflage, 175.
[22] J. Langbehn, Rembrandt 284–285.
[23] J. Langbehn, Rembrandt 284.
[24] R. Schneider, Verhüllter Tag 127.
[25] Petrus Canisius, Katechismus 80.
[26] H. Haid, Inbegriff 1–2.
[27] DH 1513.
[28] Vgl. den Bericht von M. Tegethoff, Lebenserfahrung 40.
[29] Vgl. R. Schwager, Erbsünde 42–45.
[30] N. Lohfink weist in diesem Zusammenhang auf wichtige Ergebnisse der Wissenssoziologie hin: In „der neueren phänomenologisch orientierten systematischen Soziologie (ich denke an Namen wie A. Schutz, G. H. Mead, P. L. Berger, Th. Luckmann) (…) ist bei der Theorie dessen, was Gesellschaft ausmacht, der Zusammenhang von Entäußerung, Objektivation und Verinnerlichung so eingehend diskutiert, daß es nicht schwerfallen dürfte, darzutun, daß die zum Menschsein notwendig gehörende Übernahme der objektiven gesellschaftlichen Wirklichkeit durch Identifizierung mit ihr auch in einer alles durchziehenden vorpersonalen Dimension eine subjektive Wirklichkeit produziert, die dem einzelnen Menschen ‚eigen' und ‚innerlich' ist": N. Lohfink, Das vorpersonale Böse 176.
[31] Vgl. die Referate zu beiden bei H. Köster, Urstand 184–187.
[32] Die wichtigsten Arbeiten P. Schoonenbergs zur Erbsünde sind: „Theologie der Sünde" (1966) und „Der Mensch in der Sünde" (1967).
[33] P. Schoonenberg, Der Mensch 895–896.
[34] P. Schoonenberg, Der Mensch 896–897.
[35] P. Schoonenberg, Der Mensch 924. 928–929. Zur Frage der Innerlichkeit der Unheilssituation vgl. auch K.-H. Weger, Theologie 145–150. Weger steht in seiner Darstellung der Erbsünde zwischen Schoonenberg und Rahner.
[36] P. Schoonenberg, Der Mensch 931. Diese Kurzdefinition bezieht sich selbstverständlich auf das, was die dogmatische Tradition das *peccatum originale originatum* nennt.
[37] P. Schoonenberg, Der Mensch 928–929.
[38] K. Rahner, Schriften zur Theologie I, 306.
[39] K. Rahner, Grundkurs 97–121.
[40] K. Rahner, Grundkurs 101.
[41] Für den folgenden Abschnitt vgl. K. Rahner, Grundkurs 102–117.
[42] K. Rahner, Grundkurs 115.
[43] K. Rahner, Grundkurs 116.

I 5. Evolution und Sündenfall – ein Widerspruch?

[1] Trotzdem ist die Unterscheidung zwischen der Erbsünde und ihren Folgen sinnvoll. Und zwar vor allem dann, wenn gesagt werden muss, was auch *nach der Taufe* noch bleibt: nämlich der Tod, die Mühen des Lebens und die Konkupiszenz, das heißt die Neigung des Menschen zum Bösen. Im Übrigen aber ist zu beachten, dass es in der gesamten Geschichte der Erbsündenlehre eben keine eindeutige Definition der Erbsünde gibt. Augustinus hatte die Erbsünde mit der Konkupiszenz gleichgesetzt, also mit einer *Folge* der Erbsünde. Seine Position hat jahrhundertelang nachgewirkt und ist der Grund, dass später das Konzil von Trient keine Wesensbestimmung der Erbsünde gibt, sondern nur Eckpunkte gegen Irrlehren formuliert.
In den gewichtigen Referaten, die in Trient der Herstellung des Endtextes vorausgingen, war man sich darüber im klaren, dass die Erbsünde *das Fehlen der Ursprungsgerechtigkeit ist, in welcher der Mensch eigentlich leben müsste (absentia debitae iustitiae [originalis]).* So hatte schon Anselm von Canterbury († 1109) definiert. Aber diese definierende Formel übernimmt das Konzil dann gerade nicht, sondern umschreibt eher narrativ – höchst vorsichtig, in zwei Schritten –, Adam habe durch seine Gebotsübertretung die Heiligkeit und Gerechtigkeit, in die er eingesetzt worden war, verloren (DH 1511), und zwar nicht nur für sich, sondern auch für uns (DH 1512). Man wollte bereits in den vorbereitenden Referaten bewusst „von der (in den Schulen aufgekommenen) Mannigfaltigkeit des Vokabulars und der Wesensdefinitionen absehen und nach Art der alten Konzilien diese Sünde und ihren Unterschied von anderen [Sünden] durch die Wirkungen derselben beschreiben" (H. Köster, Urstand 48).
Damit blieb von Trient her offen, wie das Wesen der Erbsünde und ihre Folgen definitorisch voneinander abzugrenzen sind (vgl. H. Köster, Urstand 35. 55. 84. 86). Das überließen die Konzilsväter der Schultheologie. Die großen Handbücher der Dogmatik zeigen bis heute diese Unschärfenrelation. Beipiel: Der bekannte „Grundriss der katholischen Dogmatik" von L. Ott behandelt zunächst die persönliche Sünde der Stammeltern und dann die Existenz der Erbsünde (129–133). Beides qualifiziert L. Ott als *de fide.* Dann wendet er sich dem „Wesen der Erbsünde" zu und formuliert: „Die Erbsünde besteht in dem Zustand des Gnadenberaubtseins, der durch die freie Sündentat des Stammhauptes verschuldet ist." Das ist die seit Anselm übliche Meinung. Aber Ott qualifiziert diese Wesensbestimmung nicht als *de fide,* nicht einmal als *theologice certum,* sondern als *sententia communis,* also als „eine Lehre, die an sich in das Gebiet der freien Meinungen gehört, von den Theologen aber allgemein vertreten wird" (L. Ott 11).
Natürlich qualifiziert L. Ott diese Wesensbestimmung der Erbsünde deshalb so niedrig, weil Trient hier nichts definiert hat. Das blieb der Schultheologie überlassen. Und in dieser blieb es strittig bis heute. So rechneten z. B. die renommierten Theologen Salmerón, Toletus und De Lugo den Verlust der heiligmachenden Gnade zu den *Folgen* und nicht zum *Wesen* der Erbsünde. Dasselbe tut L. Ott (136–137). So ist hier also vieles offengeblieben. Die theologischen Begriffsbestimmungen oszillieren – je nach dem Begriffs-System, dem die jeweiligen Theologen folgen. Dementsprechend spielt die scharfe Abgrenzung zwischen der Erbsünde und ihren Folgen in der Diskussion der letzten fünfzig Jahre praktisch keine Rolle. Man spricht darüber nur, wenn es um die Folgen der Erbsünde geht, die auch beim Getauften noch bleiben.
Am Ende seines langen Weges durch die Dogmengeschichte der Erbsünde formuliert H.

Köster die folgenden Essentials, von denen er sagt, sie würden heute von der Mehrzahl der katholischen Theologen festgehalten: „Die Erbsünde ist ein der persönlichen Entscheidung vorausliegender Zustand des Unheils, der alle Menschen vom ersten Augenblick an kennzeichnet und nur durch die Verbindung mit Christus überwunden wird, der sich aus fremdem menschlichem Tun herleitet und in den Augen Gottes den Charakter wahrer Schuld trägt" (H. Köster, Urstand 230).

[2] Katechismus der Katholischen Kirche Nr. 397.

[3] Für die folgende Darstellung vgl. vor allem F. Schrenk, Frühzeit des Menschen.

[4] Mit anderen Worten: Was bei dem jetzigen Forschungsstand noch als „Typensprung" erscheint, als „Emergenz" oder „Fulguration", kann sich schon der nächsten Forschergeneration als biologisch durchaus erklärbarer Übergang erweisen. Jedenfalls tut die Theologie gut daran, das schöpferische Handeln Gottes, an dem sie mit Recht festhält, nicht an „Sprüngen" in der Evolution festzumachen.

Was K. Rahner einst zur Hominisation schrieb, gilt auch hier: „Nun scheint aber doch die These, von der wir ausgehen [gemeint ist die klassische Vorstellung von der Hominisation als Einhauchen der Seele], zu besagen, daß an einem bestimmten innerweltlichen, innernaturgeschichtlichen Punkt ein solcher ‚kategorialer' Stoß schöpferischer Allmacht sich ereignet habe, dort und dann, wo und wann in jene tierische Gestalt, die sich auf den Menschen hin entwickelt hatte, eine Geistseele von Gott eingeschaffen wurde und so der Mensch wurde. Ist damit nicht ein Geschehen postuliert, in dem die Zweitursachen innerhalb der geschlossenen Kausalreihe plötzlich durch Gott selbst ersetzt werden? Wird so nicht aus Gott ein Demiurg? Wird nicht aus der profanen Nüchternheit der Natur und ihrer Geschichte ein Wunderereignis, ja ein Mirakel? Schafft hier Gott nicht plötzlich *in* der Welt, statt *die* Welt dauernd schöpferisch zu tragen? Sieht man nicht plötzlich Gottes Schaffen, während man sonst Gottes Geschöpfe sieht? (...)

Muß man nicht sagen, Gottes Ursächlichkeit sei, gerade damit sie göttlich und nicht endlich und innerweltlich sei, immer und überall, wo es sich um eine Ursächlichkeit innerhalb der Welt handelt, vertreten durch eine geschöpfliche, erfahrbare Ursache, und diese immer deutlicher zu finden und zu umschreiben sei eben Sache der menschlichen Wissenschaften, und wo sie dies nicht mehr täten oder aufgäben, handelten sie so wie ein Mensch, der auf die Frage, warum es blitze, antwortet: Weil Gott den Blitz geschaffen hat. Natürlich ist Gott die Ursache auch der ‚Seele', weil er per definitionem Ursache von allem ist, Ursache aber in der Weise, wie Gott, ihm allein, solches Ursache-sein, und es allein ihm, zukommt, aber doch nicht so, daß diese Verursachung der Seele ihm anders zuzuschreiben sei als alles in der Welt, was erst in einem bestimmten Moment und Ort innerhalb dieser Welt auftritt? (...)

Um dem Leser einen Vorbegriff unserer Überlegung zu geben, damit er sie leichter mitvollziehen kann, sei schon hier gesagt: Es soll der Begriff des göttlichen Wirkens als aktives, dauerndes Tragen der Weltwirklichkeit derart entwickelt werden, daß eben dieses Wirken erscheint als die aktive Ermöglichung der aktiven Selbsttranszendenz des endlichen Seienden durch sich selbst, und zwar so, daß, weil dieser Begriff allgemein gilt, er auch von der ‚Erschaffung der geistigen Seele' gilt": P. Overhage – K. Rahner, Problem 58–61.

[5] Ansprache innerhalb einer Sendereihe des Süddeutschen Rundfunks im Jahre 1968 zum Thema „Schöpfungsglaube und Evolutionstheorie". Wir zitieren die mehrfach veröf-

fentlichten Vorträge nach einem Auszug in dem Tagungsbericht „Schöpfung und Evolution", hrsg. von O. Horn und S. Wiedenhofer, Augsburg 2007, 14–15.

[6] F. Schrenk, Frühzeit 121.

[7] Vgl. den Abschnitt am Ende von Kap. I / 4.

[8] R. Spaemann, Schwierigkeiten 64.

[9] R. Spaemann, Schwierigkeiten 65. 66.

[10] Ihre Grenzen würde sie überschreiten, wenn sie als *Universaltheorie* aller Wirklichkeit aufträte.

[11] Auf die theologische Frage nach der Geistseele und ihrer Herkunft kann hier nicht eingegangen werden. Wir verweisen auf G. Greshake, Seele, und die dort genannte Literatur, ferner auf die schon genannten Vorträge von J. Ratzinger (s. in diesem Kap. Anm. 5) und unser Zitat aus diesen Vorträgen.

[12] Selbstverständlich dürfen Theologie und Verkündigung vor dem Hintergrund von Gen 2,7 sagen, dass Gott dem Menschen die Geistseele einschafft. Sie müssen dabei nur beachten, dass es für das Handeln Gottes in Schöpfung und Geschichte verschiedene Sprechweisen gibt und geben muss. Ausführlicher dazu in diesem Buch Kap. III / 4 / a.

[13] Vgl. die in diesem Kap. Anm. 4. zitierten Überlegungen K. Rahners.

[14] F. Schrenk, Frühzeit 30.

[15] Diese Überlegung zur verfehlten Gemeinschaft geht zurück auf R. Spaemann, Schwierigkeiten 64.

[16] In Jesus Christus hat Gott sein Ziel mit der Welt freilich trotz aller Widerstände bereits erreicht. Deshalb die Einschränkung: „die Welt als ganze".

I 6. Die ‚Sache' der Erbsünde im Alten Testament

[1] Vgl. N. Lohfink, Altes Testament 54–56; R. Schwager, Sündenbock.

[2] Im Folgenden halten wir uns an Ausführungen der deutschen Bischöfe in: Gerechter Friede 13–17.

[3] Gerechter Friede 14.

I 7. Paulinische Theologie in Römer 1–8

[1] So mit Recht H. Schlier, Römerbrief 162–163; ferner U. Wilckens, Brief an die Römer (Röm 1–5) 316–317.

[2] Das lateinische *in quo* wurde von Augustinus und vielen anderen so gedeutet, dass alle *in Adam* gesündigt hätten. In Wirklichkeit ist das *eph' hō* des griechischen Textes aufzulösen in ein *epi toutō, hoti.* Paulus sagt also: „daraufhin, dass alle sündigten" = „weil alle sündigten".

[3] N. Lohfink, Der Zorn Gottes 139.

[4] Die „Herrlichkeit Gottes" ist hier die ursprüngliche Ausstattung des Adam: Unversehrtheit, Schönheit, Gottebenbildlichkeit. Zum jüdischen Hintergrund vgl. H. Schlier, Römerbrief 106–107.

Einleitung zum II. Teil

[1] Vaticanum II, Lumen gentium 9.

[2] Katholischer Erwachsenenkatechismus 258.

[3] Noch einmal: In Jesus Christus hat Gott sein Ziel mit der Welt trotz aller Widerstände bereits erreicht. Deshalb die Einschränkung: „die Welt als ganze".

II 2. Mose oder die Herausführung in die Freiheit

[1] Vgl. A. Buckenmaier, Moses 31: „Die biblische Überlieferung erzählt die Fronarbeit als Teil des ägyptischen Staatsterrors gegen den auswärtigen Stamm. Es ist (...) eine besonders infame Methode, daß auch die Fremden selbst in den Unterdrückungsapparat einbezogen werden. Vom unmittelbaren Kontakt mit den Zwangsarbeitern hält sich das Regime weitgehend fern."
[2] Auf diesen Erzählhintergrund hat mehrfach N. Lohfink hingewiesen. Vgl. vor allem: ders., Gott auf der Seite der Armen 133. Vgl. auch G. Lohfink, Braucht Gott die Kirche? 92–96.
[3] Am plausibelsten erscheint uns die Lösung von H. Utzschneider, die das „Ich werde sein, was ich sein werde" konsequent aus dem narrativen Textzusammenhang erklärt. Ihr schließen wir uns im Folgenden an. Vgl. H. Utzschneider, Gottes langer Atem 59–60.
[4] Vgl. R. Scoralick, Gottes Güte 41–42.
[5] Vgl. H. Utzschneider, Gottes langer Atem 56–62.
[6] Ausführlich herausgearbeitet von H. Utzschneider, Gottes langer Atem. Vgl. vor allem 54–56.
[7] Vgl. zum Folgenden N. Lohfink, Unsere großen Wörter 203–208.
[8] Unter diesen Titel hat H. Utzschneider, Gottes langer Atem, seine ganze Studie über Ex 1–14 gestellt.

II 3. Die Tora oder die Freude am Willen Gottes

[1] Vgl. N. Lohfink, Kennt das Alte Testament 72.
[2] Im Vorwort der griechischen Übersetzung des Jesus Sirach.
[3] Eine *gewisse* Rolle hat diese Entgegensetzung allerdings gespielt, vor allem bei Augustinus und Thomas von Aquin. Vgl. dazu O. H. Pesch, Begriff 175–181.
[4] Vgl. H. Merkel, Gesetz 76–77.
[5] Vgl. den Einspruch von R. Pesch, Römerbrief 14. Die Zwischenüberschrift in der Einheitsübersetzung lautet: „Die Mächte des Unheils: Gesetz, Sünde und Tod".
[6] Vgl. zu dieser christlichen Hermeneutik der Tora ausführlicher G. Lohfink, Braucht Gott 98–115.
[7] So auch das Fazit von F. Crüsemann zur Priesterschrift: F. Crüsemann, Tora 380.
[8] Für die Überlegungen an dieser Stelle stützen wir uns auf P. L. Berger – Th. Luckmann, Die gesellschaftliche Konstruktion der Wirklichkeit. Vgl. hier vor allem 98–138.
[9] Für das Folgende halten wir uns an N. Lohfink, Das Recht und die Barmherzigkeit.
[10] Vielleicht spiegelt Neh 8 sogar schon frühe Formen des Synagogengottesdienstes wider. Vgl. R. Pesch, Gott ist gegenwärtig 17–20.
[11] Vgl. zum Folgenden N. Lohfink, Die Einsamkeit des Gerechten, sowie G. Braulik, Rezeptionsästhetik.
[12] Details und Auflistungen bei D. N. Freedman, Psalm 119.

II 4. Der Tempel oder die Stiftung der Sühne

[1] Wir unterscheiden im Folgenden nicht zwischen der sogenannten „priesterlichen Grundschrift" (P^g), ihren späteren Erweiterungen P^s und dem Heiligkeitsgesetz. Für uns genügen die deutlichen Gemeinsamkeiten dieser priesterlichen Texte. Eine weitere Differenzierung ist im Rahmen unserer Fragestellung nicht notwendig – zumal bezüglich der priesterschriftlichen Schichten alle literar- und redaktionskritischen Scheidungen noch immer umstritten sind.

[2] Vgl. zum Folgenden vor allem B. Janowski, Sühne als Heilsgeschehen; F. Crüsemann, Tora 360–374.

[3] Vgl. zum Folgenden Jacob und Wilhelm Grimm, Deutsches Wörterbuch X 4, 1012–1022.

[4] So das „Gebetbuch für den Versöhnungstag" 50. 51. 136. 137. 138. 171. 172 u. ö.

[5] H. Gese, Die Sühne.

[6] Vgl. im Einzelnen L. Schwienhorst-Schönberger, „Auge um Auge, Zahn um Zahn".

[7] Solche Relikte zeigen sich möglicherweise in der Formel, bestimmte Arten von Opfern dienten der „Beruhigung" bzw. der „Beschwichtigung" Gottes. Vgl. Lev 1,9.13.17; 2,2.9.12; 3,5.16; 4,31; 8,21.28; 26,31.

II 5. Die Propheten oder die Unmittelbarkeit des Wortes Gottes

[1] Wir folgen in diesem Punkt und in der Auslegung des gesamten Abschnitts Mi 2,1–3 R. Kessler, Micha.

[2] Das Folgende in Anlehnung an R. Kessler, Micha 116–117.

[3] R. Kessler, Micha 116–117.

[4] R. Kessler, Micha 116–117.

[5] Ausführlich dazu R. Bohlen, Sozialkritik, bes. 283–285.

[6] Vgl. dazu ausführlicher: G. Lohfink, Braucht Gott 75–81.

[7] Die politischen Implikationen des Auftretens Jeremias zeigt sehr instruktiv M. P. Maier, Jeremia.

[8] Einen Überblick über die Prophetie außerhalb Israels gibt M. Weippert, Aspekte.

[9] Vgl. im Einzelnen N. Lohfink, Die Sicherung.

[10] Vgl. zum Folgenden G. Braulik, Deuteronomium 135–137.

[11] O. H. Steck, Prophetische Prophetenauslegung.

[12] Vgl. R. Albertz, Religionsgeschichte Israels Bd. 1, 316–317.

[13] Vgl. N. Lohfink, Die Gattung der „Historischen Kurzgeschichte".

[14] Vgl. die sorgfältige Diskussion aller Belege zu einer „prophetenlosen Zeit" bei R. Meyer, ThWNT VI, 813–820; ferner K. Koch, Propheten.

[15] In Anlehnung an R. Albertz, Religionsgeschichte Bd. 2, 376.

II 6. Die „Weisheit" in Israel oder die Vernunft der Schöpfung

[1] Vgl. Kap. I / 5 dieses Buches.

[2] R. Schneider, Winter 129–131.

[3] In Anlehnung an N. Lohfink, Kohelet 5–17.

[4] Vgl. dazu J. Assmann, Maàt.

[5] Vgl. in diesem Sinn vor allem H. Gese, Das Gesetz 70–71.

[6] Die Übersetzung dieser Stelle ist viel diskutiert. Ist im Hebräischen von einem „Kind"

die Rede oder von einem „Baumeister“? Liegt eine Apposition zu JHWH vor, oder ist die Weisheit selbst gemeint? Die Antwort hängt von der Vokalisation des hebräischen *'mn* ab und vom Verständnis der Syntax. Unsere Übersetzung wird als Möglichkeit angegeben in: Preliminary and Interim Report on the Hebrew Old Testament Text Project Vol. 3, Stuttgart (United Bible Societies) 1977, 467–468. Für unsere Übersetzung spricht: 1. Nirgendwo sonst im Alten Testament wird die personifizierte Weisheit als Kind bezeichnet. Sie ist immer eine erwachsene Frau. 2. Die Vorstellung von Gott als einem Baumeister entspricht exakt dem Kontext.

7 Formuliert in Anlehnung an G. von Rad, Theologie 447.

II 7. Der „Rest“ Israels oder die Treue Gottes

1 Zum Begriff der Figuration vgl. ausführlicher Kap. III / 1 und vor allem Kap. III / 2 Anm. 22.

2 Für einen Überblick über sämtliche Texte im Alten Testament, die vom Rest Israels sprechen, gibt es ein sehr hilfreiches Buch: J. Hausmann, Israels Rest.

3 Vgl. Dtn 4,27–31; 2 Chr 12,7 („sich demütigen“); 2 Chr 30,6; Jes 10,21; Joel 3,5; Am 5,15; Hag 1,12.

4 J. Hausmann, Israels Rest 70: „Der Rest ist zwar durch das Gericht zum Heil gekommen, trägt aber noch das Erfahren des Gerichtes in sich. Im Rest sind Gericht und Heil in gleicher Weise und zu gleicher Zeit zu erkennen, er zeugt durch seine Existenz vom einen wie vom anderen. Das lineare Verständnis von Gericht und Heil ist aufgegeben zugunsten eines korrelierenden.“

5 J. Hausmann, Israels Rest 71: „Der Rest ist in den nachexilischen Texten quantitativ nicht eindeutig bestimmbar. Sofern nicht wie bei Esr / Neh eine Eingrenzung auf die Golah erfolgt, werden jeweils nur bewußt vage Angaben gemacht über diejenigen, die dazuzurechnen sind. Der Rest ist somit im wesentlichen keine exklusive Größe, sondern eine offene, nach vorn entfaltbare, die sich dagegen sperrt, ein für allemal gefüllt zu werden.“

6 Vgl. 2 Kön 19,31; Jes 1,8–9; 4,3; 37,32; 49,21; Jer 31,2; Joel 3,5; Obd 17; Mi 4,6–8; Zef 3,12–15; Sach 8,6; 14,2.

7 J. Hausmann, Israels Rest 27.

III 1. Biblische Figurationen für Israel

1 In Jes 1–39 werden zwar einzelne Personen als Knechte Gottes bezeichnet (20,3; 22,20; 37,35). Und in Jes 56–66 können die Israeliten im Plural Knechte Gottes genannt werden (63,17; 65,9). Aber Israel als „der“ Knecht begegnet innerhalb des gesamten Jesajabuches nur in Deuterojesaja.

2 Vgl. im Einzelnen: N. Lohfink, Israel 217–229.

3 Diese glückliche Formulierung verwenden die deutschen Bischöfe in „Gerechter Friede“ 24.

4 Im Anschluss an U. Berges, Klagelieder 62.

5 In Jer 18,13 allerdings könnte Jerusalem im Blick sein.

6 Vgl. zum Folgenden ausführlich und mit reichen Literaturangaben: U. Berges, Klagelieder 52–64, und M. Wischnowsky, Tochter Zion. Wichtig sind auch A. Fitzgerald, Mythological Background; ders., *BTWLT;* M. E. Biddle, Figure of Lady Jerusalem.

7 U. Berges, Klagelieder 56.

[8] Die Ausnahmen: Ps 9,15; 45,13 und 137,8.
[9] Historischer Hintergrund könnte die neuassyrische Expansion unter Tiglatpileser III. und Salmanassar V. gewesen sein, die 722 zur Eroberung Samarias führten: M. Wischnowsky, Tochter Zion 58.
[10] M. Wischnowsky, Tochter Zion 267. Vgl. zu Wischnowsky allerdings die kritischen Einschränkungen von C. Maier, Tochter Zion 164–165.
[11] Vgl. dazu ausführlich C. R. Chapman, The Gendered Language of Warfare.
[12] M. Wischnowsky, Tochter Zion 270.
[13] Neben Städten können im Alten Testament auch Länder als Frau angesprochen werden. Vgl. etwa Jer 46,11.19.24 („Tochter Ägypten"); Klgl 4,21–22 („Tochter Edom").
[14] Die früheste Darstellung der apokalyptischen Frau, bei welcher der Bezug auf Maria eindeutig ist, findet sich im Hortus deliciarum (um 1170) der Äbtissin Herrad von Landsberg.
[15] G. Häfner hat jüngst vorgeschlagen, die himmlische Frau allein auf die Kirche zu deuten und ihr Kind nicht auf den Messias, sondern auf die Glaubenden, die an ihrem Bekenntnis zu Christus auch in der Bedrängnis festhalten: G. Häfner, Sonnenfrau. Häfners These ist erwägenswert. Sie übersieht freilich die markante Israel-Theologie der Johannesoffenbarung. Vgl. etwa 21,12: „[auf die Tore] sind Namen geschrieben: die Namen der zwölf Stämme der Söhne Israels".
[16] Dies ist auch mehr oder weniger der Konsens der neueren Forschung zu Offb 12. Vgl. H. Omerzu, Himmelsfrau 175–176.
[17] Im Einzelnen H. Omerzu, Himmelsfrau 179–187.
[18] Vgl. zu dieser Frage ausführlich: N. Lohfink, Perikopenordnung.
[19] Für das Folgende vgl. vor allem den erhellenden Aufsatz von K. Delahaye, Maria, Typus der Kirche.
[20] Es gibt für uns zwar eine Unmenge äußerer Symbole und Piktogramme, es gibt den deutschen Michel, den russischen Bären und Uncle Sam – doch das bleibt alles eher an der Oberfläche.

III 2. Maria: die Tochter Zion, die Jungfrau Israel

[1] So vor allem R. Laurentin, Structure 79–81.
[2] Vgl. dazu ausführlich: G. Lohfink, Sammlung Israels.
[3] Mit Recht schreibt J. Roloff: Maria macht „in ihrer Gestalt und ihrem Geschick jenes Israel anschaubar, das der durch Jesu Kommen ausgelösten Krise standgehalten hat. Weil es in Israel Menschen wie Maria gab, darum konnte das im Volk Gottes aufscheinende Heil den Völkern zu Gesicht kommen, und darum auch konnte dieses Heil ‚Herrlichkeit für Israel' bewirken. So steht Maria für jenes Israel, das durch sein Hören des Wortes und sein Glauben *Israel geblieben ist, indem es zur Kirche wurde.* Maria ist für Lukas Repräsentantin der Kontinuität der Kirche mit Israel." J. Roloff, Kirche 195.
[4] Für das Folgende verdanken die Verfasser viel den Untersuchungen von N. Lohfink, Lobgesänge der Armen; ders., Psalmen im Neuen Testament.
[5] Wieso Elisabets? Viele Ausleger führen dafür zwei Gründe ins Feld: 1. Es gibt einige wenige Handschriften, die lesen: „Da sagte Elisabet" statt: „Da sagte Maria." 2. „Die Niedrigkeit seiner Magd" könne sich nur auf die soziale Deklassierung beziehen, die mit der Kinderlosigkeit Elisabets gegeben war, nicht aber auf Maria. – Beide Argumente sind

fragwürdig. Die „Niedrigkeit seiner Magd" ist ein Hebraismus. Gemeint ist: „seine niedrige Magd". Das aber ist eine Demutsäußerung, die nicht notwendig Kinderlosigkeit voraussetzt. Und bei der späten und schlecht bezeugten Textvariante, die das Magnifikat Elisabet in den Mund legt, könnten gerade die genannten Überlegungen die Ursache für eine Textmanipulation gewesen ein. Die alten und gewichtigen Handschriften jedenfalls lassen das Magnifikat allesamt Maria sprechen.

[6] Eine Variante dieser Position, ebenfalls in der Auslegung beliebt: Von V. 51 an werde von künftigen Taten Gottes so geredet, als seien sie bereits geschehen. Die Ausleger nennen das seit H. Gunkel einen *inchoativen* oder *prophetischen* Aorist.

[7] Rein grammatikalisch wäre das zwar möglich; es handelte sich dann um den „gnomischen Aorist"; aber vom Duktus des Hymnus her ist es inkonsequent. Zu der Unzulässigkeit, die Aoriste verschieden zu übersetzen vgl. Th. Kaut, Befreier und befreites Volk 305–306.

[8] Vgl. zum Folgenden auch Th. Hieke, Psalm. Th. Hieke zeigt in seiner Studie, dass das Magnifikat zentrale Themen des Alten Testamentes aufgreift, sie repräsentiert und vergegenwärtigt. Dabei spielt auch bei ihm die Errettung aus Ägypten eine entscheidende Rolle. Das Magnifikat ist für Th. Hieke „kein Zitat des Hanna-Gebets, sondern eine kreative Neugestaltung, die noch zahlreiche andere alttestamentliche Hypotexte zugrunde legt" (7).

[9] N. Lohfink, Lobgesänge der Armen 21.

[10] Joh 6,42 („Ist das nicht Jesus, der Sohn Josefs, dessen Vater und dessen Mutter wir kennen?") kann in diesem Zusammenhang vernachlässigt werden.

[11] So H. Gese brieflich. Ihm sei an dieser Stelle ausdrücklich für seine anregenden Bemerkungen zu Joh 2,1–12 gedankt. Vor allem auch dafür, dass er den Autoren dieses Buches sein Manuskript „Die Herrenmutter im Neuen Testament und die alttestamentlichen Hintergründe" zur Verfügung gestellt hat.

[12] Hinter der uns despektierlich erscheinenden Anrede „Frau" könnte die antike Titulatur der Königsmutter (hier der messianischen Königsmutter) stehen. Vgl. H. Gese, Die Herrenmutter im Neuen Testament. Vgl. in diesem Kap. Anm. 11.

[13] Vgl. jetzt die gründliche Dissertation von J. A. Dennis, Jesus' Death and the Gathering of True Israel. – Für den Ausdruck „Kinder Gottes" gibt es im Johannesevangelium nur eine einzige wörtliche Parallele: Joh 1,12. Auch dort ist das wahre Israel gemeint, das den Logos annimmt. Vgl. die Auslegung des Johannesprologs in Kap. III / 5 dieses Buches.

[14] Für diese Charakterisierung vgl. K. Berger, Im Anfang war Johannes 106.

[15] Benedikt XVI. formulierte am 29.11.2006 bei seiner Türkeireise in Ephesus: „Vom Kreuz herab sah der sterbende Christus die Mutter und neben ihr seinen Lieblingsjünger und erkannte in ihnen die Erstlingsfrucht der neuen Familie. Um sie zu gründen, war er in die Welt gekommen, als den Keim der Kirche und der neuen Menschheit."

[16] Vgl. dazu vor allem Y. M.-J. Congar, Marie et l'Église 6–22.

[17] Vgl. Origenes, Homilien zu Levitikus X,1 (SC 287, 128–130).

[18] Augustinus, Sermo CCC, In solemnitate martyrum Machabaeorum, zitiert nach G. Braulik, Verweigert die Westkirche den Heiligen des Alten Testaments die liturgische Verehrung? Für das frühzeitige Zurverfügungstellen dieses Beitrags sei G. Braulik herzlich gedankt.

[19] Vgl. etwa Augustinus, Enarrationes in Psalmos zu Ps 118 (CChr.SL 40, 1767); Enar-

rationes in Psalmos zu Ps 142 (CChr.SL 40, 2061). Weitere Texte: Y. M.-J. Congar, Ecclesia ab Abel.

[20] Augustinus, Enarrationes in Psalmos zu Ps 128,2 (CChr.SL 40, 1882).

[21] Vgl. zum Ganzen auch H. de Lubac, Glauben aus der Liebe 160–168.

[22] An dieser Stelle ist eine weitere Klärung des Begriffs ‚Figuration' notwendig. Im Hintergrund steht das lateinische Wort *figura*, mit dem die Theologen der frühen Kirche oft das griechische Wort *typos* übersetzen. *Figura* ist dann das Urbild oder der Vorentwurf, von dem das Abbild oder auch die wahre Verwirklichung herkommt. Wie bereits festgestellt, sahen die Kirchenväter im Gefolge des Origenes in den Gestalten und Erzählungen des Alten Testamentes *figurae,* Vorentwürfe, die sich dann im Neuen Testament erfüllten. Deshalb musste das Alte Testament immer auch allegorisch ausgelegt werden, das Neue Testament hingegen in seinem Literalsinn.
Dieser Sprachgebrauch von *figura* bzw. *typos,* der ganz der Auslegung des Alten Testamentes diente, ist im Folgenden nicht gemeint. Wenn die Kirchenväter Maria die *figura,* das Urbild der Kirche nennen, leitet sie an dieser Stelle nicht die grundsätzliche Hermeneutik des Origenes. Sie folgen dann eher dem rhetorischen Sprachgebrauch der Antike. Für sie kann es deshalb auch *innerhalb der neutestamentlichen Zeit* Figurationsverhältnisse geben. Petrus z. B. ist für sie genauso wie Maria ein Urbild der Kirche.

[23] J. Ratzinger, Erwägungen (Ort der Mariologie im Ganzen der Theologie) 22.

[24] Vgl. hierzu vor allem den Aufsatz von K. Delahaye, Maria, Typus der Kirche 82–84. 88–89.

[25] Eusebius, Kirchengeschichte V 1,45.

[26] Eusebius, Kirchengeschichte IV 22,4.

[27] Die Formel von der *ecclesia immaculata* hat vor allem zwei Wurzeln: einmal den schon genannten Text Eph 5,27 Vulgata *(non habentem maculam);* dann aber auch Hld 5,2 *(immaculata mea).* Gerade dieser Text des Hohenliedes, der von der Vollkommenheit der Geliebten spricht, wurde von den Vätern immer wieder auf die Kirche gedeutet. Belege bei H. Rahner, Maria und die Kirche 23–30.

[28] Die Mehrzahl der Textzeugen der Vulgata hat hier die Lesart „ipsa" statt des „ipse" der Vetus Latina. Die Vulgata deutet den Satz also schon auf die Schlangenzertreterin Maria.

[29] Neben Gen 3,15 muss für die von den Kirchenvätern immer wieder vorgetragene Parallele ‚Eva-Maria' auch noch die paulinische Adam-Christus-Parallele (Röm 5,12–21; 1 Kor 15,22) eine Rolle gespielt haben.

[30] Irenäus, Adversus haereses III 10,2 (SC 211, 116–118): *Maria clamabat pro Ecclesia prophetans.*

[31] Ambrosius, Expositio Evangelii secundum Lucam II 7 (CChr. SL 14,4; 33): *Didicimus seriem veritatis, didicimus consilium: discamus mysterium. Bene desponsata, sed virgo, quia est ecclesiae typus, quae est immaculata, sed nupta. Concepit nos virgo de spiritu, parit nos virgo sine gemitu.*

[32] Vgl. Ambrosius, De institutione virginis 14,89 (PL 16, 326): *Quam pulchra etiam illa, quae in figura Ecclesiae de Maria prophetata sunt.* Das Wort *typos* in 1 Kor 10,6 übersetzen Vetus Latina und Vulgata mit *figura.* Weitere Beispiele: Thes LL VI 1, 734–736.

[33] Vgl. Y. M.–J. Congar, Marie et l'Église.

[34] Hymnus 5 auf die Geburt des Herrn im Fleische. Zitiert nach H. Rahner, Maria und die Kirche 19.

[35] Zitiert nach der grundlegenden Arbeit von A. Müller, Ecclesia – Maria, [2]1955, 152.
[36] Wir können hier über ihre Echtheit bzw. Unechtheit kein Urteil fällen. Selbst wenn sie nicht von Cyrill stammt: die Predigt dokumentiert das Denken der Väterzeit.
[37] Cyrill von Alexandrien, 4. Homilie (PG 77, 996; E. Schwartz, ACO tom.1, vol.1, pars 2,104). Vgl. A. Müller, Ecclesia – Maria 156–157.
[38] Cyrill von Alexandrien, 4. Homilie. Vgl. die vorangegangene Anm. 37. Übersetzung: A. Müller, Ecclesia – Maria 155.
[39] Augustinus, Sermo 25,8 (Morin 163): *Eia, carissimi, intendite quomodo sit ecclesia, quod manifestum est, coniux Christi; quod difficilius intellegitur, sed tamen verum est, mater Christi. In ipsius typo Maria virgo praecessit. Unde, rogo vos, Maria mater est Christi, nisi quia peperit membra Christi? Vos, quibus loquor, membra estis Christi: quis vos peperit? Audio vocem cordis vestri: Mater Ecclesia. Mater ista sancta, honorata, Mariae similis, et parit et virgo est. Quia parit, per vos probo: ex illa nati estis; et Christum parit, nam membra Christi estis.* Übersetzung in Anlehnung an H. Rahner, Maria und die Kirche 48.
[40] Vgl. Augustinus, In Iohannis Evangelium 21,8 (CChr.SL 36, 216): „Also lasset uns Glück wünschen und Dank sagen, dass wir nicht nur Christen geworden sind, sondern Christus."
[41] Vgl. Augustinus, De sancta virginitate 6 (CSEL 41, 240): „Wahrlich, sie [Maria] ist auch die Mutter seiner Glieder [der Glieder Christi], die wir selber sind. Denn sie hat mitgewirkt in Liebe, dass Glaubende in der Kirche geboren werden."
[42] Anastasius Sinaïta, In Hexaemeron 12 (PG 89, 1072).
[43] Haimo von Auxerre, Kommentar zur Johannesoffenbarung (PL 117, 1081). Dieser Kommentar wird bei Migne noch Haymo von Halberstadt zugeschrieben. Der entscheidende Satz lautet: *Ipsa autem beata Dei genitrix in hoc loco personam gerit Ecclesiae.* Die Formulierung Haimos, Maria „personifiziere" die Kirche, findet sich bereits in dem Apokalypse-Kommentar des Ambrosius Autpertus († 784). Vgl. CChr. CM 27, 443–444. Wörtlich ist zu übersetzen: „Maria spielt die Rolle der Kirche" (vgl. K. E. Georges, Lateinisch-deutsches Handwörterbuch Bd. II, Hannover [12]1969, 1641–1642). Das heißt in unserem Fall natürlich: Maria ist die Kirche in Person. Später wird Honorius Augustodunensis († 1150 / 60) sagen: *Gloriosa virgo Maria typum ecclesiae gerit, quae virgo et mater exstitit (...) Ideo cuncta quae de Ecclesia scribuntur, de ipsa etiam satis congrue leguntur* (Sigillum beatae Mariae; PL 172, 499).
[44] Beda Venerabilis, In Lucae Evangelium Expositio (CChr. SL 120 II,3; 68–69).
[45] Rupert von Deutz, Commentaria in Evangelium Sancti Iohannis (CChr. CM 9, 111). Vgl. St. De Fiores, Maria in der Geschichte 153–154.
[46] Rupert von Deutz, De operibus Spiritus Sancti I 8 (CChr. CM 24, 1829).
[47] Vgl. ThesLL V 2, 1320–1325.
[48] Isaak de Stella, Sermo 51 auf Mariä Himmelfahrt (SC 339, 202–204). Übersetzung in Anlehnung an H. Rahner, Maria und die Kirche 9–10.
[49] Den Text hat ediert: J. Beumer, Parallele Maria-Kirche. Für unser Zitat vgl. 254.
[50] Vgl. J. Beumer, Marianische Deutung 412.
[51] Allerdings liegen die Dinge zum Teil noch komplizierter. Origenes hatte das Hohelied literarisch als „dramatisches Hochzeitslied" mit vier Rollen (Bräutigam und Braut mit ihrem jeweiligen Gefolge) aufgefasst. Dieses dramatisierende Textverständnis lebt bei

Beda Venerabilis wieder auf. Er weist jeden Textabschnitt einem anderen Sprecher zu. Bald spricht Christus, bald die Urkirche, bald die Heidenkirche, bald die Synagoge, bald Maria usw. Spätere mittelalterliche Ausleger haben diese Rollenverteilung aufgegriffen und auf ihre Weise modifiziert. Vgl. F. Ohly, Gattung 96–99.

[52] Vgl. H. Riedlinger, Makellosigkeit 204.

[53] Text bei H. Barré, Marie et l'Église 123. Dort auch zur Terminologie *generalis – particularis – specialis.*

[54] H. Riedlinger, Makellosigkeit 325–333.

[55] H. Riedlinger, Makellosigkeit 325.

[56] Oration *Post Pridie* der Messe *Erigamus quaeso:* M. Férotin, Liber Mozarabicus Sacramentorum col. 53, Nr. 107. Vgl. G. Frenaud, Marie et l'Église 41.

[57] Ein Beispiel bei H. Rahner, Maria und die Kirche 32 a.

[58] Vgl. E. Sebald, Ekklesia – Maria.

[59] Ein Beispiel für diese Ikone bei H. Rahner, Maria und die Kirche 112 a.

[60] Vgl. A. M. Ammann, Darstellung und Deutung der Sophia. Im Übrigen folgen wir bei der Deutung der Sophia-Ikone H. Rahner, Maria und die Kirche 124–127.

[61] Vgl. Martin Luther, Evangelium am Sonntag nach dem Christtage: WA 10 / I / 1, 405.

[62] D. Böhler schreibt zu Recht: „Allzu oft erschienen die ‚Privilegien' Mariens im Rahmen einer solchen Mariologie als persönliche, ja private Privilegien der Gottesmutter, so als ob sie für sich und nur auf ihre Gottesmutter-Rolle hin von der Erbsünde befreit geblieben wäre, so als ob sie nur für sich als persönliches Privileg in den Himmel aufgenommen worden wäre." D. Böhler, Maria – Tochter Zion 401.

[63] Vgl. K. Schreiner, Maria. Leben, Legenden, Symbole 97–98; ferner M. Scheer, Rosenkranz 284–285.

[64] Vgl. L. Scheffczyk, Maria 248.

[65] Text bei A. Ziegenaus, Maria in der Heilsgeschichte 54.

[66] Man vergleiche dazu, wie M. Luther in seiner frühen Zeit Christus als „zornigen Richter" ansah und Maria „fur unsern gnaden stuel, dahin all unser trost und zuflucht stund, so wir anders nicht verzweifeln wolten". Siehe H. Gorski, Niedrigkeit 91.

[67] Einen Überblick über die Rezeption der Kirchenväter durch die Jahrhunderte bietet I. Backus (Hg.), The Reception of the Church Fathers in the West.

[68] M. J. Scheeben, Handbuch der katholischen Dogmatik. Zitiert nach A. Müller, Ecclesia – Maria 7.

[69] So zum Beispiel: J. B. Terrien, La Mère; F. C. Conybeare, Die jungfräuliche Kirche .

[70] Im Jahre 1957 schrieb A. Müller: „Unterdessen ist, fast aus dem Nichts und allenthalben gleichzeitig, seit einigen Jahren wie ein Komet das Problem aufgestiegen von der Beziehung zwischen Maria und der Kirche. Es zeigt die Schnelligkeit, ja Plötzlichkeit dieser Entwicklung, daß man vor zehn Jahren in der Marienliteratur des Tages noch sozusagen nichts drüber finden konnte." A. Müller, Fragen 308.

[71] H. Coathalem, Le parallélisme entre la sainte Vierge et l'Église dans la tradition latine jusqu'à la fin du XIIe siècle (AnGr 74), Rom 1954 (als Dissertation angenommen 1939); K. Delahaye, Maria, Typus der Kirche: WiWei 12 (1949) 79–92; O. Semmelroth, Urbild der Kirche. Organischer Aufbau des Mariengeheimnisses, Würzburg 1950; H. Rahner, Maria und die Kirche. Zehn Kapitel über das geistliche Leben, Innsbruck 1951; A. Müller, Ecclesia – Maria. Die Einheit Marias und der Kirche, Freiburg in der Schweiz [1]1951.

²1955; G. Frenaud, Marie et l'Église d'après les Liturgies latines du VIIe au XIe siècle, in: Marie et l'Église I (EtMar), Paris 1951, 39–58; H. Barré, Marie et l'Église du Vénérable Bède à Saint Albert le Grand (EtMar), Paris 1951, 59–143; A. Piolanti, Maria et Ecclesia. Quaedam inter utramque relationes a scriptoribus marianis saec. XII illustratae: ED 4 (1951) 324–338; Y. M.-J. Congar, Le Christ, Marie et l'Église, Paris 1952; ders., Marie et l'Église dans la pensée patristique: RSPhTh 38 (1954) 3–38; J. Beumer, Die marianische Deutung des Hohen Liedes in der Frühscholastik: ZKTh 76 (1954) 411–439; G. Schückler, Maria im Geheimnis der Kirche. Zur Mariologie der Kirchenväter, Köln 1955; F. L. B. Cunningham, The Relationship between Mary and the Church in Medieval Thought: MarSt 9 (1958) 52–78.

72 Diese scharfe Unterscheidung zeigt sich z. B. in der Auslegung von Röm 11,26 durch die Kirchenväter. Wenn Paulus sagt, „ganz Israel" werde gerettet werden, so wurde das nur allzu oft auf das „verborgene", das „wahre", das „geistliche", das „gläubige Israel" hin ausgelegt, nicht aber auf die Synagoge. Vgl. die Väterbelege bei K. H. Schelkle, Kirche und Synagoge 283–284. 295–298; ferner U. Wilckens, Brief an die Römer (Röm 6–11) 267. Damit wurde der paulinischen Argumentation die Spitze abgebrochen. Selbstverständlich gibt es für Paulus keine endzeitliche Rettung ohne Glauben an Christus. Aber er rechnet gerade damit, dass das ganze, jetzt noch ungläubige Israel am Ende zum Glauben kommt.

73 Vgl. G. Frenaud, Marie et l'Église 47.

74 Vgl. die Zusammenstellung bei H. Coathalem, Le parallélisme 27.

75 Zitiert nach St. De Fiores, Maria in der Geschichte 245.

76 M. Schmaus, Katholische Dogmatik 191.

77 C. Dillenschneider, Maria im Heilsplan 79. 80.

78 B. Forte, Maria – Mutter und Schwester 97. Allerdings gibt es bei B. Forte dann auch wieder Texte, die wenig Verständnis für das Besondere des Alten Bundes erkennen lassen.

79 Y. - M.-J. Congar, Christus–Maria–Kirche 16.

80 J. Ratzinger – H. U. von Balthasar, Maria – Kirche im Ursprung , Freiburg 1980 (1. Auflage!) 6.

81 J. Ratzinger, Die Tochter Zion 41.

82 J. Ratzinger, Erwägungen 24.

83 K.-H. Menke, Fleisch geworden 147. 12. Mit dem Restgedanken arbeitet auch B. Langemeyer, Konziliare Mariologie 300–307.

84 Maria, die Mutter des Herrn 6.

85 In der Kirchenkonstitution des II. Vaticanum wird Maria die „Tochter Zion" genannt (Lumen gentium 55).

86 J. Ratzinger, Erwägungen 21.

87 Maria, die Mutter des Herrn 7–8. Vgl. auch H. U. von Balthasar, Klarstellungen 72: „Ohne Mariologie droht das Christentum unter der Hand unmenschlich zu werden. Die Kirche wird funktionalistisch, seelenlos , ein hektischer Betrieb ohne Ruhepunkt, in lauter Verplanung hinein verfremdet. Und weil in dieser mann-männlichen Welt nur immer neue Ideologien einander ablösen, wird alles polemisch, kritisch, bitter, humorlos und schließlich langweilig, und die Menschen laufen in Massen aus einer solchen Kirche davon."

III 3. Das Dogma von der Unbefleckten Empfängnis

[1] Vgl. zu der Verbindung zwischen 2 Kor 11,2 und Eph 5,25–32 und überhaupt zur Exegese der beiden Texte P. Stuhlmacher, Biblische Theologie 31.

[2] Mit anderenWorten: Die Spannung von Indikativ (der Christ ist in der Taufe schon geheiligt) und Imperativ (er muss die ihm geschenkte Heiligung auch leben) ist mit der Aussage von der Heiligkeit der Kirche keinesfalls aufgehoben. Für die Theologie des Paulus ist diese Spannung selbstverständlich. Sie gilt aber genauso für den Epheserbrief und überhaupt für die Theologie des Neuen Testaments.

[3] Dabei darf man sich nicht auf Eph 5,27 beschränken. Auch die Anrede der Christen als „die Heiligen" und viele andere Texte sind zu berücksichtigen.

[4] Vgl. J. N. D. Kelly, Altchristliche Glaubensbekenntnisse 103–132. 158–160.

[5] Zur Heiligkeit der Kirche vgl. besonders Y. M.–J. Congar, Die heilige Kirche.

[6] Zu vereinzelten frühen Gegenstimmen gegen die Sündenlosigkeit Marias vgl. A. Müller, Marias Stellung 403–404.

[7] J. Ratzinger, Tochter Zion 66–67.

[8] Vgl. H. Schlier, Der Geist und die Kirche 146–147; sodann J. Roloff, Kirche im Neuen Testament 90–96. Roloff spricht zu Recht von dem „räumlichen" Aspekt des „in Christus", der „nur ekklesiologisch verstanden werden kann" (94). Dass sich Roloff zugleich gegen ein „seinshaftes" Verständnis des „in Christus" wendet (92), hat eher mit einer berechtigten Abwehr bestimmter religionsgeschichtlicher Vorstellungen zu tun als mit einem tieferen Nachdenken darüber, was „seinshaft" heißen könnte.

[9] Augustinus, Confessiones VIII 5. Übersetzung: J. Bernhart 385.

[10] H. U. von Balthasar, Maria in der kirchlichen Lehre 93: „Ihr ‚unbeflecktes Empfangenwordensein' sagt nichts anderes, als was zur Schrankenlosigkeit ihres Ja unerlässlich ist, denn wer irgendwie von der Urschuld und ihren Folgen tangiert wäre, brächte eine solche arglose Offenheit für jede Verfügung Gottes nicht zustande." Vgl. ders., Klarstellungen 71: „Warum ist Maria ‚unbefleckt empfangen'? Weil eben jemand ‚anstelle des gesamten Menschengeschlechts' (wie Thomas von Aquin sagt) das volle, ungeschmälerte Jawort Israels zu Gott sprechen mußte, damit sein Wort einen Ort fände, sich menschwerdend auf Erden niederzulassen."

[11] Die Frage nach der Freiheit Marias von der Erbsünde konnte sich natürliche erst in dem Augenblick stellen, als es in der Kirche so etwas wie eine Erbsündenlehre gab, also nicht vor Augustinus. Vorher sprach man von ihrer Heiligkeit und Sündenlosigkeit.

[12] U. Horst, Diskussion 1.

[13] Und zwar deshalb, weil das „Fleisch" nicht „Subjekt einer durch die Gnade der Reinigung ins Sein gerufenen neuen Wirklichkeit sein" könne: U. Horst, Diskussion 6.

[14] Das wirft ein helles Licht auf den Sünden- und Erbsündenbegriff dieser Autoren: Die eigentliche Sünde geschieht im Geist (zum Beispiel im Stolz) und nicht im Fleisch.

[15] Thomas von Aquin, Summa theologiae III 27,2 ad 2: *Si numquam anima Beatae Virginis fuisset contagio originalis peccati inquinata, hoc derogaret dignitati Christi, secundum quam est universalis omnium Salvator.*

[16] Vgl. die Einzelheiten bei G. Söll, Mariologie 174–177.

[17] DH 1426.

[18] DH 2803.

[19] DH 2800.

[20] DH 2800.
[21] Das seit Cajetan vielverhandelte *debitum Mariae contrahendi peccatum originale* kann letztlich nichts anderes meinen als eben dies.
[22] Ausführlicher wird dieses Problem in Kap. III / 4 / a behandelt.
[23] So jedenfalls M. Seybold, Unbefleckte Empfängnis 519.
[24] DH 2802.

III 4. Ein Dogma auch über Israel?

[1] Ausführlicher dazu: G. Lohfink, Antijudaismus 163–196.
[2] M. Buber, Erzählungen der Chassidim 784–785.
[3] Ausführlicher dazu G. Lohfink, Braucht Gott 49–59.
[4] Vgl. K. Schreiner, Konnte Maria lesen? 82–88.
[5] Interessant ist, dass oft konkrete Stellen angezeigt werden, über die Maria gerade meditiert, z. B. Ps 84,9 (= 85,9): *audiam quid loquatur in me Dominus Deus.* Vgl. M. Wehrli, Literatur 51.
[6] Vgl. N. Lohfink, Der Psalter und die Meditation.
[7] Vgl. die treffend formulierten Paradoxien der Gnade in: O. H. Pesch – A. Peters, Einführung 391–394.
[8] Was hier mit dem Kontrast „direkte und vermittelte Gnade" gemeint ist, wird von der theologischen Tradition oft mithilfe der Begriffe „innere und äußere Gnade" ausgedrückt. Vgl. etwa G. Greshake, Geschenkte Freiheit 95–104; ders., Gottes Heil 41–42. 131–135. Man muss sich freilich darüber im klaren sein, dass auch Antriebe, die als „innere" Gnade erfahren werden, in vielfältiger Weise vermittelt sind.
[9] M. Böckeler, Das große Zeichen 213.
[10] Vgl. in diesem Buch Kap. I / 4.
[11] Zur neueren Diskussion darüber, wen Paulus in Röm 11,16–18 mit der „heiligen Wurzel" meint, vgl. M. Neubrand – J. Seidel, Eingepfropft 64–65. Neubrand und Seidel plädieren für Abraham. Eher sind es wegen Röm 9,5; 11,28 die „Väter" (= Patriarchen) insgesamt. Die von Neubrand und Seidel darüber hinaus vertretene Position, der Ölbaum als ganzer sei Christus, braucht uns hier nicht zu beschäftigen.
[12] O. Semmelroth, Urbild der Kirche 151.
[13] O. Semmelroth, Urbild 154.
[14] Das zeigt sich eklatant an dem von Israel völlig absehenden Satz Semmelroths: „Die Menschheit ist, insofern sie in der heiligenden Berührung mit Christus seiner Erlösung teilhaftig wird, Kirche; sie ist ja nichts anderes als die Gemeinschaft der erlösten Menschen, gerade insoweit sie erlöst sind" (O. Semmelroth, Urbild 149).
[15] C. Dillenschneider, Maria im Heilsplan der Neuschöpfung 79. 80.
[16] B. Langemeyer, Konziliare Mariologie.
[17] Mit dem Begriff des heiligen Restes argumentierte 1981 im selben Zusammenhang auch L. Weimer: „Die Immaculata conceptio bedeutet die besondere Erwählung des wahren, prophetischen Israel als Mutterboden für den Messias: Gott fand hier unter allen Völkern und Religionen eine Ausnahme, den Wurzelboden für sein nichtdepraviertes Wort, wenngleich nur in einem schmalen Rest, und nur ‚im Hinblick auf' Jesus vom Erfolg gekrönt. Aber dennoch, der Messias fiel nicht vom Himmel, er hatte eine Mutter, die nicht die ‚Erbsünde' aller anderen Gesellschaften und Religionen teilte: ‚das wahre

Israel', keine Ideologie, sondern in geschichtlicher Personalität". L. Weimer, Lust an Gott 495–496.

[18] B. Langemeyer, Konziliare Mariologie 313. 314.

[19] Das Folgende im Anschluss an R. Kutschera, Das Heil kommt von den Juden 239–243.

[20] F. Rossi de Gasperis, Maria di Nazaret 50. Übersetzung: R. Kutschera, Das Heil 241.

[21] K.-H. Menke, Fleisch geworden; vgl. vor allem 142–151.

[22] K.-H. Menke, Fleisch geworden 145.

[23] K.-H. Menke, Fleisch geworden 145.

[24] K.-H. Menke, Fleisch geworden 147.

[25] Vgl. Kap. III / 3 dieses Buches.

[26] Als Beispiel sei genannt G. Klein, Bibel und Heilsgeschichte. Klein argumentiert vor allem von Paulus her. Für diesen gäbe es vor und nach Christus Geschichte nur als „kollektives Gefüge der Sünde" (42), in dem nur täglich neu der Zuspruch der Gnade vernommen werden kann. Schon allein der Blick auf Röm 9–11 hätte Klein eines Besseren belehren können.

[27] Allerdings war er schon im Zusammenhang der Sammlung Israels durch Jesus bei einigen Neutestamentlern wie zum Beispiel bei K. L. Schmidt aufgetaucht. Vgl. dazu J. Jeremias, Neutestamentliche Theologie 167–170. Aber dort war er unsachgemäß. Jesus wollte nicht den heiligen Rest Israels sammeln, sondern ganz Israel.

[28] Das Folgende in Anlehnung an G. Braulik, Verweigert die Westkirche.

[29] G. Braulik, Verweigert die Westkirche, zeigt, wie das Bewusstsein für die Bedeutung alttestamentlicher Heiliger in der Römischen Kirche heute leider geschwunden ist. Sein Aufsatz ist ein Plädoyer dafür, dieses Bewusstsein zurückzugewinnen. – Das Fest des heiligen Ehepaars Joachim und Anna könnte dabei eine besonders wichtige Rolle spielen. Denn sobald die Erbsündenfreiheit Marias auch geschichtlich-horizontal gesehen wird, haben sie als die Eltern Marias einen besonderen Symbolwert.

[30] Vgl. Th. Heither – Ch. Reemts, Biblische Gestalten 375.

[31] Vgl. zum Folgenden A. Brückner, Von mittelalterlicher Bildertheologie.

III 5. Was heißt: Christus allein hat uns erlöst?

[1] Das hat vor allem E. Käsemann immer wieder betont. Vgl. ders., An die Römer 86.

[2] E. Käsemann, An die Römer 89: „Das Argument, Rechtssprache sei dem ethischen Verhältnis von Gott und Mensch nicht angemessen und allenfalls paradox verwendbar (Dodd), ist Relikt eines nicht mehr erlaubten Liberalismus."

[3] Übersetzung nach O. Merk – M. Meiser, Das Leben Adams und Evas 830–831.

[4] In der alttestamentlichen Wissenschaft ist umstritten, worin diese Sühnestätte bzw. dieses Sühnemal genauerhin bestand. War es der im 2. Tempel fiktive Deckel der Bundeslade (so viele Ausleger) oder eine imaginäre Fläche (Gese, Janowski)?

[5] Ausführlicher zu der von Paulus in Röm 3,25–26 verwendeten Lehrtradition P. Stuhlmacher, Der Brief an die Römer 54–61. P. Stuhlmacher hat mit Recht immer wieder darauf hingewiesen, dass hinter dem griechischen *hilasterion* in Röm 3,25 der hebräische Begriff der *kapporet* steht. Vgl. zuletzt ders., Zum Thema Rechtfertigung.

[6] Ausführlich dazu G. Lohfink, Braucht Gott 136–152.

[7] Gerechter Friede 25–26.

[8] Gerechter Friede 24.
[9] Vgl. dazu ausführlich: N. Lohfink, Das Vaterunser, intertextuell gebetet.
[10] Vgl. zu diesem Geschichtsbild, das den abwertenden Begriff „Spätjudentum" für die Zeit vor Christus verwendet hat (das eigentliche Judentum sei in der Zeit der Propheten anzusetzen), oder zu der sogenannten „Propheten-Anschluss-Theorie" N. Lohfink, Kinder Abrahams 242.
[11] Vieles spricht dafür, dass während des jüdisch-römischen Krieges (66–70 / 74 n. Chr.) ein Teil der Bestände der Jerusalemer Tempelbibliothek in den Höhlen oberhalb von Qumran in Sicherheit gebracht wurde. Vgl. Y. Hirschfeld, Qumran.
[12] Vgl. vor allem M. Reiser, Die Gerichtspredigt Jesu. M. Reiser sagt zu Recht: „Gericht und Heil sind zwei Seiten einer Medaille. Der Täufer hält dem Volk die Gerichtsseite vor, Jesus die Heilsseite; aber beide wissen, was auf der anderen Seite ist, und machen auch keinen Hehl daraus. Wie es beim Worfeln Stroh zum Verbrennen gibt, aber auch Weizen zum Einsammeln, so gibt es beim eschatologischen Mahl Gäste, aber auch Ausgeschlossene" (307).
[13] H. U. von Balthasar, Maria in der kirchlichen Lehre 90–91.
[14] Der Ausdruck „Basis-Text" ist hier mit Bedacht gewählt. Er lässt vieles offen. Er lässt sogar offen, ob die deutlich stilisierte Vorlage nicht vom Evangelisten selbst stammt.
[15] Der griechische Text würde auch erlauben, „was geworden ist" zum folgenden Satz zu ziehen: „Was geworden ist – in ihm war er [das] Leben." Diese Lösung ist jedoch aus Gründen des johanneischen Stils und der johanneischen Theologie weniger wahrscheinlich.
[16] Möglich ist auch die Übersetzung: „In ihm [dem Logos] war das Leben."
[17] Rein sprachlich wäre an sich auch die Übersetzung möglich: „und die Finsternis hat es nicht *überwältigt*". Dann würde der Schöpfungsbericht von Gen 1 und die dortige Scheidung zwischen Licht und Finsternis noch im Hintergrund stehen. Vom Kontext her (vgl. die Parallelen „nicht erkannt"; „nicht aufgenommen") ist diese Übersetzung jedoch unwahrscheinlich.
[18] Vgl. zu dieser Übersetzung die Parallelen Joh 3,19; 12,46; ferner 6,14; 9,39; 11,27; 16,28; 18,37. Siehe im Übrigen die sorgfältig abwägende Argumentation von R. Schnackenburg, Johannesevangelium I. Teil, 230–231, und C. K. Barrett, Evangelium nach Johannes 1990, 187. Möglich, aber weniger wahrscheinlich, ist die Übersetzung: „Er war das wahre Licht, das jeden Menschen erleuchtet, der in die Welt kommt."
[19] An dieser Stelle bezeugen lateinische Kirchenväter (allerdings auch Irenäus) schon sehr früh einen Singular: „denen, die glauben an den Namen von ihm, *der* nicht aus dem Blut und nicht aus dem Willen des Fleisches und nicht aus dem Willen des Mannes, sondern aus Gott *gezeugt worden ist.* Sämtliche griechischen Handschriften, die wir heute besitzen, haben aber den Plural – und das hat schweres Gewicht. Außerdem verlangt der Gesamt-Duktus der Verse 12–13 unbedingt den Plural: Der Begriff „Kinder Gottes" wird in den folgenden Versen bis zu dem „aus Gott gezeugt" erläutert. Der Singular bringt statt dessen die jungfräuliche Zeugung Jesu in den Text ein und zerstört so die Erläuterung der Gotteskindschaft aller Glaubenden.
[20] H. Gese, Der Johannesprolog 170. Diesem Aufsatz verdankt unsere Auslegung viel.
[21] Vgl. D. Böhler, Abraham und seine Kinder im Johannesprolog.
[22] Dieses Murren hat im Alten Testament archetypischen Charakter. U. Wilckens kann

deshalb mit Recht das Murren der Wünstengeneration ausweiten: „Doch aus der Erwählungsgeschichte ist eine Verweigerungsgeschichte geworden. Das ist das immer wiederholte Verhaltensmuster in der Wüstenzeit (vgl. Ps. 106), das Thema prophetischer Gerichtspredigt und danach der Gesichtspunkt, unter dem die Geschichte der Königszeit erzählt wird, ja schließlich die Geschichte des Gottesvolkes von Anfang an (vgl. Ps 78)": U. Wilckens, Evangelium nach Johannes 30–31.

[23] Ausführlich dazu L. Weimer, Die Lust an Gott und seiner Sache. Außerdem G. Greshake, Gnade als konkrete Freiheit; ders., Geschenkte Freiheit.

[24] Zur Geschichte dieser Formel und zu den idealtypischen Gestaltungen, unter denen sie in der Theologiegeschichte hervortrat, vgl. L. Weimer, Die Lust an Gott 146–174. 223–303.

[25] S. A. Kierkegaard, Tagebücher Bd. 5, 378.

[26] *Haec sit prima agendorum regula: sic Deo fide, quasi rerum successus omnia a te, nihil a Deo penderet; ita tamen iis operam omnem admove, quasi tu nihil, Deus omnia solus sit facturus.* (Selectae S. Patris Nostri Ignatii Sententiae, Nr. 2, in: Thesaurus Spiritualis Societatis Jesu, Vatikan 1948, 480). Die Formulierung geht auf die Scintillae Ignatianae des ungarischen Jesuiten Gabriel Hevenesi aus dem Jahre 1705 zurück. Vgl. die ausführliche Studie von G. Fessard, La dialectique. Für diese Angaben sei Professor Dr. Peter Knauer, Brüssel, herzlich gedankt.

[27] Vgl. A. Dauer, Passionsgeschichte 278–294.

[28] Vgl. den Titel der Einführung in die Gnadenlehre von G. Greshake.

[29] Vgl. im Einzelnen L. M. Maloney, „All that God had Done with Them".

[30] Zur Geschichte des Begriffs vgl. J. Finkenzeller, Miterlöserin.

III 6. Die Taufe als Errettung aus dem Machtbereich der Erbsünde

[1] Katechismus der Katholischen Kirche Nr. 1263.

[2] Aschaffenburg 2005, Nr. 263.

[3] Katechismus der Katholischen Kirche Nr. 404.

[4] Katechismus der Katholischen Kirche Nr. 1250.

[5] Bereits im Alten Testament können die Engel um den Thron Gottes als „Heilige" bezeichnet werden. Vgl. Ijob 5,1; Sach 14,5; Sir 42,17; wahrscheinlich auch Dtn 33,3; Ps 89,6–8. Auch in einigen der bei Qumran gefundenen Schriften sind die „Heiligen" Engel. Vgl. z. B. 1 QM 10,12; 12,1; 1 QS 11,7–8; 1 QH 11,11.

[6] Ausführlicher zum Sinn der Formel: G. Lohfink, Der Ursprung der christlichen Taufe 192–195.

[7] Vgl. R. Bultmann, Theologie 312: „Das *en christō* (…) ist primär eine *ekklesiologische* Formel und bezeichnet das Eingefügtsein in das *sōma Christou* durch die Taufe, wenn auch nicht in jedem Falle ausdrücklich an die Taufe gedacht zu sein braucht."

[8] Ausführlicher zum Folgenden: G. Lohfink, Wie hat Jesus Gemeinde gewollt? 108–124.

[9] Wie diese Gegenwelt herstellbar war, zeigt der kleine Brief, den Paulus wegen eines geflohenen Sklaven an dessen christlichen ‚Besitzer' geschrieben hat. Vgl. dazu P. Stuhlmacher, Philemon 74.

[10] Die Frage ‚Frau und kirchliches Amt' sollte in solchen Zusammenhängen ausgeklammert werden, weil der Bischof (bzw. der Priester) Christus darstellt. Er handelt *in persona Christi capitis* (Vaticanum II, Presbyterorum ordinis 2). Kann diese Repräsentanz

auf der Symbolebene durch eine Frau geschehen? Vgl. dazu ausführlicher G. Lohfink, Gottes Volksbegehren 257–267.

[11] Zu den Namen und zur Terminologie für die Mitarbeit im Dienst an den Gemeinden vgl. W.-H. Ollrogg, Paulus und seine Mitarbeiter.

[12] Sie findet sich bereits im „Alten Gelasianum", einem Messbuch, dessen einzige Handschrift aus der Zeit um 750 stammt. Die folgende Übersetzung ist von N. Lohfink. Vgl. ders., Die traditionellen Orationen 149.

[13] Zur Zeichendimension der Taufe vgl. N. Lohfink, Wasser, Öl und Licht.

[14] K.-H. Menke, Fleisch geworden 139.

[15] In der theologischen Tradition nennt man das, was wir hier mit struktureller Gnade bezeichnen, die objektive Heiligkeit der Kirche. Vgl. Y. M.-J. Congar, Die heilige Kirche 465: „Die Kirche ist somit heilig zuerst in ihren formalen Prinzipien, d. h. in dem, was sie von Gott empfangen hat und empfängt, um Kirche, universales Heilssakrament zu sein. Diese formalen Prinzipien sind das anvertraute Glaubensgut, die Glaubenssakramente, die entsprechenden Ämter. Diese Wirklichkeiten sind, da sie von Gott stammen, heilig in sich selbst und zielen auf die Heiligkeit. Sie sind als solche Instrumente, durch die Gott heiligt. Man spricht diesbezüglich bisweilen von objektiver Heiligkeit."

[16] Diese äußerst wichtige Dimension der Gnade kann hier nur angedeutet werden. Ausführlich dazu: G. Lohfink, Braucht Gott 269–291; R. Pesch, Gott ist gegenwärtig 41–74.

III 7. Maria: das unverdorbene Konzept der Schöpfung

[1] I. F. Görres, Maria: das unverdorbene Konzept, Meitingen 1968.

[2] I. F. Görres, Konzept 15.

[3] I. F. Görres, Konzept 15.

[4] Anfang eines Morgenliedes von Christian Anton Philipp Knorr von Rosenroth, das zu einem bekannten Kirchenlied geworden ist. Vgl. Geistliches Wunderhorn 320–328.

[5] Für die genannten Lied-Zitate wurden als Quellen herangezogen: Gotteslob (= GL); Geistliches Wunderhorn (= GW); Benedictus (= Ben). – „Sagt an, wer ist doch diese": GL 588 – „Die schönste von allen, von fürstlichem Stand": GL 895 – „Meeresstern": GL 577 – „lichter Morgenstern": GL 581 – „edle Rose": GL 588 – „Rosengart": GL 583 – „ein Rosen entsprossen, ein Lilien im Tal": Ben 103 – „Braut, schön geschmücket": Ben 101 – „wunderschön prächtige": GW 345–355 – „Freude des Erdenrunds": Ben 101 – „Liebling des Schöpfers": Ben 101.

[6] Im Targum zum Hohenlied wird das *schoschana* des hebräischen Textes als ‚Rose' wiedergegeben. Vgl. Y. Zakovitch, Das Hohelied 137.

[7] Benedictus 104.

[8] Schon die älteste Druckfassung (Köln / Speyer 1599) hatte 23 Strophen. Die These einiger Hymnologen, das Lied hätte ursprünglich nur aus seinen beiden ersten Strophen bestanden, wird heute weitgehend abgelehnt. Vgl. den umfangreichen Aufsatz von A. Heinz, „Es ist ein Ros entsprungen". Mit nur zwei ursprünglichen Strophen rechnet allerdings H. Becker, Geistliches Wunderhorn 138.

[9] Vgl. F. Kluge – A. Götze, Etymologisches Wörterbuch 892.

[10] Vgl. Tertullian, De carne Christi 21 (CSEL 70, 242–244).

[11] Wahrscheinlich hatte der Dichter gar nicht unmittelbar die Vulgata vor Augen, son-

dern ein aufgrund von Jes 11,1 (Vulgata) gebildetes liturgisches Responsorium. Vgl. A. Heinz, Es ist ein Ros 268–269.

[12] Grundlage war das Protevangelium des Jakobus 10,1. Im Neuen Testament selbst wird die Davidssohnschaft Jesu stets auf Josef zurückgeführt (vgl. Mt 1,1–16.20; Lk 1,27; 2,4; 3,23–31). Sie war nach jüdischer Auffassung nur vom Vater her begründbar. Vgl. H. Schürmann, Das Lukasevangelium (HThKNT III 1), 42.

[13] Jetzt im Introitus des Zweiten Sonntags nach Weihnachten.

[14] Zitiert nach Geistliches Wunderhorn 143.

Ausblick

[1] Hieronymus, Kommentar zu Matthäus II (CChr.SL 77, 108): *Praedicatio quae parva videbatur in principio, cum vel in anima credentis vel in toto mundo sata fuerit, non exsurgit in holera, sed crescit in arborem, ita ut volucres caeli [...] veniant et habitent in ramis eius. Ramos puto evangelicae arboris quae de grano sinapis creverit, dogmatum esse diversitates in quibus supra dictarum volucrum unaquaeque requiescit.*

Bibelstellenverzeichnis (in Auswahl)

Altes Testament

Neues Testament

Die Belege zur Mariologie der Kirchenväter und der Theologen des Mittelalters finden sich größtenteils in Kapitel III / 2 b (S. 267–287; doch vgl. auch 45–52). Da die Belege dort nach Möglichkeit chronologisch angeordnet sind, konnte für sie auf ein Stellenverzeichnis verzichtet werden.

Weitere Bücher von Gerhard Lohfink

Gerhard Lohfink
Beten schenkt Heimat
Theologie und Praxis des christlichen Gebets
260 Seiten, gebunden mit Schutzumschlag
ISBN 978-451-33052-0

Viele Menschen möchten wieder lernen, wie man betet. Andere sind sich nicht sicher, ob sie überhaupt beten sollten. Sie wollen wissen, ob Beten ihnen hilft. Mehr noch: Ob es der Welt auch nur im geringsten weiterhilft.

Diese Buch gibt Antwort. Nicht in der Form eiliger Rezepte, sondern indem es in die Theologie des Betens einführt. Dabei zieht es immer wieder die Bibel und dort vor allem die Psalmen heran, greift aber auch ständig auf persönliche Erfahrungen zurück.

In ausnehmend gut lesbarer Sprache behandelt der Autor Fragen wie: An wen richtet sich das Gebet? Hat das Bittgebet einen Sinn? Was geschieht beim „Hochgebet“ der Messe? Worin liegt das Besondere der Psalmen? Wie meditiert man christlich? usw.

Ein bewegender Zugang zum christlichen Beten.

Herder